스마트공장 경영과 기술

4차 산업혁명 시대, 제조업 부흥의 핵심 열쇠

SMART FACTORY MANAGEMENT & TECHNOLOGY

저술의 목적과 구성

현재 우리나라 제조업 혁신의 가장 큰 키워드는 스마트공장입니다. 스마트공장 사업은 산업부가 주도하여 2014년부터 시작하였는데, 초창기에는 이렇다할 솔루션이 부족하여 기존의 응용시스템의 범위를 넘어서지 못하였습니다(〈그림 1〉 참조). 이 당시에는 IoT, 빅데이터, CPS/DT, 인공지능 등 스마트공장에 전문화된 솔루션이 자리를 잡지 못한 상태였고, MES를 중심으로 한 응용시스템이 이들을 대신할 수밖에 없었습니다.

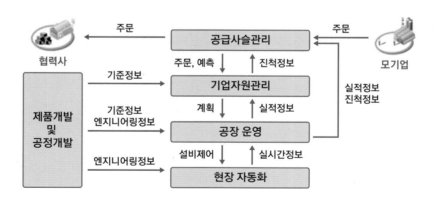

〈그림 1〉 2014년 스마트공장 참조모델에 수록된 스마트공장의 범위

그런데 2017년에는 IoT를 기반으로 CPS, 인공지능, 빅데이터, 그리고 플랫폼이 어우러진 형태로 범위가 매우 넓어졌습니다(그림 2 참조).

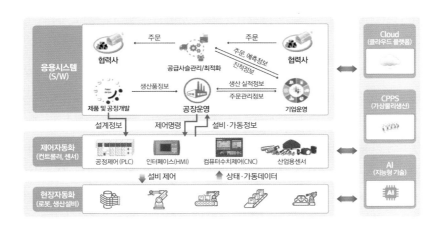

〈그림 2〉 2016년 스마트공장 참조모델에 수록된 스마트공장의 범위

3년 사이에 IoT/CPS/DT, 빅데이터/인공지능, 플랫폼 등 핵심 기술의 진보가 두드러졌습니다. 특히 스마트공장 선도 기술을 갖춘 기업들이 제조업에 대한 이해를 높이면서 대거 참여를 하게 되었으며, 정부 지원 사업 또한 2017년 4차 스마트공장 참조모델이 발표된 이후부터 사업의 범위가 매우 다양해졌고, 기업들은 다양한 형태의 스마트공장을 도입하고 있습니다.

본 저술은 스마트공장을 도입하고자 하는 기업과 스마트공장 연구인들을 위한 지침서입니다. 이 책은 스마트공장을 구성하는 다양한 경영 기법과 기술을 자세히 소개하고 있습니다. 기술 측면에서는 스마트공장 구성에 필요한 핵심요소들을 상세하게 서술합니다. 그리고 그 기술을 활용한 사례를 함께 소개합니다. 경영 측면에서는 스마트공장을 이용한 경영 기법과 사례를 소개합니다. 따라서 본 저술은 경영과 기술을 나누어 1부 '스마트공장 경영 개론', 2부 '스마트공장 기술 개론'으로 구성하였습니다.

1부는 스마트공장을 이용한 경영 기법을 제시하여 경영자가 새로운 경영에 활용하도록 아이디어를 제공하는 데 목적을 두고 있습니다. 기업이 4차 산업혁명에 동참하여 경영혁신을 하기 위해서는 스마트공장이라는 도구를 깊이 있게 연구해 활용할 필요가 있습니다.

1부 1장에서는 4차 산업혁명과 스마트공장 기술 때문에 발생할 제조업 환경의 변화를 예측하고, 그러한 변화에 능동적으로 대응하기 위해 디지털 변환(Digital transformation)의 필요성과 변환의 형태를 살펴봅니다. 그리고 데이터 활용 방안과 사람의 가치를 창출하는 경영을 소개합니다.

2장에서는 적극적 데이터 활용 경영을 소개하며, 기업경영에서 데이터의 가치를 체험적으로 알리는 데 주력합니다. 데이터는 기존의 응용시스템에서 생성되는 것뿐만 아니라 사물인터넷을 통해 생성되는 빅데이터를 포함합니다. 본 장에서는 빅데이터를 활용한 상품기획, 설비예지보전, 품질경영, 에너지 저감 경영 등 실질적인 경영 기법을 소개합니다.

3장에서는 개인 맞춤 생산 경영을 소개합니다. 이 경영 기법은 맞춤형 제품 설계 방법, 맞춤형 제품 생산을 위한 공정 구성 및 운영 방법, 맞춤형 제품 생산계획과 공급사슬관리 전략 등입니다.

4장 플랫폼 경영에서는 플랫폼 비즈니스를 소개하고, 초연결 플랫폼으로 발전할 방향성을 짚어 봅니다.

5장은 스마트공장 경영의 최종 편으로, 인간 중심의 스마트공장 경영 철학을 담았습니다. 이 장에서는 인공지능과 로봇으로 대변되는 미래의 자동화 사회에서 사람이 사회적 가치를 유지하거나 높여 나가는 경영 방안과 교육 체계를 소개합니다. 그리고 기업가 정신에 입각한 '도덕 경영'과 미래의 지속 가능한 경영의 관계를 설명합니다.

2부는 4차 산업혁명과 스마트공장을 개념적으로 이해할 수 있도록 하였고, 주요 스마트공장 기술과 관련한 솔루션을 함께 소개하여 스마트공장 설계와 개발에 도움이 될 수 있게 했습니다.

1장은 4차 산업혁명 탄생 배경, 스마트공장의 정의와 이해, 스마트공장 솔루션 구성, 인터넷 서비스의 개념, 디지털 경영 등을 소개합니다.

2장 이후부터는 스마트공장 기술과 솔루션을 분야별로 집중적으로 소개합니다. 4차 산업혁명을 주도하는 핵심기술인 CAx와 PLM, 산업용 사물인터넷, 빅데이터와 인공지능, 작업자-기계 협력기술과 협동로봇, 가상물리생산시스템, 클라우드 컴퓨팅과 플랫폼을 선정하여 자세히 설명합니다. 그리고 3차 산업혁명 시대의 기술 중에서 제품개발 시스템과 자동화 시스템은 4차 산업혁명 기술을 이해하는 데 필요하므로 함께 소개합니다. 각각의 기술은 먼저 이론을 설명하고, 이어서 글로벌 솔루션과 국내 솔루션, 활용 사례를 소개하는 방식으로 구성했습니다.

본 저술에서는 스마트공장이라는 첨단 기술 속에서 사람과 교감하는 경영을 제시하고자 노력하였습니다. 사람이 없는 생산 현장은 궁극에는 소비자를 사라지게 하고, 사업은 지속 가능한 동력을 잃어버리고 말게 됩니다.

평범한 사람이 4차 산업혁명과 더불어 행복할 수 있는 세상이 올 것인가? 스마트공장이라는 첨단 세계 속에서 평범한 사람의 가치를 재발견하는 일은 기업가와 정책 개발자를 비롯한 모두의 과제이기도 합니다. 이 책이 기업 경영혁신과 미래 가치에 조금이나마 도움이 되기를 기대해 봅니다.

(前) (재)민관합동 스마트공장추진단 부단장
고려대학교 교수 **배경한**

저자

1부 스마트공장 경영 개론

1장 **배경한** 고려대학교 교수, (前) 스마트공장추진단 부단장

2장 **배석주** 한양대학교 교수, **정태수** 고려대학교 교수, **허정윤** 국민대학교 교수

3장 **문승기** 싱가포르 난양공과대학교 교수, **배경한** 고려대학교 교수, **정태수** 고려대학교 교수

4장 **송상화** 인천대학교 교수

5장 **리상섭** 동덕여자대학교 교수

2부 스마트공장 기술 개론

1장 **배경한** 고려대학교 교수, (前) 스마트공장추진단 부단장

2장 **이장희** 다쏘시스템코리아 전무

3장 **배유석** 한국산업기술대학교 교수

4장 **정재윤** 경희대학교 교수, **나혁준** (주)비스텔 이사

5장 **박용운** LS산전 고문

6장 **신규식** 한양대학교 ERICA 교수

7장 **왕지남** 아주대학교 교수

8장 **김보현** 한국생산기술연구원 수석연구원

1부

스마트공장
경영개론

1장

스마트공장
경영의 이해

배경한 고려대학교 교수, (前) 스마트공장추진단 부단장

SMART FACTORY
MANAGEMENT

스마트공장은 환경과 안전성을 확보하면서 빠르고 역동적인 시장 변화에 대하여 능동적으로 대응할 수 있는 지능형 디지털 시스템이다. 이 시스템이 제공하는 실시간 데이터를 이용하여 혁신적으로 최적화를 도출해 풀어나가는 경영을 스마트공장 경영이라고 한다. 이 경영은 적극적 디지털 변환과 이를 통한 개인 맞춤, 플랫폼과 제조서비스의 창출, 환경과 안전을 지키는 지속가능성 그리고 사람의 가치 조명 등 4차 산업혁명이 추구하는 혁신을 주도한다.

🏃 이 글을 쓴 배경한은

2014년 초에 산업부와 함께 스마트공장 사업을 기획했으며, 2015년에는 (재)민관 합동 스마트공장추진단을 설립하고 부단장으로 취임하여 본격적으로 중소·중견 제 조업을 위한 스마트공장 보급·확산 사업에 뛰어들었다. 사업을 전개하면서 국내 솔 루션 고도화를 위해 노력했으며, 사업이 성장하면서 재직자 교육, 스마트공장 석박사 과정, 업종별 스마트공장 참조모델 개발 및 업그레이드, 기술기획, 표준화 등의 사업 을 전개한 우리나라 스마트공장 사업의 산 증인이다.

고려대학교 산업공학과에서 학사·석사·박사 과정을 거쳤으며, 1984년에 한국국방 연구원에 입사하여 정보시스템 개발을 시작으로, 삼성과 현대를 거치면서 첨단 ICT 를 활용한 제조업 정보화에 앞장섰다. 기계를 포함한 중공업과 조선, 반도체와 전자, 화학장치산업 등 다양한 업종에서 활동했으며 지능형 최적화, ERP/MES를 비롯한 제어자동화, 공급사슬관리 등 제조업 전반에 대한 시스템 설계 및 개발을 주도했다. RFID 국제표준을 개발하기 위해 대한상의에 입사한 것이 계기가 되어 스마트공장 사 업과 인연을 맺었으며, 스마트공장추진단의 부단장직을 역임하며 스마트공장 사업 을 발전시켜 나갔다. 그리고 스마트제조학과로 자리를 옮긴 후에도 스마트공장 관련 정책 개발, 인력양성 및 표준 개발 등의 분야에서 적극적으로 활동하고 있다.

1.1 변화하는 제조업 환경

1.1.1 제조패러다임의 변화와 고객맞춤

Yoram Koren[1]은 시장과 사회의 요구에 따른 제조패러다임의 변화를
〈그림 1.1.1〉의 모형을 통해 명확하게 설명하고 있다. 이 그림은 1850년대
의 수공업 시대부터 대량생산, 그리고 대량맞춤생산 시대를 거쳐 개인화 생
산(Personalized Production)과 지역화(Regionalization)를 지향하며 2000년대
부터는 글로벌화를 추구하고 있음을 보여주고 있다.

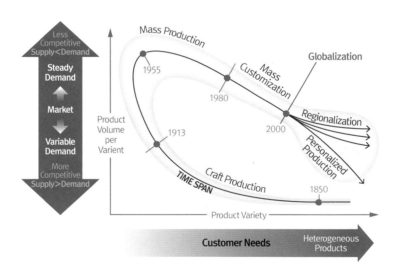

〈그림 1.1.1〉 종류별 제품 생산량의 변화와 생산방식의 관계

1   KOREN, Y., The Global Manufacturing Revolution–Product-Process-Business Integra-
tion and Reconfigurable Systems, Hoboken, NJ, Wiley, 2010.

1장 스마트공장 경영의 이해

개인화 생산기술은 고객 개개인의 요구를 적극적으로 받아들여 제품화하고 생산·배송하는 맞춤생산(Customization)방식을 의미한다. 이 기법은 실시간으로 생산하여 주문 즉시 고객에게 전달하는 면에서는 Taylor-made 방식과 유사하다. 그리고 대량생산방식에서의 생산단가와 비교하여 차이가 비교적 적은 장점이 있다(생산 단가는 "대량생산방식의 단가 ≤ 대량맞춤생산방식의 단가 ≤ 개인화 생산방식의 단가 ≪ Taylor-made 생산방식의 단가"의 관계를 갖는다).

개인화 생산기술은 고객 요구를 제품화하는 설계기술과 설계제품을 즉시 생산하는 기술의 결합을 필요로 한다. 이러한 기술에는 인쇄형 제조기법과 3차원 프린터로 대표되는 적층형 제조기술(Additive manufacturing)이 대표적이다. 2016년에 ADIDAS가 개인화 생산기술로 개발한 "Knit for you"는 적층형 생산방식과 유사한 인쇄기법으로 구축된 대표적인 고객맞춤 생산시스템이다.

| 3차원 가상 맞춤(피팅) | 상세 디자인 | Knitting | 인도 |

〈그림 1.1.2〉 ADIDAS 'Knit for You' 사례(출처: http://weloveadidas.com)

적층형 생산 방식이 아닌 일반 제품에 대한 개인화 생산반식은 고객맞춤생산을 활용하여 유연화를 지향할 수 있다. 그리고 이는 모듈화 생산방식을 필요로 한다. 모듈화 생산방식이란 제품을 구성하는 부품의 모듈화, 공정의 모듈화, 동일 프레임의 제품을 혼류로 생산하는 제조플랫폼으로 구성된다.

부품의 모듈화는 동종의 모듈 간 상호호환성(Inter-changeability)과 기능적 교환 능력이 요구된다. 부품의 모듈화는 표준화를 동반한다. 모듈을 개발할 때 다양한 선택사양을 표준화하면 고객의 사양 선택 폭을 높일 수 있다.

한 제품군을 생산하는 중에 다른 제품군으로 변경될 때, 빠르고 쉽게 공정을 교체하기 위해 모듈과 교체 메커니즘을 표준화하는 것을 공정의 모듈화라고 한다.

제조플랫폼은 다종류의 표준화된 제품을 혼류로 생산할 수 있는 공정 틀이며 부품의 흐름을 원활하게 하는 공정 모듈이다.

이처럼, 제품군 구성의 표준화 및 부품의 모듈화, 제조플랫폼, 모듈형 공정의 구성을 통해 표준화를 완성하였을 때, 하나의 공정에서 다양한 제품이 순서 없이 섞여서 흐를 수 있도록 하면서 다양한 제품군을 한 공정라인에서 소화할 수 있는 맞춤생산 인프라가 구성되어진다.

맞춤생산은 인프라 뿐만 아니라 실시간으로 고객 요구를 받아들여 실시간으로 의사결정을 하고 생산 및 배송을 지휘하고 지능형 시스템을 필요로 한다. 이 시스템은 고객 요구(제품)를 공정순서와 부품모듈로 전환하고, 이를 바탕으로 생산계획과 상세스케줄을 수립하며, 생산과 배송 지시를 내린다. 그리고 실행 과정을 모니터링하고, 돌발을 비롯한 위험을 판단하며, 이슈가 발생하였을 때에 대안을 수립하는 역할을 맡는다.

맞춤생산을 최적화하기 위해서는 공급사슬관리도 매우 중요하다. 공급사슬관리력은 확정 주문을 전개하는 시점(CODP, Customer Order Decoupling Point)이 얼마나 앞서 있는지에 따라서 결정된다. 주문 즉시 제품 설계부터 진행하는 방식을 ETO(Engineer to order)방식이라고 하며, 주문 즉시 생산을 하면 MTO(Make to order)방식이라고 한다. ETO 방식은 설계부터 상위의 공급사슬기업과 협업이 가능하므로 맞춤생산이 용이하다. 그리고 주문을 받았을 때, 반제품(부품)을 선택하여 조립 작업을 하는 형태를 ATO(Assemble to order) 방식이라고 한다. 그리고 완성품을 판매하는 방식을 MTS(Make to stock) 방식이라고 한다.

미래 제조업[2]은 개인화와 맞춤생산을 지향하며, 제조기업은 이 생산방식을 활용하기 위해서 모듈 표준화 전략을 수립할 필요가 있다.

1.1.2 크라우드소싱과 고객 참여 생산

인터넷사회망서비스의 발전으로 고객과 기업의 장벽은 사라지고 기업은 고객의 수요를 적극적으로 받아들일 수 있게 되었으며 전문성을 갖춘 고객은 기업의 경영에 쉽게 동참할 수 있게 되었다. 그리고 사회의 전문가들이 기업 경영 활동에 동참하는 사례가 많아져 크라우드소싱(Crowdsourcing, 군중(Crowd)과 외주(Outsourcing)의 합성어), 크라우드펀딩(Crowdfunding, 군중(Crowd)과 자금확보(funding)의 합성어) 등의 대중이 동참하는 사업이 발전하게 되었다. 특히 크라우드소싱을 활발하게 전개하여 제품설계에서부터 판매에 이르기까지 고객의 아이디어와 요구를 실시간으로 받아들이고 기업경영에 활용하게 된다.

크라우드소싱이 각광을 받는 이유는 고객의 수준이 높아지고 전문성을 갖추면서 정보의 정확성이 높아지게 되어졌고 고객과의 소통을 통해 시장을 움직이는 고객의 동향을 직접 확인할 수 있기 때문이다. 이 외에도 크라우드소싱을 하는 이유를 정리하면 다음과 같다.

크라우드소싱을 하는 이유
1. 외부의 아이디어와 새로운 전망을 통한 혁신 도모
2. 제품을 사용할 잠재고객으로부터 신개념의 아이디어 획득 및 연구
3. 고객 요구를 반영한 신제품 설계
4. 제품 출시 전, 고객이 참여하는 미세 조정
5. 신제품 생산에 적합한 제조기업들의 유연한 통합

2 Factory of the future, White paper, IEC, Geneva, Switzerland 2015.

1.1.3 제조와 서비스의 융합

인터넷, 사물인터넷, 그리고 가상물리시스템의 발달로 인하여 사회와 기술의 융합이 활발하게 이루어지면서 융합형 산업이 발전을 거듭하고 있다. 특히 제조업이 사회망 서비스와 결합하면서 서비스 산업과의 융합이 활발하다. 제조업과 서비스 산업이 융합한 형태를 '제조서비스화'라고 하며 이러한 사업을 제조서비스 사업이라고 한다. 제조서비스에는 임대 서비스, 정보통신기술 기반의 클라우드 컴퓨팅과 연계한 서비스, 공유경제형의 서비스, 업무 대행과 컨설팅 서비스, 아웃소싱 서비스 등 여러 가지 유형으로 나타나고 있다.

아래는 여러 가지 유형별 제조서비스 사례를 소개하고 있다.

제조서비스 사례

농기계 생산·판매를 주력으로 하는 존디어사는 골프장용 장비, 건설장비, 그리고 부품산업 등으로 다양하게 제품군을 확대하며 시장을 넓혀 나갔다. 그런데 지금은 제조·판매와 병행하여 임대 서비스와 마켓플레이스를 이용한 거래 대행 서비스 사업을 활발히 전개하고 있다.

세계적인 전자·전기기기제조회사로 프레온가스를 사용하지 않는 냉장고를 세계 최초로 도입한 스웨덴의 Eelectrolux사는 Pay-Per-Wash 서비스 사업을 하고 있다. 이 사업은 인터넷에 접속된 스마트에너지측정기가 장착되어 있는 세탁기를 사용자에게 무상으로 빌려주고 사용자는 설치비와 세탁기를 이용할 때마다 사용료를 지불하는 방식으로 운영된다.

정수기 생산업체인 웅진코웨이는 정수기를 판매하지 않고 렌탈서비스와 멤버쉽 서비스를 실시하고 있다.

1.1.4 초연결 플랫폼과 엣지팩토리의 출현

제조와 서비스의 융합과 인터넷은 플랫폼이라는 소프트의 세계를 만들어 냈다. 플랫폼(이 단어는 다양한 종류의 기차가 멈추고 출발할 수 있도록 구성된 인프라라는 뜻으로 기차역에서 먼저 사용됨)이란 특정 장치, 시스템, 서비스 등의 구성에 필요한 인프라들의 체계적 구성체이다. 인터넷 플랫폼은 인터넷과 연결되어 제품이나 서비스를 제공하는 생산자 그룹과 이를 필요로 하는 사용자 그룹을 연결하여 비즈니스를 하는 가상공간이다. 대표적인 플랫폼 비즈니스 사업자는 페이스북, 구글, 아마존, 애플, 알리바바, 에어비앤비, 우버 등이 있다.

인터넷 기반의 플랫폼 서비스는 클라우드 컴퓨팅 서비스로 구성된다. 본래 클라우드 컴퓨팅 서비스는 컴퓨팅, 스토리지, 네트워크 등의 잉여 정보통신 자원을 공유경제 차원에서 활용하는 방안으로 출발하였다. 그런데 플랫폼 비즈니스가 발전하고 초연결을 지향하면서 인터넷에 연결하는 즉시 생산을 하고(Plug & Manufacturing) 업무를 보는(Plug & Business) 개념의 사회적 플랫폼으로 발전을 하게 된다.

초연결 환경은 제품의 설계·개발에서부터 고객 납품 후의 A/S까지의 전 과정에 대한 서비스, 가치사슬의 수평적 통합, 그리고 시스템의 수직적 통합을 담아내는 플랫폼을 탄생시키고 있다. 이 플랫폼 서비스 사업에는 S/W 생산자 그룹, 제품 생산자 그룹, 서비스 생산자 그룹들이 적극적으로 참여 하며 치열한 경쟁을 예고하고 있다. 제품 생산자 그룹(대표적으로 GE와 Siemens)이 본 사업에 뛰어드는 이유는 스마트제품 개발 능력을 확보하여 서비스와 S/W로의 사업 확장을 도모하는데 기인한다.

초연결 플랫폼은 상대적으로 데이터의 최종 억세스 포인트인 엣지 컴퓨팅의 플랫폼화를 예고한다. 스마트공장에서의 엣지 컴퓨팅은 두 가지 방향으로 발전을 하고 있다.

첫째 방향은 최종 사물을 직접 억세스하는 사물엣지를 지향하는 방향인데 이는 5G 시대와 IP v6(Internet Protocol Version 6)가 도래하면서 떠오르는 개념이다.

둘째 방향은 공장을 엣지화 하는 것이다. 이 방향은 제조업 경영을 맡는 응용시스템(MES, PLM, SCM, APS, ERP 등)들이 클라우드 컴퓨팅 서비스로 전환이 되었을 때, 공장을 원활하게 운영하고 클라우드 컴퓨팅 서비스와 실시간으로 대화를 나누는 개념이다. 이 방향은 공장의 ICT 변화를 최소화하면서 스마트화를 지향한다.

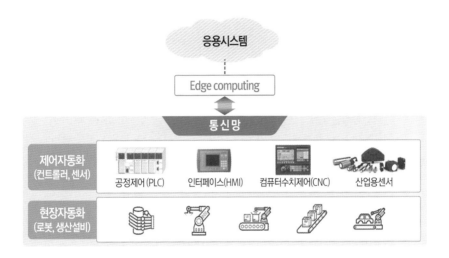

〈1.1.3〉 클라우드 컴퓨팅 서비스와 연결된 엣지 컴퓨팅 개념

1.1.5 사람의 가치 재조명

독일, 일본 등의 많은 선진국들은 인구의 고령화 속도가 빨라지고 있다. 그리고 이 나라들이 미래에도 성장을 유지하기 위해서는 사람의 노동을 대체할 수 있는 자동화, 인공지능(Artificial Intelligence; AI), 로봇에 의존하려는 경향이 강하게 나타나고 있다.

그런데 자동화, 인공지능, 로봇의 발전이 사람의 노동을 대신하고 궁극에는 사람의 사회적 가치를 상실시킬지도 모른다는 공포가 점점 확산되고 있다. 그리고 이에 대한 대책으로 빌게이츠는 사람의 직업을 대신하는 로봇에게 세금을 부과해야 한다고 주장하고 있으며 유럽과 한국에서도 이에 대한 논쟁이 뜨겁다. 로봇세가 경제 발전의 제약이 될 것을 우려하여 빌게이츠의 주장에 반대 입장에 있는 래리 서머스(전 미국 재무장관)는 이익의 분배론을 들고 나와 설전을 벌인 바 있다. 이와 같은 로봇 규제에 대한 논쟁은 앞으로도 계속될 것이다.

스티브 호킹 박사와 테슬라 CEO인 엘론 머스크는 인공지능이 미래에는 엄청난 재앙이 될 것이라고 예측하고 있다.

스티븐 호킹의 인공지능 위험론(BBC 인터뷰 2014. 12. 02.)

"지금까지 개발된 초보적 인공지능 기술이 매우 유용하다는 걸 이미 입증했지만 인간에 필적하거나 능가하는 수준의 인공지능 개발에는 두려움을 느낀다. 인공지능은 스스로를 개량하고 도약할 수 있는 반면, 인간은 생물학적 진화 속도가 늦어 인공지능과 경쟁할 수 없고 대체되고 말 것이다."

엘론 머스크의 인공지능 재앙론(워싱턴포스트 2017. 07. 16.)

"일단 인공지능에 대해 조금이라도 알게 되면, 사람들은 그에 대해 두려움을 갖게 될 것이다. 자동차 사고나 비행기 추락, 약물 남용, 불량 식품 같은 것들과는 다른, 인류 문명화의 미래에 치명적 위험이 될 것이다. 인류 전체에게는 해가 되지 않겠지만, 이 사회의 개개인에게는 큰 해를 끼칠 수 있다. 인공지능은 가짜 뉴스를 퍼뜨리고, 이메일 계정을 훔치고, 가짜 신문을 발행하고, 정보를 조작함으로써 전쟁을 일으킬 수 있다. 실제로 기계가 원하는 대로 사람들이 말하게 만들 수 있지요. 이미 그렇게 할 수 있다고 주장하는 회사들이 있다."

이러한 예측과 우려로 인하여 기업가 정신, 스마트기술의 발전, 그리고 노동자의 진화 등 3대 과제 해결이 함께 요구되고 있다.

이 시대에 요구되는 기업가 정신은 사람 중심의 세상을 유지하는 도덕적 경영철학이다. 이 경영철학은 노동자와 소통과 대화를 통해 함께 경영을 도모하는 정신이며, 공동체 정신을 의미한다. 경영자는 노동쟁의를 겪을 때마다 노동자의 업무를 기계로 대체하고 싶은 유혹을 받게 된다. 노조와의 대화는 어렵고 험난하지만 소통을 통해 사람과 환경 중심의 사회적 가치를 도모하는 정신이 필요하다.

노동자도 변신을 필요로 한다. 시대에 맞는 능력을 개발해야 하며, 경영자와의 소통을 통해 공동체 정신을 가져야 한다. 사람뿐만 아니라 디지털 기계와의 협업에 대비하여 디지털 변환(Digital Transformation) 훈련이 되어 있어야 한다.

사람 중심의 스마트기술은 노동자가 생산성을 극대화할 수 있는 디바이스와 협업형 도구의 개발에 초점을 맞추어 개발될 필요가 있다. 그러므로 이 기술은 인간공학 기술과 디지털 기술의 융합을 필요로 한다.

1.1.6 환경, 안전 그리고 에너지 절감

제조업의 미래는 사람과 지구의 미래와 공존한다. 그리고 모든 공장은 환경과 안전을 지키는 임무를 수행해야 한다. 미래의 공장은 도심 속에서 주거시설을 비롯한 타 산업과 공간적으로 함께 공존할 수 있어야 하며, 친환경을 추구해야 한다. 오폐수와 대기오염물질을 여과와 정제 없이 방출하고 전력을 무한히 사용하는 공장은 시민과 함께 미래를 공유할 수가 없다.

환경과 사회적 책임을 경영의 이념으로 정리한 개념이 지속가능경영과 기업의 사회적 책임론(CSR, Corporate Social Responsibility)이다. 이 경영 개념은 1972년에 UN인간환경회의에서 '환경문제에 따른 성장의 한계'라는 주제로 논의가 이루어진 후, 1987년 환경과 개발에 대한 세계위원회에서 '부른트란트 보고서'를 채택하고 1992년 브라질 리우에서 개최된 UN환경개발회의(UNCED)에서 의제로 설정되면서 세계적 관심을 불러 일으켰으며 경영의 이념으로 채택되었다.

지속가능경영은 기업의 모든 경영 활동 과정을 환경적 건전성, 사회적 책임성, 경제적 수익성을 바탕으로 통합적으로 추진하여 지속가능한 발전을 추구하는 것을 의미한다.

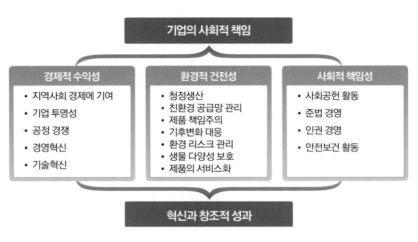

〈그림 1.1.4〉 지속가능경영 패러다임

1986년의 우크라이나 체르노빌 원전 사고와 2011년의 일본 후쿠시마 원전 사태 이후부터는 원자력발전소의 문제점이 심각하게 부각되고 있다. 독일은 에너지 발전량의 17%를 담당하던 원자력발전소를 1986년부터 줄여나가기 시작하여 2022년까지 모든 원전을 단계적으로 폐쇄하기로 결정하였다. 그리고 부족한 전기를 신재생에너지로 대체하고 있다. 2014년 독일의 최종 에너지 소비량 중 신재생에너지 비중은 전기의 27.4%, 냉난방의 12.2%, 수송연료의 5.6%로 증가하였고 탄소배출량은 1990년 대비 27%가 감소하였다. 이러한 노력은 기업들이 능동적으로 에너지 절감에 동참했기 때문에 가능하였다. 지멘스 암베르그 공장은 빅데이터 분석을 통해 에너지 절감을 한 대표적인 기업이다.

세계 7위의 에너지 소비국인 독일의 에너지 정책은 모든 국가의 벤치마킹 대상이 되고 있다. 제조업의 전력 소모량이 2015년 기준 249,357 GWh

에 달하는 우리나라도 마찬가지다. 최근, 스마트공장 보급 사업을 통해 공장에너지관리 시스템을 도입한 기업들도 상당수에 이르고 있다. 실제 사례로 경기도 화성에 있는 S진공열처리 회사는 2015년에 공장운영시스템을 도입하면서 에너지 절감을 위한 계획 최적화 시스템을 도입하여 연간 5천만원이 넘는 전력비 절감을 할 수 있었다.

1.2 스마트공장 경영의 개념

스마트공장은 환경과 안전성을 확보하면서 빠르고 역동적인 시장 변화에 대하여 능동적으로 대응할 수 있는 지능형 디지털 시스템이다. 그리고 이 시스템이 제공하는 실시간 데이터를 이용하여 혁신적으로 최적화를 도출해 풀어나가는 경영을 스마트공장 경영이라고 한다.

1.2.1 디지털 변환

스마트공장 자체는 디지털화와 융합의 총 합체이므로 스마트공장 경영은 끊임없는 디지털 변환 과정이다. 디지털 변환은 통신기술을 비롯한 디지털 기술을 활용하여 사회와 개인과 기업을 변화시키는 것을 의미한다. 이미 공간의 제약을 초월하여 대화와 협력이 가능한 열린 가상의 세상이 마련되어 있다. 이 열린 가상세계는 사물인터넷을 중심으로 더욱 발전하여 사람과 사물이 대화를 나누고, 개인이 기업의 열린 활동에 동참이 쉬워지며, 개인과 개인 또는 그룹을 이루어 전문적인 협력을 할 수 있게 한다.

본 절에서는 디지털 변환 경영의 개념을 정리하고 경영기법의 종류를 살펴보기로 하겠다.

디지털 변환은 다양한 디지털 기술을 활용하여 기업의 전략, 조직, 업무, 비즈니스, 시스템 등을 변화시켜 고객과 시장에 대응하는 경영전략이다. 디지털 산업 관련 전문 단체들이 이 개념에 대하여 각자의 정의를 내리고 있지만 디지털 기술을 활용한 변화와 적응을 통한 생존이라는 점에서는 동의를 하고 있다.

인터넷저널 The Enterprises Project*의 정의

디지털 변환은 디지털 기술을 전 분야의 비즈니스 속으로 통합하여 비즈니스를 운영하는 방법과 비즈니스를 통해 고객에게 가치를 전달하는 방법에 대한 근본적인 변화를 일으키는 것이다.

* '비즈니스와 IT의 미래를 토론하는 CIO 커뮤니티'를 표방하는 인터넷 저널

IDC의 정의

기업이 비즈니스 모형, 제품 및 서비스를 창출하기 위해 디지털 기술과 능력을 활용함으로써 고객과 시장의 파괴적인 변화에 적응하는 지속적인 과정이다.

디지털 변환은 시스템 변환에서부터 출발하지만 작업의 변환, 업무의 변환, 협력의 변환, 사업의 변환 등 모든 분야에서 변화를 추구한다.

1) 시스템 변환

시스템 변환은 디지털 변환의 시작으로서 전통적인 시스템을 '스마트공장'이라고 일컫는 디지털시스템으로 전환하는 것을 의미[3,4]한다. 스마트공장은 작업자, 설비와 장비, 자재와 제품, 작업 조건과 운전 상태, 환경 등의

3   Plattform Industrie 4.0, Digital Transformation, Made in Germany.
4   제4차 산업 혁명과 디지털 트랜스포메이션(Digital Transformation)의 이해, 제29권 3호 통권 640호, 정보통신정책연구원.

제조와 물류 현장을 디지털화하고 인터넷 통신을 주도하는 사물인터넷, 공급사슬, 기업, 공장, 개발과 연구의 운영을 주도하는 응용시스템(MES, PLM, SCM, ERP 등), 제조 현장의 사물인터넷화, 디지털 제조를 주도하는 가상물리시스템 등으로 구성된다.

스마트공장을 이해하기 위해서 디지털 시스템 변환을 지속적으로 수행해 왔다고 평가 받는 지멘스 암베르그 공장의 시스템을 살펴보자. 이 공장은 산업자동화 설비용 PLC를 전문적으로 생산한다. 그리고 공정물류시스템은 다층화되어 공정물류를 유연하게 제어하는 컨베이어벨트 시스템, 모든 부품을 단품으로 감지하고 관리하는 바코드 시스템, 그리고 이들 시스템이 PLC를 통해 단품 단위로 제어되어지며, PLC 제어시스템은 상위 시스템과 연결되어 실시간으로 양방향 통신을 한다. 이렇게 구성한 시스템은 한개의 제품 주문이라도 24시간 내에 생산을 완료할 수 있는 실시간 주문생산이 가능하다. 작업환경을 살펴보면, 작업자들은 생산 제품 테스트와 생산량 조절 등의 고부가가치의 업무를 수행한다. 작업자는 연구소와 실시간으로 대화를 통해 여러 가지 문제를 협력하여 분석하고 해결한다. 제조현장 내에는 수만개의 센서가 설치되어 수집된 데이터를 실시간 분석하고 실시간 최적 결정을 하며, 빅데이터 분석을 실시하여 에너지 절감, 품질 분석 및 제품 조정, 생산성 저해요인 분석 및 대응 등의 의사결정을 실시한다. 지멘스 암베르그 공장의 사례로 디지털 변환을 살펴보면 제조현장과 유틸리티공급시설의 사물인터넷 시스템화와 이를 통한 모든 부품의 개별 식별, 모든 설비의 실시간 운전값 측정과 제어, 로봇과 사람의 협력, 사물인터넷과 공정물류제어시스템을 중심으로 공정 전체를 네트워크화 한 컨베이어와 설비의 결합과 이를 통한 낱개의 부품 제어 체계, 내장형 소프트웨어, MES, CAD/CAM, PLM, 계획 및 실시간 스케줄 수립 등의 응용 소프트웨어, 빅데이터 집계 및 분석 시스템 등, H/W에서부터 S/W까지 다양한 디지털 기술을 활용하고 있다.

시스템 변환은 사람의 역할과 업무의 변환을 동반한다. 이 변환은 작업자와 경영자를 디지털 변환을 이해하고 적응시키는 행위이다. 사물인터넷과 정보통신기술은 업무만 바뀌는 것이 아니고 사람의 작업과 생활을 완전히 바꾸어 놓을 것이다. 그리고 작업 변환, 업무 변환, 협력체계의 변환을 주도한다.

2) 작업 변환

작업 변환은 작업자가 디지털 장비와 디지털 시스템을 활용하여 고도의 생산성과 품질혁신, 그리고 안전을 확보하는 것을 의미한다. 이 변환에는 협동로봇과 같이 사람과 협력이 가능한 기계를 활용하는 작업, 증강현실(Augmented Reality; AR) 기술과 증강현실 디바이스를 착용하고 수행하는 작업, 그리고 사물인터넷 디바이스를 활용한 작업, 인공지능 활용 작업 등이 있다.

증강현실기술은 카메라 기술과 증강현실 전용 안경(구글글래스, 마이크로소프트 홀로랜즈, 앱슨 증간현실 헤드셋 등), 스마트폰, 랩탑 노트북 등이 주로 활용되며, 사물의 식별 자동화, 상황 인식의 자동화, 검사 자동화를 지원하고 있다. 증강현실 전용 안경은 공장 내에서 상용화를 위해서는 좀 더 연구가 필요하지만 협동로봇과 웨어러블 로봇 등은 상용화가 되어진 제품이므로 적극적인 도입이 가능하다.

작업 변환은 작업 방식 설계에 따라서 효과에 큰 차이가 있으므로 동작연구와 인간공학를 활용하여 작업의 안정성과 편리성을 고려하여 설계할 필요가 있다. 작업 변환은 현장의 작업자에게 직접 생산 활동뿐 만 아니라 모니터링, 진단 및 분석, 조치 등의 의사결정 업무의 병행 수행을 요구한다. 그러므로 현장의 작업자가 디지털 변신을 꾀하기 위해서는 사물인터넷 디바이스와 로봇 등의 장비를 활용한 작업의 변환에 익숙해야 하며, 더불어 모니터링, 진단 및 분석, 조치 등의 고도화된 업무를 수행할 준비가 되어 있어야 한다. 즉, 작업 변환은 업무 변환을 수반한다.

협동로봇을 이용한 작업
(출처: 두나정보기술 협동로봇
시스템 개요)

협동로봇을 이용한 작업
(로봇신문 2017. 5. 31.
조규남 대표기자 제공)

앱슨 증강현실 헤드셋 모베리오
프로 BT-2000을 이용한 작업
(출처: METALTREND 2016 IT
TREND)

〈그림 1.2.1〉 작업의 디지털 변환 사례

3) 업무 변환

업무는 작업자가 업무를 공유하는 형태로 변화를 하면서도 진화를 거듭
하고 있다. 업무는 모니터링, 진단, 분석, 대안 수립, 최적해의 도출 등의 활
동으로 구성되어지는데, 범위는 개별적인 기능 수행에서 광역화된 분석·설
계 업무로 변환을 하게 된다. 예를 들면, 품질관리 기능 수행자는 품질 검사
정보 뿐 만 아니라 설비, 공정, 설계도면 등 품질에 영향을 미치는 모든 관련
정보를 수집하여 분석을 할 수 있게 된다. 생산관리 기능 수행자는 생산성
을 분석하여 혁신하기 위해 상품기획에서부터 제품 개발까지의 모든 정보
와 자재 구매에서부터 제품 출하까지의 전체의 정보를 활용할 수도 있다.
이러한 업무 변환은 모든 기능에서 동일하게 적용이 된다. 그리고 빅데이터
분석이 일상화되어질 것이다. 빅데이터 분석은 내외부의 모든 정보를 이용
한 복합 분석을 가능하게 한다.

4) 협력 변환

초연결 플랫폼과 막대한 자료를 이용한 실시간 대화는 협력의 디지털

변환을 주도한다. 디지털 협력은 사회기술과 사회 플랫폼을 활용하여 다중 대화와 소통, 일을 공유하는 협업(cooperation), 공동 작업(collaboration), 집단적 아이디어 공유 등의 다양한 형태로 나타난다.

우선 공급사슬망(Supply chain network)과 사회망 서비스는 협업기술과 결합하여 공개형 소통과 협력의 광장을 제공한다. 또한 가상의 작업공간을 제공하여 여러 사람이 모여 대화를 나누며 함께 설계하고 개발이 가능하게 하며 자유로운 글로벌소싱이 가능하게 한다. 크라우드 소싱 플랫폼을 이용한 실시간 대화 공간은 상품기획에 필요한 집단적 아이디어 공유가 가능하게 한다.

이러한 메커니즘의 변화가 신개념의 가치사슬경영을 탄생시킬 것이다. 일반적인 비즈니스 흐름인 상품기획, 설계 및 개발, 시생산, 양산, 유통의 과정은 고객 참여 설계와 생산체제로의 변화를 일으킬 것이며, 글로벌 소싱과 크라우드소싱, 그리고 협업을 통한 비즈니스 혁신과 혁신을 지원하는 서비스 창출을 일으킬 것이다. "조달-생산-배송"의 전통적 공급사슬관리 체제는 협업 플랫폼을 통해 고객을 중심으로 아이디어 개발자, 설계·개발자, 전문생산자, 유통자가 결합하는 환경으로 변화를 할 것이다.

5) 사업 변환

디지털 변환의 궁극적인 목적은 스마트공장과 고객, 시장을 연결하여 경쟁력을 확보하는 것이므로 궁극에는 사업의 변환을 추구하는 것이다.

사업 변환은 사업모델의 개발을 통해 이루어지는데 고객 맞춤 사업으로의 역량 집중, 제조서비스로의 전환과 확장, 플랫폼 비즈니스 운영 등 다양하게 나타난다.

고객 맞춤 사업으로의 역량집중은 표준화된 대량생산 제품에 싫증을 느끼고 자신만의 욕구를 만족시킬 개인화된 상품을 원하는 고객에게 적극적으로 다가가는 것이다. 이러한 사업 방식을 활용하려면 맞춤생산과 배송체제를 구축해야한다. 공장이 고객과 시장 속에 세워지기도 한다. 이러한 사례로는 아디다스가 대표적이다. 인건비 절감 차원에서 동남아시아에 공장을 세우고 경영을 하던 아디다스가 안스바흐에 스피드팩토리를 건설하고 운동화 제조 사업을 하는 것은 대표적인 사업 전문화라고 볼 수 있다. 아디다스는 또 독일 베를린에 위치한 쇼핑몰 비키니에서 실시하는 고객 맞춤형 제조사업인 "Knit for You"를 운영하고 있다. 스피드팩토리와 "Knit for You"는 고객이 있는 곳에 공장을 건설하고 고객에게 밀착하여 직접 사업을 하는 비즈니스 모형으로 유명하다.

제조서비스로의 전환과 확장은 제조업이 금융, 물류, 유통, 정보통신기술 등을 도입하여 서비스를 개발하고 확장하는 경우를 의미한다. 현재 운영 중인 제조서비스에는 사물인터넷과 연계한 빅데이터 분석 서비스, 임대서비스, 금융서비스, 설계 지원 서비스, 컨설팅 서비스, 운영대행 서비스 등이 있다.

플랫폼 비즈니스 운영은 제조기업들이 사물인터넷과 연계한 솔루션으로 1차 변환한 후 솔루션을 플랫폼으로 2차 디지털 변환을 시행하여 플랫폼 비즈니스를 도모하는 경우가 이에 속한다.

1.2.2 데이터 경영

스마트공장 경영의 시작은 데이터를 이용한 경영이다. 기업을 운영하기 위해서는 예측정보, 분석정보, 진단정보 등 바른 판단과 의사결정을 지원하는 정보가 필요하다.

예측정보는 기업전략 수립에 필요한 정보인데, 시장과 수요의 변화, 고객요구와 제품에 대한 반응 등 다양하게 나타난다. 특히 기존의 사업 외에 사업 영역을 확대하거나 변화를 주려고 할 때에는 활용한 적이 없는 광범위한 정보를 확보해야한다.

분석과 진단은 인과분석과 상태를 확인하고 변화를 예측하는 행위로서 영업상황, 생산현황, 설비상태, 불량추이, 작업자 상황, 자재상태, 작업환경 등 매우 섬세한 데이터를 필요로 한다. 대체로 실시간 모니터링을 하면서 독립분석, 상관분석, 다면분석을 실시한 후, 문제가 예측되거나 사건이 발생하면 진단을 실시한다. 상관분석은 설계, 공정, 품질, 원가, 인력 등의 동일 차원에 있는 데이터들을 비교분석하는 작업에서부터 출발한다.

데이터 경영을 통한 기업혁신 사례는 비교적 적은 예산으로 시스템을 구축한 기업으로 부터도 찾아볼 수 있다. 특히 중소기업이라도 스마트공장을 도입하여 데이터경영을 하면 상당한 효과를 얻을 수가 있다. 이것이 한국, 독일, 일본 등의 국가에서 중소기업에게 스마트공장 도입을 적극적으로 종용하는 이유이다.

아래의 실시간 공정분석 사례는 일반적인 스마트공장 도입 사례이며, 간단한 시스템만으로도 큰 효과를 얻을 수 있음을 알 수 있다.

실시간 공정분석을 통한 품질 혁신 사례

안산의 P 자동차부품사는 단조공장과 자동차부품 조립공장을 운영하는 중소기업이다. 이 기업은 공정마다 정밀측정기를 연결하여 데이터를 측정하였고, 현장에서 데이터 분석을 실시하였다. 단지 실시간 데이터 집계와 분석을 했을 뿐인데도 그 동안 방치했던 품질 문제를 찾아내어 해결할 수 있었고 80%의 불량을 감소시키는 효과를 가져왔다.

뚜렷한 목적을 두고 스마트공장을 도입하는 경우에도 큰 효과를 거둘 수 있다. 이러한 예로 에너지 절감에 목표를 둔 기업의 사례를 살펴보겠다.

열처리 기업의 데이터 경영을 통한 에너지 절감

열처리 업종은 항상 일정한 온도와 가동 상태로 설비를 유지해야 하기 때문에 365일, 24시간 '일'을 멈출 수 없는 업종이다. 그리고 원가의 대부분은 전력비이다. 화성에 있는 S진공열처리사는 주문과 연계하여 전력소요량을 분석하고 최소전력 사용이 가능한 패턴을 찾았다. 그리고 주문 즉시 생산계획을 수립하되 전력비가 최소화되도록 알고리즘을 구성했다. 결과적으로 매년 30%의 원가가 절감되는 효과를 확보할 수 있었다.

1) 데이터 경영의 핵심, 예측과 사전 대비

스마트공장의 데이터분석은 사후분석 보다는 사전대비에 목적을 두고 있다. 예를 들면 설비를 주기적으로 점검하던 방식을 예지보전으로 전환할 수 있다. 예지보전은 설비의 상태를 모니터링하여 생산품질에 미치는 영향을 점검하여 사전에 대비하는 방식이다. 이는 설비에서 진동 주파수, 회전수 등과 같은 주요한 디지털 데이터를 실시간으로 확보하고 실시간으로 분석할 때 가능해 진다. 또한 정확한 데이터의 집계와 분석과 진단을 통하여 예지능력을 확보해야 한다. 예지능력이 떨어진다면, 사전대비는 오히려 더 많은 비용손실을 초래할 가능성이 높아지며 불필요해지게 된다. 예지능력은 알고리즘, 인공지능과 같은 우수한 솔루션으로만 해결되는 것이 아니다. 현장에서 정확한 데이터를 확보하는 것이 우선이다.

2) 트렌드 분석을 통한 예측

상당 부분의 데이터 분석은 복잡한 분석 알고리즘을 동원하지 않고 데이터를 이용한 트렌드 분석만으로도 큰 효과를 거둘 수 있다. 예를 들면 공정품질 분석을 위해서는 산포도나 통계적공정관리(Statistical Process Control) 기법을 이용하여 $\bar{X}$-R관리도만 운용하더라도 설비운전, 공정 운영, 자재특성 등의 다양한 분야에서 상한값과 하한값을 설정하여 관리함으로서 위기관리를 할 수 있다. 트렌드 분석 만으로도 가까운 미래를 쉽게 예측할 수 있다.

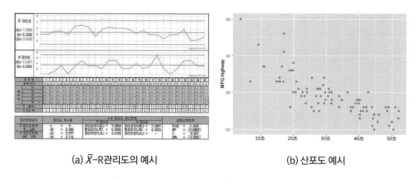

(a) $\bar{X}$-R관리도의 예시   (b) 산포도 예시

〈그림 1.2.2〉 트랜드 분석의 예시

3) 빅데이터를 이용한 예측

빅데이터는 예측하지 못한 정보를 제공받고자 할 때 활용되는 기술이다. 헥사급의 빅데이터를 받는다고 해도 해석하여 확보한 정보가 샘플을 채취하여 얻은 정보와 비교하여 다르지 않다면 빅데이터 분석은 의미를 갖지 못한다. 빅데이터는 데이터의 규모(Volume), 속도(Velocity), 그리고 다양성(Variety)이라는 특성을 갖는데 이 중에서도 다양성이 매우 중요하다.

기업의 빅데이터 분석의 시작은 데이터의 확보에 있다. 특히 사람이 가공을 한 적이 없는 기계와 시스템으로부터 확보된 원천 데이터가 필요하다. 그리고 모든 기업은 활동한 모든 내역을 데이터로 바꾸면 경영혁신에 활용할 수 있는 보배를 가지고 있다. 이 보배를 찾으면 기업은 새로운 도약을 준비할 수가 있는 것이다. 예를 들면 자동차 회사는 차량의 속도, 가속도, 회전각도 등의 주요 주행변수들 간의 상관관계에 해당하는 주행 메커니즘을 가지고 있다. 이 정보는 자율주행 시스템 개발에 활용되어질 중요한 정보이다. 만일 어떤 자동차 제조기업이 사물인터넷을 적용하여 주행 메커니즘 데이터를 확보하고 이를 이용하여 자율주행시스템을 경쟁사보다 먼저 상용화 한다면 시장에서 엄청난 성공을 거둘 것이다. 이와 같이 사물인터넷 기반의 빅데이터를 확보하고 있는 기업은 빅데이터 분석을 통하여 자신이 가지고 있는 보배를 찾을 수 있다.

스마트공장은 사물인터넷에 기반을 둔 내부데이터 뿐 만 아니라 시장정보, 고객정보, 사회망 서비스 등의 다양한 외부 정보도 흡수한다. 그런데 한 기업이 다양하고 폭넓은 빅데이터를 지속적으로 수집하고 분석하기는 쉽지는 않다. 빅데이터를 확보하는 과정, 추출하고 정제하는 과정, 분석하는 과정은 매우 복잡한다. 그러면서도 원하는 정보를 획득하지 못하고 실패하는 경우가 대부분이다. 기업 입장에서 보면 빅데이터 분석은 많은 고급 인력과 시스템, 그리고 수많은 실패를 감수해야 하며 매우 큰 비용을 필요로 한다.

개별 기업은 빅데이터를 활용하기 어렵지만 복수의 기업을 대상으로 한다면 다차원의 데이터를 확보할 수가 있으므로 빅데이터 분석의 실패를 줄일 수 있고 사용자 입장에서는 원하는 정보의 확보가 보다 용이해진다. 이 관점에서 발굴된 사업모형 중에는 활발하게 사물인터넷 분석서비스를 제공하면서 빅데이터 분석 서비스를 제공하는 것이다. 최근에는 이러한 사업모형으로 서비스를 제공하는 기업들이 많이 등장을 하고 있으며, GE와 지멘스도 이러한 서비스를 제공하는 대표적인 기업이다.

GE는 자체적으로 운영하던 Predix를 재개발하여 2015년 9월에 사물인터넷 클라우드 서비스를 개시하였다. GE는 초기 Predix를 활용하여 항공기에 탑재한 엔진의 성능과 마모 데이터를 확보한 후 운항노선 별로 분석하여 엔진 설계에 반영한 사례가 있다. 그리고 이를 바탕으로 사물인터넷으로 구성된 산업기계와 설비로부터 대규모의 데이터를 수집 분석하는 세계 최초의 산업인터넷 클라우드 솔루션을 완성하였다. 이 Predix는 2020년까지 세계적으로 500억 대의 기계들이 인터넷에 연결될 것으로 예상되며, GE는 설비 개발 기업에서 소프트웨어 기업으로 거듭나고 있다. 지멘스 또한 MindSphere라는 클라우드 플랫폼을 개발하여 사업을 진행 중에 있다. 이러한 클라우드 서비스 사업은 사물인터넷을 이용한 모니터링, 분석과 진단, 그리고 빅데이터 분석 서비스를 제공한다.

1.2.3 사람 중심의 경영

산업혁명과 그에 따른 산물, 특히 정보통신기술과 결합된 자동화와 인공지능은 진정 인간의 미래에 재앙이 될까? 앞으로 사람과 기계는 공존이 가능할까?

이 질문은 1차 산업혁명이 시작되면서부터 던져진 숙제이다. 1811년에 영국은 이 질문을 던지면서 노동자 운동인 러다이트 운동을 전개하였다. 그리고 4차 산업혁명을 맞이하는 지금, 기계자동화 뿐만이 아니라 인공지능, 로봇, 자동화 장비가 결합된 완전체에 가까운 시스템이 존재하므로 이 질문은 더욱 절박해졌다.

4차 산업혁명을 주창한 독일은 인구의 노령화 속도가 매우 빠른 나라이다. 현재 노동 가능 평균인구가 40대 중후반에 이른다. 노동 문제를 해결하기 위해 이민정책을 통해 생산 가능 인구를 늘려 나가고는 있으며 여성에게 적극적인 경제활동 참여를 유도하고 있다. 그 뿐만 아니라 제도와 작업환경을 고쳐 65세 이상 인력이 계속 산업현장에서 근무하도록 하고 있다. 이러한 환경 속에서 독일은 고용과 함께 글로벌 경쟁력을 유지하는 해법으로 4차산업혁명과 스마트공장을 선택하였다고 볼 수 있다. 2013년에 발간된 "Final report of the Industrie 4.0 Working Group"에는 사람과 기술의 상호작용과 사람과 환경의 상호작용에 대한 패러다임의 변화에 대하여 언급을 하고 있다. 이 보고서는 사람과 기계의 상호작용, 사람과 시스템의 상호작용에서부터 노동조직(Work organization)과 노동방식을 재설계하는 대변화를 예고하고 있다.

그리고 2016년 6월에 독일 경제에너지부와 노동부가 공동 발간한 "Working In the digital world"에서는 사람 중심의 시스템(Human-centric manufacturing)을 설계하기 위한 규범적 틀을 제시하였다. 이 틀은 사람(Man), 기술(Technology), 조직(Organization)을 삼각의 변으로 구성한다고 가

정하면 서로 만나는 꼭지점인 상호접점에서 수행할 역할과 필요 시스템을
정의하고 있다.

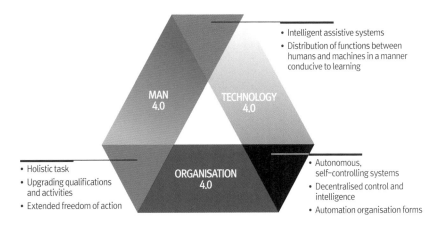

Intelligent assistive systems
Distribution of functions between
humans and machines in a manner
conducive to learning

MAN
4.0

TECHNOLOGY
4.0

Holistic task
Upgrading qualifications
and activities
Extended freedom of action

ORGANISATION
4.0

Autonomous,
self-controlling systems
Decentralised control and
intelligence
Automation organisation forms

〈그림 1.2.3〉 사람중심 시스템 설계를 위한 시작점[5]

2015년 4월, 독일 노동부는 디지털 변환 속에서 일어날 노동 변환에 대
한 대책을 제시한 노동 4.0(Arbeiten 4.0)에 대한 정책제안서인 녹서[6]를 발간
한 바 있다. 녹서에는 "미래에 어떤 기업이 살아남는지, 노동자는 어떤 신기
술을 접하는지, 노동사회는 어떻게 변화를 할 것인지, 사람은 어떤 도전을
해야 하는지"에 대한 질문을 던지고 있다. 그리고 2017년 3월에는 녹서를
바탕으로 노동 4.0 백서[7]를 발간하였는데 여기에는 노동자의 신기술 도전과
직업재교육, 노동유연성, 노동자 보호 등의 정책적 방향을 제시하고 있다.

5 Working In the digital world, 2016년 6월.
6 Green Paper Work 4.0 Federal Ministry of Labour and Social Affairs, Germany, March,
   2015.
7 White Paper Work 4.0 Federal Ministry of Labour and Social Affairs, Germany, March,
   2017.

노동 4.0은 노동자에게 전문화와 삶의 질의 향상 간의 균형에 초점을 맞추고 새로운 업무, 기회, 도전을 역설하고 있다.

노동 4.0은 사람이 신기술에 쉽게 적응해야 함을 강조하고 있지만 사람 중심의 노동방법에 대한 해법을 제시하고 있지는 않다. 궁극적인 질문은 "자동화, 첨단화, 지능화를 이용한 유연성, 생산성, 품질 등을 이겨내고 궁극적으로 사람의 가치를 유지하고 높여나가는 방법은 무엇이 있을까?"이며, 이 질문에 대한 해답이 필요하다. 그리고 해답을 제시할 수 있는 스마트공장 기술의 연구가 필요함을 인식하고 있을 뿐이다.

작업자, 즉 사람이 가치를 발휘하는 사회기술은 일본이 앞서 있다고 볼 수 있다. 미국의 GM 자동차 회사는 일본 자동차 회사의 강력한 경쟁력을 극복하기 위해 생산성 향상을 목표로 무인자동화를 추구하여 사람이 없어도 24시간 자동화 장비로 가동이 되는 light-out factory(어두워도 생산하는 공장이라는 뜻)를 구축하였고, 일본 도요타 자동차 회사는 "사람이 가장 지능적이며 다양한 기능을 수행할 수 있는 생산 요소"라는 철학을 굳게 믿고 사람을 적극적으로 활용하는 TPS에 집중을 하였다. 결과적으로 GM은 도요타를 극복할 수 없었다.

안전을 위해 작업 환경을 개선하고, 작업자의 다양한 기능을 적극적으로 활용하여 지능적 생산성 증가를 도모하도록 스마트공장 기술을 발전시키고, 노동자들은 이 기술을 이용하여 적극적으로 작업변환에 임한다면, 자동화와 지능화로 무장된 기계를 극복하고 사람이 최고의 가치를 발휘하는 제조업시스템을 구축할 수 있다. 그리고 독일의 경제에너지부는 근로자 중심의 인체공학적 스마트공장 모델을 개발하기 위한 다양한 시도를 하여 "New Workplace Model"을 제시한 바 있다. 아래 설명은 "New Workplace Model"을 설명하고 있다.

독일 경제에너지부의 motionEAP 프로젝트

생산과 물류에 운전변수가 많아지고 복잡도가 매우 높은 맞춤생산체제에서 작업자가 쉽고 빠르게 생산을 하는 시스템을 개발하였다. 조립과 주문분류 공정에서 작업자가 오류 없이 생산하고, 작업 변경이 필요할 때에는 복잡한 설명 없이 공정 변경을 빠르게 수행할 수 있도록 개발하였다. 또한 작업자의 행동패턴과 생산성과의 상관관계를 분석하여 작업자 안전을 예측하는 프로그램도 운영하고 있다.

독일 경제에너지부의 APPsist 프로젝트

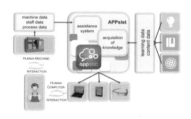

작업자에게 기계운전, 유지보수, 제어 등의 더 많은 임무가 부여됨에 따라서 인공지능 기반의 지식과 지원 시스템으로 작업자가 기계 운전 관련 지식과 기술을 높이는 시스템을 개발하였다. 모바일, 문맥인식, 스마트적응지원시스템 등을 이용한 신개념의 지원시스템과 숙련 작업자 노하우를 바탕으로 디지털 도제시스템 구축하였다.

독일 경제에너지부의 InSA 프로젝트

사람과 로봇의 협업빈도가 높아지면서 작업자와 로봇이 협업하여 제조를 할 때 안전 문제를 해결하기 위한 대응책이 필요하게 되어졌다. InSA 프로젝트는 가상물리시스템을 이용하여 행동패턴 인식 프로그램을 개발하여 작업자 안전을 연구하고 있다.

독일 경제에너지부가 프로젝트로 진행한 생산성 향상을 도모하기 위한 작업변환과 작업자의 안전을 도모하는 기술에는 증강현실, 가상현실(Virtual Reality; VR), 협업로봇과 웨어러블 로봇, 인공지능, 가상물리시스템 등의 다양한 기술이 활용되었다.

"사람 중심의 미래"를 위한 스마트공장은 기업에서도 자발적으로 도입하고 있다. 아우디는 잉골슈타트 공장에 작업자를 위한 체어리스체어를 구축하여 작업자의 편의를 제공하고 있으며, 넥카스울름 공장에 컨베이어 조립방식을 협업형 셀 생산방식으로 변경 후 생산성 향상을 도모하고 있다. 가전제품을 생산하는 BSH Venture사는 협업로봇을 투입하여 작업자가 하기 어려운 일은 로봇에게 분담하는 방식으로 작업 환경을 개선한 바 있다.

2장

데이터 기반
스마트공장 경영

배석주 한양대학교 교수
정태수 고려대학교 교수
허정윤 국민대학교 교수

SMART FACTORY
MANAGEMENT

기술의 혁신을 통해 제품과 서비스의 개발수명주기를 단축한 결과는 개인 맞춤형 생산의 확대와 소비자의 선택권 강화로 이어지게 된다. 이러한 시대에서 기업의 경쟁력 강화를 위해서는 데이터를 중심으로 신속하게 기획, R&D, 제조, 마케팅, 그리고 판매로 이어지는 가치사슬을 유기적으로 연결한 플랫폼 구축과 활용이 필수적이다.

🏃 이 글을 쓴 배석주, 정태수, 허정윤은

배석주
한양대학교 산업공학과를 졸업하고 동 대학원에서 석사학위를, 조지아 공대 School of Industrial and Systems Engineering에서 박사학위를 받았다. 주요 연구 분야는 설비 및 대형 구조물에 대한 예방보전 및 신뢰성공학으로, 2012년부터 IEEE Transactions on Reliability의 편집위원으로 활동 중이며, 스마트공장에 필요한 예지보전에 대한 연구도 활발히 진행하고 있다.

정태수
고려대학교 산업공학과를 졸업하고 KAIST 산업공학과에서 석사학위를, 미국 조지아공과대학 산업시스템공학부에서 박사학위를 받았다. 주요 연구 분야로는 ICT 기반 SCM 시스템 운영 전략, 물류 및 배송 시스템 최적화이며, 최근 들어 CPS 기반 스마트공장 운영 최적화, 머신러닝·인공지능 기반 데이터 분석 및 응용 등에 관한 연구를 활발히 진행하고 있다.

허정윤
KAIST 산업공학과에서 석사학위를 받고, 동대학원에서 박사과정을 수료했다. 패러다임쉬프트다계에서 UX 문제에 관심을 가지고 있으며 최근에는 자율주행과 HRI 분야의 연구를 주로 하고 있다. 기업에서의 경험을 살려 스타트업 자문과 함께 투자 그룹에도 참여하고 있다.

2.1 제품 디자인과 수요예측

수요예측은 모든 사업의 시작점이라고 볼 수 있다. 특히 소비 트렌드가 급격하게 변화하고 있는 환경과 다양한 요구를 만족시킬 수 있는 개인 맞춤형 생산이 확대되고 있는 시점에서, 고객의 니즈를 만족시킬 수 있는 제품을 잘 디자인하고 수요에 맞게 적절한 시기에 생산해 내는 것이 기업의 생존을 위한 필수적인 역량이라고 볼 수 있다.

4차 산업혁명의 변화와 함께 빅데이터, 인공지능, 사물인터넷 등의 정보통신기술이 초연결 플랫폼을 생성하면서, 생산과 소비의 전 과정도 긴밀하게 연결되는 시대가 시작되었다. 즉 생산과 소비가 결합되었고, 생산자는 소비자의 요구를 실시간으로 기획, R&D, 제조 등에 반영하여 스마트하게 생산하고, 소비자는 원하는 제품과 서비스를 적기에 제공받을 수 있는 시대가 되었다.

기술의 혁신을 통해 제품과 서비스의 개발수명주기를 단축한 결과는 개인 맞춤형 생산의 확대와 소비자의 선택권 강화로 이어지게 된다. 이러한 시대에서 기업의 경쟁력 강화를 위해서는 데이터를 중심으로 신속하게 기획, R&D, 제조, 마케팅, 그리고 판매로 이어지는 가치사슬을 유기적으로 연결한 플랫폼 구축과 활용이 필수적이다. 그리고 제품 디자인과 수요예측은 그 시작점에 있다고 볼 수 있으며, 수동적 수요예측이 아닌 고객 니즈의 분석에 기반 한 신속 과감한 의사결정 과정을 통한 적극적 수요예측, 즉 수요 창출로 변화해 가야 한다.

2.1.1. 미래 상품기획과 수요예측

1) 소비자 선택을 고려한 빅데이터 기반의 수요예측 모델

일명 '쌍둥이 칼'이란 별명으로도 유명한 독일의 주방용품업체인 헨켈 (Henkel)은 매출이 떨어지고 있는 원인을 계속 찾지 못하고 있다가, 소비자들이 솔직하게 의견을 표출하는 공간인 사회망서비스에서 그 답을 찾을 수 있었다.[1] 트위터에서 "헨켈"과 "주방용 칼"이라는 단어가 동시에 사용된 문장을 찾아 살펴본 결과 칼에서 나는 냄새가 싫다는 내용이 많다는 것을 발견할 수 있었고, 여기에서 힌트를 얻어 칼에서 나는 특유의 냄새를 없애고 매출도 회복할 수 있었다.

오피니언 마이닝(Opinion mining)은 이처럼 특정 주제에 대한 여러 사람들의 주관적인 의견을 객관적인 정보로 바꾸는 것을 의미한다.[2] 단순히 사람들의 의견만 분석하는 것이 아니라 감정과 태도도 함께 분석하기 때문에 감정 분석(sentiment analysis)으로 불리기도 한다. 요약하면 데이터에 감정 분석을 결합한 데이터 분석 기법으로, 최근에는 영화의 흥행 여부 예측, 주가 예측 등 다양한 영역에서 적극적으로 활용되고 있으며, 헨켈의 사례와 같이 제조업에서도 사용되고 있다. 또한 주요 분석 대상이 텍스트이므로 텍스트 마이닝을 위해 자연어 처리(NLP) 방법을 사용하며, 주 분석 대상은 쇼핑몰의 댓글, 트위터, 혹은 VOC와 같은 대규모의 텍스트 기반의 고객 작성 문서이다.

예를 들어 어떤 사용자가 특정 제품에 대해 아래와 같은 상품 평을 썼다고 가정해보자.

---

1   이우창. "목적 갖고 '빅 데이터' 활용하면 고객불만 줄고 매출이 늘어난다" 2th May. (2013).
     인터넷주소: http://news.hankyung.com/article/2013050238661
2   강만모, 김상락, 박상무. "빅 데이터의 분석과 활용", 정보과학회지, 30-6. (2012): 25-32.

<u>기능도 만족스럽고 디자인은 예쁘지만</u>, 사용하기엔 좀 <u>불편합니다.</u>

  (+1)   (+1)   (−1)

　오피니언 마이닝은 위의 상품평에서 의미 있는 형태소를 추출하여 '만족스럽고', "예쁘지만"이라는 긍정 단어는 가산점을, '불편하다'라는 부정 단어는 감점을 부여하여, 최종 평판 점수를 합산하여 소비자의 반응이 '긍정'이라고 평가하는 방식이다. 실제 오피니언 마이닝을 하기 위해서는 정교하고 통계적으로 의미있는 분석결과를 제공하기 위해 더 복잡한 알고리즘을 적용하고 있다. 이러한 오피니언 마이닝은 아래의 3단계로 설명할 수 있다.

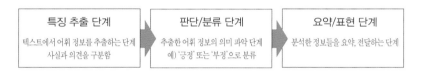

특징 추출 단계	판단/분류 단계	요약/표현 단계
텍스트에서 어휘 정보를 추출하는 단계 사실과 의견을 구분함	추출한 어휘 정보의 의미 파악 단계 예) '긍정' 또는 '부정'으로 분류	분석한 정보들을 요약, 전달하는 단계

　제조업과 같이 고객의 의견을 직접 듣기 어려운 경우에 오피니언 마이닝은 유용하게 활용될 수 있다. 장길상[3]은 통합 VOC(Voice of the Customer, 고객의 소리)관리를 위한 시스템 구축을 통해 대규모 제조업에서의 고객 의견을 의사결정에 활용하는 방식을 제안한 바가 있다.

2) 보유 데이터 기반의 수요예측 시스템

　사회망 서비스나 뉴스 등을 통해 수집된 데이터는 그 자체로도 많은 정보를 담고 있지만, 간혹 원하는 정보를 충분히 담지 못하고 있는 경우도 있

3　장길상, "대규모 제조업에서의 통합 VOC 관리 방안 및 시스템 구축", 한국컴퓨터정보학회 논문지, 14-8 (2009): 127-136.

고 정확하지 않은 정보 혹은 더 나아가 의도적으로 생산된 가짜 뉴스(Fake News) 등 정보의 신뢰성을 낮추는 데이터를 담고 있는 경우도 발생할 수 있다. 이를 보완하는 방법으로 직접 수집한 데이터를 기반으로 분석을 하는 기업도 등장하고 있다.

BAT로 흔히 표현되는 바이두(Baidu), 알리바바(Alibaba), 텐센트(Tencent)라는 중국의 3대 인터넷기업 중 하나인 알리바바는 자사 플랫폼을 통해 축적된 다양한 온라인 데이터인 거래량과 재구매율, 만족도, 판매자와 구매자 간 대화 이력 등 실제 이용자들의 시스템 사용을 통해 수집된 '빅 데이터'를 바탕으로 대출심사 대상자의 신용도를 즈마신용점수(芝麻分)로 평가해 대출서비스를 하고 있다.[4] 그 결과 0.06%라는 매우 낮은 수준의 부실 채권 비율로 서비스를 운영하며 빠르게 성장하였다. 금융 당국 권장 은행권의 NPL 비율이 1% 이하라는 것과 비교하면 그 안정성이 얼마나 더 큰지 알 수가 있다. 이렇게 신뢰도 있는 자체 데이터에 기반한 빅데이터 분석은 좋은 제품을 생산하는 입점 업체에 좋은 조건으로 대출을 제공하여 기업이 빠르게 성장할 수 있도록 도와준다고 볼 수 있으며, 더 나아가 알리바바의 신규 서비스 진출에 큰 경쟁력으로 작용하고 있다고 볼 수 있다.[5]

---

4   이기송, "핀테크 비즈니스 접목사례 및 최근 동향", KB 지식 비타민, 14-101, (2014).

5   JS Liu, "신용평가 지수가 알리바바 플랫폼을 만나면?", Medium, Jun 17, (2016) 인터넷 주소: https://medium.com/@yoojs8512/%EC%A6%88%EB%A7%88%EC%8B%A0%EC%9A%A9-%EC%95%8C%EB%A6%AC%EB%B0%94%EB%B0%94-%ED%95%80%ED%85%8C%ED%81%AC%EC%83%9D%ED%83%9C%EA%B3%84%EC%9D%98-%EC%9E%A0%EC%9E%AC%EB%A0%A5-43749d87ebbd

<그림 2.1.1> 알리바바의 중소사업자 대출 모델[6]

유형의 상품은 아니지만 데이터기반의 상품개발 및 수요예측의 좋은 사례는 넷플릭스에서 찾아볼 수 있다. 온라인 비디오 대여 사업에서 시작하여 월정액 기반의 온라인스트리밍 서비스를 제공하던 넷플릭스는 데이터 마이닝을 사용한 추천 시스템인 'Cinematch'를 개발하여 큰 수익을 얻을 수 있었다. 2011년 VOD 사업자들의 콘텐츠 가격 인상으로 위기를 맞으면서 자체 콘텐츠를 만드는 것을 시도하였다. 자사 고객의 동영상 시청 선호도를 기반으로 BBC사의 미스테리물을 리메이크 하기로 결정한 후 고객 데이터를 통해 BBC 제작 드라마를 좋아하는 사용자의 경우 케빈 스페이시(Kevin Spacey)와 데이비드 핀처(David Fincher) 감독에 대한 선호도가 높다는 것을 파악할 수 있었다. 이와 같이 미국 시장의 시청자들의 선호도를 분석하여 연출, 기획, 배우 등을 선정하여 넷플릭스 자체 제작 콘텐츠인 '하우스 오브 카드'가 만들어질 수 있었다.[7] 또한 시청자가 언제 일시 정지를 하고, 언제

---

6   KB 지식 비타민.
7   이강봉, "하우스 오브 카드'의 성공은 빅데이터". ScienceTimes, 26 Feb. 2014. 인터넷주소: http://www.sciencetimes.co.kr/?news=%ED%95%98%EC%9A%B0%EC%8A%A4-%EC%98%A4%EB%B8%8C-%EC%B9%B4%EB%93%9C%EC%9D%98-%EC%84%B1%EA%B3%B5%EC%9D%80-%EB%B9%85%EB%8D%B0%EC%9D%B4%ED%84%B0

뒤로 돌려보는지, 각 프로그램을 언제 보는지, 어떤 기기를 사용하는 지 등 시청자의 행동에 대한 아주 구체적인 정보까지 수집하여 분석한 결과 '하우스 오브 카드'는 2013년 1분기 기준 미국에서 2백만명의 신규 가입자를 창출할 수 있었다. 또한 효율적인 콘텐츠 구매를 위해 데이터에 기반한 콘텐츠의 예상 수익률을 참고하여 신규 콘텐츠 구매 가치를 결정하는 것으로도 알려져 있다.

3) 적극적 고객 데이터 확보를 통한 수요예측 시스템

넷플릭스나 알리바바와 같이 자사 보유 데이터를 활용하여 수요예측에 적용한 사례는 성공적이지만, 모든 기업이 수요예측에 적합한 데이터를 보유하고 있다고는 볼 수 없다. 본 절에서는 보다 적극적으로 수요예측 시스템에 필요한 데이터 확보를 시도한 기업의 사례를 소개하고자 한다.

넷플릭스와 함께 추천 서비스로 유명한 아마존은 A9이라 부르는 추천 시스템[8]을 보유하고 있다. A9 시스템은 기존 데이터를 활용하여 운영되는 Item-to-item collaboration filtering 알고리즘을 기반으로 구매 고객이 관심을 끌고 또 추가 구매가 가능한 상품을 추천하는데, 매출의 35%가 추천 상품에서 발생할 만큼 아마존 성장의 핵심 경쟁력으로 볼 수 있다.

Customers who bought this item also bought

Designing Voice User   Chatbots: An Introduction   Fundamentals of Deep   Voice User Interface   Hands-On Machine   Designing Agentive

Page 1 of 17

〈그림 2.1.2〉 아마존의 구매 추천 예시

8   Greg Linden, Brent Smith, and Jeremy York, "Amazon Recommandation Item-to-item Collaboration Filtering". IEEE Internet computing, 7-1, (2003): 76-80.

이미 추천 시스템의 경쟁력을 보유한 아마존은 2014년 대시(Dash)라는 새로운 제품을 출시한다. 막대처럼 생긴 대시를 통해 바코드 혹은 음성을 통해 주문이 필요한 제품을 입력하면 해당 상품은 아마존 프레시(Amazon-Fresh)의 해당 고객 장바구니에 바로 추가된다. 소비자는 주문 내역을 확인한 후 결제 버튼을 클릭만 하면 당일 배송 시스템에 의해 신선한 식료품을 빠르게 받을 수 있다. 이어서 2015년에 대시 버튼(Dash Button)이란 제품을 추가로 출시한다. 로그인할 필요 없이 대시 버튼만 누르면 특정 제품의 주문부터 결제, 배송에 이르는 모든 프로세스가 일괄적, 자동적으로 이뤄지는 서비스이다. 대시 버튼은 주로 세탁 세제, 휴지, 기저귀 등 제품 특성상 주기적인 보충이 필요한 생활용품 주문에 활용되고 있다. 대시 버튼은 특정 브랜드와 특정 품목을 지정해두기 때문에, 일단 대시 버튼이 소비자의 가정에 설치되면 경쟁 제품으로의 이탈을 막고 고객을 록인(lock-in)할 수 있는 강력한 도구가 될 수 있다.

〈그림 2.1.3〉 아마존의 대시(Dash) 와 대시 버튼(Dash Button) 예시

그렇다면 대시 혹은 대시 버튼을 통해 아마존이 얻고자 하는 것은 무엇일까? 일반적으로 소비자의 수요예측에 필요한 데이터는 제품을 구매하는 시점 혹은 인터넷을 통한 주문 시점을 기준으로 집계될 수 있다. 그러나 이 시점은 소비자의 실제 니즈와는 상당한 차이가 있다. 예를 들면 세제가 떨어졌는데, 바로 구매를 하지 않고 다른 제품의 소비와 연동하여 구매가 진

행될 수 있다. 이러한 측면에서 대시 그리고 대시 버튼은 소비자의 소비 패턴을 정확하게 파악하는 데 중요한 정보를 제공할 수 있다. 더 나아가 주문 후 제품이 바로 도착한다면 소비자의 구매 주기도 변화하게 된다. 이처럼 수요를 조정하고 창출할 수 있는(Demand Shaping) 아마존의 전략적 수단으로 대시와 대시 버튼이 사용되고 있다고 볼 수 있다. 즉 고객의 수요를 수동적인 예측 대상으로 보기 보다는 새로운 제품이나 서비스로 돌려 능동적으로 수요를 창출하는 것이 아마존의 전략이라고 볼 수 있다. 실제로 아마존은 아마존베이직스(Amazon Basics)라는 브랜드를 통해 다양한 PB(Private Brand) 제품을 계속 개발하고 있으며, 고객의 니즈에 맞는 적절한 시점에 자사의 PB 상품을 추천하는 전략으로 자사 PB 상품의 시장 점유율을 계속 높여가고 있다.

〈그림 2.1.4〉는 아마존의 서비스를 통해 수집한 데이터를 기반으로 수요 예측과 더 나아가 수요 창출을 만들어내고, 이를 통해 제조업체와 소비자를 연결하는 아마존의 스마트 SCM 체계를 설명하고 있다.[10]

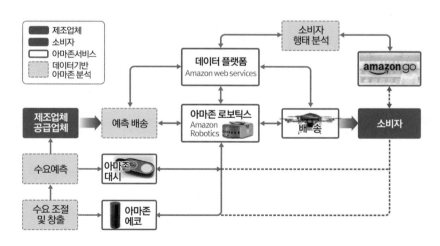

〈그림 2.1.4〉 아마존의 수요예측 및 수요 창출을 통한 스마트 SCM체계

빅데이터와 인공지능 기반의 추천 서비스를 패션 영역에 도입한 회사가 있다. 인공지능과 데이터 과학자가 함께 만든 의류 온라인 쇼핑 회사인 스티치픽스(Stitch Fix)는 2011년 창업 이후 빠르게 성장하고 있으며 2017년 기준으로 대략 $1.8 billion의 가치 평가를 받고 있다. 스티치픽스를 처음 접속하게 되면 간단하게 취향과 옷 주문에 필요한 사이즈를 확인한 후 스타일리스트를 통해 5벌의 옷을 선정해서 고객에게 보내준다. 이 중 5벌 모두를 구매하면 20% 할인 혜택을, 아무것도 구매하지 않을 경우 $20의 스타일링 비용을 지급하는 조건이다. 최저가로 제품을 제공하지 않는데도 불구하고 스티치픽스의 재구매율은 2017년 기준 87%에 달하고 있다.[10]

이러한 스티치픽스의 성공은 유통에서의 고객 니즈가 변화하고 있다는 것을 의미한다. 고객은 자신의 정확한 니즈를 파악하여 의사결정에 걸리는 시간을 아껴주는 서비스에 가격을 지불할 의향이 있다는 것을 의미한다. 넷플릭스의 에릭 콜슨이 최고알고리즘경영자(CAO)를 맡아 고객의 선호 스타일, 패션트렌드 등에 따라 수백 가지의 알고리즘을 만들고 또 인간 스타일리스트 3700명을 통해 실제 고객이 원하는 제품을 정확하게 파악하여 '개인을 위한 유통'을 제공하고 있는 좋은 사례라고 볼 수 있다. 스티치 픽스의 사례는 고객을 통해 확보된 데이터를 통해 실제 예상 구매 고객과 연결된 수요예측이라는 점에서 제조업에서도 고려할 수 있는 수요예측 모델로 생각된다.

9 민정웅, "월마트 제친 아마존 성장 비결은? 공급사슬 전체의 변화를 꾀한 '3I'혁신", 동아비즈니스 리뷰, 235 (2017), 인터넷 주소: http://dbr.donga.com/article/view/1203/article_no/8338

10 스티치픽스(Stitch Fix)사 내부 자료, 인터넷주소 https://www.stitchfix.com/

〈그림 2.1.5〉 스티치 픽스의 홈페이지 이미지　　〈그림 2.1.6〉 스티치 픽스 가입시 질문 예시

4) 정보 파이프라인에 기반한 QR 시스템 구축

QR시스템(Quick Response System)은 적시에 적정량의 상품을 공급하는 체제를 말한다. 이를 위해서는 생산 및 유통 기간의 단축이 가능하여야 하며, 이는 바코드를 이용한 판매 데이터 관리, 판매시점 정보관리(POS), 유통정보 데이터베이스 관리 등의 정보처리 기술을 통해 구축이 가능하다. 이러한 생산유통단계의 단축은 불확실성을 낮춰 재고 감소, 반품으로 인한 손실 감소 등 생산유통단계에서 비용 합리화도 가져오지만 더욱 중요한 점은 빠르게 변화하는 시장수요에 대한 대응력을 증가시키는 데 있다. 또한 유통과 메이커의 협력관계를 통해 구축된 정보 파이프라인이 QR 시스템의 선결조건이 된다.

이와 같은 효율적인 공급망을 구축한 대표 브랜드로는 스페인에 본사를 둔 패션 브랜드인 자라(ZARA)를 들 수 있다. 자라의 경우 새로운 제품이 일주일에 두 번 간격으로 매장에 출시되고 출시되자마자 판매되는 제품만 골라 빠르게 생산하여 판매하는 시스템으로 재고를 세일로 소진하기 보다는 빠른 제품 생산 주기와 한정된 수량으로 재고가 없도록 매장을 운영하는 것이 전략이며, 이를 가능하게 한 것은 제품 기획 단계에서부터 판매, 구매로 이어지는 고객의 피드백까지 정보 파이프라인으로 구축한 데 있다.

또 다른 QR 시스템 구축 사례로는 미국 위스콘신에 위치한 Nelson

Container사가 있다. QR 시스템 원칙에 의해 골판지 박스의 디자인, 제작, 그리고 유통까지의 전 프로세스가 운영되고 있는 넬슨 콘테이너사는 24시간 이내의 lead time과 맞춤 골판지 박스 제작이 강점인 제품 포장 지원을 위한 패키징 전문 회사이다. QR 시스템 구축 전에는 몇일이 걸리던 제조 공정을 manufacturing critical-path time(MCT) 분석과 주간 MCT 파악 등의 지속적인 투자를 통해 이제 24시간 이내에 제품 배송이 가능한 회사로 변신할수 있게 되었다.[11] 비록 포장 박스라는 간단한 제품이지만, QR 시스템 구축을 통해 경쟁력을 확보한 제조 회사의 사례로 소개한다.

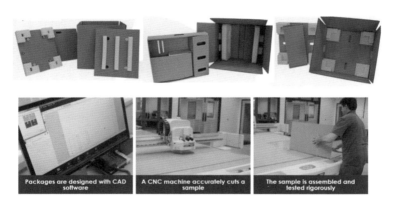

<그림 2.1.7> 넬슨 콘테이너사 제품과 제조 과정

제조업에서 QR 시스템 구축에 가장 어려운 요소 중 하나는 실시간 집계를 위한 데이터 확보이다. 연매출 1500억원 규모의 금형 분야 중견기업 재영솔루텍은 중국 업체의 저가 공세를 극복하기 위해 고심을 하다가 금형 산업이 주문 제작 방식으로 이뤄진다는 특성을 파악하여 고객사가 원하는 금형을 빠르게 생산, 제공하는 것을 핵심 경쟁력으로 정의하고 설계도 정보의 디

11 넬슨콘테이너사 내부 자료. 인터넷주소: http://www.nelsoncontainer.com.

지털화를 통해 자동으로 금형 기계에 반영되는 시스템의 구축을 통해 위기에서 벗어날 수 있었다.[12] 여기에 금형에 QR 코드를 반영하여, 금형 발주자가 자신의 스마트 폰으로 금형 제작의 전 과정을 실시간으로 확인할 수 있는 서비스를 통해 회사의 경쟁력을 한 단계 더 높일 수 있도록 준비하고 있다.

이처럼 제조업의 생산 기술에 정보통신기술을 결합하면 기존 제조업의 제품기획에서 설계, 제작, 그리고 판매까지의 모든 과정의 연결을 통해 생산성이 높아지고 이는 가격 경쟁력으로 이어질 수 있다. 이 다음 단계는 내부에 축적된 데이터를 활용하여 고부가 신규 서비스 개발까지 확장하여 적용하는 것이 필요하다.

이제 메가 트렌드가 된 공유 경제는 자동차 업계에도 큰 변화를 가져오고 있다. 독일의 BMW사는 유럽에서 '드라이브 나우'라는 카쉐어 서비스를 제공하고 있으며, GM은 미국에서 차량공유 서비스를 제공하는 '메이븐'이란 브랜드를 별도로 설립하였다. 프리미엄 브랜드인 재규어랜드로버 또한 자회사인 인모션(InMotion)을 통해 카쉐어링 회사 리프트(Lyft)와의 협업을 진행 중이다. 이러한 자동차 업계의 변화는 무엇을 이야기할까? 단순히 수요 감소에 따른 공급 확대 방안일까? 오히려 이러한 변화는 고도로 개인화된 주문형 모빌리티 서비스를 제공하기 위해 고객의 자동차 사용 행태에 대한 정보를 확보하기 수단이라고 생각된다.

독일의 BMW가 제공하는 서비스를 살펴보면 원하는 시간에 원하는 장소로 차량을 보내주는 서비스와, 사용하지 않는 시기에 자기 차량의 임대를 지원하는 서비스, 운전기사 지원 등 고객이 차량을 사용하는 방식에 대해 적극적으로 정보를 수집할 수 있는 서비스를 제공하는 것을 파악할 수 있다. 삼성이 인수하여 화제가 되었던 하만 인터네셔널(Harman International)

---

12 김제관, "금형에 QR코드 심어 생산물류비 대폭 절감", MK증권, 1. Jun (2015), 인터넷주소: http://vip.mk.co.kr/news/view/21/20/1285249.html

의 핵심 파트너인 스위스 자동차 디자인 회사 린스피드(Rinspeed)는 섀시와 자동차 캐빈이 쉽게 분리될 수 있는 분리형 플랫폼을 적용한 전기자동차 콘셉트 스냅(SNAP)을 제시하였다. 아직은 시장에 등장하기까지 시간이 필요하겠지만, 이러한 콘셉트는 자동차 또한 고객 니즈에 맞게 변화할 수 있도록 자동차 업계가 노력하고 있는 것을 잘 보여준다고 생각된다.

〈그림 2.1.8〉 린스피드사의 분리형 플랫폼 구조

〈그림 2.1.9〉 BMW사의 'Drive Now'

이번 절에서는 기업 생존을 위한 필수적인 역량의 하나인 수요예측에 대해 다루었다. 데이터에 기반한 대표적 수요예측 사례와 함께 고객의 사용 행태 분석에 기반한 적극적 수요예측, 즉 수요 창출을 통해 시장 지배력을 확대하고 있는 사례도 함께 설명하였다. 하지만 아쉽게도 소개드린 대부분의 사례는 생활 소비재 중심으로 제조업에서의 적용은 상대적으로 쉽지 않음을 알 수 있다. 그러나 기업의 본질은 생존에 있으며, 가장 보수적 제조 영역인 자동차 제조사들의 새로운 변화 모습을 통해 제조업이란 내가 가진 제품을 파는 것이 아닌, 내가 가진 생산 능력을 통해 고객의 니즈를 만족시킬 수 있는 제품을 잘 디자인해서 적절한 시기에 빠르게 생산하는 것으로 정의하고 싶다. 이를 위해서는 필요한 데이터를 어디서 확보할 것인가, 그리고 확보한 데이터를 중심으로 기획, R&D, 제조, 마케팅, 그리고 판매로 이어지는 가치 사슬을 유기적으로 연결한 플랫폼 구축은 어떻게 할 것인가에 대해 한번 쯤 고민하실 수 있는 계기가 되길 기대한다.

2.1.2 수요예측 기법

1) 수요예측의 필요성

2.1.1 소절에서는 새로운 시장 창출을 위해 다양한 데이터 소스를 기반으로 하는 수요예측에 관한 내용을 다루었다면 본 소절에서는 기존의 전통적인 수요예측 기법 및 사례에 대해 살펴보겠다. 경영에서 의사결정은 예측에서부터 시작한다. 특히, 앞으로 상품을 얼마나 더 판매할 수 있는지 시장의 수요를 예측하는 것은 필수적인 경영활동 중 하나이다. 실제 규모와 다르게 수요를 예측하면 재고관리, 설비투자 등의 비용이 발생하기 때문이다. 대표적인 사례가 위닉스의 제습기이다. 2013년 전년대비 3배가 성장해 130만대로 성장했다. 2014년 이를 반영해 100만대의 제습기를 생산했지만, 마른장마로 인해 3년 연속 제습기 수요가 감소했다. 그 결과 2년 동안 약 40억 원에 달하는 재고자산평가충당금을 손실로 처리했다.[13]

---

13 김일권, "위닉스, 3년 묵은 제습기 재고 올해는 털까", The bell, 2017. 04. 05.

위 사례를 통해 데이터 기반(정량적) 수요예측이 기업경영에서 중요한 점임을 간접적으로 알 수 있다. 수요를 예측하는 방법은 크게 정성적 방법과 정량적 방법으로 나눌 수 있으며 아래와 같은 방법론이 있다.[14]

〈표 2.1.1〉 수요예측모델

정량적	회귀분석	수요량과 이에 영향을 주는 변수간 인과관계를 분석하는 통계모형
	시계열 분석	과거 수요량을 기반으로 예측을 위해 개발된 통계모형
	확산모형	제품이 집단 구성원 간 대중매체나 구전의 영향으로 퍼져나가는 과정을 모델링한 기법
	인공신경망	생물학적 신경망을 근간으로 데이터간의 패턴을 찾고 이를 기반으로 예측하는 머신러닝의 한 방법
정성적	전문가 의견 활용	데이터 수집이 불가능 또는 충분하지 않을 경우 전문가의 의견을 통해 예측하는 방법
	컨조인트 분석	소비자에 대한 설문조사를 통해 소비자의 선호도를 조사하고 이를 바탕으로 예측하는 방법
	인덱스 분석	수요량에 영향을 미치는 변수들을 나열하고 비교 평가하여 수요를 예측하는 방법

스마트공장의 근본인 데이터 기반의 수요예측을 위해 본 절에서는 먼저 기존의 잘 알려진 정량적 수요예측 방법들에 대하여 알아보고자 한다.

2) 정량적 수요예측

회귀모형(Regression)

선형 회귀모형은 수요량(Y)과 수요량에 영향을 미치는 변수(X) 사이의

---

14 박성배 외, "효과적 수요예측 방법과 사례", SERI 이슈 페이퍼, 2012. 03.

관계를 직선으로 표현한 모형을 말한다. 통계학에서는 X를 종속변수, Y를 독립변수라고 한다. 종속변수는 예측변수로서 독립변수에 영향을 받으며, 독립변수는 종속변수를 변화시키는 원인이 되는 변수를 말한다. 결과로 X 와 Y 사이의 정량적 관계로부터 Y의 예측값을 산출할 수 있게 된다.

〈표 2.1.2〉 회귀모형의 분류

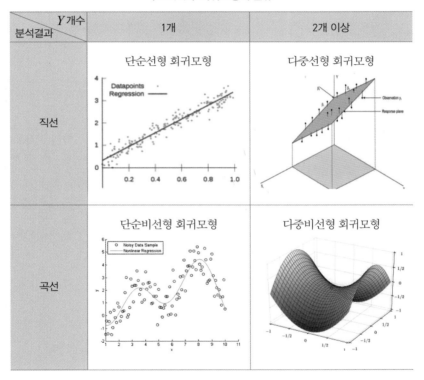

분석결과 \ Y 개수	1개	2개 이상
직선	단순선형 회귀모형	다중선형 회귀모형
곡선	단순비선형 회귀모형	다중비선형 회귀모형

회귀모형은 X개수가 1개이면 단순 회귀모형, 2개 이상이면 다중 회귀 모형으로 분류한다. 그리고 회귀모형의 결과가 직선이면 선형 회귀모형, 곡선이면 비선형 회귀모형으로 분류한다.

본 절에서는 가장 기본이 되는 단순선형 회귀모형의 원리를 다루고자 한다. X와 Y의 관계가 선형 함수 관계인 단순선형 회귀모형은 아래와 같다.

$$Y_i = \beta_0 + \beta_1 X_i + e_i$$

※ Y_i: i 기간 동안 Y(수요량)의 값, X_i: i 기간 동안 X(수요량)의 값, β_0: Y 절편, β_1: 회귀직선의 기울기, e_i: i 기간 Y의 오차항

단순선형 회귀모형에서 알고자 하는 계수(Parameter)는 β_0와 β_1의 추정 값이고, 이를 통해 e_i의 값을 도출할 수 있다. 각 계수의 의미를 살펴보면 다음과 같다.

β_0: y-절편으로서 X값이 0일 때 Y의 값이다. 즉, 수요량에 영향을 주는 변수의 값이 0일 때 수요량의 값을 의미한다.

β_1: 회귀직선의 기울기이다. X값이 1단위 증가할 때 수요량이 증가하는 양을 의미한다.

e_i: i 기간 Y의 오차항으로, 실제 수요량과 추정된 수요량의 차이를 의미한다.

위의 계수를 추정하기 위해서 최소제곱법을 사용한다. 최소제곱법은 오차항 제곱들의 합을 최소화하는 계수를 도출하는 방법이며 수식은 다음과 같다.

$$Minimize \quad Q(\beta_0, \beta_1) = \sum_{i=1}^{n} e_i^2 = \sum_{i=1}^{n} (Y_i - \beta_0 - \beta_1 X_i)^2$$

이를 β_0, β_1에 대하여 각각 편미분 후, 각 미분의 값이 0이 되는 β_0, β_1 추정 값을 도출하면 다음과 같다. 이때 실제 값이 아닌 추정 값이므로 $\hat{\beta}_0, \hat{\beta}_1$으로 표현한다.

$$\hat{\beta_1} = \frac{\sum_{i=1}^{n}(X_i - \overline{X})(Y_i - \overline{Y})}{\sum_{i=1}^{n}(X_i - \overline{X})^2} , \quad \hat{\beta_0} = \overline{Y} - \hat{\beta_1}\overline{X} \quad (\text{이때}, \quad \overline{X} = \frac{1}{n}\sum_{i=1}^{n}X_i, \quad \overline{Y} = \frac{1}{n}\sum_{i=1}^{n}Y_i)$$

회귀모형에서 계수값이 제대로 추정했는지 확인하기 위해 아래의 R^2을 이용한다.

$$R^2 = \frac{\sum_{i=1}^{n}(\hat{Y_i} - \overline{Y})^2}{\sum_{i=1}^{n}(Y_i - \overline{Y})^2} = 1 - \frac{\sum_{i=1}^{n}(Y_i - \hat{Y_i})^2}{\sum_{i=1}^{n}(Y_i - \overline{Y})^2}$$

R^2값은 0과 1 사이의 값이며 1에 가까울수록 적합하고, 0에 가까울수록 X가 Y에 영향이 없음을 의미한다.

시계열 분석(Time Series)

과거 수요량을 기반으로 미래의 수요량을 예측하는 방법이다. 다양한 시계열 모형 중 본 절에서는 대표적인 시계열 분석모형인 ARIMA 모형을 중심으로 간략히 살펴보고자 한다.

시계열 데이터는 안정적 시계열(stationary)과 비안정적 시계열(non-stationary)로 데이터를 분류할 수 있다. 아래의 3개의 조건을 모두 만족하면 안정적 시계열로 분류한다.

① 시간의 추이와 관계없이 평균이 불변해야 한다.
② 시간의 추이와 관계없이 분산이 불변해야 한다.
③ 두 시점 간의 공분산이 기준시점과 무관해야 한다.

안정적인 조건을 만족하지 않으면 비안정적 시계열로 분류한다. 이 경우에는 통상 값에 log 또는 차분(differencing)을 취해 안정적인 시계열로 변화시킨 후 시계열 모형을 적용한다.

<표 2.1.3> 차분에 전후 데이터의 비교[15]

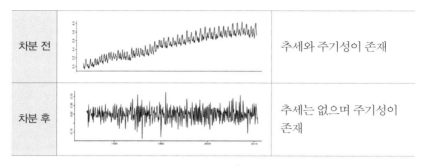

차분 전		추세와 주기성이 존재
차분 후		추세는 없으며 주기성이 존재

　<표 2.1.3>과 같이 차분 전 존재하던 추세 값은 차분 후 추세가 없으며 주기만 있는 데이터로 변환된다. 이후 안정성의 여부에 따라 적합한 모형을 선택해 분석을 진행하면 된다.

<표 2.1.4> 시계열 데이터 종류에 따른 예측모형

구분	단변량	다변량
안정적 시계열	ARIMA	VAR(벡터 자기회귀모형)
비안정적 시계열	ECM(오차수정모형)	VECM(벡터-오차수정모형)

　위 모형 중 본 절에서는 기본이 되는 모형인 ARIMA 모형을 중심으로 설명하고자 한다. 안정적 시계열로 변환하기 위해서는 차분을 주로 사용한다. 차분은 현재 기간의 값에서 이전 기간의 값을 빼는 것을 말한다. Y_1, Y_2, Y_3, $\cdots$, Y_n 형태의 시계열 데이터가 존재하는 경우, $\Delta Y_t = Y_t - Y_{t-1}$ ($t=2, 3, \cdots, n$)을 1번 시행하면 1차분, 1차 차분을 다시 차분하면 2차 차분을 의미한다. 안정적 시계열로 변환이 될 때까지 차분을 지속한다.

15　OTexts, "8.1 Stationarity and differencing", https://www.otexts.org/fpp/8/1(2017. 12. 17 검색).

이후 R, 파이썬 등의 통계 프로그램을 활용해 시계열 데이터에 어느 정도의 주기성과 시차가 존재하는지 확인한다. R에서는 시차와 주기성과 관련된 인자 값을 자동으로 찾아주는 auto.arima가 내장되어 있는 반면, 파이썬의 경우는 사용자가 수동으로 인자 값을 찾아야 한다.

그 결과 ARIMA(P,D,Q) 형태의 결과를 얻을 수 있다. 이를 해석하면, P는 이전 어느 시점까지의 관측 값이 현재값에 영향을 주는지 알려주는 계수로서, P=1이면 직전시점의 관측 값만 현시점에 영향을 주고, P=2이면 $t-2$, $t-2$ 시점이 t 시점에 영향을 주는 것을 의미한다. D는 몇 번의 차분을 진행하는지 알려주는 계수이다. Q는 이전 어느 시점까지의 오차항이 현재값에 영향을 주는지 알려주는 계수이다. 여기서 오차항이란 모형을 통해 추정한 값과 실제 값 사이의 차이를 의미한다.

여기서 P만을 별도로 추정하는 모형을 AR모형(autocorrelation), Q만을 별도로 추정하는 모형을 MA(moving average)모형이라 한다. 추정된 모형을 바탕으로 최종목적인 예측을 진행하면 된다. 이때, 통계 프로그램의 도움을 받으면 원활하게 예측모형을 구축할 수 있다. R에서는 Predict 함수를 이용해 예측을 진행하면 된다.

ARIMA 모형은 과거 관측 값이 독립변수가 되어 다시 종속변수인 수요량 등을 예측하는 모형이다. 이 때문에 다른 변수에 대한 영향과 민감도 등을 분석하는 목적으로는 부적합 한다. 그러나 ARIMA 모형 자체가 예측을 목적으로 하기 때문에 과거 관측 값만 확보된다면 분야의 제약이 없이 활용이 가능하다는 장점이 있다.

인공신경망(Neural Network) 및 딥러닝

인공신경망은 생물학적 신경망을 모방한 예측 시스템을 의미한다. 경험(학습)이 반복되면서 뉴런(신경)이 활성화 되도록 시냅스(신경 사이를 연결하는 곳)의 강도가 강화되고, 학습이 약해지면 강도가 약해진다. 간단히 설명하면 과거 유사한 데이터의 형태가 많다면 관련 시냅스의 가중치가 증가하고, 반대의 경우는 감소하도록 학습하는 것을 의미한다. 대표적으로 국내 화학 공업에서 에틸렌의 수요변동을 예측하는데 활용한 사례가 있다.[16]

〈표 2.1.5〉 인공신경망 학습 전/후 에틸렌의 국내수요량 예측모형[15]

인공신경망은 R 또는 파이썬에 Package로 제공되고 있으며, 원래 데이터를 입력만 하면 인공신경망을 설계할 수 있다. R에서는 nnet이라는 패키지로 인공신경망을 설계할 수 있다. 이때, 히든노드를 지정해야 한다. 히든 노드는 앞서 말한 시냅스를 말하며 히든 노드의 가중치를 기반으로 인공신 경망을 학습한다.

인공신경망 학습의 핵심은 실제 수요량과 모형의 수요량의 차이를 최소 화하는 시냅스의 가중치를 도출하는 것이다. 이를 활용하면 변동의 양상이 복잡해 인과관계를 규정하기 어려운 상황에서 예측이 중요한 문제에 효과 적이라는 점이다. 특히, 비선형의 변동 패턴에서 단기적으로 예측을 수행하 는데 다른 모형보다 우수하다는 장점이 있다. 그러나 예측결과만 제시될 뿐 변수들 간 어떤 인과관계가 존재하는지, 어떤 변수가 중요한지를 설명하는 데 부족하다는 한계점이 존재한다.

---

16 이인범 외, "화학공정생산관리", 도서출판 아진, 2002.

1) 수요예측 사례

사례 1: 미국 의료기기 기업 'Alcon'(알콘)의 수요예측 기반 스마트 제조[17]

미국 텍사스 주에서 안과용 의료기기를 생산하는 'Alcon'(알콘)은 수요예측 기반의 스마트 제조를 통해 재고관리 비용을 6백만 달러 절감하는데 성공했다. 해당 기업이 가진 문제는 의사들이 원하는 의료기기가 무엇이고 얼마나 원하는지 정량적으로 수요예측이 힘들다는 점이었다. 수요예측 담당자는 다년간 업무경험으로 쌓은 직감과 엑셀에 의존하여 수요량을 예측했지만 정확도 낮은 결과로 인해 이익향상에는 어려움을 겪었으며, 재고량도 증가하여 불필요한 재고관리 비용이 증가하였다.

알콘은 SAS사의 분산 시스템 기반의 수요예측 시스템 도입을 통해 앞서 언급한 문제점을 개선하고자 하였다(〈그림 2.1.10〉 참조). 해당 시스템 도입을 통하여 방대한 양의 매출내역, 대외적 경제지표 등을 시계열 기반으로 분석했고 기존 수요예측을 개선할 수 있었다. 그 결과 50% 재고감소, 생산성 향상, 그리고 고객만족도 증가 등을 이루어내었고, 의사들의 제품에 대한 수요를 정확하게 추정하여 신제품 개발 및 생산에 적용하였다. 해당 시스템에 사용된 예측이론은 다음과 같다.

① 알콘은 기존제품과 신제품에 대한 확산모형을 적용해 소비자군에 제품이 퍼져나가는 속도를 측정하였다. 이를 통해 기존제품의 생산을 중단해야 하는 시점과 신제품이 시장에서 판매되는 속도를 측정 및 예측할 수 있었다.

② 수요량 변화의 추세와 계절성은 시계열 분석을 바탕으로 하였다. 구체적으로 ARIMA를 통해 주기성이 있는 매출(판매량)의 변화를 분석하였으며, 동시에 제품이 시장에서 판매되는 추세를 분석하였다.

③ 분산 시스템을 구성해 대용량의 데이터를 안전하게 관리하였다. 또

---

17 https://www.youtube.com/watch?v=wVqXu3P8648, 2011. 05.

한, 분석을 하는 과정에서는 분산 컴퓨팅 분석기법을 활용해 신속한 분석이 가능하도록 예측 시스템을 설계하였다.

〈그림 2.1.10〉 알콘에서 구축한 사용한 SAS사의 시계열 기반 수요예측 소프트웨어[19]

위 수요예측 기법은 최신 머신러닝 기술이 아닌 기존의 일반적인 시계열 분석기법들에 기반하고 있다는 점을 특징으로 볼 수 있다. 이는 국내 중소기업들도 최신기술이 아닌 기존에 잘 알려진 기법들을 바탕으로 스마트 제조시스템 구현을 위한 수요예측기법을 개발하여 효율적인 재고관리가 가능함을 시사하고 있다. 최근에는 이를 인공신경망, 딥러닝 등을 통해 고도화 시키는 추세이며, 단일 모형(예측기법)만 사용하는 것이 아닌 앙상블 기법을 통해 여러 모형을 종합하여 수요예측을 하고 있으며 그 정확도가 높아지고 있다.[19]

18 SAS Service Parts Optimization, https://www.sas.com/cs_cz/software/supply-chain/demand-driven-forecasting.html, 2018. 01.

19 Qiu, Xueheng, et al. "Ensemble deep learning for regression and time series forecasting," Computational Intelligence in Ensemble Learning(CIEL), 2014 IEEE Symposium on. IEEE, 2014.

현대제철은 빅데이터 기반의 SW를 통해 수요예측 및 생산공정 자동화를 실현하는 신규 철분말 공장을 건설했다. 이를 통해 개방형 구조의 공장을 통해 새로운 기능의 확장을 가능케 했다. 또한 공장 운용인력을 기존보다 줄이고 설비관리에 관련된 비용을 최소화했다.

현대제철은 머신러닝을 활용해, ① 생산 및 품질의 안정화, ② 설비 가동의 효율화, ③ 시스템 운용의 고도화, ④ 품질의 신뢰성 향상 및 최적화를 달성했다. 이를 위해 사물인터넷 기반의 생산 데이터 수집 네트워크를 구축했고, 수집된 데이터에 패턴 분석을 적용해 생산과정의 주기성과 특징을 도출했다. 그리고 이벤트성 이슈가 발생했을 때, 머신러닝이 기존의 분석된 수요패턴과 다른 경우 공정의 효율적 관리가 가능해졌다.

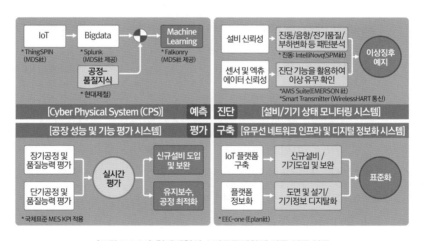

〈그림 2.1.11〉 현대제철의 스마트공장화에 따른 신규 업무

20 이정한, "IoT와 빅데이터 분석 기술을 활용한 철분말 공장 스마트공장화 진행 현황", Industrial IoT 전문가 컨퍼런스, 2015. 09.

이를 통해 수요예측이 영업적 측면에서만 활용되는 것이 아닌 공정운영에도 응용될 수 있음을 확인할 수 있다. 패턴분석을 통해 도출한 수요량 및 생산 공정의 양상과 다른 이벤트성 이슈가 발생했을 경우 실시간으로 공정을 유연하게 운영할 수 있다. 참고로, 스마트공장을 위해 현대제철은 가상 물리시스템 기반의 스마트공장을 지향했다. 내부에 와이파이 기반의 송수신 장치를 부착하였으며, 빅데이터를 원활하게 수집하고 분석하기 위해 수집용 서버와 분석서버를 구축하였다(〈그림 2.1.12〉 참조).

지능형 제품 품질 관리 시스템 및 분석실

공장 내 WIFI 송/수신기

IoT, 빅데이터 분석 서버

〈그림 2.1.12〉 현대제철 철분말 공장의 내부 사진

2.2 스마트 품질경영

2.2.1 품질 4.0(Quality 4.0)과 스마트 품질경영

기업이 제공하는 제품 혹은 서비스의 품질향상은 매출액 및 시장점유율 증가 등과 같이 직·간접적으로 영향을 미치기 때문에 많은 기업들은 이러한 제품과 서비스에 대한 고객의 다양한 니즈를 만족시키기 위한 품질 경쟁

력을 갖추기 위한 노력을 하고 있다. '품질'의 일반적인 정의는 제품 혹은 서비스가 사용목적을 만족시키고 있는지 여부를 판별하기 위한 평가의 대상이 되는 고유한 성질 혹은 성능 전체를 말한다. 그간 많은 기업들은 품질우위를 점하기 위한 하나의 큰 방편으로 품질경영 활동을 실시하고 있다. 예를 들어, TQM(Total Quality Management, 전사적 품질관리)은 우수한 제품 및 서비스 등을 고객에 제공하기 위해 품질에 중점을 두고 기업 전 부문의 참여를 통해 고객만족과 이익창출로 회사의 장기적인 성공에 목표를 두는 조직 전체의 체계적 노력을 의미한다. 이는 높은 수준의 전사적 경영활동을 통해 생산되는 제품이나 서비스는 일반적으로 높은 수준의 품질로 귀결될 가능성이 높기 때문이다. 그러나 시장 및 기술은 급변하고 있으며 새로운 기준 및 소비자 요구사항들이 등장하고 있는 가운데, 많은 기업들은 여전히 전통적인 방식의 품질관리 및 경영기법에 머물러 있으며 이로 인해 기업들은 기존 방식들이 비교적 덜 효과적이라는 인식을 가지고 있는 것이 현실이다. 더불어 제품 복잡도 및 다양성 증가, 제품주기 단축, 세계화 및 규제변화 등은 효과적인 품질경영 수행을 어렵게 만드는 요인들이라 볼 수 있다.

최근 들어 4차 산업혁명의 시대 도래와 함께 품질경영에서도 기존의 방식에서 벗어나 ICT 기술을 적극적으로 활용하여 선제적 품질관리 방식으로 개선하려는 노력들이 많이 일어나고 있다. 소위 '스마트 품질경영' 혹은 '품질 4.0'은 ICT 융합을 통해 종전의 사후검사 및 보증에서 벗어나 사전에 수집, 분석된 빅데이터를 활용하여 선제적 불량예지 및 보전 중심으로 진화된 품질경영시스템으로 기존 TQM 및 6시그마 등 기존 품질관리기법과 사물인터넷, 빅데이터 분석기술 등이 결합된 신개념 품질관리 및 경영개념으로 볼 수 있다.

본 절에서는 4차 산업혁명 시대의 품질경영을 의미하는 '품질 4.0'에 대해 살펴보고, 최신 정보통신기술의 접목을 통해 기존 품질경영 시스템 운영 체계를 어떻게 개선할 수 있을지에 대해 알아보도록 하겠다.

2.2.2 품질관리 개선 영역

제품설계부터 고객판매에 이르기까지 모든 가치사슬 단계에서 품질에
관한 고려는 필수적이지만, 시장변화에 대응하기 위한 제품 다양성 및 복잡
도 증가, 이로 인한 구성요소들의 증가, 복잡한 글로벌 공급망 등으로 인해
이러한 가치사슬 전 단계에서 발생할 수 있는 품질관련 이슈들을 효과적으
로 다루는데 어려움이 많이 발생하고 있으며, 결국 이로 인한 품질 문제가
지속적으로 대두되고 있다. 이에 가치사슬 상에서 다음과 같이 예방적 품질
관리, 반응적 품질관리, 품질관리 문화 등 3가지 영역에서의 개선이 요구되
고 있다.[21]

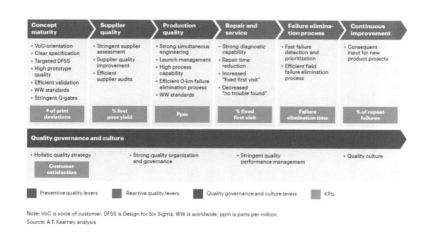

Note: VoC is voice of customer, DFSS is Design for Six Sigma, WW is worldwide, ppm is parts per million.
Source: A.T. Kearney analysis

〈그림 2.2.1〉 품질관리 개선의 3가지 영역[19]

1) 예방적 품질관리(Preventive Quality Management)

품질은 단순히 제조과정에서의 제품 품질을 의미하는 것이 아니다. 궁

---

21 Quality 4.0: Preventive, Holistic, Future-Proof, AT Kearney, 2017.

극적으로 최고의 품질을 이루기 위해서는 가치사슬의 첫 단계인 개념정의 및 제품설계부터 품질경영이 시작되어야 한다. 많은 경우 제조과정에서의 생산 품질을 품질관리의 전부라고 생각하지만, 가치사슬의 첫 단계인 개념 정의 및 제품설계에서의 실패는 고객만족도에 직접적인 영향을 미친다는 사실을 간과해서는 안 될 것이다. 이에 예방적 품질관리란 제품 개발부터 시장 출시에 이르는 전 과정 상에서 제품의 품질을 보장하기 위해 설계된 프로세스로서, 기존의 전통적인 제조단계에서의 품질관리를 확장하는 개 념으로 볼 수 있다. 즉, 기존의 전통적인 품질관리(공급사 품질관리, 제조과정에 서의 품질관리)영역을 확장하여, 개념설계 및 제품 설계 단계에서의 품질관 리(예를 들어 고객의 목소리를 듣고 설계 시점에 제품 사양에 반영을 한다던가, 제품 디 자인 검증 계획을 구체적으로 수행하는 등 보다 복잡한 검증방법을 고안하는 등)를 통 해 품질경영이 가치사슬 단계상에서 보다 일찍 시작될 수 있도록 개선이 필요하다.

2) 반응적 품질관리(Reactive Quality Management)

반응적 품질관리는 제품 판매 이후의 품질관리, 즉, 수리 및 애프터서비 스, 고장 처리 및 지속적인 개선 프로세스 등을 의미한다. 반응적 품질관리 를 개선하기 위해서는 현장에서 가능한 한 신속하고 지속적인 대처가 이루 어져야 할 것이다. 따라서 고장 및 수리 처리 시간(현장에서 결함이나 품질문제 가 발생한 시점부터 해당 문제가 해결될 때까지의 소요시간) 등과 같은 KPI를 가지 고 관리를 해야 할 것이며, RFID 등과 같은 추적관리 시스템의 도입·운영, 데이터 기반의 근본적인 원인분석 수행 등과 같은 기술혁신을 통해 투명성 을 개선하고 프로세스를 최적화 할 수 있도록 노력해야 할 것이다. 또한 고 객을 대상으로 제품 기능에 대한 올바른 설명과 안내를 통해 고객의 제품 품질에 대한 인식을 개선하고 고객의 올바른 사용성을 높일 수 있는 방안을 강구해야 할 것이다.

3) 품질관리 문화

품질관리는 품질을 담당하는 직원만의 몫이 아니다. 효과적인 품질관리가 이루어지기 위해서는 경영진부터 실무진에 이르는 전사적인 책임감 있는 관리가 필요하다. 품질 기반을 확보하는 것은 전략, 사고방식, 성과관리 및 조직을 아우르는 "품질관리 문화" 정착이 필요하다. 품질관리가 기존에는 생산 혹은 제조 부서에 머물러 있는데, 앞서 언급한 바와 같이 최고의 품질을 달성하기 위해서는 기업 내 여러 부서간의 협업과 대화를 통한 합의를 이루어내는 것이 매우 중요하다. 이를 위해 실제적으로 많은 회사들은 품질 책임자가 CEO에게 직접 보고하는 방식으로 변화를 꾀하고 있으며, 모든 가치사슬 단계에서 품질 KPI를 설정하고 중요한 의사결정 시점에 품질 관리자에게 거부권을 부여하는 등 조직 전반에 걸친 품질관리가 이루어질 수 있도록 지원하고 있다.

2.2.3 품질 4.0

앞서 언급한 바와 같이 4차 산업혁명 시대의 스마트 품질경영의 지향점을 통칭하는 "품질 4.0"은 최신 ICT 기술이 품질과 관련한 조직문화, 협업체계, 조직역량 및 리더십 향상에 어떻게 기여할 수 있을지에 관한 내용으로, 궁극적으로 품질경영 시스템 혁신을 위한 "디지털 변혁"(Digital transformation)을 어떻게 달성할 수 있을까에 대한 고민 및 대응 방안으로 볼 수 있다. 품질 4.0은 기존의 품질관리 기법들을 버리고 새롭게 변혁하자는 의미가 아니고, 기존의 방법들을 기술 기반으로 어떻게 개선할 것인가에 초점이 맞추어져 있다. 본 절에서는 LNS Research[22]에서 제시한 "품질 4.0"을 구성하는 11가지 축(⟨그림 2.2.2⟩ 참조)에서 주요한 축인 데이터, 애널리틱스, 연결성, 협업

22 http://www.lnsresearch.com/

측면에서 간략히 살펴보고자 한다.[23]

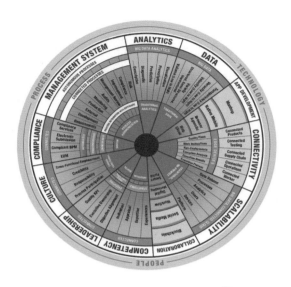

〈그림 2.2.2〉 품질 4.0에서의 11가지 축[21]

1) 데이터

데이터 기반의 품질경영에 있어 데이터의 중요성은 두말할 필요도 없을 것이다. 무엇보다도 빅데이터 시대에서 다음과 같은 측면에서 품질관련 데이터를 고려해야 한다.

- 크기(Volume): 기존 시스템에서는 이미 개량보전 및 예방보전 이력, 품질관련 이벤트 등 대량의 거래 데이터를 보유하고 있다. 향후 사물인터넷을 기반으로 설비, 디바이스 등으로부터 대량의 데이터가 시스템에 유입이 될 것이다.

23 LNS Research, Qualty 4.0 impact and strategy handbook, 2017.

- 다양성(Variety): 기존의 정형 데이터뿐만 아니라 센서 및 텍스트 데이터(소셜 미디어 데이터) 등 비정형 데이터 등 다양한 형태의 데이터가 존재한다.
- 속도(Velocity): 기존 개량보전 및 예방보전 이력들과 같이 데이터 생성 속도가 느린 데이터부터 SPC 데이터, 더 나아가 설비 내 설치된 다양한 센서로부터 생성되는 스트리밍 데이터와 같이 데이터 생성 및 유입속도가 매우 빠른 데이터에 이르기까지 다양한 생성 속도를 가진 데이터들이 존재한다.
- 정확성(Veracity): 일반적으로 품질 시스템 데이터는 통합 시스템이 아닌 여러 독립 시스템들로부터 제각각 생성·취합되고 자동화 부족 등으로 인해 정확성이 낮은 편이다.

2) 애널리틱스(분석기법)

애널리틱스는 데이터 내에 숨겨진 다양한 통찰을 제공하는 원동력이다. 일반적으로 애널리틱스는 〈그림 2.2.3〉에서 보는바와 같이 크게 4가지 형태로 분류를 하게 된다.

ANALYTICS FRAMEWORK

DESCRIPTIVE	DIAGNOSTIC	PREDICTIVE	PRESCRIPTIVE
What happened	Why it happened	What will happen	What action to take

〈그림 2.2.3〉 애널리틱스 분류[21]

먼저 설명적(descriptive) 애널리틱스는 데이터로부터 과거에 무엇이 발생했는지를 분석하기 위한 기법들로 기존의 잘 알려진 혹은 의심되는 상관관계를 모니터링하고 분석하는데 활용할 수 있다. 진단적(diagnostics) 애널리틱스는 과거의 축적된 데이터를 바탕으로 인과관계를 찾아내어 왜 특정품질관련 이벤트가 발생했는지를 밝히기 위한 분석기법으로, 예를 들어 품질관련 프로세스 사이클 타임 분석을 통해 프로세스 병목 원인을 밝혀내는 것 등을 들 수 있다. 예측적(predictive) 애널리틱스는 통계학적 모델들을 활용하여 미래에 어떠한 사건이 어느 정도의 확률로 발생할지를 예측하는 분석기법을 말한다. SPC 데이터를 기반으로 추세분석을 하는 것이 한 예가 될 수 있다. 보통 머신러닝 기법들이 예측적 애널리틱스에 해당되며, 빅데이터를 기반으로 기존의 예측 기법들과 비교하여 보다 발전된 새로운 통찰을 제공하게 된다. 마지막으로 처방적 혹은 규범적(prescriptive) 애널리틱스는 예측되는 이벤트를 위해 무엇을 하면 좋을지를 처방하는 것을, 즉 어떠한 의사결정을 내려야 하는지를 알려주는 분석기법이다. 이는 앞서 살펴본 과거에 일어난 것을 해석하는 설명적 애널리틱스, 그것들이 왜 일어났는지를 밝히는 진단적 애널리틱스, 앞으로 어떠한 일들이 발생할지를 예측하는 예측적 애널리틱스를 조합하여, 규범적 애널리틱스를 통해 다음에 선택해야 할 최선의 의사결정을 제시하게 된다.

3) 연결성

4차 산업혁명 시대에는 기존과 달리 상대적으로 저렴하고 다양한 사물인터넷 기반의 센서들을 통해 실시간으로 작업자, 제품, 설비 및 프로세스들의 연결성을 보장할 수 있게 되었으며 이들로부터 다양한 정보와 함께 실시간 피드백을 제공할 수 있는 인프라 구축이 가능해졌다. 스마트 디바이스나 웨어러블 기기 등을 통해 작업자들 간의 연결이 가능해질 수 있으며 이를 통해 작업효율 및 안전 향상에 기여할 수 있다. 제품들과의 연결성 보장을 통해 제품 전 주기에 걸친 제품 상태 변화에 대한 추이를 제공할 수 있게 된다. 설비들과의 연결성 보장을 통해 예지보전에 필요한 다양한 설비 센싱 정보 수집이 가능하며, 궁극적으로 이러한 것들과 프로세스와의 연결성 보장을 통해 실시간으로 상호 연결을 통한 피드백을 교환할 수 있게 된다.

4) 협업

품질 이슈가 기업 내 여러 부서에 걸쳐 있다는 점을 상기할 때, 협업은 품질경영에서 매우 중요하다. 최근 들어 소셜 미디어의 성장은 기업 내 혹은 기업 간, 더 나아가 고객과의 협업 환경이 급속도로 바뀌는 계기가 되었다. 특히, 품질 문제가 대두될 시 소셜 미디어를 통해 대중들에게 급속도로 퍼져나가는 것과 같은 파급효과를 고려해 볼 때 품질경영에 있어 소셜 미디어가 매우 중요함을 알 수 있다. 실제로 많은 제조사들은 자사 브랜드를 보호하기 위하여 소셜 미디어를 통해 고객의 목소리를 반영하려고 하고 있으며 더 나아가 고객과의 소통을 하기 위한 채널로서 적극적으로 활용하고 있다.

블록체인 또한 공급사 품질관리 및 추적 시스템에 있어 향후 품질관리의 새로운 기술혁명을 주도할 것으로 예상된다. 예를 들어, 신뢰할 수 있는 데이터를 기반으로 리콜과 같은 품질 이슈가 발생할 시 블록체인 기반의 추적 시스템을 통해 해당 부품 제조사가 누구이며 언제 생산되었는지, 공급망 상의 어떠한 경로를 통해 유통이 되었는지 등을 확인할 수 있는 기반이 된다.

2.2.4 스마트 품질경영 혁신방안 예시

본 절에서는 ICT를 기반으로 기존 품질경영을 어떻게 스마트화 할 수 있을지에 대한 몇 가지 혁신방안 예시[19]들을 살펴보고자 한다.

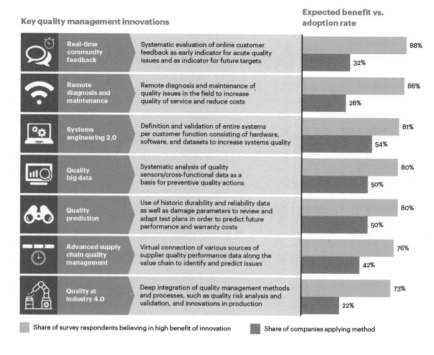

〈그림 2.2.4〉 ICT 기반 품질경영 혁신방안 예시들[19]

1) 실시간 커뮤니티 피드백

오늘날 기업은 2.2.3절에서 언급한 바와 같이 소셜 미디어 등과 같은 채널을 통해 실시간으로 커뮤니티 피드백을 활용하여 품질문제 및 관련 이슈들을 파악할 수 있다. 이러한 피드백들은 일반적으로 구조화되어 있지 않은 텍스트 기반의 비정형 데이터들이 대부분이지만, 이를 분석하기 위한 텍스트마이닝 등 다양한 머신러닝 기반 애널리틱스들을 활용하여 이러한 데이터에 접근하고 분석할 수 있는 솔루션들이 있다. 이러한 분석을 통해 고객 의견을 바탕으로 통찰을 얻을 수 있고 고객들로부터 다양한 품질문제들을 파악할 수 있다. 더 나아가 이러한 솔루션을 활용하여 고객 시장에서 의미 있는 패턴뿐만 아니라 정서 분석을 바탕으로 적절한 조치방안을 모색하는

"소셜 미디어 레이더" 등과 같은 시스템을 생각해 볼 수 있다. 예를 들어 다양한 데이터를 기반으로 특정 유형의 품질문제가 기후와 같은 외부조건 및 사용 패턴들과 연관성이 존재한다면 해당 이슈에 대한 근본적인 원인분석을 좀 더 빠르게 진행할 수 있을 것이다. 기업들은 이러한 방식으로 식별된 품질문제를 해결하기 위한 일종의 신속대응 전담팀을 구성하고 소셜 미디어 등을 통해 적극적으로 품질문제를 대응함으로써 고객신뢰도를 높일 수 있다.

2) 원격진단 및 유지보수

원격 진단 기술은 센서들을 활용하여 근본 원인분석을 수행하고 사물인터넷을 기반으로 여러 설비의 센서 피드백을 결합하여 새로운 형태의 설비 데이터를 확보할 수 있다. 일부 선도 기업들은 예측 진단 솔루션을 도입하여, 차량 또는 설비 상태를 모니터링하고 향후 패턴을 예측하며 이를 바탕으로 오작동 혹은 고장 등을 사전에 예측한다.

원격 유지보수 솔루션의 도입을 통해 서비스 품질을 크게 향상시킬 수 있다. 가동 중단 시 야기되는 비용이 높으며 보안·안전이 중요한 상업용 차량 및 항공·우주 관련 제조업체들은 이미 원격 진단(예를 들어, 엔진상태 모니터링 등)을 통한 유지 보수 시스템을 구축·운영하고 있다.[24] 온라인으로 장비 상태를 모니터링하고, 가능하면 예방적 유지보수를 원격으로 수행하고 필요한 경우에 서비스 담당자를 파견하는 데 이러한 원격 유지보수 솔루션들이 점점 더 많이 사용되고 있다. 더 나아가 원격 진단을 통한 데이터를 기반으로 고객이 문제가 있음을 인식하기 이전에 품질문제를 해결하는 데 활용할 수 있다면 서비스 품질을 크게 향상시킬 수 있다.

---

24 http://news.hankyung.com/article/2017061961891

3) 고도화된 공급망 품질관리

고도화된 공급망 품질관리에서는 공급업체 성과기록 및 과거 사고데이터를 기반으로 예측을 수행하기 때문에 공급업체 성과지표와 공장 및 공급망 수준의 사고 데이터 등 주요 데이터들을 적극적으로 취득하는 것이 중요하다. 주요 공급업체의 경우 가능하다면 아이템 수준의 RFID 데이터와 같은 데이터의 실시간 교환이 가능하도록 시스템을 구축할 수 있다면 품질경영 측면에서는 향후 이력 추적 시 빠른 문제해결 및 최소한의 비용으로 품질관련 문제를 해결할 수 있는 인프라를 구축할 수 있게 된다. 지능형 알고리즘 및 애널리틱스는 사례기반 추론 뿐만 아니라 경험적 방법을 활용하여 지속적으로 데이터를 분석한다. 정보는 누적되어 향후 품질 문제의 발생 가능성을 지표화하고, 낮은 점수를 받은 공급업체를 대상으로 근본적으로 공급사의 품질문제를 해결하기 위한 협업체계를 구성하는 것이 중요하다.

2.2.5 스마트 품질경영 사례

본 절에서는 몇 가지 스마트 품질경영 사례들을 살펴봄으로써 앞서 살펴본 ICT 기술들의 효과적인 활용을 통해 어떻게 하면 기존 품질경영기법들을 개선할 수 있을지에 대한 다양한 아이디어를 얻고자 한다.

1) 사례 1: 볼보 사례[25]

볼보의 경우 자체 생산하는 자동차에 내장된 수많은 센서와 CPU를 활용하여 운전과정에서 발생되는 다양한 데이터를 수집하고 제조과정에서 감지하지 못했던 결함사항과 소비자의 요구사항들을 파악하여 발생 가능한 품질문제에 대해 선제적으로 대응함으로써 소비자의 신뢰를 한층 높일

---

25 Volvo and Tera Data, White Paper: A Car Company Powered by Data, Tera Data, 2012.

수 있었다. 이러한 빅데이터의 활용으로 볼보는 종래에 50만 대의 차가 팔린 후에나 제기되었을 결함을 약 1천 대 판매 시점에서 파악하는 등의 효과를 보았다.

2) 사례 2: BMW 사례[26]

BMW는 전반적인 품질 개선을 통해 생산 과정 중 발생하는 이상을 조기식별하고, 보증기간 내에 이루어지는 청구 건수를 감소시키는 것을 목표로 빅데이터 기반 분석기법들을 활용하였다. BMW는 고객의 방문수리 내역, 출장서비스 내역, 고객 VOC, 과도한 품질보증 청구가 일어난 옵션조합확인 등과 같은 데이터 모니터링 및 분석을 통하여 자동차 결함 패턴을 발견하고 이에 대한 대응방안을 수립하는 등 빅데이터 분석을 통하여 제품 결함에 대한 선제적인 대응이 가능하도록 노력하였으며, 그 결과 품질 문제의 원인을 신속하게 판별할 수 있었고, 차량 당 1.1%에서 0.85%로 품질 보증 청구율이 감소되는 효과를 나타냈다.

3) 사례 3: 웨스턴 디지털 사례[27]

데이터 저장장치 제조업체인 웨스턴 디지털은 품질 향상을 위해서 제품이 생산라인에 상에서 생산 중 일 때도 스캐닝, 기록, 테스트, 추적 등의 관리 활동을 실시하는 등 제조과정 중 실시간 모니터링을 실시하여 결함이 있는 제품을 조기에 발견, 그 결과 2010년에 불과 1.9%의 제품 결함률을 기록하였다.

---

26 Wilson C., Kerber J. Demystifying Big Data, Tech America Foundation, 2012.

27 Hessman T., Putting Big Data to Work, Industryweek, pp.14-18, April 2013.

2.3 설비예지보전

2.3.1 보전(Maintenance) 활동의 필요성

인간이 만든 많은 시스템이나 부품은 사용시간이나 빈도가 증가함에 따라 열화하게 되며, 열화로 인한 응력이 내재된 강도를 초과하게 되면 시스템은 고장이 나게 된다. 시스템의 한 부품이 가동 중 고장 날 경우 전체 시스템이 고장 난 부품으로 인해 작동이 멈출 수 있으며, 때로는 시스템 운용자의 안전까지 위협하는 상황에 도달하게 된다. 특히, 항공기, 우주탐사선 및 원자력 발전소와 같은 시스템이 가동 중 시스템의 고장이 발생할 경우 큰 인명피해 및 국가적인 재앙으로 발전할 수 있다.

대표적인 사례로 1986년 4월 26일 체르노빌 원자력 발전소에서 발생한 폭발에 의한 방사능 누출사고로 인해 직·간접적 영향으로 20만명에 달하는 사상자가 발생하였고 수십년간 그 피해는 이루 산출하기 힘든 실정이다. 사고원인에 대해서는 아직까지 많은 논란의 여지가 있지만 원자로의 설계상 결함과 운용자의 실수에 기인한 것이라는 것이 대부분의 중론이다. 또 다른 원전사고로서 2011년 후쿠시마 원전사고는 제 1원자력 발전소의 냉각 시스템의 고장으로 시작되었으며, 국제 원자력 사고 등급의 최고 단계인 7등급으로 체르노빌 원자력 발전소 사고와 비교되고 있다. 자연재해로 인한 사고라고는 하지만, 극단적 사건을 고려한 위험관리 및 보전성 설계의 필요성을 방증하는 사례라고 할 수 있을 것이다. 2011년 230명이 넘는 사상자를 초래한 중국 고속열차의 추돌사고는 당초 '벼락'이라는 자연재해 탓으로 중국정부에서 해명하였지만, 선행열차와의 간격을 유지하는 자동제어 시스템 고장 및 관제시스템의 부실에 기인한 참사라는 것이 일반적인 견해이다.

이러한 사고사례에서 방증하듯 최근 이런 대규모 시스템의 고장을 사전에 방지하거나 고장 발생시 조속한 시간 내에 고장을 정비할 수 있는 보전 방법에 대한 요구가 날로 증대되고 있다. 보전활동의 목적은 안전하고 경제적으로 운용될 수 있는 조건으로 장비 및 설비를 유지하는 것으로서 보전활동 결정의 기본사항 및 결정 메커니즘은 〈표 2.3.1〉과 같다.

〈표 2.3.1〉 보전활동의 결정요소

결정의 기본사항	결정 메커니즘
비용검토와 관련된 문제의 인식	효율감소로부터 증가하는 경제적 손실이 유효 보수비용보다 큰 지를 판단함.
안전에 대한 위험도	사전보전조치에 의한 안전에 대한 위험요소 회피가 필요하며, 따라서 고장상태의 예측 방법론 필요성이 대두됨.
휴지기간비용 (Downtime cost) 수리비용 (Repair cost)	이익이 최대가 되고, 총비용이 최소가 되도록 보전방법의 선택이 필요하며, overhaul에 대한 보전비용이 고려될 필요가 있는지 판단함.

일반적으로 운용 장비나 설비의 효율감소로부터 증가하는 경제적 손실이 유효 보수비용보다 클 경우 비용측면에서 보전활동이 요구되며, 이익을 최대화하고 총비용이 최소가 되도록 하는 보전방법에 대해 기존에 많은 연구가 진행되어 왔다.[28, 29] 보전활동은 또한 시스템의 신뢰도(reliability) 및 가용도(availability)에 주요한 영향을 미치며, 시기적절한 보전관리 활동은 운용효율 증가로 기업의 영업이익에 큰 기여를 할 수 있다. 일례로 도요타생

---

28 Levitt, J., Complete guide to predictive and preventive maintenance, 2nd Ed., Industrial Press, New York, 2011.

29 Gertsbakh, I. B., Reliability theory with applications to preventive maintenance, Springer, New York, 2006.

2장 데이터 기반 스마트공장 경영

산방식인 JIT(Just in Time)의 주요한 활동 중 하나가 바로 보전활동으로, JIT
에서는 장비 및 설비고장이 필연적으로 공정지연, 수율 및 최종산물의 품질
저하를 수반하여 이는 바로 고객만족에 영향을 미치기 때문에 생산 중 설비
고장을 방지하는 것이 곧 고객만족활동과 직결됨을 인식하고 체계적인 보
전활동 절차를 명시하였다. Wireman[30]은 미국 사기업의 보전비용이 1979년
이래로 매년 약 10~15% 증가되는 것을 발견하고 명확하게 정비목표를 설
정해야할 필요성을 강조하였다.

2.3.2 보전활동의 종류

일반적으로 보전방식은 크게 사후보전 (breakdown maintenance) 및 예방
보전 (preventive maintenance) 활동으로 나눌 수 있다.[31] 사후보전은 run-to-
failure maintenance로도 불리며, 점검 및 정기교환을 전혀 실시하지 않고
설비고장 후 수리, 교체하는 방식으로, 고장발생 후 인접 시스템이나 부품
에 영향이나 손실이 미미한 경우 혹은 열화경향의 산포가 크고 점검, 검사
가 불가능할 경우에 적합한 보전활동이다. 수명이 다 할때까지 완전 사용하
기 때문에 2차 고장이 없을 경우 보전비용이나 수리비용이 저렴하다는 장
점이 있지만, 시스템의 돌발고장에 기인한 운행정지는 장비운용 효율측면
에서 악영향을 미칠 수 있다는 단점이 있다.[32,33] 이러한 돌발고장을 미연에
방지하기 위하여 최근에는 예방보전(preventive maintenance)을 주로 실시하

30 Wireman, T., World class maintenance management, Industrial Press, New York,
    1990.
31 Moubray, J., Reliability-Centered Maintenance, 2nd ed, Industrial Press, New York,
    1997.
32 Niebel, B. W., Engineering Maintenance Management, 2nd ed, Marcel Dekker, New
    York, 1996.
33 Tsang, A. H. C., "Conidition-based maintenance tools and decision making," Journal of
    Quality in Maintenance Engineering, 1995, (3): 3-17.

고 있는데 크게 시간기준보전(time-based maintenance: TBM) 및 상태기준보전(condition-based maintenance: CBM)으로 나눌 수 있다.

시간기준보전은 정기예방보전(periodic preventive maintenance)이라고도 하며, 시스템 열화에 가장 비례하는 파라미터(생산성, 작동회수 등)를 바탕으로 수리주기를 결정하고 주기까지 사용하면 무조건 수리하는 것으로서 기존에 가장 많이 사용하고 있는 보전방식이다. 보통 비수리계의 시스템에 적용하며, Gertsbakh,[34] Barlow 와 Proschan[35] 등에 의해 보전정책으로서 이론연구가 확립 되었다. 시간기준보전 활동은 가능한 한 자주 보전하는 정책(as-frequent-as possible maintenance policy)로서 점검비용은 발생하지 않지만 보전주기와 기능열화주기가 완전히 일치하지 않기 때문에 잔존수명에 대한 손실비용이 발생, 과잉 보전활동이 될 수 있으며(〈그림 2.3.1〉 참조), 또한 보전주기 동안 고장이 발생할 수 있기 때문에 사후보전비용 및 생산손실비용이 발생할 가능성이 항상 존재한다.

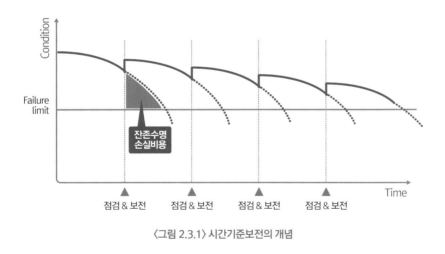

〈그림 2.3.1〉 시간기준보전의 개념

34 Gertsbakh, I. B., Models of Preventive Maintenance, North-Holland, Amsterdam, 1977.
35 Barlow, R. E. and Proschan, F., Mathematical Theory of Reliability, SIAM, Philadelphia, 1987.

이러한 시간기준보전활동의 단점을 보완하기 위하여 최근에 주목받고 있는 상태기반보전은 온라인 혹은 정기적으로 시스템을 점검, 그 결과에 따라 수리여부를 결정하는 방식으로 최근에는 발전된 센서 또는 휴대형 상태진단장비 등을 활용하여 열화 데이터를 수집, 열화특성 값이 일정수준에 도달하면 수리여부를 결정하게 된다. 상태기반보전은 시스템의 운용 및 열화상태를 실시간 또는 주기적으로 모니터링하여 고장발생 시점을 사전에 예측하고 선행정비활동을 수행함으로써 사후보전비용을 최소화할 수 있는 새로운 개념의 예방보전 활동으로 많은 응용분야에서 활발한 연구가 진행되고 있다.

2.3.3 보전활동의 변천사

그 동안의 주요 보전활동의 변천사를 정리하면 〈그림 2.3.2〉와 같다. 1970년대 이전까지는 고장이 발생하면 교체나 유지보수를 하는 사후보전활동이 주류를 이루었으나, 고장으로 인한 비용이 과다 발생하는 관계로 설비개선을 통한 고장의 원인을 제거, 설비의 신뢰도 및 가용도를 향상시키고자 하는 개량보전(corrective maintenance: CM)으로 발전하였다. 하지만 개량보전의 경우도 고장의 발생을 근본적으로 해결하지 못하였기 때문에 예방을 통해 고장을 미연에 방지하고자 하는 예방보전, 즉 주기적 보전 활동으로 발전, 현재까지 모든 산업체나 국방분야에서 널리 적용되고 있다. 최근에는 이러한 예방보전의 개념이 확장, 발전하여 고장을 예측하고 적기에 보전활동을 할 수 있도록 하는 상태기반보전 혹은 예지보전 방법론에 대하여 활발히 연구가 진행되고 있으며, 이러한 예지보전의 개념은 스마트공장을 위한 필수요소로 인식되고 있다.

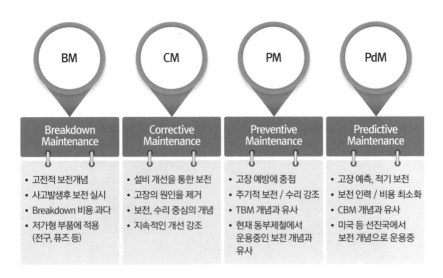

BM	CM	PM	PdM
Breakdown Maintenance	**Corrective Maintenance**	**Preventive Maintenance**	**Predictive Maintenance**
• 고전적 보전개념 • 사고발생후 보전 실시 • Breakdown 비용 과다 • 저가형 부품에 적용 (전구, 퓨즈 등)	• 설비 개선을 통한 보전 • 고장의 원인을 제거 • 보전, 수리 중심의 개념 • 지속적인 개선 강조	• 고장 예방에 중점 • 주기적 보전 / 수리 강조 • TBM 개념과 유사 • 현재 동부제철에서 운용중인 보전 개념과 유사	• 고장 예측, 적기 보전 • 보전 인력 / 비용 최소화 • CBM 개념과 유사 • 미국 등 선진국에서 보전 개념으로 운용중

〈그림 2.3.2〉 보전활동의 변천사

2.3.4 시간기준보전 vs. 상태기반보전

〈그림 2.3.3〉은 시간기준보전 및 상태기반보전 활동을 비교하고 있는데, 시간기준보전에서 보전주기가 너무 빠를 경우 잔존수명 손실비용이 증가, 과잉유지 활동이 될 가능성이 높으며, 반대로 보전주기를 너무 늦출 경우 고장발생 가능성이 증대, 고장으로 인한 사후보전비용 및 생산손실비용이 과다 발생할 가능성이 높다. 따라서 발전된 센서 및 사물인터넷을 활용하여 설비의 열화상태를 실시간으로 감시, 고장 발생전 적정시기에 보전활동을 실시하는 상태기반보전을 통해 고장을 미연에 방지하고 고장으로 인한 경제적 손실을 최소화하고자 많은 산업체에서 높은 관심을 가지고 있다.

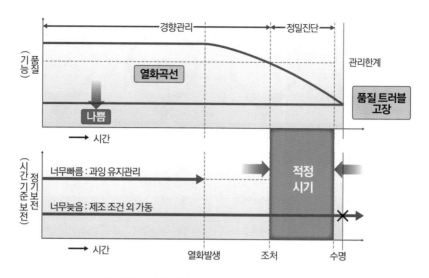

〈그림 2.3.3〉 상태기반 및 시간기준 보전활동의 비교

하지만 시간기준보전활동에 대한 연구결과가 그동안 많이 제시되어졌지만 상태기준보전과 관련된 연구결과는 미비한 실정이다. 주요한 이유 중 하나가 상태기준보전활동은 발전된 센서 및 IT기반의 의사결정시스템을 바탕으로 전개되어야 하기 때문이다. 시간기준보전에 대한 연구가 주로 산업공학 및 통계학 기반으로 연구가 수행되었지만 상태기준보전 활동은 이외에도 기계공학, 센서 및 신호처리기술 등 폭넓은 다학제간 지식을 요구하고 있기 때문이다. 상태기반보전과 관련된 기존의 연구 활동으로는 Tanaka[36] 및 Takakusagi[37]는 필드데이터의 와이블 분석을 통해 평균고장간격(MTBF) 등을 추정하고, 내구수명 기간에서의 고장은 우발적으로 발생함을 제시하였으며, 이는 상태기반보전을 통해 신뢰성을 향상시키기 적당한 것으로 파

---

36 田中弘, 空調設備の予防保全に關する解釋的研究, 日本建築學會計劃系論文報告集, 1991, 430: 45-53.

37 高草木明, 空調機器の信賴度保全度調査研究, 日本建築學會計劃系論文報告集, 1992, 436: 1-9.

악하였다. Saranga 와 Knezevic[38]은 시스템의 신뢰성 예측을 위하여 상태기반보전 하에 relevant condition predictor(RCP)을 기반으로 하는 방법론을 제시하였으며, Lin et al.[39]은 진동시그널로부터 유용한 condition indicator를 추출하고, 추출된 정보를 기반으로 기어박스(gearbox)의 최적보전정책을 개발하기 위하여 비례위험(proportional-hazard) 모형을 활용하였다. Bryant[40]은 시스템의 부품의 노화를 진단 및 예측하기 위한 모델을 제안하였으며, 모터 및 펌프에 적용하였다.

2.3.5 스마트공장에서 상태기반보전의 역할

상태기반보전은 예지보전(predictive maintenance)과 밀접하게 연관되어 실질적인 시스템의 운용 및 열화 상태에 따라 고장발생 시점을 사전에 예측, 선행보전활동을 수행하는 것을 지향하고 있다. 상태기반 유지보수 활동의 핵심요소는 설비의 열화를 측정, 분석하여 설비의 잔여수명을 정확하게 예측하며 고장이 일어나기 바로 직전에 유지보수를 실시함으로써 종래 시간기준 유지보수 방식의 유지보수 주기보다 간격을 확장, 유지보수비용 및 인력을 최소화시키는 데 있다. 시스템의 열화 모니터링 방식에 의한 상태기반보전은 시스템 진단의 신뢰성을 향상시킬 수 있기 때문에 정비나 유지보수를 적절한 시기에 실시할 수 있도록 하여 최소한의 보수비용을 필요로 하고 고장을 미연에 방지할 수 있어 기회손실비용을 최소화할 수 있는 장점이 있다.

38 Saranga, H. and Knezevic, J., "Reliability prediction for condition-based maintained systems," Reliability Engineering & System Safety, 2001, 71: 219-224.

39 Lin, D., Wiseman, M., Banjevic, D., and Jardine, A.K.S., "An approach to signal processing and condition-based maintenance for gearboxes subject to tooth failure," Mechanical Systems and Signal Processing, 2004, 18: 993-1007.

40 Bryant, M. D., "A data driven method for model based diagnostics and prognostics," IEEE Conference on Prognostics and Health Management, 2014, 1-9.

향후 지향하는 스마트공장에서의 가장 주요한 기술 중 하나가 바로 공정의 이상 유무나 고장을 사전에 예측, 미연에 방지하는 기술로서, 스마트공장에서는 구현하고자 하는 설비보전의 주요개념은 고장진단 및 예측기반 유지보수, 상태기반 유지보수 운영 최적화 및 설비 건전성 관리 및 지식화를 기반으로 사람의 간섭이 최소화되도록 프로세스를 설계하기 때문에 미연에 공정의 이상 유무나 고장을 예측하지 못하면 이는 큰 품질문제로 발전될 수 있다. 향후 스마트공장에서의 가상물리시스템에서는 사물인터넷을 통한 지능형 생산뿐 아니라 지능형 모니터링을 통해 설비상태를 미리 예지하여 선행적으로 유지보수를 실시하는 건전성 예지(Prognosis & Health Management: PHM) 보전기술에 대한 요구도 지속적으로 증대하고 있다.

2.3.6 상태기반보전 프로세스

상태기반보전에 대한 프로세스는 크게 신호 전처리(signal preprocessing), 특징추출(feature extraction), 진단 및 예측(diagnostic and prognosis)으로 구분된다.

1) 신호 전처리(Signal Preprocessing)

시스템에서 추출되는 신호 데이터는 잡음을 포함하는 경우가 대부분이며, 원 신호만으로 시스템의 이상여부를 판단하기 힘든 특징이 있다. 신호 데이터로부터 잡음을 제거하고 유의미한 특성을 추출하기 위해서 가장 널리 사용되는 신호 처리기법으로 웨이블릿 변환(wavelet transform)이 있으며, 웨이블릿 변환은 신호 데이터의 전처리(pre-processing) 및 잡음제거(denoising) 등에 많이 사용되고 있다. 웨이블릿 변환은 몇 개의 유의한 웨이블릿 계수로서 전체 신호를 나타낼 수 있는 특성을 가지고 있기 때문에 데이터 축소 및 잡음제거 기법으로 최근 각광을 받고 있다. 웨이블릿 변환은 사인 및 코사인 함수를 기본함수로 하는 푸리에 변환(Fourier transform)과 유사하지만 신호 데이터를 다른 주파수 성분들로 분해하고, 각 스케일에 해당하는 해상도(resolution) 성분들을 파악할 수 있도록 하는 비선형 변환으로써 선형 변환인 푸리에 변환과는 차이가 있다. 웨이블릿 변환은 유한한 길이의 기저함수(basis function)를 사용하여 원래 신호를 표현하는 방법으로, 웨이블릿의 기저함수는 scale 함수와 detail 함수로 구성되어 있다. 또한 변환수준 별 scale 계수와 detail 계수를 통해 신호 데이터를 분석할 수 있기 때문에 다중해상도 분석이 가능한 장점이 있다.

2) 특징추출(Feature Extraction)

웨이블릿이나 푸리에 변환을 통하여 산출된 웨이블릿 계수에 대하여 특징추출(feature extraction)의 방법으로는 허스트 지수(hurst exponent)가 있다. 허스트 지수는 각 수준에서 산출된 웨이블릿 계수의 분산에 대한 기울기이며, 신호 데이터의 특정 구간에 대하여 웨이블릿 변환을 실시 후 웨이블릿 계수의 분산에 대하여 회귀분석을 실시, 허스트 지수를 추정할 수 있다. 허스트 지수는 특정 구간에서 신호 데이터의 특징을 대표하며, 고장 진단 및 예지를 하기 위한 기초 데이터로 활용될 수 있다. 한편으로 시스템의 이상 여부를 감지하기 위해서는 다수의 주요 구성요소에 센서를 장착하여 다양한 특성치(온도, 가속도, 진동 등)를 측정한다. 이에 따라 측정된 신호 데이터는 다차원 신호 데이터이며, 차원이 커짐에 따라 복잡한 상관관계를 가지게 되어 시스템의 상태를 대변하는 특징추출이 어려워진다. 이러한 다차원 데이터로부터 차원을 축소하고 특성을 추출하기 위한 대표적인 방법으로는 주성분분석(principal component analysis: PCA)이 있으며, 주성분분석은 변수의 공분산행렬(covariance matirx)을 직교분해(orthogonal decomposition)함으로써 주성분이라 불리는 새로운 변수로 변환한다. 주성분분석은 잡음 데이터에 강건하며, 변수간 상관관계를 가지는 문제를 해결할 수 있다. 또한 데이

터의 차원을 축소하고, 상위 몇 개의 주성분만으로 원변수의 변동을 80~90%
이상 설명할 수 있는 장점이 있어 특징추출 방법으로 널리 사용되고 있다.

3) 진단 및 예지(Diagnostic and Prognosis)

시스템 고장을 사전에 방지하거나 고장 발생 시 빠른 시간 내에 고장을
정비하기 위해서는 사전에 고장 진단 및 예지(diagnostic and prognosis)를 실
시하여야 한다. 신호 데이터로부터 웨이블릿 변환 후 허스트 지수 또는 주
성분분석을 통하여 특징추출을 실시하고, 추출된 특징에 대하여 다양한 통
계적 방법을 사용하여 고장 진단 및 예지를 할 수 있다. 대표적인 고장 진단
및 예지 방법으로는 다변량 관리도(multivariate control chart), 인공신경망
(artificial neural network: ANN) 및 서포트벡터머신(support vector machine:
SVM) 등이 있다. 다변량 관리도는 제조공정에서 이상을 사전에 감지하기
위해 많이 사용되는 모니터링 기법이며, 제조공정에서 이상원인이 발생할
경우 원인 추적 및 조치를 통하여 제품의 불량을 사전에 억제할 수 있다. 다
변량 관리도는 변수 간의 상관관계를 고려할 수 있고, 다수의 변수의 변화
를 동시에 탐지할 수 있기 때문에 산업체에서 많이 사용되고 있다. 다변량
관리도 중 가장 많이 사용되는 관리도로서 hoteling's T^2 관리도가 있으며,
신호 데이터로부터 추정된 통계량이 관리상한선(upper control limit, UCL)을
초과할 경우 이상이 발생하였다고 판단할 수 있다. 최근에 시스템의 고장
감지 및 진단 방법으로 이상 신호의 분류 및 예측하기 위하여 인공신경망
및 서포트벡터머신과 같은 데이터마이닝 기법이 많이 사용되고 있다. 인공
신경망은 뇌의 정보 처리방법을 모방한 방법으로 뛰어난 일반화 능력 및 병
렬 처리 등으로 현실적인 문제에서 우수한 성능을 보이기 때문에 널리 사용
되고 있다. 서포트벡터머신은 훈련오류를 최소화한다는 점에서 인공신경
망과 동일하지만 일반화 오류를 최소화한다는 점에서 차이가 있다. 서포트
벡터머신은 일반화 오류를 최소화하기 위하여 두 초평면의 마진을 최대화

하는 의사결정 경계를 산출하게 되는데, 지지도벡터는 초평면과 가장 가까이 있는 벡터를 의미하며, 마진은 두 초평면 사이의 거리를 의미한다.

2.3.7 상태기반보전 사례

다음은 발전소 발전기(Generator)의 실시간 고장 탐지 및 진단 사례[41]이다. 현재 발전소 사고를 사전에 방지하거나 고장 발생시 조속한 시간내에 고장을 정비할 수 있는 보전방법론의 중요성이 지속적으로 증대되고 있는 상황이다. 본 연구의 목적은 상태기반보전을 위한 발전소의 주요한 설비인 발전기의 실시간 고장 탐지 및 진단 방법론을 개발하는 것이다. 본 방법론의 개념을 도식화하면 〈그림 2.3.4〉와 같다.

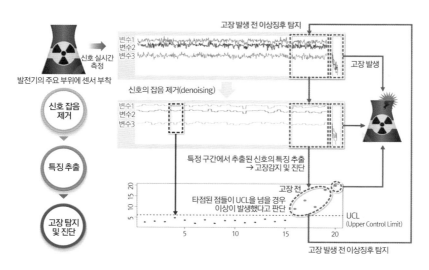

〈그림 2.3.4〉 발전소 발전기 고장 탐지 및 진단 개념도

41 Bae, S. J., Mun, B. M., Chang, W. J. and Vidakovic, B., "Condition Monitoring of a Steam Turbine Generator Using Wavelet Spectrum Based Control Chart," Reliability Engineering & System Safety, 2019, 184: 13-20.

발전기의 주요부위에 센서를 부착하여 온도나 진동을 측정하고, 신호처리 방법을 적용하여 신호에 잡음을 제거한 후 특징을 추출한다. 추출된 특징을 기반으로 이상 유무를 판단할 수 있는 방법론, 예를 들면 관리도 기법을 활용하여 실시간으로 발전기의 이상 유무를 판단한다. 〈그림 2.3.5〉와 같이 먼저 신호의 잡음을 제거하기 위하여 웨이블릿 soft threshold 룰이나 hard threshold 룰을 적용하여 일정크기 이상의 웨이블릿 계수를 선택한다. 이러한 방법을 통해 또한 데이터 차원을 감소시키는 효과가 있다. 다음으로 웨이블릿 계수를 scale 함수와 detail 함수로 다수준 분해한 후에 원래의 신호들을 일정간격으로 나눈 윈도우마다 detail 함수들의 에너지를 계산하여 허스트 지수를 산출한다. 허스트 지수는 각 수준별 에너지에 대한 기울기로서 본 방법론은 허스트지수와 절편에 대한 T^2 관리도를 적용하여 고장유무를 판단한다.

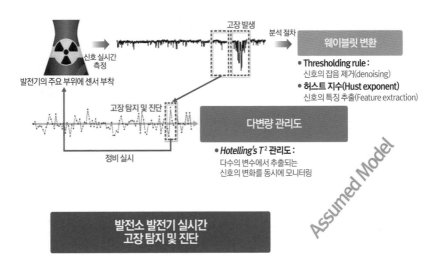

〈그림 2.3.5〉 발전소 발전기 고장 탐지 및 진단 방법론

실제로 발전소 발전기에 본 방법론을 적용한 결과 이상 발생 전 관리상한선 밖으로 벗어나는 것을 관측할 수 있었다. 이러한 방법론을 적용함으로써 엔지니어가 눈으로 식별하기 힘든 설비의 이상을 신호처리 방법을 통해 이상을 조기에 감지, 사전에 조처를 취함으로써 설비의 고장을 미연에 방지할 수 있을 것으로 기대한다.

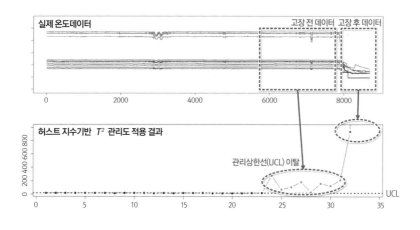

〈그림 2.3.6〉 발전기 고장진단을 위한 T^2 관리도 적용 사례

2.4 데이터 기반 에너지 저감 경영

2.4.1 데이터 기반 에너지 관리의 필요성

　　최근 국내기업인 신성이엔지에서는 에너지저장장치(ESS)와 에너지관리시스템(EMS)를 바탕으로 약 1억 원의 매전수익과 96%의 탄소절감을 기대하고 있다. 에너지자립형 스마트공장 구축 달성을 통해 이룬 성과이다. 구체적

으로 설비에 부착된 센서들을 기반으로 설비에서 과잉으로 사용되는 에너지를 절감했다. 또한 한국전력공사에서 일부 독립해 태양광을 통해 전력을 자체공급하고 있다.[42]

(a) 신성이엔지 에너지관리 시스템   (b) 신성이엔지 용인공장 옥상 태양광패널[43]

〈그림 2.4.1〉 신성이엔지의 에너지절감 스마트공장

이처럼 기업경영에서 에너지는 생산의 원동력이지만 반대로 비용을 차지하는 주요 요소이다. 이 때문에 에너지를 절감하며 생산과 수익을 극대화하는 것이 중요하다. 본 절에서는 에너지 절감을 위한 관련 기술 및 수집된 데이터를 관리하는 방법들에 대해 알아보고자 한다.

2.4.2 에너지 관리 기술

1) 스마트 그리드

스마트 그리드는 ICT 기술을 활용하여 공급자와 소비자가 서로 상호작용함으로써 전력망을 지능화 및 고도화하여 에너지 이용효율을 극대화하는

---

42 조아란, "국내 첫 '태양광 스마트공장' 신성이엔지 용인공장 가보니", 한국경제, 2017. 08. 30.
43 송상현, "신성이엔지, 고효율 태양전지 매출 본격화 … 상반기 부진 턴다", 뉴스1, 2017. 08. 23.

전력망을 말한다.[44] 스마트 그리드를 위해 필요한 설비는 스마트 미터이다. 이는 전력회사와 전력소비자가 양방향으로 통신할 수 있는 디지털계량기로 가구 및 건물의 전력소비를 실시간에 가깝게 확인할 수 있다. 스마트 미터를 스마트 그리드 애플리케이션과 연동하여 실시간으로 전력사용을 제어할 수 있다. 친환경 에너지인 태양광, 풍력은 날씨의 영향을 많이 받게 되는데, 스마트미터는 이러한 친환경 자원의 단점을 극복하게 도와준다. 실시간으로 검침되는 전력의 강도를 바탕으로 친환경 발전에서 부족한 전력이 발생하는 경우 전력공사로부터 전력을 공급받아 일정한 전원을 유지할 수 있다. 즉, 분산형 에너지 관리 시스템을 구현해 안정적인 전력공급을 가능케 하고, 친환경 발전을 사용할 수 있는 여건을 조성해준다. 또한 실시간으로 총 에너지 소비량과 요금을 가시화 할 수 있어 사용자 입장에서는 능동적으로 에너지 절감에 동참할 수 있게 된다.

(a) 스마트 그리드 개념도[46]

(b) 스마트미터

〈그림 2.4.2〉 스마트 그리드 개념도 (a) 와 스마트미터 (b)

---

44 한국전력공사 전기자료 스마트그리드 정보. https://home.kepco.co.kr/kepco/KO/C/htmlView/KOCDHP00201.do?menuCd=FN05030502

45 LGCNS 블로그. "효율적인 에너지 사용과 관리, '스마트 그리드(Smart Grid)'와 함께하다!", http://blog.lgcns.com/781.

2) 스마트 조명

스마트 조명은 기존의 백열전구보다 75% 적은 에너지를 사용하며, 백열등보다 35~50배, 형광등보다 2~5배 오래 가는 LED 조명을 센서와 네트워크로 제어하는 것을 의미한다. 센서 기반의 활동을 감지하는 전구를 넘어 조명에 IP주소를 할당해 프로그래밍을 가능케 하는 것이 특징이다. 이를 통해 조명의 강도를 자동으로 조절할 수 있으며 명암을 주위 환경에 적합하게 최적화할 수 있다. 동일한 사무실에서도 창가는 자연 채광을 최대한 활용하고 내부는 최적의 조도를 찾을 수 있다. 다양한 센서(온도/습도센서, 적외선, 초음파 등)을 적용해 지능형 전구로 활용이 가능하다. 임베디드 프로세서를 이용해 조명과 관련된 이벤트 처리를 자동화할 수 있다.

3) ESS(Energy Storage System)[46]

에너지저장장치인 ESS는 생산된 전기를 저장했다가 필요할 때 공급하여 전력 사용 효율 향상을 도모하는 장치로서, ESS의 구성은 ① 전력저장원(리튬이온전지 등) ② 전력변환장치 ③ EMS(전력관리시스템) 등과 같다.

ESS의 구성요소가 운영되는 원리는 우선 생산된 에너지를 EMS가 과공급으로 판단하고 전력변환장치에 에너지변환을 명령한다. 변환된 에너지는 전력저장원에 저장된다. 이후, 부족한 전력수요가 발생하는 시점에 앞의 과정과 반대로 전력저장원에 전력공급을 명령하고 전력변환장치를 통해 전력원으로 변환되어 공급이 된다.

---

46 수요관리정책실, "공공기관 에너지저장장치(ESS) 설치 가이드라인 안내", 한국에너지공단, 2017. 01. 11.

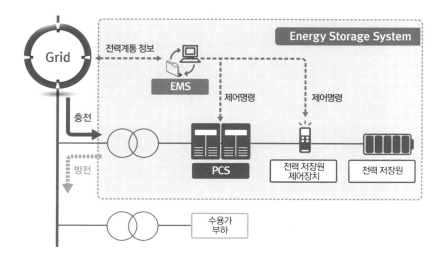

〈그림 2.4.3〉 ESS 운영 개념도

ESS의 사용용도는 다음과 같다.

① 즉각적인 충/방전을 통한 전력균형 유지가 가능하다.

② 단독적인 풍력/태양광 발전원의 출력보정 및 급전지시가 가능하다.

③ 전원이 저렴할 때 충전하고, 비쌀 때 방전해 전기요금을 절감하고 부가적인 이익창출이 가능하다.

④ 정전시 안정적인 전력공급이 가능한 비상전원으로 활용이 가능하다.

4) FEMS(Factory Energy Management System)[47]

FEMS는 공장의 에너지를 관리하는 시스템이다. 센서와 사물인터넷 기반의 설비에서 전달받은 데이터를 생산수요에 적합하도록 설비의 에너지 사용과 낭비 및 비용을 최적화하는 것이다. 이를 통해 에너지경영시스템을 구축할 수 있다. FEMS는 기존 기업에서 사용하는 ERP와 유사한 방식의 시

---

47   김석민, "EMS 현황 및 확대방안", 에너지정책포럼 성과발표회, 2014.

스템이며, 핵심은 다음과 같다.

① 에너지 사용에 대한 합리적 기준에 대한 수립이 가능하다.

② 에너지 사용 변동요인 보정으로 비교 분석할 수 있다.

③ 패턴분석으로 에너지 낭비요소에 대한 파악이 가능하다.

FEMS가 에너지를 절감하는 과정은 우선 거시적으로 공정상 발생하는 문제점을 찾는다. 구체적으로 어떤 과정, 공정에서 에너지 낭비가 발생하는지 찾는다. 이후 해당 공정에서 에너지 낭비가 발생하는 설비 또는 부품을 찾는다. 마지막으로 사용자가 직접 설비를 제어하거나 인공지능을 통해 설비운영을 조정해 에너지 관리의 최적화를 달성한다.

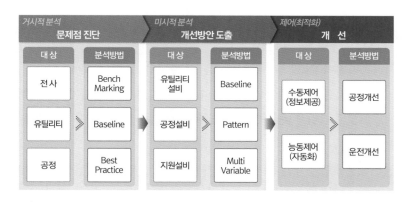

〈그림 2.4.4〉 FEMS 에너지관리 방법 흐름도

FEMS의 효과는 크게 조직관리와 제어측면으로 나눠진다. 우선 조직관리 측면에서는 부서별 할당 된 에너지 절감 목표 달성을 성과로 관리할 수 있다. 다음으로 과거 에너지 사용 데이터를 기반으로 효율적인 에너지 사용에 대한 기준을 수립할 수 있다. 또한, 원가절감을 통해 이익극대화를 달성할 수 있다. 제어측면에서는 실시간 에너지 데이터를 수집해 공정 및 설비의 스케줄을 효율적으로 달성할 수 있다. 또한, 설비의 무리한 전력사용을 예방해 설비수명을 연장시킬 수 있다.

FEMS를 구축하기 위한 단계는 다음과 같다:
① 에너지 관련 데이터의 취합을 자동화한다. 이를 통해 에너지 관리기준을 정의한다.
② 에너지경영시스템을 위해 조직별 책임경영, 전사적 가시화와 분석을 진행한다.
③ 전사적 에너지 통제를 통해 에너지 비용 절감과 온실가스 배출 저감을 달성한다.
④ 마지막으로 ESS등의 에너지저장장치를 통해 에너지의 수급을 최적화한다.

이러한 과정을 통해 궁극적으로 최적의 에너지를 항상 공급할 수 있는 환경을 만드는 것이다. 이를 위해서는 다음에 설명하고자 하는 ESS의 구축이 진행되어야 한다. 이는 과잉전력을 저장한 후 수요가 부족할 때 공급해야 지속적으로 전력수요만큼만 공급할 수 있기 때문이다.

2.4.3 공장 에너지 절감 사례

1) 사례 1: 포스코의 에너지 절감[48]

포스코는 광양제철소에 스마트그리드 기술과 FEMS를 도입해 연간 76억원의 에너지 절감과 2만 6500톤의 이산화탄소 배출 저감효과를 달성하고 있다.

---

48 권동명, "에너지이용기술개발 및 보급확산 방안", 에너지경제연구원, 2013. 09. 10.

스마트그리드를 통해 소비하는 전력, 가스, 열 등을 포함한 모든 에너지 흐름을 파악하고, FEMS를 바탕으로 설비운영을 제어해 에너지 효율 극대화를 달성하고 있다. 특히, 주야간 3배의 가격차이가 나는 산업체 전력 요금을 활용하기 위해 야간에 생산을 하고 저장하는 기능도 포함하고 있다. 또한, 실시간 전력사용량의 검침을 통해 설비고장을 발견하고 이를 통해 정비 시점을 판단하는데 도움이 된다.

2) 사례 2: LG디스플레이 스마트 조명[49]

LG 디스플레이는 파주, 구미 공장에 스마트 조명을 설치하였다. 그 결과 조명 전력 사용량을 40% 절감하고, 연간 68억원의 전기료와 유지보수 비용을 절감하였다. 기존에는 사업자가 사업장 곳곳의 전원을 누르며 조명을 끄고 켜야만 했다.

(a) 사업장에서 사용하는 스마트 전등   (b) 사업장 전력관리실의 모습

〈그림 2.4.5〉 LG 디스플레이의 스마트 조명

49 LG 디스플레이 블로그, "LG디스플레이, 에너지 효율 개선으로 친환경 효과 톡톡", http://blog.lgdisplay.com/2014/08/lg%EB%94%94%EC%8A%A4%ED%94%8C%EB%A0%88%EC%9D%B4-%EC%97%90%EB%84%88%EC%A7%80-%ED%9A%A8%EC%9C%A8-%EA%B0%9C%EC%84%A0%EC%9C%BC%EB%A1%9C-%EC%B9%9C%ED%99%98%EA%B2%BD-%ED%9A%A8%EA%B3%BC-%ED%86%A1%ED%86%A1/.

1부 스마트공장 경영 개론

하지만, 스마트 조명을 도입한 이후 모바일을 통해 어디서든 조명의 전원을 관리할 수 있게 되었다. 또한 작업 여부에 따라 자동으로 조도가 관리되고, 구역별로 조명을 제어하며 작업 시간에 따라 조명을 스케줄링 할 수 있게 되었다. 또한 먼지가 있어서는 안 되는 클린룸의 조명을 외부에서 조정이 가능해져, 먼지유입을 최소화하고 불량률을 감소시키는데 기여했다. 공사를 최소화하기 위해 기존에 사용하던 조명의 전력선을 통신선으로 활용하는 방법을 도입했다. 전력신호를 IT기술로 제어할 수 있는 FEMS를 기반으로 조명의 전력 사용량을 최적화했다.

개인 맞춤 생산 경영

문승기 싱가포르 난양공과대학교 교수
배경한 고려대학교 교수
정태수 고려대학교 교수

SMART FACTORY
MANAGEMENT

대량맞춤생산(Mass Customization)은 효율적인 대량 생산과 제품 차별성을 기반으로 고객 개개인을 위한 제품과 서비스를 개발하는 기업의 전략이라 할 수 있다. 제품군 설계(Product Family Design)는 제품들 간의 공통 플랫폼을 기반으로 다양한 고객들의 요구를 위해 높은 차별화 제품들을 생산하게 하는 대량 고객맞춤 전략의 해법 중의 하나이다.

🏃 이 글을 쓴 문승기, 배경한, 정태수는

문승기
펜실베니아 주립 대학교 산업공학과 박사학위를 받았고, 한양대학교 산업공학과 학사 및 석사학위를 받았다. 주요 연구 분야로는 대량맞춤생산 전략, 제품 및 서비스 설계 최적화, 3D 프린팅을 활용한 제품 개발, 공정 분석 및 시뮬레이션, 3D 프린팅을 활용한 맞춤 센서 개발 그리고 스마트공장 운영 최적화 등이 있다.

배경한
고려대학교 산업공학과에서 학사·석사·박사 과정을 거쳤으며, 1984년 한국국방연구원에 입사하여 정보시스템 개발을 시작으로, 삼성과 현대를 거치면서 첨단 ICT를 활용한 제조업 정보화에 앞장섰다. 기계를 포함한 중공업과 조선, 반도체와 전자, 화학장치산업 등 다양한 업종에서 활동했으며 지능형 최적화, ERP/MES를 비롯한 제어자동화, 공급사슬관리 등 제조업 전반에 대한 시스템 설계 및 개발을 주도했다. RFID 국제표준을 개발하기 위해 대한상의에 입사한 것이 계기가 되어 스마트공장 사업과 인연을 맺었으며, 고려대학교 스마트제조학과로 자리를 옮긴 후에도 스마트공장 관련 정책 개발, 인력양성 및 표준 개발 등의 분야에서 적극적으로 활동하고 있다.

정태수
고려대학교 산업공학과를 졸업하고 KAIST 산업공학과에서 석사학위를, 미국 조지아공과대학 산업시스템공학부에서 박사학위를 받았다. 주요 연구 분야로는 ICT 기반 SCM 시스템 운영 전략, 물류 및 배송 시스템 최적화이며, 최근 들어 CPS 기반 스마트공장 운영 최적화, 머신러닝·인공지능 기반 데이터 분석 및 응용 등에 관한 연구를 활발히 진행하고 있다.

3.1 개요

4차 산업혁명은 고객의 경험과 만족을 극대화하기 위해, 정보 통신 및 디지털 기술들과 3D 프린팅 및 적층 제조(Additive Manufacturing) 기술을 제조업과 결합한 스마트공장에서 다양한 개인 맞춤형 제품을 생산한다. 4차 산업혁명에 대한 이해와 전략, 개인 맞춤형 제품을 위한 센서 등 첨단 부품 소재 산업, 디지털데이터 활용을 증대시키기 위한 전략, 디지털-설계-제조 자동화 연결을 극대화하기 위한 연구 개발 전략 등이 필요하다.

1장에서 언급하였듯이, 디지털 디자인과 제조환경은 제품 디자이너의 역할과 업무에 있어 기존의 제조환경과 다른 지식과 경험들을 요구한다. 쉽게 습득되는 지식과 경험을 통해 축적되는 지식들은 인공지능을 통해 지속적으로 업데이트되며, 디자이너는 쉽게 이러한 정보들을 이용할 수 있는 환경을 개발하여 활용한다. 그러므로 4차 산업혁명에서 디자이너는 보다 창의적인 업무와 인공지능이 제안한 다양한 설계 대안을 결정하는 의사결정자로서의 역할을 하게 된다. 예를 들어, 디자이너는 높은 수준의 설계 목표, 다양한 재료, 제조 능력, 목표 비용 등을 제시하여 인공지능 설계 시스템이 다양한 설계 대안들을 개발할 수 있게 한다.

대량맞춤생산(Mass Customization)은 효율적인 대량 생산과 제품 차별성을 기반으로 고객 개개인을 위한 제품과 서비스를 개발하는 기업의 전략이라 할 수 있다. 제품군 설계(Product Family Design)는 제품들 간의 공통 플랫폼을 기반으로 다양한 고객들의 요구를 위해 높은 차별화 제품들을 생산하게 하는 대량 고객맞춤 전략의 해법 중의 하나이다.[1] 한편, 대량맞춤과 비교

1   Moon, S. K. and McAdams, D. A., 2012. A market-based design strategy for a universal product family. Journal of Mechanical Design, 134(11), 111007.

하여 개인맞춤(Personalization)은 제품과 개인의 관계를 증가시키는 시도라 할 수 있다. 제품 개발 과정에 있어서, 고객의 참여 관점에서 보면, 개인 맞춤형 생산은 기획, 생산, 평가 단계들에서 적극적인 고객 참여를 포함하지만, 대량맞춤에서 고객의 참여는 수동적이며 제한적이다.[2] 대량맞춤과 마찬가지로, 개인맞춤의 핵심은 각각의 고객을 개인으로서 만족을 시키는 것이다. 개인맞춤형 생산에서, 제품은 개별 고객의 수준으로 다양화되며, 한편 대량맞춤형 생산은 시장 세그먼트의 수준을 기반으로 제품의 다양성을 정하게 된다.[3] 그러므로 개인 맞춤형 생산의 목표는 가치있는 고객-공동 창의 활동을 통해 실제 사용자가 경험할 수 있는 모든 상황 및 환경 분석을 통해 고객의 숨은 요구를 만족하는 제품을 개발하는 것이다. 다음 장에서는 개인 맞춤형 제품 설계 프로세스를 위한 개발 전략, 고객 요구 선정, 설계 특성 생성, 제품 아키텍처 선정 및 설계 방법들에 대해서 알아보겠다.

3.2 맞춤형 제품 설계 프로세스

3.2.1 개발 전략 및 계획

제품 개발 전략은 어떠한 제품을 고객에게 제공할 것인가를, 기존의 제품을 기준으로, 미래 고객의 요구, 기술의 개발 속도, 시장 등을 고려하여 선

---

2 Tseng, M. M. and Hu, S. J., 2014. In Laperrière, L. and Reinhart, G., eds, Mass Customization. CIRP Encyclopedia of Production Engineering, Springer, Berlin Heidelberg, pp. 836-843.

3 Zhou, F., Ji, Y., and Jiao, R. J., 2013. Affective and cognitive design for mass personalization: status and prospect. Journal of Intelligent Manufacturing, 24(5), 1047-69.

정한다. 기술적으로 잘 설계된 제품이라도 시장에서 성공하지 못할 수 있다는 사례는 많은 제품들과 연구자들에 의해서 지적되어 왔다. 수학, 물리 및 공학을 기반으로 하는 기술적 설계론은 제품개발 과정의 일부만을 설명한다고 주장한다. 기술적 측면을 고려한 설계를 부분 설계라고도 한다. 반대로, 실제 개발 과정에서는 다양한 기술들의 복잡한 상호과정과 설계 품질에 영향을 주는 비 기술적인 요소를 고려한다. 시장에서 경쟁력 있는 제품을 설계하기 위해서는 설계의 공학적인 요소와 함께 제품의 성공 가능성을 보장하기 위해 요구되는 마케팅 및 경영 전략도 함께 고려해야 한다. 이러한 방법을 통합 설계라고 정의한다. 통합 설계는 '새로운 아이디어나 고객의 요구를 분석해서 경쟁사보다 먼저 성공적인 제품으로 시장에 소개하는 과정'이라 할 수 있다.[4] 통합 설계를 통한 초개인 맞춤형 제품 설계 프로세스를 개발하기 위해 다음의 다섯 가지 통합 설계 원칙을 고려해야 한다.

- 원칙 1. 제품 설계의 모든 단계에서 고객의 요구를 분석 및 고려해야 한다.
- 원칙 2. 기존의 설계나 개발 기준이 아닌, 고객의 요구로부터 설계 특성을 정의해야 한다.
- 원칙 3. 고객의 요구로부터 얻은 설계 특정을 기준으로 기술적인 특성들을 정의해야 한다.
- 원칙 4. 모든 관련 팀의 담당자로 새로운 팀을 구성하여 설계 특성을 정의해야 한다.
- 원칙 5. 제품을 사내가 아닌 시장에서 평가해야 한다. 성공적인 제품들은 최신 기술을 창의적으로 적용해야 하며, 고객들이 제품 구입과 사용에 만족해야 한다.

4   Pugh, S., 1991. "Total Design: Integrated Methods for Successful Product Engineering," Addtion-Wesley, Reading, MA.

3.2.2 고객 요구 선정

고객의 요구는 고객이 제품구입을 통하여 얻은 이익으로 표현될 수 있으며, 고객이 제품을 구입하는 이유가 되기도 한다. 요구를 선정하기 위해, Quality Function Deployment(QFD)를 활용할 수 있다. QFD는 고객의 요구를 기반으로 하는 품질 좋은 제품을 설계하기 위한 매트릭스 기반의 체계적이고 시각적인 방법이라 할 수 있다. QFD는 제품의 개발기간 동안 이루어지는 모든 활동에 대해 품질기준을 유지함으로써 높은 품질의 제품으로 개발하는 전사적 품질경영 (Total Quality Management) 원칙을 기초로 한다. QFD는 연속적으로 연결된 매트릭스들을 사용하고, 각 단계의 관계를 기반으로 제품 생산 계획을 수립할 수 있다. House of Quality(HOQ)는 가장 잘 알려진 QFD의 첫 번째 매트릭스로 고객의 요구를 제품 설계 특성의 변경에 이용한다. 〈그림 3.2.1〉은 HOQ 매트릭스의 개념도이며, 8개의 room으로 구성되어 있다.[5]

Room 1은 고객의 요구들과 중요성 평가들이 기록된다. Room 2는 고객의 요구들을 만족하고 평가하기 위해 설계가 가져야 하는 특성들을 나타낸다. 고객의 요구와 설계 특성 사이의 관련성을 나타내는 관계 매트릭스는 Room 3에 기록된다. 벤치마킹을 통해 새로운 제품이 충족되어야 하는 설계 특성의 수준이나 범위를 Room 4에 기록된다. Room 5는 기술적인 벤치마킹으로 제품들의 설계품질 중요성 및 성능을 평가할 수 있다. 지붕인 Room 6은 설계특성간의 상호 관계를 나타낸다. 이들 통해, 설계특성 간의 상충요인이나 설계안의 보안기회를 확인한다. Room 7에서는 Room 1의 고객 요구 중요도와 Room 3의 관련성을 활용하여 각 설계특성들의 중요도

5   Ullman, D. G., 2010, The Mechanical Design Process, 4th Edition, McGraw-Hill, New York, NY.

를 얻을 수 있다. 고객의 요구를 충족시키는 제품특성의 중요도는 Room 8
에서 얻을 수 있다. 고객의 요구를 파악하기 위해 일반적으로, 설문조사와
시장조사, 그룹 인터뷰, 일대일 인터뷰, 그리고 관찰(Ethnography Study) 등이
사용된다.

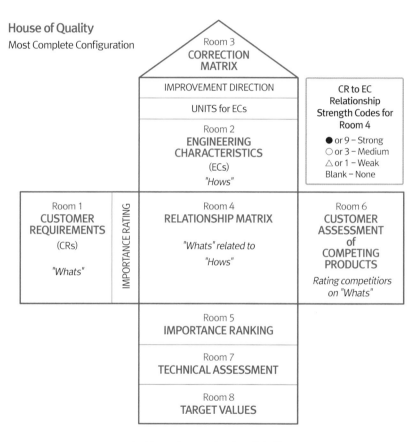

<그림 3.2.1〉 HOQ 매트릭스 개념도[5]

3.2.3 설계특성 생성

설계 특성(Engineering Characteristics)은 설계자들이 고객의 요구를 만족
시키고자 하는 방법들을 구체화하는 정보들이며, 제품을 개발하기 위한 기
본적인 설계 정보들을 나타낸다. 예를 들어 제품의 기능, 용도, 사용 환경,
재료, 크기, 비용 등 선정된 요구에 대한 특성은 설계 대안들이 그 요구를 어
느 정도 만족시키는지 측정할 수 있도록 정량적 특성으로 표현될 수 있다.
그러나 정량적 특성 보다는 기능 특성으로도 표현될 수 있다. 이러한 특성
은 고객의 요구를 만족시키기 위해 수행되어야 하는 기능 또는 활동으로 나
타낼 수 있다. 그러므로 일반적으로 설계특성의 정의는 추상성과 구체성 사
이의 균형이라 할 수 있다. 예를 들어 개인적인 고객의 요구를 잘 반영하기
위해서는, 추상성이 보편성으로 대체되어서는 안되며 구체성이 경직성으
로 대체되어서도 안된다. 설계 단계에서는 특성을 상세히 표현하기 보다는
개발자들이 쉽게 이해될 수 있는 수준에서 정의되어 하며, 체계적인 절차를
사용해야 한다.

3.2.4 제품 아키텍처 선정

제품 아키텍처는 기능적 요소(Functional element)를 제품 또는 제품군을
만들기 위한 모듈 (Module)이 되는 물리적인 요소(Physical element)로 변환
하여 배치하며, 기능과 모듈간의 관계들을 나타낸다.[6] 모듈은 제품의 단일
또는 여러 개의 부품으로 이루어져 있어 제품의 기능들을 제공한다. 〈그림
3.2.2〉와 같이 제품 아키텍처의 목적은 기본적인 제품의 모듈들을 정의하는

6   Ulrich, K. T. and Eppinger, S. D., 2012, Product Design and Development, 5th Edition,
McGraw-Hill, New York, NY.

다음과 같은 관점으로 정의하는 데 있다.

- 모듈의 기능은 무엇인가?
- 모듈간의 인터페이스는 무엇인가?

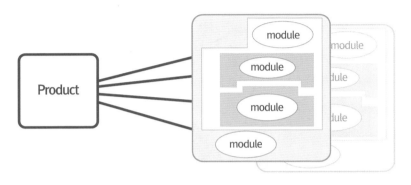

〈그림 3.2.2〉 제품 아키텍처의 구조와 모듈간의 관계

모듈성(Modularity)은 모듈(Modular)과 통합(Integral)의 정도(Degree)를 나타낸다. 모듈 아키텍처 제품에서 모듈은 하나 또는 적은 수의 기능을 수행하고, 모듈간의 상호작용이 잘 정의되어 있어 간단하고, 제품군 또는 플랫폼을 위한 재사용성의 용이한 장점이 있다. 예를 들어, Swiss Army Knife는 모듈 아키텍처 품의 좋은 예이다(〈그림 3.2.3〉 참조). 모듈 아키텍처로 설계된 제품에서는 모듈 설계 변경 시 다른 모듈들에 영향을 주지 않아 제품의 기능이 변하지 않는다. 모듈은 독립적으로 설계될 수 있다. 통합 아키텍처 제품은 기능적 요소들이 여러 개의 모듈들로 구성되어 수행되며, 하나의 모듈이 여러 기능을 담당한다. 그러므로 모듈간의 상호작용이 복잡하고 잘 정의되지 않는다. 일반적으로 통합 아키텍처는 성능을 개선하거나 특별한 제품에 대해 비용을 줄이는데 사용한다. 통합 아키텍처를 갖는 제품은 보통 높은 성능을 위해 설계된다. 기능적 요소들을 수행하기 위해 여러 모듈들을

필요로 하며, 모듈간의 경계는 모호하거나 존재하지 않을 수 있다. 예를 들어 BMW R1100RS motorcycle은 통합 아키텍처로 설계하여 추가 프레임의 불필요한 공간과 재료들을 제거하며 기능들을 공유하였다(〈그림 3.2.4〉 참조). 〈표 3.2.1〉은 모듈과 통합 아키텍처의 장단점을 설명한다.[6] 고객의 요구에 따른 제품 아키텍처는 장단점을 비교하여 제품 계획에 근거해서 선정한다.[7]

〈그림 3.2.3〉 Swiss Army Knife[8]

〈그림 3.2.4〉 BMW R1100RS motorcycle[9]

7   Otto, K., Hölttä-Otto, K., Simpson, T.W., Krause, D., Ripperda, S., and Moon, S.K., 2016, "Global Views on Modular Design Research: Linking Alternative Methods to Support Modular Product Family Structure Design," ASME Journal of Mechanical Design, Vol. 138, No. 7, pp. 07031.

8   www.swissarmy.com

아키텍쳐	장점	단점
모듈 아키텍쳐	• 제품 배치 개선 • 제품 다양성 및 새제품 소개 속도 개선 • 제품의 보전 및 서비스 개선 • 개발 업무 통합	• 제품이 서로 비슷하다 • 모방이 쉽다 • 제품 성능의 저하 • 설계 비용이 통합 설계보다 비싸다
통합 아키텍쳐	• 모방하기 어렵다 • 적은 인터페이스 문제로 팀의 결속이 좋다 • 제품 성능 증가 • 시스템 비용의 절감 효과	• 생산에서 설계 변화가 나타나지 않는다 • 제품의 다양성이 적다

모듈(Module)은 3가지 형태인, 공통(Common), 고유(Unique), 변형(Variant) 모듈들로 분류될 수 있다. 공통 모듈은 제품군(Product Family)의 플랫폼 (Platform)의 후보로 고려할 수 있으며, 기업의 개발비용을 절감하기 위한 전략으로 활용된다. 고유 모듈은 제품 간의 고유한 기능을 가질 수 있게 한다. 변형 모듈은 제품들의 다양성을 증가시켜 고객의 요구들을 만족시키기 위해 개발된다.

3.2.5 모듈화 방법

모듈화 방법은 〈표 3.2.3〉에서 제시한 다양한 방법이 있으며, 본 절에서는 디자인 구조 매트릭스(Design Structure Matrix)를 활용하여 모듈을 선정하는 방법에 대해서 알아보겠다. 부품 그룹화 또는 클러스터링이라고 할 수 있으며, 기본적인 원칙은 다음과 같다.[10]

- 공통 목표
  - 모듈수의 최소화
  - 모듈간의 인터페이스 최소화
  - 모듈간의 중복 허용

- 인터페이스 각 타입을 위한 개별 또는 통합 목표 최적화
  - 인터페이스의 일부 타입은 다른 타입들보다 쉽게 배치된다.
    (정보 교환은 분리보다 쉽다)
  - 목표들을 통합은 좋은 대안들을 무시한다.

- 상호작용이 큰 부품들은 하나의 모듈로 간주해도 된다.
- 모든 목표들을 최적화하기 어렵다.
- 다양한 해법들을 비교하라

3.2.6 모듈기반 플랫폼 설계

〈표 3.2.2〉는 제품군 개발을 위한 모듈기반 플랫폼 설계 방법을 13단계로 정의한 것을 나타낸다.[7] 그리고 대표적인 10개 회사들의 고유의 플랫폼 설계 방법들을 단계별로 나타냈다. 예를 들어 LG는 플랫폼 개발은 4단계로 구성되어 있으며, 4단계는 제안한 13단계로 표현될 수 있다. LG 1단계는 시장 세그먼트 정의, 시장 점유 계획, 고객의 요구 수집으로 구성되어 있다.

단계	ABB	Air-bus	Carri-er	Cum-mins	Dan-foss	Ford	IBM	ITT	LG	Mo-torola
시장 세그먼트 정의	1	1	1	1	1	1	1	1	1	1
시장 점유 계획	2	1	1	1	1	1	1	1	1	2
고객의 수요 수집	2	1	2	1	1	1	1	1	1	3
시스템 요구 사항 정의	3	2	2	2	1	2	2	1	2	3
기능적 요구 사항 정의	3	2	2	2	1	2	2	2	2	3
일반 시스템 아키텍쳐	3	3	3	2	2	3	2	2	2	4
부품 설계 대안	3	3	3	2	2	3	2	2	2	5
모듈 제약조건 정의	3	4	3	2	2	3	2	2	2	5
아키텍쳐 로드맵 및 미래 불확실성 관리	3	5	3	2	2	3	2	2	3	5
공통성 평가	3	5	3	2	2	3	2	2	3	6
모듈 사이즈 정의	4	6	4	3	3	4	3	3	4	6
컨셉 레이아웃	4	6	4	3	3	4	3	3	4	6
아키텍쳐 결정	4	6	4	3	3	4	3	3	4	6

〈표 3.2.3〉은 각 단계에서 사용되는 방법들을 나타낸다. 기본 방법은 각 단계에서 가장 많이 사용하거나 생략될 수 있는 단계를 나타내며, 각 단계에서 다양한 방법이 대안으로 활용되고 있다.

단계	기본 방법	대안 방법들	
1. 시장 세그먼트 정의	카테고리 수작업	시장 데이터 클러스터 분석 Kawakita Jiro (KJ) 정성적 클러스터 분석 고객 행위 분석	
2. 시장 점유 계획	계획 수작업	시장 세그먼트 그리드 제품 포셔닝 (위치매김)	
3. 고객의 수요 수집	제외	고객의 의견 및 KJ 크로스 제품 다양성, 고객-요구 다양성 분석, 고객 취향 다양성 분석, 외부 다양성 트리	
4. 시스템 요구사항 정의	메뉴얼 사항 정리	제품군, House of Quality, 최악 상항 조건 분석	
5. 기능적 요구사항 정의	제외	기능	부품
		기능 요구사항, 기능 다양성 분석, 기능 요구사항 클러스터 분석	모듈-기능 관련성 (Modular Function Deployment)
6. 일반 시스템 아키텍처	시스템 블럭 다이어그램	기능 블럭 다이어그램	제품 구조 모델, 제품 인터페이스 그래프
7. 부품 설계 대안	수작업	기능-부품 매트릭스 방법, 다양성 할당 방법	부품 다양성 관리, MFD 매트릭스
8. 모듈 제약조건 정의	수작업	모듈 기능 휴리스틱 방법	휴리스틱 방법과 DSM 클러스터링, 전략적 의사결정 모델, 모듈 프로세스 모델, MFD 클러스터 분석
9. 아키텍쳐 로드맵 및 미래 불확실성 관리	제외	기술 로드맵, 모듈 로드맵, 제품군 로드맵	

10. 공통성 평가	수작업 세그멘테이션 매칭	체계적 클러스터링, 공통화 매트릭 최적화, 휴리스틱 방법
11. 모듈 사이즈 정의	부품의 수작업 사항 정리 및 인터페이스 기능적 요수 사항	다양-제품 총합 설계 최적화(Multi-Product Multidisciplinary Design Optimization) 조합 연구, 로드맵 견고성 MDO 조합 연구
12. 컨셉 레이아웃	Manual layout and definition of Interface Requirements 수작업 및 인터페이스 요구사항 정의	모듈 인터페이스 그래프
13. 아키텍처 결정	Skip(Consider only one Architecture) 제외(하나의 아키텍처 고려)	다양-제품 점수 차트, 다양-제품 MDO 조합 연구

3.2.7 개인 맞춤형 제품을 위한 설계 프로세스

〈그림 3.2.5〉는 적층 제조 기술 및 3D 프린팅 기술을 활용한 개인 맞춤형 제품 설계 프로세스이며, 개인 맞춤형 설계(Design for Personalization)와 적층 제조 설계 (Design for Additive Manufacturing) 방법들을 기반으로 한다. 본 소절에서 제안한 개인 맞춤형 제품 개발 프레임워크는 개인의 성격과 취향을 고려하면서 적층기술로 개발된 제품들이 어떻게 각 제품 설계 단계가 체계적으로 사용자가 원하는 행위들을 지원하는지를 정의한다. 제안한 프레임워크에서는, 개인 맞춤형 설계는 개인적인 고객의 수준에서 사용자 요구를 고려하고, 사용자 요구는 제품 사용에 있어서 사용자 행위의 의도(I)로 해석한다. 사용자 요구는 사용자와 제품 모델로 변환된다. 모델은 사용자 효과(Q), 취향(F), 제품의 행동 유도성(P)으로 표현될 수 있다. 최종적으로 설

계 요구사항으로 사용될 개인 맞춤형 행위인자(PB)들을 정의할 수 있다. 적층 제조 설계에서는 공정인자(P), 재료 특성(S), 부품/제품 속성(T)을 이용하여 설계 요구사항에 필요한 적층 제조 인자들을 정의한다.[11]

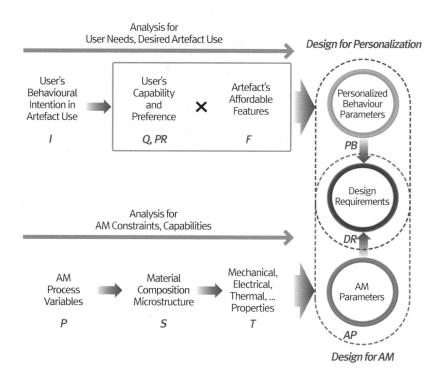

〈그림 3.2.5〉 설계 요구사항 선정을 위한 적층 제조 기술을 활용한
개인 맞춤형 제품 설계 프로세스[11]

11 Ko, H., Moon, S.K., and Otto, N.K., 2015, "Design Knowledge Representation to Support Personalised Additive Manufacturing," Virtual and Physical Prototyping, Vol.10, No.4, pp. 217-226.

3.3 맞춤형 제품 제조 공정 기술

　최근 적층 제조 및 3D 프린팅 기술이 많은 기대를 갖고 있으면 향후 4차 산업혁명의 중요한 기술로 주목을 받고 있다. 본 절에서는 개인 맞춤형 제품을 개발 할 수 있는 방법인 적층 제조 기술에 대해서 알아보도록 하겠다.

　적층 제조 기술이란, 만들고자하는 물건이나 부품을 기존의 제조방법이 아닌 프린터를 이용하여 제작을 하는 방법을 말한다. 고객이 직접 디자인한 물건이나 부품, 액세서리 등을 직접 손쉽게 가정이나 프린팅 샵을 통해서 만들 수 있다. 기존의 제조 기술은 원재료를 절삭 또는 주물 형태로 만들어서 제조하는 법을 얘기한다. 그러나 적층 제조 기술은 컴퓨터로 디자인한 것(Computer-Aided Design, CAD)을 파우더 형태의 원재료를 층층이 쌓아서 레이저 또는 가열을 통하여 제조하는 방법(layer-by-layer)이다. 다른 이름으로 Additive Manufacturing, Rapid Prototyping, Layered Manufacturing, Solid Freeform Fabrication 이라고 한다. 최근 많이 활용되고 있는 방법들을 소개하면, Stereolithography, Powder Bed Fusion(PBF), Fused deposition modeling(FDM), Directed Energy Deposition(DED) 등이 있다. 〈그림 3.3.1〉은 전형적인 PBF 방법인 Selective Laser Melting(SLM), Selective Laser Sintering(SLS) 프로세스이다.

　〈그림 3.3.2〉는 파우더 공급 메커니즘을 이용한 DED 프로세스의 시스템이다. 현재 다양한 방법들이 개발되었고, 계속적인 연구를 통해서 발전해 나아가고 있다. 적층 제조 기술의 장점은 다양한 툴들을 사용하지 않고 제품들을 빠르고 저렴하게 제조할 수 있고, 기존의 방법으로 제조하기 어려운 복잡한 형태의 부품들을 만들 수 있으며, 개인의 취향에 맞게 설계한 제품들을 만들 수 있다. 예를 들어 스마트폰 케이스, 열쇠고리 등이 있다. 적층 제조 기술은 다양한 원재료를 사용할 수 있으며, 재료로는 플라스틱, 스

틸, 알루미늄, 티타늄, 세라믹, 나무, 초콜릿 등이 있다.

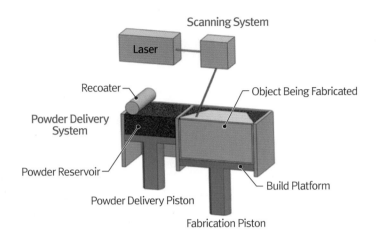

〈그림 3.3.1〉 전형적인 SLM/SLS 프로세스

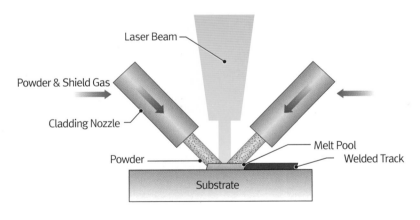

〈그림 3.3.2〉 파우더 공급 메커니즘을 갖는 DED 프로세스

적층 제조/3D 프린팅 생활용품, 교육, 피규어/미니어처, 패션, 음식, 시제품에서 예술 조형, 기계 부품, 우주 항공, 의료 모형, 생체 조직 인쇄까지

다양하게 분야에서 활용되고 있다(〈그림 3.3.3〉 참조). 현재는 의료 부문과 항공 부문 등 고부가 소품종 제품을 필요로 하는 분야에서 적층 제조 기술의 활용이 눈에 띄게 증가하고 있다. 또한 적층 제조 기술은 제품의 디자인 제약을 없애주고 쾌속 생산을 가능하게 하여 대량맞춤형 생산(mass customization) 및 고객맞춤형(personalization) 생산에 변화와 혁명을 가지고 올 것으로 예상된다. 기술이 안정화 되어가면서 점차 가정이나 오피스로의 적층 제조 기능을 갖춘 3D 프린터 보급이 확산될 것이다.

〈그림 3.3.3〉 3D 프린팅 패션 제품 예[12]

적층 제조 기술이 점차 디지털화 되고 있는 상황에서, 더욱 새롭고 스마트한 적층 제조 기술은 생산뿐만 아니라 생활과 산업 전반의 패러다임을 변화시킬 것이다. 이에 따라 디자인 단계부터 생산, 물류 및 유통 단계까지 새로운 플랫폼과 산업 구조가 필요하게 될 것이다. 또한 일반 가정에 보급될

3장 개인 맞춤 생산 경영

3D 프린터는 마치 PC와 스마트폰이 그러했던 것처럼 인류의 삶의 방향과 스타일을 바꿀 것이다 이에 따라 하드웨어 기술 뿐 아니라 프린터의 성능을 잘 활용할 수 있는 소프트웨어의 개발 또한 요구되는 상황이다.

3.4 맞춤형 제품 생산을 위한 제조공정 구성

3.4.1 플랫폼형 공정 및 생산 시스템

플랫폼 생산 시스템에 대한 이해를 돕기 위해 자동차 생산 시스템을 생각해 보자. 보통 자동차 회사는 신규 차량을 위한 공정 구성 시 많은 자본 투자가 이루어지게 된다. 결국 신규 차량을 위한 공정을 구성한 이후 이로부터 최대한의 투자비를 회수하기 위해서는 가능한 한 많은 종류의 차량을 생산하며 동시에 최대한 많이 생산함에 있어 해당 공정을 활용하는 것이 매우 중요하다. 이러한 이유로 탄생한 개념이 다양한 제품들이 차체 하단 프레임 혹은 샤시를 기준으로 동일한 하단 프레임에 외관을 달리하여 하나의 공정을 통해 다수의 차량모델 생산을 가능하게 하는 "플랫폼" 전략을 구상하게 되었다. 만약 다수 모델 간에 차체 하단을 공통화하게 되면, 차체 하단을 기준으로 설계된 공정을 다수 차량 모델 생산에 공통적으로 사용할 수 있게 됨을 의미하고, 이러한 연유로 프레임을 공유하는 방식을 "공통 플랫폼" 기반의 제품개발(Product Line Engineering; PLE) 및 생산방식[13]이라 한다.

---

13 김덕현, "공통플랫폼 기반의 제품개발(PLE)", 한국IT비즈니스진흥협회(이슈리포트), 2013. 1. 31.
http://www.koipa.or.kr/korean/viewtopic.php?t=837

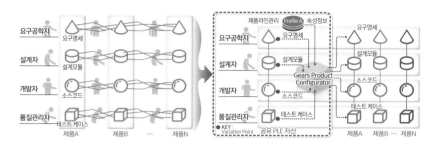

〈그림 3.4.1〉 공통 플랫폼 기반 제품 개발 및 생산 방식: 전(좌)과 후(우)[14]

〈그림 3.4.1〉은 공통 플랫폼 기반 제품개발 전과 후를 비교하고 있다. 〈그림 3.4.1〉 좌측의 그림을 보면 개발인력, 자재 등을 포함 회사 내 자원들이 제품별로 개별적으로 투입되고 있음을 알 수 있다. 이와 같은 제품 개발 및 생산 방식은 비용 측면에서나 자원 재사용 측면에서도 효율적이지 못한 관계로 시장 내 고객의 다양한 요구에 대응하기 어려운 구조이다. 반면, 〈그림 3.4.1〉 우측 그림에서는 여러 제품들의 공통 요소들을 도출하고 이를 기반으로 조립한 후 시장 및 고객 요구사항에 적합한 맞춤형 요소들을 추가적으로 개발함으로써 대량 맞춤형 제품을 생산할 수 있게 된다. 이러한 제품 설계 및 생산 체계를 통해 기업은 부품 등 자산의 재사용성을 높이고 불필요한 작업의 중복을 피함으로써 비용 절감 및 생산성 향상에 기여할 수 있다.

더 나아가 자동차 산업의 예시와 같이, 시장에서 다품종 소량생산 요구가 증가하고 모델 사이클이 점차 줄어듦에 따라서 신규 모델을 위한 생산라인 구축 시간 및 비용 증가로 제조업체의 영업이익률은 감소하고 있는 상황에서, 신규 모델을 위한 생산라인을 저비용으로 빠르게 구축하기 위하여 생산라인의 가변 재구성이 용이한 구조로 공정 구성이 이루어져야 하며 차량 프레임 공유와 같이 신규 제품개발 시 부품 공용화 비율을 높이기 위한 플랫폼 통합화를 하는 것이 중요하다. 이를 바탕으로 하나의 공정에 다수의 제품을 생산하는 혼류 생산방식 도입을 추진하여 급변하는 시장에 대응하는 것이 매우 중요하다.

3.4.2 모듈형 공정 및 생산 시스템

앞서 초개인화된 생산을 지원하기 위해 모듈러 디자인에 관해 논의하였다. 제품 설계 모듈화는 가능한 한 부품의 수를 축소하여 공통요소를 관리함으로써 복잡도를 줄이는 것이 주된 논의내용이었다면, 모듈러 생산시스템에서는 초개인 생산을 위해 증가된 부품 수 및 그로 인한 복잡도의 증가를 효과적으로 지원하기 위한 생산 방안을 모색하는데 그 목적이 있다.

앞서 자동차 산업의 예시를 살펴보면, 차제 하단 프레임을 공통화 하는 플랫폼 전략은 동일 등급의 모델 사이에서만 공통화가 가능하다. 즉, 급이 다른 모델 간에는 프레임을 공통으로 적용할 수 없기 때문에 하단 프레임을 기준으로 하는 공정에 공통으로 생산할 수 없게 된다. 이러한 상황에서 이 플랫폼 수가 증가하는 경우를 생각해 보자. 플랫폼 생산방식에 따르면 플랫폼별 생산라인을 별개로 구축해야 한다.

모듈러 디자인 기반 제품 설계 및 생산 시스템 구축은 플랫폼 생산방식이 가지고 있는 한계를 개선하는 생산 시스템이라 볼 수 있다.[15] 모듈러 디자인을 통해 한정된 모듈들을 표준화하고 이들의 적절한 조합을 통해 궁극적으로 개인화된 고객 요구사항에 효과적으로 대응하기 위한 방안으로 볼 수 있다. 하지만 이러한 모듈러 기반의 제품 다양성 증가는 생산 복잡도의 증가로 이어질 수밖에 없다. 최악의 경우 개별 모델별 생산 공정을 갖추어야 하는 상황이 발생하게 된다. 이에 다양한 부품 혹은 모듈의 변동이 있을

---

15 https://m.blog.naver.com/kjhoi79/220407495562

때 공정이 그에 따라서 변동하는 생산 시스템을 구축하게 된다면 초 개인화된 시장상황에서 빠른 고객 대응을 할 수 없게 된다. 그러므로 초 개인화 제품 생산에 있어 공정 변동성을 줄이기 위한 생산 시스템에 대해 간단히 짚고 넘어가고자 한다. 모듈러 생산 시스템 구축을 위해서는 우선적으로 생산 공정수를 어떻게 하면 줄일 수 있을 것인가, 어떻게 하면 모듈 종류 증가에 대해 생산시스템이 대응할 것인가 등을 고려해야 할 것이다.

그렇다면 모듈화 생산 시스템 구축을 어떠한 방식으로 진행해야 할까? 우선 공정 간의 공통적인 요소를 도출하여 가능한 공정의 공통화(process commonality)를 진행해야 한다. 이를 위해 각 공정별로 작업자, 설비, 자제, 생산방법 등을 기준으로 공정 표준화를 실시하여야 한다. 이러한 공정 단순화 작업을 통해서 공정 표준화를 수행하고 공통된 요소를 도출하여 공정 공통화를 추구하는 작업을 우선 수행해야 한다. 또한 변동성이 높은 공정을 후공정으로 배치하는 차별화 지연(delayed differentiation) 혹은 지연화(postponement) 전략 적용을 고려해볼 수 있다. 마지막으로 공정 내 제품 검사가 손쉽게 이루어져 완성품에 대한 검사가 감소하거나 불필요해져야 하며 이를 통해 품질향상과 검사 공정수 절감이라는 효과를 기대할 수 있게 된다.

기존 모듈 생산방식은 공급사로부터 부품단위로 공급받던 것을 좀 더 큰 모듈단위로 공급을 받으며 제조사는 이를 조립하여 생산 과정을 단순화시킴으로써 내부의 생산 복잡성을 외부 공급사 및 협력사에 일부 넘김으로써 생산 복잡도 문제를 해결하는 방식이다. 이 경우 외부 공급사들의 역량을 강화하는 것이 중요하며, 이들의 제공하는 모듈의 품질관리가 중요하다. 반면, 모듈러 제품 설계를 기반으로 하는 생산방식은 다변화된 수요에 대응하기 위해 제품 수의 증가에도 생산 시스템이 충분히 대응 가능하도록 제품 설계부터 공정 및 레이아웃까지 생산 전반에 걸친 운영효율성 강화, 즉 외부역량 강화뿐만 아니라 제품개발 및 생산의 협업을 통한 내부역량 강화를 달성하기 위한 생산방식으로 볼 수 있다.

3.4.3 모듈형 공정 및 생산 시스템 사례

1) 사례 1: 자동차 업계의 모듈러 제품 설계 및 생산 방식

폭스바겐은 다수의 국가, 다수의 브랜드, 대규모 생산량에 대응하기 위하여 "모듈러 툴킷 전략"(Modular Toolkit Strategy)을 추진하고 있다.[16] 모듈러 디자인 및 생산을 통해서 생산 유연성 증가와 동시에 규모의 경제 달성 및 효율성을 추구하고 더 나아가 time-to-market 절감을 모듈러 디자인을 통해 이루는 것이 전략의 핵심내용이다.

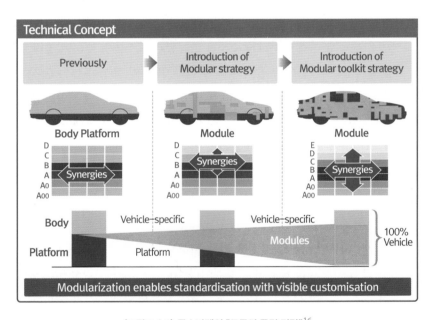

〈그림 3.4.2〉 폭스바겐의 "모듈러 툴킷 전략"[16]

---

16 Luther Johnson(2013) Modularity: A Growing Management Tool because it Delivers Real Value, Modular Management, available at https://modularmanagement.com/us/wp-content/uploads/2016/09/Modularity-A-Growing-Management-Tool-because-it-delivers-Real-Value.pdf

〈그림 3.4.2〉에서 보는 바와 같이 기존 동급 차량 간의 공용화 효과를 위한 공통 플랫폼 전략에서 한 단계 더 나아가 여러 차량 등급에 걸친 공용화 효과를 구축하기 위한 "모듈러 툴킷" 전략으로 점차 진화하고 있음을 알 수 있다. 이를 위해 소수의 모듈 기반 제품 아키텍처를 정의하고 이를 기반으로 표준화 및 공용화를 추진하게 되며 이를 모듈러 툴킷이라 한다. 폭스바겐은 모듈을 powertrain, chassis, body 및 electronics로 정의하고, 하나의 모듈은 여러 개의 서브모듈로 구성되어 있으며 마찬가지로 각 서브모듈은 여러 부품들로 구성되는 계층 구조를 정의하였다. 이러한 모듈별 계층구조에 기반을 두어 공용화 범위 및 수준을 결정하여 표준화 및 공용화를 추진하였다.

르노와 닛산은 공동으로 폭스바겐의 모듈러 툴킷 전략에 대항하기 위해 "공통 모듈 제품군"(Common Module Family; CMF) 아키텍처를 제안 하였다.[17] 이 아키텍처는 〈그림 3.4.3〉에서 보는 바와 같이 자동차를 크게 front underbody, rear underbody, engine compartment(엔진실), cockpit module(앞좌석 instrument 패널 포함 자동차 내장부품), 그리고 electronic/electric 장치 등으로 4개의 파트와 전기/전자 파트로 구분하여 각 파트별로 다수의 모듈을 구성하고 크기와 용도가 유사한 차량 모델에 따라 모듈들을 결합하여 소형차, 대형차, SUV 등 다양한 차종을 생산할 수 있는 체계를 말한다.

---

17 '닛산 CMF와 폭스바겐 MQB 플랫폼, 자동차업계 지형을 바꿀 것인가', Global Auto News, http://global-autonews.com/bbs/board.php?bo_table=bd_008&wr_id=1401

<그림 3.4.3> 르노-닛산 공통모듈 제품군(CMF)[18]

Electrical & Electronics architecture

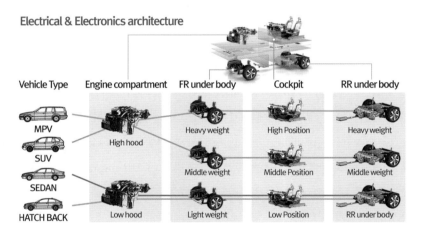

Vehicle Type	Engine compartment	FR under body	Cockpit	RR under body
MPV	High hood	Heavy weight	High Position	Heavy weight
SUV				
SEDAN		Middle weight	Middle Position	Middle weight
HATCH BACK	Low hood	Light weight	Low Position	RR under body

<그림 3.4.4> CMF 기반 제품 설계 및 생산 예시[17]

CMF 아키텍쳐는 기존 동급 차량들 간의 차체 하부 플랫폼 공유에 그친 것에서 벗어나 비슷한 그룹의 차종에 따라 모듈들을 조합하고 부품을 공유함으로써 각 파트별 최소한의 모듈들로 다수의 차종에 적용할 수 있는 장점을 갖게 된다.

18 https://group.renault.com/wp-content/uploads/2014/07/presentation_cmf_gb_version2.1_sans_commentaires_16-9eme[1].pdf

1부 스마트공장 경영 개론

이러한 CMF 개념을 적용하게 되면 개발기간을 단축시키고 신제품 개발비 절감 또한 가능하다. 더 나아가 고객의 다양한 요구에 맞추어 다양한 모델의 시장 출시 또한 기존과 비교하여 낮은 가격으로 가능해진다. 르노와 닛산에 따르면 CMF 적용을 통해 초기 개발비를 약 30~40% 절감하고 전체 부품비용을 20~30% 이상 줄일 수 있을 것으로 전망하고 있다.

2) 사례2: DFKI의 멀티벤더 자동화 생산라인

초 개인화된 수요에 대응하기 위해서는 다수의 제품 생산으로 인한 생산 복잡도 증가에 효과적으로 대처가 가능한 유연한 생산라인 및 시스템 구축이 필수적이다. 앞서 모듈러 디자인 기반 제품 설계 및 생산 시스템 구축은 이와 같은 기업의 대응방안 중 하나이다. 또 다른 대응방안으로는 다수 제품을 생산하는데 있어 생산라인 구축비용을 절감하면서 유연한 생산라인 구축을 통해 생산의 운영효율성을 높이는 방식도 있다. 예를 들어, 독일 인공지능 연구소 DFKI는 4차 산업혁명에 적합한 다수의 설비 벤더에 독립적인 자동화 생산공정 프로토타입 모형을 제시 하였다[19](〈그림 3.4.5〉 참조). DFKI는 자동화 생산라인을 구축하는데 있어 빠르고 유연하며 동시에 설비 벤더에 독립적인 생산라인 구축이 가능한 프레임워크를 제안하였다.

먼저 하나의 생산라인에서 각 공정을 필요에 따라 추가, 삭제가 용이하고 공정 선후관계도 제품의 특성에 따라 자유롭게 구성할 수 있는 구조로 되어 있다. 또한, 각 공정별로 다수의 벤더들이 존재하는데 이들과 독립적으로 공정 인터페이스가 구성이 되어 있어 플러그 앤 플레이(plug-and-play) 방식으로 자유롭게 설비를 교체할 수 있는 구조로 되어 있다. 이러한 구조를 통해 제품에 따른 유연한 공정라인 구성 및 생산체계를 구축할 수 있다.

19 http://www.dfki.de/wwdata/German-Czech_Workshop_on_Industrie_4.0_Prague_11_04_16/Industrie_4_0_Cyber-Physical_Production_Systems_for_Mass_Customizations.pdf

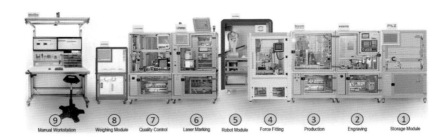

〈그림 3.4.5〉 DFKI 제안 모듈러 생산 공정[19]

3.5 맞춤생산을 위한 생산계획 수립 및 공급사슬관리 기법

다양해지는 고객의 요구사항을 만족시키기 위해서는 제품 혹은 서비스가 다양하게 제공되는 것이 필요하다. 그러나 이러한 제품 다양성의 증가는 운영측면에서 여러 가지 문제를 야기한다. 일단 제품이 다양화·세분화됨으로써 개별 제품에 대한 수요예측이 어려워지며 특히 공급사슬 측면에서는 혁신적인 제조기술이 뒷받침되지 않는다면 비용 상승은 피할 수가 없게 된다. 따라서 공급사슬 및 생산관리 측면에서 두 가지 양립하는 개념인 대량생산을 통한 규모의 경제 추구와 주문생산을 통한 고객화, 이 두 전략을 적절히 지원하기 위한 고민이 필요하게 된다. 본 절에서는 공급사슬 측면에서 맞춤생산을 지원하기 위한 방안에 대해 몇 가지 살펴보기로 하겠다.

3.5.1 대량맞춤생산체제를 구성하는 변수들

대량맞춤생산체제를 구축하기 위해서는 앞 절에서 언급하였던 제품과 자재의 모듈화, 공정의 모듈화 뿐만 아니라 준비해야 할 또 다른 다양한 측면이 있다. 이 다양한 측면 중에서 우선적으로 결정되어야 할 것은 비즈니스 전략이다. 비즈니스 전략은 맞춤생산과 수요예측의 비율, 이를 위한 공급사슬의 구성, 구매와 유통 방법, 표준화와 차별화, 고객맞춤을 위한 지연전략(Postponement Strategy) 등을 고려한다. 비즈니스 전략에 의거하여 공급사슬과 고객주문전개시점(CODP, Customer Order Decoupling Point)을 기본적으로 정의할 수 있다. 〈그림 3.5.1〉은 다양한 고려사항의 관계를 정리하여 표현하고 있다.

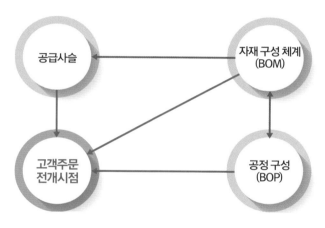

〈그림 3.5.1〉 대량맞춤생산체제를 구축하는 변수들의 상관관계

비즈니스 전략과 공급사슬의 구성, 고객주문전개시점의 관계를 간단히 살펴보았으므로, 다음은 공정구성체계(Bill of Process, BOP)와 자재구성체계(Bill of Materials, BOM)의 관계를 살펴보겠다. 공정의 구성은 만들 제품, 만드는 방법, 제품 완성 과정, 완성 단계 별 자재 변화 정보를 담고 있다. 즉 공정의 구성에는 자재의 모자관계가 담겨 있다. 자재의 모자관계는 자재구성체계에서 상세하게 정립하고 있다.

기업은 "자재를 구매할 것인가?", "만들 것인가?" 그리고 "남에게 만들도록 주문할 것인가?"를 결정한다. 이 결정은 자재구성체계라는 정보에 반영되어진다. 자재구성체계는 제품과 공정의 구성을 일체화 하므로 플랫폼 공정을 중심으로 제품군을 형성하는 Family BOM, 모듈 공정을 중심으로 구성하는 모듈형 BOM, 선택사양을 자유롭게 구성하는 선택형 BOM(Option BOM) 등이 있다. 모듈형 BOM과 선택형 BOM이 존재하는 이유는 표준화 되어진 공통 모듈과 다양한 제품을 생산하도록 차별화된 모듈이 존재하기 때문이다. 차별화된 모듈 또는 선택 사양은 공정의 후반부에서 생산이 이루어지도록 하여 대량맞춤 대응력을 높이도록 하고 있다. 이에 대해서는 3.5.2절의 지연 전략에서 살펴보기로 한다.

자재구성체계는 구매, 외주, 제조 중에 선택을 하는 기준정보이므로 공급사슬과 밀접한 관계를 갖게 된다. 자재구성체계 속에서 외주나 구매를 하는 품목은 공급사슬 정보에 기록되어지고 이 정보는 공급사슬 속의 거래 기업에게 정보로 전달되어진다. 자재구성목록이 달라지면, 공급사슬 또한 변화를 일으키게 되는데 공급사슬을 설계할 때에는 이러한 변화에도 유연성을 가질 수 있도록 하는 것이 바람직하다.

〈그림 3.5.2〉는 공급사슬의 전형적인 구성을 나타내고 있다. 공급사슬의 구성으로 고객주문전개시점을 분류해 보면 설계 시점, 모듈화 시점, 조립 시점, 유통 시점으로 나눌 수 있다. 고객주문전개시점이 공급사슬의 앞 단계로 당겨질수록 불확실성은 줄어든다. 반면에 고객주문전개시점이 늘어질수록 불확실성은 커지며 이에 대한 대응 비용도 커지게 된다. 〈그림 3.5.3〉은 공급사슬 상에서 고객주문전개시점과 불확실의 관계를 설명하고 있다.

기업이 공급사슬을 구성할 때에는 관리가 가능한 고객주문전개시점 결정에서부터 출발한다.[20] 기업은 가능하면 고객주문전개시점을 최대한 상위

---

[20] Supply-chain configurations for mass customization, F. SALVADOR, M. RUNGTUSAN-ATHAM and C. FORZA, Production Planning & Control, Vol. 15, No. 4, June 2004, 381-397.

수준에서 결정을 해야 하는데 그 이유는 자재 낭비를 최소화하고, 외부 변수의 복잡도를 낮추어 고객 대응력을 높일 수 있고, 고객맞춤생산이 용이하기 때문이다.

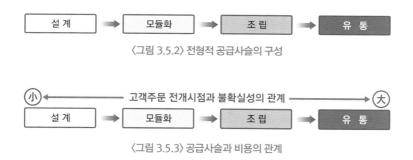

〈그림 3.5.2〉 전형적 공급사슬의 구성

〈그림 3.5.3〉 공급사슬과 비용의 관계

3.5.2 고객주문전개시점 전략과 지연 전략

고객주문전개시점은 제품이 고객 주문 시점과 연관되어 있는 제품 가치사슬 상에서의 위치 혹은 지점으로 정의되며, 일반적으로 제품 가치사슬 상에서 고객주문전개시점을 중심으로 이의 상류단계들은 수요예측 기반 프로세스인 반면 하류단계는 고객 주문 발생 시 생산을 시작하는 고객수요 기반 프로세스가 된다.

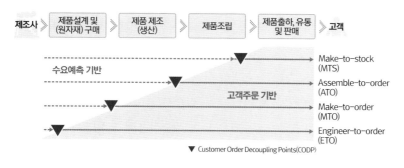

〈그림 3.5.4〉 제품 가치사슬 상의 고객주문전개시점 위치에 따른 다양한 제품 생산 방식 분류

〈그림 3.5.4〉에서 보는 바와 같이 가치사슬상의 고객주문전개시점 위치에 따라서 다양한 생산 전략이 존재하게 된다. MTS는 기 생산된 제품을 고객에 제공하는 것으로 고객은 이미 생산된 제품들 중에서 선택만 할 수 있다. 고객 반응속도 측면에서는 재고가 충분이 있으면 주문요청 후 고객이 제품을 인도받는데 까지 소요되는 시간은 적다. 대부분의 공산품들은 MTS 전략에 따라 생산된다. ATO는 고객 요청에 따라 조립이 이루어지는 제품에 대한 생산방식으로, 조립하기 전 중간 부품 혹은 반제품들은 수요기반으로 사전에 생산이 되어 재고형태로 보유하고 있으며 고객 주문 및 요청에 따라서 조립 후 제품을 공급한다. 일반적으로 자동차와 같이 옵션이 많고 고가인 제품들은 ATO 생산전략에 따라 생산된다. MTO는 고객 주문요청 시점부터 원자재 가공을 포함하여 생산을 시작하는 경우이며, 마지막으로 ETO는 고객 요청에 따라 설계부터 자재 구매, 생산, 조립을 하고 완제품을 고객에 인도하는 생산전략이다. 이를 통해서 개인화 수준(즉, 고객 의사가 제품에 반영된 수준)은 ETO가 가장 높으며 MTS가 가장 낮음을 알 수 있다.

MTO 혹은 ETO의 경우 고객 주문 이후 생산 시작이 이루어지므로 고객이 허용할 수 있는 시간범위 내에 납기가 이루어지기 위해서는 완제품 생산을 위한 조립작업이 해당 납기 기간 내로 이루어져야 한다. 따라서 중간 조립품 혹은 반제품들은 다른 부품 혹은 중간 조립품들과 쉽게 조립이 가능하도록 앞서 논의하였던 모듈화를 통해 모듈 형태로 재고를 보유해야 할 것이다. 그리고 고객 차별화를 제공하는 공정을 최대한 단순화하며 차별화 부품 수를 최소화함으로써 고객주문전개시점 이후의 리드타임 및 비용을 최소화하여 신속하면서도 빠른 고객화 서비스를 제공할 수 있을 것이다. 더불어 고객 요구사항은 다양하게 나타낼 수 있으므로 사전에 준비되어야 하는 모듈들은 최대한 여러 최종제품에 공통적으로 사용될 수 있도록 공통 모듈의 형태를 가지도록 하는 것이 중요하다.

여기서 공통모듈이 다수의 제품에 사용된다는 점은 제품 가치사슬 운영

측면에서 중요한 의미를 가진다. 즉, 공통모듈의 수요는 해당 모듈이 적용되는 제품 수요의 합이 되므로 개별 제품의 수요변동에 편차가 존재하더라도 이들의 합인 공통모듈 수요의 변동은 일종의 풀링(pooling) 효과로 인해 수요변동 편차가 적어지기 때문에 비교적 높은 수준의 수요예측을 바탕으로 생산계획을 수립하여 효율적인 대량생산이 가능함을 의미한다. 고객주문전개시점 이전의 프로세스를 이와 같은 수요를 기반으로 하는 공통모듈 생산 프로세스로 보게 된다면, 공통모듈 생산까지는 일종의 제품 차별화를 지연하는 효과를 낳게 된다. 이는 지연 전략을 수행하기 위한 토대를 이루게 된다.

지연 전략이란 공통 혹은 표준부품들을 먼저 생산하고 최종 제품의 세부명세를 결정하는 부품들은 공정의 나중에 생산하는 방식의 공급사슬 전략이다. 즉, 공통 혹은 표준부품은 다양한 세부 품목에 공통적으로 사용됨으로써 수요통합에 따른 풀링효과를 얻을 수 있으며 공정 후반부에 제품 차별화를 위한 부품들을 적용함으로써 제품의 다양성을 유지할 수 있게 된다. 이러한 지연 전략을 구현하기 위한 방법으로 앞서 논의한 모듈화를 통해 공통 모듈과 제품 차별화를 위한 모듈로 분리하여 제품을 설계하며 대량 혹은 개인 맞춤생산을 가능케 할 수 있다. 또한, 제품 구성품을 표준화하는 방법도 고려해 볼 수 있다. 예를 들어, 제품 매뉴얼 한권에 동일한 정보를 모든 판매대상 국가언어로 중복하여 표기하는 형태로 제작을 한다든지, 전원장치를 프리볼트 형태로 제품을 제공하는 것 등을 들 수 있다.

4장

스마트공장 플랫폼 경영

SMART FACTORY
MANAGEMENT

스마트공장 플랫폼은 사물인터넷을 중심으로 센서, 자동화 설비 등을 하나의 체계에서 통합하고 데이터를 실시간으로 파악 및 공유, 분석할 수 있는 정보시스템을 의미한다. 스마트공장 플랫폼을 구현하기 위해서는 사물인터넷 기술을 통해 통신 기능을 갖춘 센서들이 플랫폼에 손쉽게 연결되고, 센서들이 모니터링하는 각종 정보들이 통합 데이터 베이스에 실시간으로 저장되어야 한다.

🏃 이 글을 쓴 송상화는

KAIST 산업공학과에서 학사, 석사, 박사 학위를 받았다. IBM을 거쳐 인천대학교에서
물류 및 SCM, 유통, 미래 디지털 전략을 연구하고 있다.

4.1 스마트공장 플랫폼 개요

스마트공장 플랫폼은 사물인터넷을 중심으로 센서, 자동화 설비 등을 하나의 체계에서 통합하고 데이터를 실시간으로 파악 및 공유, 분석할 수 있는 정보시스템을 의미한다. 스마트공장 플랫폼을 구현하기 위해서는 사물인터넷 기술을 통해 통신 기능을 갖춘 센서들이 플랫폼에 손쉽게 연결되고, 센서들이 모니터링하는 각종 정보들이 통합 데이터베이스에 실시간으로 저장되어야 한다.

또한, 플랫폼에 연결되는 각종 설비, 센서, 정보시스템들이 서로 데이터를 주고 받을 수 있어야 하고, 보안성을 갖추면서도 효율적으로 데이터가 공유됨으로써 플랫폼을 통해 참여자들이 안심하고 정보를 공유할 수 있어야 한다. 공유된 데이터는 빅데이터 및 인공지능 기술을 활용하여 의미 있는 정보로 가공되고 최적 의사결정을 수립하는데 기여하게 될 것이다.

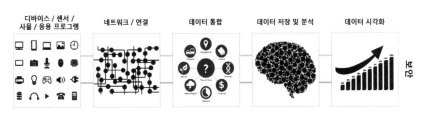

〈그림 4.1.1〉 사물인터넷 기반 스마트공장 플랫폼 기본 구조[1]

스마트공장 플랫폼의 기본 기능을 분류하면 다음과 같이 6가지로 구분한다.

---

1   Adopting an IoT Platform: Things to Know and Pitfalls to Avoid, ALTOROS.

- 실시간 자동 데이터 수집(Devices, Sensors, Things, Applications): 스마트공장 내 데이터 수집이 필요한 장소, 설비 등에 소형 스마트 센서와 기기를 부착하고 상태 정보를 실시간으로 수집하는 기능
- 네트워크 연결(Network, Connectivity): 수집된 데이터를 플랫폼으로 전송하는 기능이며, 스마트 센서와 기기들이 무선 혹은 유선으로 플랫폼에 연결되도록 지원하는 기능
- 데이터 통합 및 변환(Data Integration and Ingestion): 수집된 데이터를 스마트공장 플랫폼 내에서 활용 가능하도록 하나의 표준화된 포맷으로 변환하는 기능
- 데이터 저장 및 분석(Data Storage and Analytics): 변환된 데이터를 통합 데이터베이스에 저장하고, 이를 바탕으로 다양한 분석을 실행하는 기능
- 데이터 시각화(Data Visualization): 데이터 원본 및 분석 결과를 다양한 차트와 그래프로 사용자에게 시각화하는 기능
- 보안(Security): 데이터를 하나의 통합된 플랫폼에 저장하게 될 경우 이는 필연적으로 보안 문제를 야기할 수 있어 안전한 시스템 운영을 위해 보안 기능 강화가 필요함

스마트공장 플랫폼을 통해 개별 공장이 현장에서 관리자까지 수직으로 연결되기 시작하면 스마트공장들을 하나의 플랫폼으로 연결하는 스마트 SCM으로 확장된다. 스마트 SCM은 서로 다른 공장, 서로 다른 기업들이 데이터를 실시간으로 공유하고, 내부 및 외부 환경 변화를 미리 예측하고 탐지한 후 최적 의사결정을 업데이트하는 것이 가능해지는 미래형 공급망을 의미한다.

서로 다른 기업이 수평적으로 연결될 경우 스마트공장 내부의 수직적 연결 플랫폼과 스마트공장간 수평적 연결 플랫폼을 통해 개별 기업이 아닌

전체 공급망의 경쟁력을 향상시킬 수 있다. 이러한 스마트 SCM은 스마트공장 플랫폼을 통해 비로소 구현이 가능해질 것으로 예측된다.

스마트공장 플랫폼은 사물인터넷 기반 센서 및 자동화 기기, 통신 네트워크 및 표준화, 실시간 데이터 공유 및 가시화, 데이터 분석 및 최적화의 4단계로 구성된다. 과거 자동화 공장은 자동화 설비들을 디지털화하는데 초점이 맞추어진 반면 스마트공장 플랫폼에 기반한 스마트공장은 데이터 공유를 넘어 연결, 통합 및 최적 대응에 초점이 맞추어지고 있다. 클라우드 컴퓨팅 기술을 활용하여 필요할 때 필요한 부분만 효과적으로 활용하는 것이 가능해지고 있어 향후 스마트공장 플랫폼은 중소형 기업에도 널리 확장될 수 있을 것으로 예측되고 있다.

4.2 스마트공장 플랫폼 유형

4.2.1 수직적 플랫폼과 수평적 플랫폼

과거의 공장들은 개별 자동화 설비 업체별로 특화된 플랫폼으로 구축되어 있다. 물리적 설비들을 하나의 통합 시스템에 연결하여 데이터를 실시간으로 확보하는데 초점을 맞추게 됨에 따라 업체별로 연동되는 시스템이 아니라 업체별로 독립적으로 운영되는 시스템으로 구현되었다. 1차적 목표는 제조현장의 디지털화에 있었기 때문에 서로 다른 시스템간 통합 운용성에 대한 필요성은 제한될 수밖에 없었다. 가장 중요한 목표는 공장 내 설비들의 데이터를 정보시스템까지 연결하는 수직적 연결, 수직적 플랫폼 구현에 있었다. 수직적 플랫폼은 플랫폼 개념은 다소 약하고, 공장 자동화 측면의 통합 시스템 개념에 초점이 맞추어져 있었다.

하지만, 자동화 기술의 비약적 발전 및 디지털 기술의 확장성은 시스템 간 통합 운용에 대한 수요를 높이게 되었고, 이는 곧 하드웨어 및 소프트웨어 기술 개발 업체와 상관없이 서로 다른 업체 간에도 손쉽게 시스템을 연결할 수 있는 수평적 플랫폼이 대거 등장한다. 수평적 플랫폼은 데이터 인터페이스를 표준화하고 개방함으로써 누구나 표준을 따를 경우 시스템 개발 업체의 종류와 상관없이 서로 다른 업체 간에도 손쉽게 데이터를 공유하고 통합 및 연결 가능한 구조로 설계되고 있다.

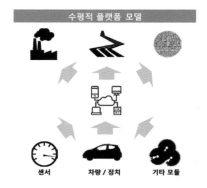

〈그림 4.2.1〉 사물인터넷 플랫폼 개발 방향: 수직적 플랫폼에서 수평적 플랫폼으로의 전환[2]

4.2.2 기능적 분류

사물인터넷 플랫폼은 핵심 기능에 따라 하드웨어 플랫폼, 디바이스 플랫폼, 연결 플랫폼, 데이터분석 플랫폼으로 구분할 수 있다.[3]

2   IoT 플랫폼, 전자부품연구원.
3   황명권, 황미녕, 정한민, "사물인터넷 실현을 위한 플랫폼 및 기술 동향", 주간기술동향, 2014. 10. 1.

- 하드웨어 플랫폼은 특정 사물인터넷 센서 및 설비 생산 기업에 종속된 플랫폼으로 개발 편의성 중심의 플랫폼이다. 수직적 플랫폼 개념으로써 하드웨어들을 하나의 플랫폼에서 통합관리하는데 초점이 맞추어진다. 최근에는 개방형 하드웨어 제품들이 개발되며 하드웨어 제조사와 상관없이 데이터 공유가 가능한 방향으로 발전하고 있으며, 아두이노, 라즈베리파이, 갈릴레오 등이 이러한 하드웨어 플랫폼에 속한다.
- 디바이스 플랫폼은 특정한 목적별 초경량/초저전력 운영체제에 초점을 맞추고 있다. TinyOS 등 경량 OS들이 여기에 속하며, 소규모 사물인터넷 디바이스들을 운영하기 위한 특화된 데이터 플랫폼으로 개발된다.
- 연결 플랫폼은 사물인터넷 기기들의 연결, 제어, 관리, 개발에 초점을 맞추고 있으며, 표준 기반 개방형 플랫폼으로 확대 중이다. 글로벌 기업 중심의 다양한 개방형 플랫폼이 존재하며, 하드웨어 및 디바이스 플랫폼들이 폐쇄적/수직적 플랫폼으로 개발되는 것과 달리 개방형/수평적 플랫폼으로 개발되고 있다.
- 데이터분석 플랫폼은 데이터 가시성 확보 후 이를 바탕으로 데이터를 분석하여 시사점을 도출하고 최적 대응을 수행하는데 초점을 맞추고 있다. 글로벌 기업, 특히, 구글 등이 상용화를 추진하고 있으며, 지능형 서비스 개발과도 연계되어 있다.

스마트공장 플랫폼은 과거 센서 및 디바이스 업체를 중심으로 수직적 플랫폼 형태로 구현되었으며, 하드웨어 플랫폼, 디바이스 플랫폼의 유형으로 개발되어 왔다. 하지만, 개방형 수평적 플랫폼을 통해 스마트공장 혁신이 이루어지고, 스마트공장간 연결을 통해 스마트 SCM이 구현됨에 따라 연결 플랫폼, 데이터 분석 플랫폼으로 발전하고 있다.

4.3 스마트공장 플랫폼 구현 사례

4.3.1 IBM Watson IoT 플랫폼

사물인터넷 분야에서 센서와 같은 하드웨어에서 플랫폼과 연계된 소프트웨어까지 전체 분야를 개발하고 사업화하고 있는 IBM은 개방형 스마트 사물인터넷 플랫폼을 개발하여 제공하고 있다. IBM의 Watson IoT 플랫폼은 IBM 이외 업체가 제작한 다양한 센서 및 기기를 연결하는 수평적 개방적 플랫폼을 지향하고 있으며, 단순 데이터 취합 및 통합, 변환 단계를 넘어 데이터 분석 및 시각화에 활용하는 단계의 플랫폼을 구현하고 있다.

이 플랫폼은 데이터 분석 및 시각화를 위해 IBM이 보유하고 있는 다양한 종류의 비즈니스 인텔리전스 소프트웨어들을 플랫폼에 통합하고 있으며, 클라우드 개념을 도입하여 사용자들이 필요할 때 필요한 만큼 서비스를 활용하는 방식으로 운영될 수 있다.

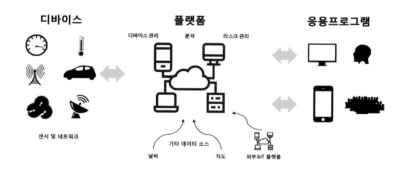

〈그림 4.3.1〉 IBM Watson IoT 플랫폼[4]

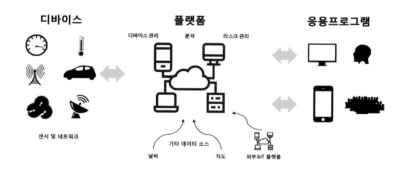

---

4 IBM 홈페이지.

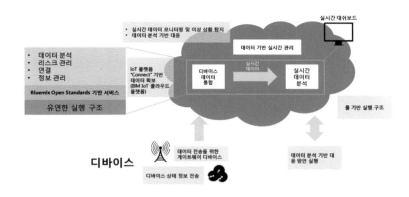

〈그림 4.3.2〉 IBM Watson IoT 플랫폼 주요 기능들

이 플랫폼에서는 먼저 각각의 센서 및 기기에서 데이터를 유선 혹은 무선으로 수집하고, 이를 클라우드 플랫폼에 저장한 다음 실시간으로 데이터 분석을 수행한 후 미리 정해진 규칙에 따라 문제 상황을 탐지하게 될 경우 사전에 정의된 대응 방안을 실행하는 기능이 구현되어 있다. 즉, 실시간 데이터 모니터링 기능 뿐 아니라 이상 상황에 대한 조기 경보 체계 구현이 용이하고, 규칙 기반 시스템 관리가 가능하여 이상 상황에 실시간으로 대응하는 것이 가능하다.

4.3.2 GE Predix 플랫폼

GE는 발전기 터빈, 항공기 터빈 등 엔지니어링 기술 분야 세계 최고의 기업으로 하드웨어 판매를 통해 높은 수익성을 달성해왔다. 하지만, 하드웨어 기술 분야에서 기술 평준화가 가속화되고 경쟁 기업과의 하드웨어 기술 격차가 지속적으로 좁혀짐에 따라 단순히 제품을 판매하는 비즈니스 모델로는 시장 지배력을 유지하기 어렵다는 판단 하에 플랫폼 기반 서비스 모델로의 전환을 추진하게 된다.

발전기와 항공기 등에 활용되는 터빈의 경우 각각의 터빈 및 관련 설비에 다양한 센서들이 설치되어 있고, 이러한 센서들은 전세계에 판매된 GE의 제품들에 분산되어 있다. GE는 분산된 제품들의 센서 정보들을 하나의 플랫폼에 실시간으로 전달함으로써 확보한 데이터들이 경쟁 기업 대비 GE의 기술적 차별성을 유지하는데 기여하고, 더 나아가 통합된 데이터에서 분석한 정보를 바탕으로 각각의 터빈들을 최적으로 제어할 수 있을 것으로 판단하였다. 이를 위해 GE는 데이터 분석에 초점을 맞춘 Predix 플랫폼을 도입하였다.

Predix 플랫폼은 GE에서 판매한 기기들에 장착된 스마트 센서들을 엣지 시스템을 통해 취합하고 이를 GE 본사에 위치한 클라우드 기반 플랫폼으로 실시간 전송한다. GE의 클라우드 센터에서는 플랫폼에 실시간으로 저장되는 다양한 데이터들을 분석 및 패턴 파악 등에 활용하고 있으며, 앱(App)을 통해 GE Predix 플랫폼에 필요한 다양한 소프트웨어를 손쉽게 개발할 수 있도록 지원하는 기능을 개발하였다. 클라우드 기반으로 구현된 플랫폼이기에 필요한 부분에 컴퓨팅 자원을 필요에 따라 유연하게 배분하는 것이 가능하고, App 지원을 통해 플랫폼에 활용가능한 응용 프로그램들을 필요에 따라 개발하여 운영하는 것이 가능하다.

Predix 플랫폼이 도입됨에 따라 GE의 고객들은 각각의 독립된 기기 및 설비를 운영하는 것이 아니라 전세계 모든 고객들이 연결된 거대한 통합 플랫폼 하에서 최적으로 지원되는 환경을 구축할 수 있게 되었다. 서로 다른 현장의 데이터를 통합 관리함으로써 문제를 신속하게 파악하고, 해당 문제에 대한 원인을 해결하는 과정에서 다른 곳에 설치된 유사한 설비들에 대해서도 동시에 지원이 가능해졌다.

또한, 데이터 분석에 초점을 맞춘 플랫폼을 지향함에 따라 단순히 데이터를 통합 운영하는 것이 아니라 인공지능, 빅데이터 분석 기법 등을 유연하게 적용하는 것이 가능하다.

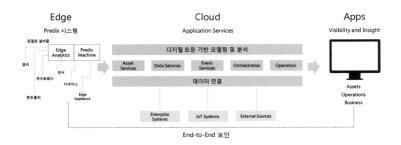

〈그림 4.3.3〉 GE Predix 플랫폼[5]

4.3.3 지멘스(Siemens) MindSphere 플랫폼

GE와 마찬가지로 엔지니어링 분야 세계적 기업인 독일의 지멘스 역시 사물인터넷 기기 및 센서 등을 중심으로 플랫폼을 구축하고 있다. 지멘스의 MindSphere 플랫폼은 MindConnect를 통해 다양한 형태의 설비 및 센서에서 수집한 데이터를 플랫폼에 공유하는 것이 가능하다. MindConnect 시스템은 OPC UA(Open Platform Communication Unified Architecture) 등 개방형 표준을 준수하면서 동시에 지멘스 뿐 아니라 다른 업체의 기기들도 플러그 & 플레이 형태로 손쉽게 플랫폼에 연결할 수 있도록 지원하고 있다.

〈그림 4.3.4〉 Siemens MindSphere 플랫폼[6]

5   GE 홈페이지.
6   Siemens 홈페이지.

4장 스마트공장 플랫폼 정의

MindConnect를 통해 수집된 데이터는 MindSphere 플랫폼을 통해 하나의 통합된 시스템에 저장되고 분석에 활용될 수 있다. MindSphere 플랫폼은 SAP, AtoS, 마이크로소프트 Azure 등의 다양한 클라우드 서비스와 연계하여 데이터를 저장하고 분석하는데 사용된다.

효과적 데이터 분석을 위해 MindApps 시스템을 통해 Siemens 및 외부 개발사에서 개발한 다양한 응용프로그램을 MindSphere 플랫폼에 연동할 수 있고, 통합 시스템에 저장된 데이터를 MindApps 내 응용프로그램과 즉각 연동하고 데이터 분석 및 시각화에 활용할 수 있는 장점이 있다. MindApps는 소프트웨어를 높은 비용에 구매하여 사용하는 것이 아니라 구독 기반 가격 정책 등 유연한 정책을 활용하여 필요한 만큼 사용하고 사용한 만큼 비용을 지불하는 방식을 적용하고 있다.

4.3.4 화낙(Fanuc) FIELD 플랫폼

산업용 로봇 분야에서 세계 최고 점유율을 달성한 일본의 화낙은 로봇 하드웨어 판매를 통해 전체 시장을 주도해왔지만, GE, 지멘스와 마찬가지로 기술적으로 평준화된 시장에서 시장 우위를 확보하기 위한 경쟁력 확보에 고민하게 되었다. FIELD 플랫폼은 화낙의 하드웨어 제품 경쟁력을 보완하는 서비스 경쟁력 확보를 위해 개발되었으며, 독일의 4차 산업혁명으로 보편화되고 있는 미래 스마트공장에서 공장 내 모든 설비들을 디지털 기술 기반 플랫폼으로 통합하는데 활용되고 있다.

화낙 FIELD 플랫폼 역시 개방형 플랫폼을 지향하고 있으며, 화낙의 로봇 뿐 아니라 다양한 업체의 하드웨어 및 소프트웨어와 연동하여 데이터를 공유하고 분석에 활용할 수 있도록 설계되었다. 로봇과 각종 자동화 설비가 상호 데이터를 공유하고 분석하는 과정에서 스마트공장의 효율성이 더 증가할 것으로 예상되고 있다.

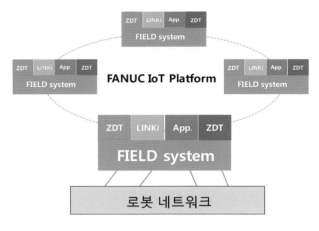

〈그림 4.3.5〉 화낙 IoT 플랫폼 - FIELD System[7]

4.4 스마트공장 플랫폼 구현

4.4.1 플랫폼 설계의 원칙들

스마트공장, 스마트 SCM을 효과적으로 지원하기 위해 유럽연합은 스마트공장을 위한 디지털 플랫폼의 조건에 대해 다음과 같이 설명하고 있다.

- 물류 4.0과 같은 제조업이 직면한 새로운 물류 및 서비스 모델을 지원하기 위해 보다 유연하고 민첩한 시스템 구현이 가능해야 한다.
- 모든 제품들이 고객 수요 맞춤형으로 제공되기 위해 대량맞춤생산 (Mass Customization) 기능을 지원해야 한다.

4장 스마트공장 플랫폼 경영

- 인공지능과 자율 판단 기능을 제조 현장에 접목할 수 있도록 지원해야 한다.
- 프로세스와 제품에서 불량을 제거하고, 기술 발전과 사람 간의 조화로운 발전이 가능해야 한다.
- 에너지 및 자원 활용 효율성을 최대화해야 하고, 지속가능한 가치사슬 네트워크를 구성할 수 있도록 순환 경제를 지원하는 기능이 구현되어야 한다.
- 가상공간과 현실공간을 완벽히 연결하면서 동시에 현실 프로세스와 실물 제품이 완벽히 동기화되도록 디지털 기술들이 적용되어야 한다.

유럽연합의 분석에서는 현재의 스마트공장 구현 기술들이 구현하는 업체별 특성에 따라 파편화되어 통합되고 표준화된 형태의 스마트공장 구현에 어려움이 있다고 판단하였다. 미래 스마트공장의 핵심은 단순히 현실 공간을 디지털화하여 데이터를 확보하는데 있지 않고, 스마트공장간의 연결을 통해 이루어질 수 있기 때문에 플랫폼 기술의 적용을 통해 스마트공장들이 실시간으로 유연하게 연결되는 것이 필요하다.

향후 스마트공장과 스마트 SCM이 국내에 효과적으로 도입되기 위해서는 폐쇄적 기업 생태계를 개방형 생태계로 전환하는 것이 중요하고, 이를 위해 기업 간 협력 및 신뢰 관계 구축에 노력이 필요하다. 이를 위해 스마트공장 간의 연결을 통한 스마트공장 플랫폼 구현을 위해서는 다음과 같은 전제조건이 해결되어야 한다.

- **신뢰 관계 구축**: 정보를 실시간으로 확보할 수 있다 하더라도 신뢰가 전제되지 못하면 기업 간 정보 연계 및 통합 의사결정은 불가능
- **투명 거래 기반 구축**: 기존에도 VMI(Vendor Managed Inventory), CPFR (Collaborative Planning, Forecasting, Replenishment), QR(Quick Response)

등 다양한 기업 간 협력 체계가 도입되었으나, 신뢰 구축 어려움과 폐쇄적 기업 경영 관행으로 발전에 한계 봉착

- **계약 체계 개선**: 투명한 계약, 명확한 역할 분담을 통해 신뢰를 구축할 수 있는 기반 환경 구축 필수
- **상호 시너지 창출**: 제품 판매에 따른 수익을 완제품 기업이 모두 가져가고 중소 협력업체는 원가 절감에 내몰릴 경우 스마트 SCM 확산 불가능하며, 이익과 리스크를 상호 공유함으로써 상호 이익이 되는 Win-Win 관계 정립 가능
- **공정한 경쟁**: 협력업체 선정 및 관리를 개방형 플랫폼을 통해 추진함으로써 공정하고 건전한 경쟁
- **정보 공유**: 기업 간 거래에 필요한 핵심 정보를 손쉽게 공유할 수 있는 정보 공유 체계 구축을 위하여 기업 간 거래 플랫폼 구축 필수

4.4.2 스마트공장 플랫폼 기대효과

스마트공장 플랫폼을 통해 스마트공장들을 서로 연결함에 있어 온라인 연결과 오프라인 연결을 동시에 추진함으로써 기업 환경변화에 능동적으로 대응할 수 있는 통합된 공급망 구축이 가능해질 것으로 예상된다. 필요에 따라 손쉽게 기업 간 거래가 이루어질 수 있는 체계가 구축되어 공급망 전체의 효율성 및 유연성이 향상될 수 있고, 멀리 떨어진 협력업체에 대한 정보를 실시간으로 파악하고, 협력업체별 역량을 객관적으로 평가하여 공급망 리스크 감소 및 선제적 대응이 가능하다. 이는 곧 스마트공장을 플랫폼을 통해 연결하는 스마트 SCM을 통해 산업 경쟁 모델이 개별 기업의 경쟁에서 공급망 네트워크 간의 경쟁으로 패러다임이 변화함을 의미한다. 스마트공장 플랫폼은 이러한 산업 경쟁 모델 변화를 이끌어가는 핵심 동력이 될 것으로 기대된다.

4.5 스마트공장 플랫폼의 미래

4.5.1 스마트공장 의사결정 최적화

스마트공장 플랫폼은 기본적으로 데이터 통합 관리에 초점을 맞추고 있지만, 데이터의 실시간 통합 관리는 데이터를 활용한 실시간 의사결정 지원 및 대응 분야에서의 기술 발전을 이끌고 있다. 전통적으로 제조 현장은 예측 및 최적화 기술을 필요로 해왔지만, 데이터 확보의 어려움으로 인해 의미있는 성과를 창출하는데 한계가 있었다. 하지만, 디지털 기술에 기반한 스마트공장 플랫폼의 등장은 필요한 데이터를 실시간으로 통합 관리하는 것을 가능하게 하였고, 이는 곧 의사결정 지원 프로세스의 고도화를 이끌어 나가고 있다.

데이터 분석 기법의 스마트공장 및 플랫폼 적용은 크게 3단계로 구분할 수 있다.

- **1단계 상태 모니터링 중심의 의사결정 지원 프로세스**(Descriptive): GE Predix 플랫폼을 예로 든다면, 각각의 발전기 터빈에 연결된 센서들은 플랫폼을 통해 중앙에서 통합관리되고, 이를 통해 의사결정자는 상태 정보에 대한 충분한 정보를 실시간으로 모니터링할 수 있다. 데이터의 통합 관리 및 시각화만으로도 인간의 의사결정 프로세스에 큰 영향을 미칠 수 있다.
- **2단계 예측 중심 프로세스**(Predictive): 실시간 데이터 공유를 통해 상태 정보가 파악되면, 이를 바탕으로 미래 상태를 예측하는 것이 가능하다. 특히, 다양한 데이터를 폭넓게 수집하는 과정에서 패턴을 찾아낼 수 있고, 빅데이터의 확보는 딥러닝과 같은 새로운 인공지능

기술과 연계되어 전례없는 수준의 정확도를 가진 예측 모형을 만들어낼 수 있다. 이를 통해 스마트공장 내 상태 예측 및 고장 예측, 수요예측 등의 정확도를 큰 폭으로 높일 수 있다.

- **3단계 해법 중심의 프로세스(Prescriptive):** 상태 정보 실시간 파악 및 패턴 분석, 예측 진단 시스템이 구축되면 이를 바탕으로 최적화를 진행할 수 있고, 최적 의사결정이 가능하다. 스마트공장 플랫폼을 최적화 및 예측 기법과 연계할 경우 상태 파악에서 예측 및 최적 대응에 이르는 3단계 의사결정 프로세스를 자동화하는 것이 가능하다.

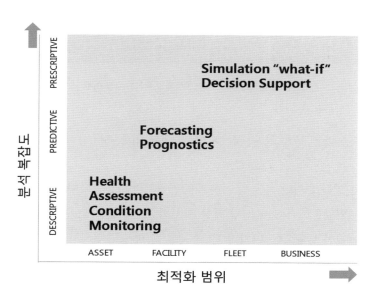

〈그림 4.5.1〉 데이터 분석 기법의 발전 단계[8]

최적 의사결정 지원은 상태 정보에 대한 정확한 파악 뿐 아니라 보다 다양한 데이터를 확보하는 과정에서 품질 향상이 가능하다. GE의 경우 Predix

---

8   GE Predix 플랫폼.

플랫폼을 통해 확보한 데이터로 전력시장 예측, 전력 포트폴리오 최적화, 신뢰도 향상, 자산 관련 최적화 등을 실행할 수 있다.

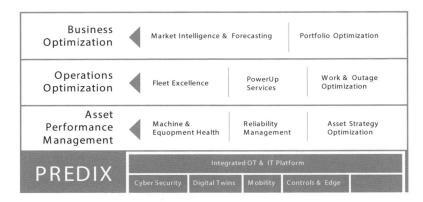

〈그림 4.5.2〉 GE Predix 플랫폼의 최적화 기능 소개

4.5.2 스마트공장의 연결: 메타 플랫폼의 등장

사물인터넷 기반 기술 및 기술적 측면에서의 사물인터넷 플랫폼은 IT산업 선도기업을 중심으로 상당 부분 확보되었으나, 스마트공장에서의 활용은 제한적인 상황이다. 단기적으로는 주요 설비 공급업체의 수직적 하드웨어 플랫폼을 중심으로 통합 작업 및 데이터 관리가 이루어지겠지만, 중장기적으로 스마트공장은 수평적 플랫폼으로 구현될 것으로 예상된다. 수평적 개방형 플랫폼의 구축을 통해 서로 다른 시스템을 활용하는 스마트공장들이 상호 연결되고 이 과정에서 스마트 SCM이 실현 가능해지는 것이다.

단기적으로 개별 설비 업체의 수직적 플랫폼들이 스마트공장에 복합적으로 도입될 경우 이를 하나의 플랫폼으로 연결하는 기술이 필요하다. 이를 메타플랫폼, 플랫폼의 플랫폼이라 하며, 서로 다른 플랫폼들이 상호 데이터를 공유할 수 있도록 지원하는 개념이다.

〈그림 4.5.3〉 사물인터넷 플랫폼 간 연계를 통한 IoT 메타플랫폼 개발[9]

〈그림 4.5.3〉에서 액센츄어(Accenture)는 자사의 AIP(Accenture Insights Platform)를 개발하면서, 서로 다른 클라우드, 플랫폼들을 상호 연계 가능하도록 플랫폼을 개발하였다. 가장 아래 단계인 인프라 부분에서는 AWS, Microsoft Azure, Google Cloud 플랫폼 등 다양한 업체의 클라우드와 연계될 수 있도록 플랫폼을 설계하였고, 플랫폼 레벨에서 설계는 분석을 위한 Analytics 플랫폼과 사물인터넷 기기와 연결하기 위한 사물인터넷 플랫폼으로 분리하여 운영하고 있다. 각각의 플랫폼은 산업별 특화된 어플 개발을 통해 각각의 산업에 적절히 활용이 가능하다.

클라우드 기반 플랫폼 구현을 통해 중소 및 중견기업들이 비용 부담없이 사물인터넷 센서 및 기기, 설비를 구매하고, 스마트공장 내에 설치한 후 데이터 수집 및 데이터 실시간 분석에 사용할 수 있다. 클라우드 개념으로 구현됨에 따라 필요한 만큼 비용을 지불하면 된다.

4.5.3 스마트공장의 연결: 스마트 SCM

스마트공장이 수직적, 수평적 플랫폼을 통해 실시간으로 연결되고 상태 정보를 파악할 수 있게 됨에 따라 스마트공장 간의 연결에 대한 필요성이 증대되기 시작하였다. 과거에는 각각의 공장 간에 명확한 구분이 있었고, 각 스마트공장별 시스템도 크게 달라 글로벌 대기업을 제외하고 대다수의 기업들은 상호 연계 가능한 시스템이 없었다. 하지만, 스마트공장 플랫폼의 발전으로 각각의 기업들이 스마트공장화 되고, 이는 곧 과거와 같이 단편적 이고 간헐적으로 연결된 공급망이 상호 복잡하게 연계된 네트워크형 공장 으로 변화되었다.

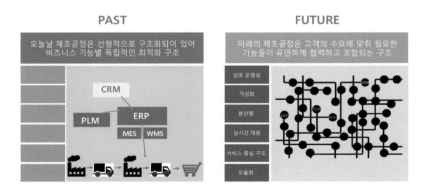

〈그림 4.5.4〉 연결된 스마트공장 네트워크의 미래[10]

10 Digital Transformation: Challenges for the Manufacturing Industry, AtoS.

디지털 기술을 통해 실시간으로 파악된 데이터를 각각의 스마트공장에서만 활용하는 것이 아니라 서로 연결된 전체 네트워크에서 공유할 수 있게 됨으로써 과거 보다 데이터의 깊이와 넓이가 증가하게 되었고, 이를 활용하여 문제점을 실시간으로 파악하고 그에 대한 최적 대응을 계획하는 것이 효율화되기 시작하였다.

디지털 기술은 공장 뿐 아니라 구매, 유통, 물류 분야에서도 혁신을 이루어내고 있으며, 스마트공장, 스마트 유통, 스마트 물류, 스마트 구매 시스템들이 온라인으로 연결되기 시작하였다. 이것이 바로 스마트 SCM의 미래이다. 각각의 스마트공장, 스마트 유통, 스마트 물류, 스마트 구매는 디지털 플랫폼을 통해 상호 연결 가능해졌고, 플랫폼의 플랫폼, 메타 플랫폼이 등장하면서 전체 공급망이 하나의 거대한 디지털 세상으로 연결의 시작이다.

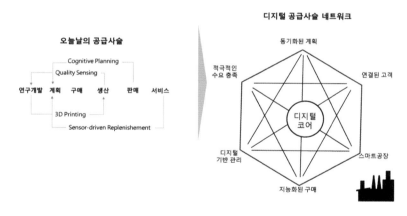

〈그림 4.5.5〉 네트워크 기반 디지털 SCM[11]

스마트공장이 로봇과 사물인터넷 센서, 기기 등을 연결하여 자동화되는 것처럼 물류의 경우 자율주행 트럭, 드론 등을 통해 운송 수단이 무인화, 자

---

11 Smart Factory, Deloitte University Press.

동화되고, 물류창고 역시 로봇에 기반한 자동화 창고로 변화하기 시작하였다. 이미 Amazon, Alibaba, JD.com과 같은 미국과 중국의 대규모 온라인 유통업체들은 물류 분야에 대한 적극적 투자와 기술개발을 통해 스마트 물류 시스템 구축에 한발 다가서고 있다. 스마트 물류 역시 플랫폼 기술을 통해 물류 현장의 데이터를 실시간으로 파악하고 이를 공유, 분석할 수 있을 것으로 예상된다. 스마트공장과 스마트 물류가 동시에 연결될 경우 제조에서 물류까지의 전체 프로세스가 하나의 통합된 프로세스처럼 운영될 수 있을 것이다.

유통은 온라인 쇼핑의 발전으로 이미 데이터 획득에서 처리, 공유, 분석에 다양한 디지털 기술이 활용되고 있다. 최근의 추세는 이러한 온라인 유통을 넘어 오프라인 유통과 온라인 유통이 경계 없이 통합되는 형태로 발전하고 있다. 각 오프라인 매장 내 다양한 센서들이 상품 판매 현황 및 소비자 방문 패턴을 분석하고, 분석된 데이터가 스마트공장으로 전달된 후 스마트 물류 시스템을 통해 고객에게 배송될 수 있다. 구매 역시 유통-물류-제조 전체 프로세스의 스케줄을 미리 파악하고 이를 바탕으로 최적 주문 시점을 판단할 수 있고, 역으로 납품 문제가 예측될 경우 이를 반영한 계획을 수립한 후 스마트공장에 업데이트 정보를 전송할 수 있다.

구매에서 생산, 물류, 유통에 이르는 전체 프로세스가 사물인터넷 기기를 통해 연결되고 플랫폼에서 통합 관리될 경우, 과거의 단편적 공급망에서 네트워크형 공급망으로 변화시키는 핵심 동력으로 작용한다. 스마트제 SCM 플랫폼을 통해 이상상황 패턴을 미리 인지하고 그에 맞는 최적 대응을 계획할 수 있다.

4.5.4 블록체인과 스마트 SCM

스마트공장이 플랫폼화될 경우 인프라 운영에 있어 주의해야 할 부분은 바로 데이터 보안에 있다. 각각의 스마트공장이 플랫폼을 내부 시스템 운영에만 활용하는 것이 아니라 스마트 SCM 개념으로 다양한 스마트공장, 스마트 물류, 스마트 유통 플랫폼과 연계됨에 따라 보안에 대한 대책이 필요해진다. 최근 화제가 되고 있는 블록체인 기술은 그 자체로도 미래형 보안 시스템으로 발전해나갈 것으로 예상되지만, 스마트공장 플랫폼과 연계될 경우 그 파급효과가 더욱 커질 것으로 예상된다.

블록체인은 분산형 원장(Distributed Ledger)으로 불리는 보안 기술이며, 블록으로 불리는 기본 거래 기록 단위를 시스템 참여자들이 모두 복사한 후 각자 보관하는 방식으로 운영되는 시스템이다. 금융 거래를 예로 들면, 과거 금융 거래는 중앙 집중형 시스템으로 구현된 은행 정보시스템이 모든 금융 거래를 책임지는 구조로 설계되어 있다. 매번 거래가 이루어질 때 마다 중앙의 통합 금융 정보 시스템에서 해당 거래를 인증하고 이상상황을 감지하는 방식으로 작동된다. 보다 빠르고 효과적인 금융거래 지원을 위해 더욱 집중화된 통합 금융정보 시스템이 필요하다. 보안 측면에서 바라보면, 중앙의 통합 시스템만 잘 관리해도 보안성을 높이는데 도움이 되지만, 문제는 중앙 집중형 통합 시스템에 대한 의존도가 매우 높고 보안성을 높이기 위해 해당 시스템을 보호하는데 많은 운영비가 지출되는 문제점을 안고 있었다.

블록체인 시스템은 전통적인 중앙 집중형 인증 및 보안 시스템의 높은 운영비용과 중앙 시스템에 대한 의존도를 낮추는 방향으로 기술이 개발되고 있다. 중앙에 별도의 통합 금융 시스템이 없더라도 시스템 참여자들을 통해 분산된 환경에서 보안성을 강화할 수 있다는 점에서 혁신적인 시스템이고 미래 발전 가능성이 매우 높은 시스템 중 하나로 알려져 있다.

블록체인 시스템에서는 중앙의 관리 시스템 운영 없이 시스템에 참여하는 참여자들이 상호 인증하는 방식을 통해 보안성을 유지할 수 있다. 매번 거래가 이루어질 때마다 각각의 거래 기록은 암호 Key를 통해 암호화되어 있고, 각각의 거래 기록을 주기적으로 블록으로 묶어 체인에 연결하는 블록체인 시스템에서 거래 기록 인증은 전체 시스템에 분산되어 있는 블록들을 통해 인증되는 형태이다. 거래기록 인증이 필요할 때마다 전체 시스템에 참여하는 참여자들의 50%가 인증할 경우 이를 정상적인 인증으로 간주하기 때문에 위변조를 위해서는 전체 시스템 참여자의 50%보다 더 강력한 컴퓨팅 파워를 투입해야 한다. 문제는 시스템 내 참여자의 수가 워낙 많기 때문에 현실적으로 이를 실현하는 것이 힘든 상황이다. 이에 따라 중앙의 집중화된 관리 시스템없이 분산된 환경에서도 거래 기록 인증이 가능해지는 것이다.

스마트공장이 네트워크형 공장으로 상호 연결되고, 구매에서 생산, 물류, 유통에 이르는 전체 공급망이 연결되는 스마트 SCM 시스템에서는 본질적으로 보안 문제에 민감할 수 밖에 없지만, 블록체인 시스템이 플랫폼과 함께 연동될 경우 실시간 데이터 추적 및 상태 모니터링이 가능해질 것이다.

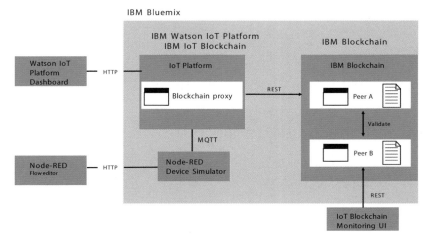

〈그림 4.5.6〉 IBM Blockchain & Watson IoT 플랫폼 연계도[12]

12 IBM

IBM의 경우 기존 Watson IoT 플랫폼을 블록체인과 연결하여 보안성을 대폭 강화한 블록체인 기반 플랫폼 기술을 개발하였다. 블록체인을 통해 거래 프로세스에 참여하는 모든 참여자들이 안전하면서도 위변조 여부에 대한 걱정없이 실시간으로 거래 정보를 공유하고 대금 정산 등 금융 프로세스까지 한꺼번에 처리하는 것이 가능해졌다.

블록체인 시스템을 플랫폼 기반 스마트 SCM에 활용할 경우 예상되는 기대효과는 다음과 같다.[13]

- 탈 중개성으로 공인된 제3자의 공증 없이 개인 간 거래가 가능하여 불필요한 수수료가 절감될 것으로 기대된다.
- 보안성 강화 측면으로 정보를 다수가 공동으로 소유하여 해킹이 불가능하고, 이를 통해 보안 관련 비용이 절감 가능하다.
- 신속성 측면에서의 기대효과로 거래의 승인 및 기록은 다수의 참여에 의해 자동으로 실행됨에 따라 거래 정보 공유의 신속성이 극대화될 수 있다.
- 확장성 측면에서 살펴보면 공개된 소스에 의해 쉽게 구축되고, 시스템 간 연결 및 확장이 유연한 방식으로 가능하여 정보시스템 구축비용의 절감이 가능하다.
- 투명성 측면에서의 기대효과로 블록체인 물류 시스템 참여자들은 모든 거래기록에 공개적 접근이 가능하여 물류 프로세스를 통한 거래 양성화 및 각종 규제 관련 비용을 절감하는 것이 가능하다.

---

13 "블록체인과 물류의 만남, 판이 바뀐다", 월간 물류와 경영, 2017년 5월 29일 기사.

4.5.5 스마트 계약과 블록체인, 플랫폼: 스마트 SCM의 미래

비트코인 등 초기 블록체인 시스템은 금융 거래 측면에서 가상 화폐 기능에 초점을 맞추어 왔으나, 최근 활발히 활용되고 있는 이더리움과 같은 블록체인 시스템은 스마트 계약이라는 개념을 포함하고 있다. 블록체인 시스템이 단순히 거래 기록만을 저장하고 관리하는 것이 아니라, 다양한 조건으로 구성된 계약을 관리하고 거래가 이루어질 때마다 해당 계약을 확인하는 것이 가능해지는 것이다.

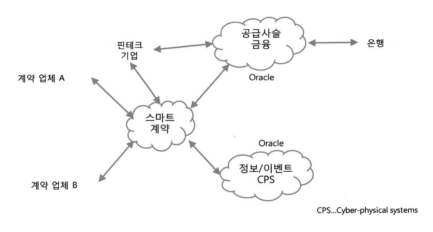

〈그림 4.5.7〉 기업간 협력을 위한 스마트 공급망 네트워크 개념도[14]

거래에 참여하는 참여자들이 거래 승인을 하게 되면 스마트 계약에 기반한 블록체인 시스템에서는 해당 거래의 위변조 여부, 정상 거래 여부를 승인하면서 동시에 미리 정해진 규칙을 확인한 후 규칙이 만족될 경우 정해진 규칙에 의거한 거래 정산이 동시에 이루어질 수 있다. 스마트공장 간 부품

14 Henke, Autonomous and digitized financial SCM, Fraunhofer, 2016.

거래가 이루어질 때 플랫폼을 활용한 데이터 전송 및 공유 뿐 아니라 정상 거래 여부 확인 및 거래 승인, 스마트 계약에 따른 대금 정산까지 한꺼번에 가능해지는 것이다.

스마트공장 개념이 처음 등장했을 때 사람들의 관심은 로봇이 제품을 생산하는 자동화된 공장 개념에 초점이 맞추어졌다. 하지만, 스마트공장이 공장 내부 프로세스들을 디지털 기술을 활용하여 실시간으로 모니터링 할 수 있게 되면서 공장과 공장 간의 연결, 구매에서 생산, 물류, 유통에 이르는 전체 공급망에서의 연결이 가능해졌다. 이는 별도의 섬처럼 존재하는 과거의 자동화 공장을 업그레이드하는 수준의 스마트공장이 아니라 세상 모든 것이 연결된 네트워크 개념에서의 공장, 스마트 SCM 개념의 공장 운영을 의미한다. 연결이 가져오는 빅데이터의 확보와 실시간 가시성 확보는 인공지능 기술과 함께 접목되어 과거에는 상상할 수 없었던 새로운 비즈니스 모델이 가능하게 한다. 스마트공장의 미래는 결국 플랫폼에 기반한 연결에 있다고 하겠다.

5장

인간중심 경영

리상섭 동덕여자대학교 교수

SMART FACTORY
MANAGEMENT

사물과 사람이 연결되어 있는 4차 산업혁명 시대에는 결국 사물과 인간 사이의 긴밀한 협업이 매우 중요하다. 4차 산업혁명 시대 스마트공장의 성공 요인은 단순히 기계나 첨단 과학기술 중심이 아닌 소비자인 인간에서부터 시작하여 생산자인 인간에게까지 이르는 인간에 대한 이해, 즉 인간중심 경영이 그 중심이 된다고 할 수 있다.

이 글을 쓴 리상섭은

텍사스 대학교 어스틴 캠퍼스에서 성인 및 조직학습 전공으로 박사학위를 받았다. LG전자 본사 인재육성팀 차장과 동덕여자대학교 리더십센터 센터장을 역임했으며, 연구 관심 분야는 성인학습, 글로벌 인적자원개발, 리더십 개발, 이문화 이해와 다양성 관리 증진 등이다. 삼성전자, 현대자동차, LG전자 등 국내외 대기업 임직원의 리더십 개발과 인재 육성 관련 프로젝트, 강의, 자문 등을 수행해 왔다. 현재 동덕여자대학교 일반대학교 교육컨설팅학과 겸 교양대학 부교수로 창업교육센터 센터장을 담당하고 있다.

5.1 4차 산업혁명과 인간의 가치

5.1.1 4차 산업혁명과 인간중심 경영

무한경쟁 시대에 글로벌 기업은 글로벌 경쟁력을 확보하기 위해 기존의 산업과 정보통신기술을 결합하려는 노력을 지속하고 있다.[1] 이러한 기존의 산업과 정보통신기술의 결합을 4차 산업혁명의 특징이라고 할 수 있다. 학계에서는 이러한 4차 산업혁명을 아직 시작되지 않은 개념으로 바라보고 있기도 하지만 현재 우리는 직간접적으로 4차 산업혁명에 대한 이야기를 자주 접하고 있다.[2] 이러한 4차 산업혁명은 다양한 산업 분야에 영향을 미치고 있으며 그중 제조업 분야에 가장 많은 영향을 미쳐, 4차 산업혁명 시대의 제조업 분야의 혁신이 가장 주목을 받고 있다.[3] 이러한 4차 산업혁명의 흐름은 국내 제조업에도 지대한 영향을 미쳐 국내에서도 스마트공장이 도입되고, 동시에 점차 확산되고 있다.[4] 독일에서 시작된 4차 산업혁명은 한마디로 소비자 맞춤형 제품의 생산을 의미하며, 이를 가능하게 하는 것이 스마트공장이라고 할 수 있다.[5] 스마트공장은 제조공정이 사물인터넷으로 연결되어 지속적으로 데이터를 수집한 후 인공지능으로 빅데이터를 분석한다.[6] 따라

---

[1] 박지훈, "한국형 디지털 트랜스포메이션," 매일경제, November 11, 2017, http://news.mk.co.kr/newsRead.php?year=2017&no=671051

[2] 리상섭, 김인숙, 박제일, 최손환, 김창환, 4차 산업혁명 시대의 최신 직업진로설계(서울: 양서원, 2017).

[3] 박지훈(2017).

[4] 이석주, "눈앞에 온 미래 … 4차 산업혁명 시대 〈7〉 제조업 구원투수 '스마트공장'," 국제신문, November 8, 2017, http://www.kookje.co.kr/news2011/asp/newsbody.asp?code=0200&key=20171109.22014002882

[5] 안유신, "인공지능 활용 데이터분석으로 소비자 맞춤형 제품 생산: 3,4차 산업혁명의 출발점 스마트팩토리-장태우 경기대 산업경영공학과 교수와 만남," 기호일보, November, 9, 2017, http://www.kihoilbo.co.kr/?mod=news&act=articleView&idxno=723049

서, 리상섭 등[7]은 고객이 원하는 제품을 스마트공장을 통해 보다 빠르고 합리적인 가격으로 고객 맞춤형 주문생산이 가능해졌다고 설명한다. 결국 스마트공장 등을 기반으로 한 4차 산업혁명은 전반적인 추세라고 할 수 있다.

〈그림 5.1.1〉에 설명된 바와 같이 장필순[8]은 4차 산업혁명 개념도를 제시하고, 독일의 인더스트리 4.0, OECD의 차세대 제조 혁명, 세계경제포럼(World Economy Forum)의 4차 산업혁명의 관계에 대하여 설명하고 있다. 4차 산업혁명 개념도에 의하면 세계경제포럼의 4차 산업혁명이 세 가지 개념 중 가장 큰 개념이고, 그 안에 OECD의 차세대 제조혁명이 위치하며, 다시 그 안에 독일의 인더스트리 4.0인 스마트공장이 위치한다. 세계경제포럼의 4차 산업혁명은 드론, 무인자동차, 로봇공학, 생명공학기술, 블록체인 등을 포함하며, 그 안의 OECD의 차세대 제조혁명은 3D 프린팅, 나노/재료, 산업 바이오 등을 포함하고, 그 안의 독일의 인더스트리 4.0과 플랫폼 인더스트리 4.0의 스마트공장은 센서, 사물인터넷, 인공지능을 포함한다.

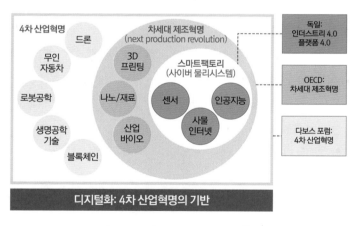

〈그림 5.1.1〉 4차 산업혁명 개념도[9]

6 박지훈(2017).

7 리상섭, 김인숙, 박제일, 최손환, 김창환(2017).

8 장필순, "'초연결사회' 기계 자동화 넘어선 기계 자치시대 예고," 나라경제, January 2017, 73.

따라서 본 절을 시작하기에 앞서 4차 산업혁명, 스마트공장, 디지털 변환 등의 개념에 대하여 간단히 정리해 보고자 한다. 먼저 시기적으로 2011년에 등장한 독일의 인더스트리 4.0은 2016년 세계경제포럼에서 언급된 4차 산업혁명의 개념보다 시기적으로 앞선다. 또한, 지역적으로 독일은 인더스트리 4.0의 개념을 사용하지만 미국은 디지털 변환의 개념을 주로 사용하고 있다. 디지털 변환이란 "기업이 최신의 디지털 기술을 활용하여 끊임없이 변화하는 환경에 적응하여 경쟁력을 확보하려는 노력"이라고 할 수 있다.[10] 하지만 본 장에서는 개념적으로 스마트공장을 4차 산업혁명 관련 산업 중 하나로 보고, 제조업 분야의 디지털 변환을 구축하는 것을 인더스트리 4.0의 핵심 축인 스마트공장이라고 정의하고자 한다.

박윤배[11]는 4차 산업혁명 시대의 두 가지 핵심 성공 요소로 급속한 기술 변화와 인간의 중요성을 제시하면서, 이 중 사물인터넷, 인공지능, 빅데이터 등의 첨단 과학기술의 빠른 발전 보다 이러한 첨단 과학기술을 다루는 '인간의 역량' 개발이 더 중요하다고 설명한다. 박윤배[12]는 사물과 사람이 연결되어 있는 4차 산업혁명 시대에는 결국 사물과 인간 사이의 긴밀한 협업이 매우 중요하다고 주장한다. 결국 4차 산업혁명시대의 스마트공장의 성공 요인은 단순히 기계나 첨단 과학기술 중심이 아닌 소비자인 인간에서부터 시작하여 생산자인 인간에게까지 이르는 인간에 대한 이해, 즉 인간중심 경영이 그 중심이 된다고 할 수 있다.

9   장필순(2017).
10   박지훈(2017).
11   박윤배, "4차 산업혁명 선제 대응으로 제조업 혁신해야," 전자신문, November 11, 2017, http://www.etnews.com/20171117000204
12   박윤배(2017).

5.1.2 세계 제조업 현황과 한국의 현황

고령화 및 베이버 부머의 은퇴와 함께 생산 가능한 노동 인력의 수가 점차 줄어듦과 동시에 산업 전반에 디지털 시대가 다가오고 있다. 그러나 전 세계적으로 이에 대한 체계적인 준비의 정도는 국가마다 매우 다르게 나타나고 있다. 박진우[13]는 2008년 글로벌 금융 위기 이후 전통적인 제조 강국인 독일과 일본은 제조업을 지속적으로 업그레이드하고 있으며, 미국도 제조업으로 회귀하여 다양한 제조 혁신을 실시하고 있다고 주장한다. 심지어 후발주자인 중국도 다양한 제조혁신을 추진하고 있다.[14] 좀 더 구체적으로 4차 산업혁명 시대에 대비하는 각국의 모습을 살펴보면, '인더스트리 4.0'을 탄생시킨 독일은 '플랫폼 인더스트리 4.0'으로 전환하여 독일 사회를 플랫폼 화하여 진화시키는 중이며, 미국은 '첨단제조 파트너십(Advanced Manu-facturing Partnership, AMP) 2.0'을, 일본은 '일본 재흥 전략'을, 중국은 '중국 제조 2025'를 추진하고 있다. 이중 독일의 플랫폼 인더스트리 4.0은 앞에서 설명한 바와 같이 제품의 대량생산에서 벗어나 소비자 맞춤형 제품 생산을 위한 스마트공장 구축 및 확산, 노동의 디지털 변환, 플랫폼 혁신 기술 개발 등이 핵심이다.[15] 노동의 디지털 변환은 5.2.2절에서 자세히 설명하고 있다. 이러한 상황에서 2016년 미국과 독일은 표준화에 성공하여 스마트공장 표준화에서 미국과 독일이 주도권을 확보하였고, 현재 일본은 이를 극복하기 위해서 독일과의 협력을 추진하고 있어 현 상황에서 한국이 글로벌 경쟁에서 뒤처지지 않기 위해서는 갈 길이 멀다고 할 수 있다.[16]

---

13 박진우, 스마트공장 추진전략, 스마트공장 추진전략 및 진단인증모델 세미나, 2015.

14 박진우(2015).

15 안유신(2017).

16 나현준, 박대의, "4차 산업혁명 선수 뺏긴 한국," 매일경제, May 23, 2016, http://news.mk.co.kr/ newsRead.php?no=370123&year=2016

한국의 제조업 현황과 관련하여 박진우[17]는 한국의 대기업은 글로벌 기업으로 성장하였으나, 중소기업은 그렇지 못하여 한국의 대기업과 중소기업 제조업 간에는 큰 격차가 존재한다고 주장한다. 이정철[18]은 이에 한국은 글로벌 경쟁력를 강화하기 위해 2014년 6월 '제조업 혁신 3.0 전략'을 발표한 후, 2015년 3월 스마트 생산방식 확산, 창조경제 대표 신산업 창출, 지역 제조업의 스마트 혁신, 사업재편 촉진 및 혁신기반 조성의 4대 실행대책을 제시하였다고 설명한다. 하지만, 이진성[19]은 동시에 이러한 전략과 실행대책을 실행하기 위해서는 한국 대기업의 제조업과 중소, 중견기업의 제조업 수준 차이를 반영한 스마트공장 선도모형이 필요하다고 주장한다.

5.2 스마트공장

산업통상자원부와 민관합동 스마트공장추진단[20]은 스마트공장이란 기획 및 설계, 생산, 유통 및 판매 등의 전 과정을 사물인터넷, 인공지능, 빅데이터 등으로 통합하여 자동화와 디지털화를 구현한 공장으로 최소 비용과 시간으로 고객맞춤형 제품을 생산하는 공장이라고 정의한다. 좀 더 구체적으로 스마트공장은 첫째, 기획 및 설계 단계에서는 제품 성능 시뮬레이션을 통해 제작 기간을 단축하고, 맞춤형 제품을 개발한다. 둘째, 생산 단계에서는 설비, 자재, 시스템 간의 통신을 통해 다품종 대량 생산을 하고 에너지와

17 박진우(2015).
18 이정철, 스마트공장 진단인증모델 개용 및 평가항목, 스마트공장 추진전략 및 진단인증모델 세미나, 2015.
19 김원정, "양적 성장 스마트공장 … 질적 개선 동반돼야: 한 스마트공장 누적 2천800개 … 중간2 이상은 1.7%," 산업일보, July 1, 2017a, http://www.kidd.co.kr/news/193977
20 산업통상자원부, 민관합동 스마트공장추진단, 2017 스마트공장 지원사업 Guidebook, 2017.

설비 효율을 제고한다. 셋째 유통 및 판매 단계에서는 모기업과 협력사간 실시간 연동을 통해 재고 비용을 감소하고, 품질 및 물류 등 전 분야에서 협력한다.[21] 이러한 스마트공장에 대하여 배경한[22]은 스마트공장의 개념을 제시한 독일은 물론 다른 국가도 완전한 스마트공장을 구축하지 못했다고 지적하고, 스마트공장이 앞으로 다가오고 있는 미래의 프로젝트라고 강조하였다.

5.2.1 스마트공장의 방향

장태우[23]는 기존의 공장 자동화와 스마트공장을 비교하여 공장 자동화는 2차 또는 3차 산업혁명 수준의 대량생산화와 정보자동화였다고 설명하며, 스마트공장은 가상물리시스템을 사용하여 기계, 작업자, 부품 등이 함께 융합된다고 주장한다. 따라서 4차 산업혁명 시대의 사물인터넷으로 연결된 제조업은 3차 산업혁명의 제조업과 비교하여 그 변화의 폭이 크다고 할 수 있다. 3차 산업혁명 시대의 제조업은 빠르고 정확한 공정을 바탕으로 공장 자동화를 통해 제품을 대량생산 하였다.[24] 그러나 기존의 공장 자동화를 통한 대량생산은 글로벌 시장의 불확실성 증가와 함께 빠른 변화로 점차 시장 변화에 대한 대응이 어렵게 되었다. 결국 4차 산업혁명 시대를 맞아 소비자에게 맞는 제품을 생산할 수 있는 스마트공장만 생존할 수 있는 상황에서 제조업 선진국은 시장과 공장을 실시간으로 연결하여 제품의 생산

21 산업통상지원부, 민관합동 스마트공장추진단(2017).

22 김병수, "한국형 스마트팩토리 정책 전문가 좌담 '자동화 넘는 초연결 시스템 구축이 목표'," 매경이코노미, July 7, 2017, http://news.mk.co.kr/v2/economy/view.php?year=2017&no=456768

23 안유신(2017).

24 나현준, "4차산업혁명 표준전쟁: 스마트공장 핵심은 클라우드 환경," 매일경제, May 23, 2016, http://news.mk.co.kr/newsRead.php?no=369951&year=2016

량을 조절하고 제품의 출하시기를 조절하는 '유연화' 공정을 제시 하였다.[25] 〈그림 5.2.1〉은 4차 산업혁명은 스마트공장에서 제품, 설비, 인간이 연결되는 사물인터넷 혁명이라는 것을 보여주고 있다.[26]

〈그림 5.2.1〉 4차 산업혁명: 제조업과 IT의 융합[27]

따라서 장태우[28]는 스마트공장에서는 사물인터넷, 빅데이터, 인공지능의 역할이 더욱 중요하다고 주장한다. 인공지능, 사물인터넷, 빅데이터 간의 역할을 좀 더 구체적으로 살펴보면 다음과 같다. 스마트공장은 사물인터넷으로 연결되어 있어 기계에 부착된 센서를 통해 지속적으로 데이터를 수

25 나현준(2016).
26 차정인, "4차 산업혁명이 온다고?," KBS, January 31, 2016, http://news.kbs.co.kr/news/view.do?ncd=3224771
27 KBS(2016). http://news.kbs.co.kr/news/view.do?ncd=3224771
28 안유신(2017).

집하고 이를 인공지능을 통해 빅데이터 분석을 실시한다.[29] 따라서 권진영[30]은 스마트공장은 단순히 사람의 업무를 감소시키지 않으며 사람이 강점을 가진 업무는 사람이, 기계나 시스템이 강점이 가진 업무는 기계나 시스템이 담당하게 되어 결국 스마트공장은 업무의 효율을 높이게 된다고 설명한다. 즉, 배경한[31]의 주장처럼 스마트공장은 불필요한 비용을 지속적으로 줄이고 매출과 고용을 늘어나게 하는 선순환 구조를 창출할 수 있다고 주장한다. 따라서, 배경한[32]은 성공적인 스마트공장을 추진하기 위해서는 스마트공장의 필요 이유에 대하여 조직 구성원 모두 인식하고 함께 협력하여, 시스템 기반의 스마트 경영을 해야 한다고 주장한다. 이는 결국 스마트공장의 성공적인 구축과 향후 발전 방향은 스마트공장을 운용하는 사람의 마음가짐과 역량에 달려있다고 할 수 있다.[33]

5.2.2 노동 4.0

스마트공장에서 사람, 시스템, 기계 등의 협업은 결국 독일이 지향하는 플랫폼 인더스트리 4.0 속의 노동 4.0으로 나타난다. 독일은 플랫폼 인더스트리 4.0을 진행하면서 동시에 노동시장의 빠른 변화에 대비하기 위해 4차 산업혁명 시대에 필요한 노동력을 공급하고, 동시에 노동의 질 보장을 위해 노동 4.0(Arbeit 4.0)을 제시하였다.[34] 즉, 독일의 노동 4.0은 플랫폼 인더스트

---

29 박지훈(2017).

30 김원정, "스마트공장 기반 솔루션 'MES' 진화·확장·고도화: MES, APS, ERP 등 솔루션 간 경계 무너져 새판 짜일 것" 산업일보, 2017. 6. 26.

31 김원정, "스마트공장 기반 솔루션 'MES'… 진화·확장·고도화: MES, APS, ERP 등 솔루션간 경계 무너져… 새판 짜일 것," 산업일보, July 26, 2017b, http://www.kidd.co.kr/news/194685

32 김원정(2017b).

33 김원정(2017b).

34 편승민, "4차산업혁명시대, 변화와 신전략: 특집기획 '독일 4차산업을 통해 미래를 보다' 2부

리 4.0 시대에 양질의 노동력을 확보하고 육성하기 위해 교육과 재교육 등을 실시하고 있다.[35] 결국 독일의 노동 4.0은 근로자가 좋은 환경에서 고 성과를 창출할 수 있도록 사람 중심의 '좋은 노동(Gute Arbeit)'을 창출하기 위해 스마트공장을 구축했다고 할 수 있다.[36] 따라서 독일은 인간 중심의 스마트공장인 휴먼팩토리 구축을 주도하고 있다고 할 수 있다.[37]

5.2.3 휴먼팩토리

제조업의 4M1E의 각 요소는 각각 사람(Man), 설비(Machinery), 재료(Material), 공정과 에너지(Method and Energy), 환경(Environment)으로 구성되어 있다. 4차 산업혁명 시대에 스마트공장이 확산되면 기존에 사람이 담당하던 일자리가 사라질 것이라는 비관적인 예상이 있다. 반면에 스마트공장이 확산되면 과거의 일자리가 사라질 수도 있지만 동시에 새로운 일자리가 창출될 것이라고 바라보는 견해도 있다. 이에 대하여 배경한은 스마트공장 확산과 관련하여 최소한 현재까지 고용의 감소는 없으며, 오히려 고급 엔지니어 등의 수요 증가로 인해 양질의 일자리가 증가될 수 있다고 주장한다.[38] 실제로 인더스트리 4.0과 함께 스마트공장이 시작된 독일에서는 노동 4.0에 따른 스마트공장에 맞는 스마트 교육훈련을 받으면 양질의 일자리가 늘어날 것으로 예상하고 있다.[39]

(1)," 더리더, November 3, 2017. http://theleader.mt.co.kr/articleView.html?no=20171102 15587846985

35 국가뿌리산업진흥센터, "Work 4.0과 Arbeit 4.0으로 알아본 독일의 뿌리산업 인력양성 정책," 일하기 좋은 뿌리기업 (blog), November 20, 2017 (11:28 a.m.), https://blog.naver.com/kpic_greatwork/221144021031

36 편승민(2017).

37 민관합동 스마트공장추진단, 휴먼팩토리, 내부자료, 2018a.

38 김병수(2017).

39 고재연, "4차 산업혁명, 스마트 직업훈련이 먼저다," 한국경제, July 12, 2017, http://news.

민관합동 스마트공장추진단[40]은 "휴먼팩토리는 인체공학을 기반으로 자동화 시스템 및 사물인터넷형 보조 디바이스가 접목되어 사람이 생산의 중심이 되도록 하는 지능형 첨단제조시스템"이라고 정의한다. 여기서 보조 디바이스는 "사물인터넷 플랫폼과 연계된 협업로봇, 증강현실/가상현실, 웨어러블 로봇, 스마트 작업대 등의 다양한 작업 보조 도구"를 의미한다.[41] 〈그림 5.2.2〉는 민관합동 스마트공장추진단[42]에서 제시한 휴먼팩토리 개념도에 대하여 설명하고 있다. 휴먼팩토리의 구축효과는 창의성, 안정성, 확장성, 전문성, 생산성에 있다.

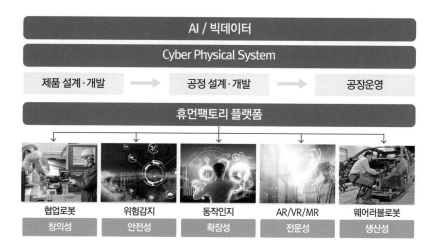

〈그림 5.2.2〉 휴먼팩토리 개념도[43]

hankyung.com/article/2017071113411
40 민관합동 스마트공장추진단(2018a).
41 민관합동 스마트공장추진단(2018a).
42 민관합동 스마트공장추진단(2018a).
43 민관합동 스마트공장추진단(2018a).

첫째, 협업로봇을 통한 창의성의 확대는 "단순노동을 기계로 대체하고 작업자는 창의적 활동을 도모"한다. 둘째, 위험감지를 통한 안전성의 확대는 "작업자에게 위험 예지 및 대처 능력 부여를 통한 작업자 안전을 도모"한다. 셋째, 동작 인지를 통한 확장성의 확대는 "작업자 숙련 기술의 폭을 넓혀 다양한 영역의 생산 활동을 도모"한다. 넷째, 증강현실, 가상현실, 혼합현실을 통한 전문성의 확대는 "작업자에게 실시간 전문 기술 제공을 통한 조기 숙련화를 유도"한다. 다섯째, 웨어러블 로봇을 통한 생산성의 확대는 "작업자와 기계의 상호 협력으로 인당 생산성 향상, 불량률 최소화, 그리고 시스템을 활용한 분석 능력 확보로 종합 생산성의 극대화를 지향"한다.

따라서 휴먼팩토리는 스마트공장 1.0이라고 할 수 있는 현재 스마트공장의 다음 방향을 제시하는 스마트공장 2.0이라고 할 수 있다. 〈그림 5.2.3〉은 민관합동 스마트공장추진단[44]에서 제시한 스마트공장과 휴먼팩토리에 대하여 설명하고 있다.

구분	스마트공장(現)	휴먼팩토리(後)
융합의 범위	· ICT와 제조의 융합	· ICT, 제조, 사람의 융합
기계 역할	· 생산의 주체	· 작업자의 가치를 높이는 도구
IoT 역할	· 기계와 기계의 대화	· 작업자와 기계의 대화 및 협업
작업자 역할	· 생산 관리자, 품질 감시자	· 생산 주체이며 가치창출자
효과	· 생산성 향상	· 생산성 향상과 삶의 질 향상
고용	· 간접 고용 향상	· 직·간접 고용 향상

〈그림 5.2.3〉 스마트공장 vs. 휴먼팩토리[45]

---

44 민관합동 스마트공장추진단(2018a).
45 민관합동 스마트공장추진단(2018a).

첫째, 융합의 범위에 있어 현재의 스마트공장은 ICT와 제조의 융합이나 미래의 휴먼팩토리는 ICT, 제조, 사람의 융합이다. 둘째, 기계의 역할에 있어 현재의 스마트공장은 생산의 주체이나 미래의 휴먼팩토리는 작업자의 가치를 높이는 도구이다. 셋째, 사물인터넷의 역할에 있어 현재의 스마트공장은 기계와 기계의 대화이나 미래의 휴먼팩토리는 작업자와 기계의 대화 및 협업이다. 넷째, 작업자의 역할에 있어 생산 관리자, 품질 관리자이나 미래의 휴먼팩토리는 생산의 주체자이며 가치 창출자이다. 다섯째, 효과에 있어 현재의 스마트공장은 생산성 향상이나 미래의 휴먼팩토리는 생산성 향상과 삶의 질 향상이다. 여섯째, 고용에 있어 현재의 스마트공장은 간접 고용 향상이나 미래의 휴먼팩토리는 직·간접 고용 향상이다.

다음은 휴먼팩토리 구축효과 중 하나인 협동로봇을 통한 창의성의 확대와 동작인지를 통한 전문기술의 확장성에 대한 사례이다.

'협동로봇'의 대향연… 사람 돕고, 산업경쟁력 높인다

협동로봇은 공장에서 작업자와 나란히 위치해 작업하도록 설계돼 생산성을 높이고 대규모 주문 생산을 가능케 한다. 스위스 대표 로봇기업 ABB는 로봇전에서 세계 최초 협업용 양팔 산업로봇 'YuMi' 로봇의 업그레이드 제품군을 처음 발표했다.

〈그림 5.2.4〉 야스카와의 협동로봇 '모토맨'[46]

새로운 협동로봇은 리드 스루(Lead-through) 프로그래밍 기능이 적용돼 작업자가 별도 교육을 받을 필요가 없다. … 야스카와전기는 협동로봇 'MOTOMAN' 시리즈를 선보였다. 〈그림 5.2.4〉는 야스카와의 협동로봇인 'MOTOMAN'의 실제 모습을 보여주고 있다.

사람이 양손으로 조작하면 직감적으로 로봇이 자동 인식해 물품을 운송한다. 사람이 무거운 물건을 운반하는 대신 로봇과 협력하면서 편하게 물품운송 생산성을 높일 수 있다. … ABB와 가와사키중공업이 합작해 전시한 '농부를 돕는 로봇'도 인기를 끌었다. 토마토를 비닐팩에 넣고 포장하는 로봇 앞에 앉은 농부는 거의 감시만 한다. 비닐팩이 구겨져 토마토가 들어가지 못하면 농부가 살짝 비닐을 터치해 준다. 그러면 자연스럽게 로봇 포장공정이 이뤄진다. … 사람 분신 역할을 하는 로봇도 큰 주목을 받았다. 그 중 도요타의 'T-HR3'가 돋보였다. 이 로봇은 사람이 움직이는대로 움직인다. 미세한 관절 움직임으로 사림이 움직이는 것처럼 부드러운 움직임을 보여준다. … 제이텍(JTEKT)과 머슬(MUSCLE), 엑소아틀레트아시아(EXOATLET ASIA) 등 로봇 스타트업들은 사람 몸에 로봇을 장착해 신체 기능을 증강시키는 로봇을 선보였다. 제이텍과 머슬은 로봇 수트를 착용하면 무거운 짐을 허리에 부담이 없이 가볍게 들어올릴 수 있다. 한국의 스타트업 엑소아틀레트아시아는 걷지 못하는 사람이 지팡이를 들고 걸을 수 있도록 시연해 큰 관심을 받았다.

헬로디디[47] 2017년 12월 7일

휴먼팩토리의 증강현실(Augmented Reality), 가상현실(Virtual Reality), 혼합현실(Mixed Reality)과 시뮬레이션이 결합하여 사실적인 이미지와 현장의 데이터를 제공하여 근로자의 숙련도를 높일 뿐만 아니라 현장 근로자와 사무직 근로자가 공장을 실시간 모니터링 하여 최적의 의사결정을 내릴 수 있도록 지원한다.[48] 이강주[49]는 증강현실, 가상현실, 혼합현실이 스마트공장의 근로자를 대상으로 한 교육 훈련에도 적용이 된다고 설명하면서 실제와 동

46 헬로디디(2017). http://hellodd.com/?md=news&mt=view&pid=63416
47 김요셉, 박성민, "국제로봇전, 어떤 로봇 출동했나?," 헬로디디, December 3, 2017, http://hellodd.com/?md=news&mt=view&pid=63416
48 김원정, "VR·AR, 3년 내에 제조업으로 빠르게 확산," 산업일보, June 13, 2017c, http://www.kidd.co.kr/news/193318
49 김원정(2017c).

일한 가상의 공장에서 반복된 교육 훈련을 통해 실제 작업능력을 향상시키고 위기대처 역량을 높일 수 있다고 주장한다. 다음은 휴먼팩토리 구축효과 중 하나인 증강현실, 가상현실, 혼합현실을 통한 전문성의 확대에 대한 사례이다.

VR·AR, 3년 내에 제조업으로 빠르게 확산

국내 발전플랜트에서도 AR, VR 기술이 적용돼 최근 주목을 받았다. 한국전력공사와 전자부품연구원(KETI)이 공동으로 스마트변전소를 개발한 사례다. 스마트변전소는 에너지 사물인터넷(IoT)과 VR, AR을 접목하며 전력 현장에 적용함으로써, 작업자가 현장과 동일하게 느낄 수 있는 정밀한 3차원 가상환경의 구현이 가능한 '차세대 실감형 전력설비 가시화 기술'이다. 이를 통해 전력설비 점검 및 유지보수 업무효율성을 향상시키고 사고로부터 작업자의 안전을 강화할 수 있다.

박영충 센터장은 "스마트변전소에는 VR과 AR기술이 모두 적용됐다. VR의 경우 발전소를 그대로 스캔해 실제와 같은 가상환경을 제공하고 작업 가이드를 통해 교육훈련을 시키는 것이다. AR의 경우는 마이크로소프트(MS) 홀로랜즈를 착용하고 실제 발전설비 위에 가상의 정보를 입혀 작업자의 설비 운영효율 및 점검할 수 있는 기술을 적용한 사례이다"고 소개했다.

산업일보[50] 2017년 6월 13일

따라서 휴먼팩토리에서는 모든 제조공정이 사물인터넷으로 연결되면서 이를 사용하는 근로자의 통합적 사고 역량이 더욱 중요해졌다.[51] 결국 휴먼팩토리의 안정적인 구축을 위해서는 휴먼팩토리의 확산에 발맞추어 4차 산업혁명 시대에 필요한 인재를 지속적으로 육성해야 한다. 그러므로 휴먼팩토리의 성공을 위해서는 사람이 중심이 되어야 하며, 사람의 가치를 창출하는 공장이 휴먼팩토리라고 할 수 있다.

---

50 김원정(2017c).
51 고재연(2017).

5.3 4차 산업혁명 시대의 인재 육성

리상섭 등[52]은 기술의 발전과 사람의 생활방식의 변화는 노동시장에서 일자리의 구조적 변화를 가져온다고 주장한다. 미래창조과학부[53]는 4차 산업혁명 시대에 예상되는 고용환경의 변화로 일자리의 양, 일자리의 질, 고용 형태를 제시하였다. 첫째, 일자리의 양 측면에서는 자동화로 인해 축소되는 일자리와 신규 분야의 새로운 일자리가 창출될 수 있다. 둘째, 일자리 질 측면에서는 단순반복적인 일자리가 아닌 고부가가치를 창출하는 일자리의 증가와 창의 업무 중심의 일자리로 재편될 수 있다. 셋째, 고용 형태 측면에서는 평생직장 개념의 지속적인 약화와 함께 탄력적인 고용 형태가 확대될 수 있다. 이러한 환경 변화를 스마트공장의 확산과 함께 인재 육성을 연관하여 생각해 보면 박진우[54]는 스마트공장의 구축과 확산을 위해서는 근로자의 역량 향상과 함께 현업에 있는 근로자를 위한 재교육이 필요하다고 주장한다. 결국 김인숙[55]과 리상섭 등[56]은 4차 산업혁명 시대에는 관련 기술을 보유한 전문가와 해당 문제를 해결하기 위해 종합적인 관점에서 최적의 의사결정을 내릴 수 있는 근로자가 필요하다고 주장한다. 다음은 4차 산업혁명 시대의 인재육성에 대한 Kagermann의 인터뷰 내용이다.

---

52 리상섭, 김인숙, 박제일, 최손환, 김창환(2017).
53 미래창조과학부, 제4차 산업혁명에 대응한 지능정보사회 중장기 종합대책, 2017.
54 박진우, "새정부 이렇게 혁신하라: 스마트공장 '컨트롤타워' 설계해야," 디지털타임즈, May 28, 2017, http://www.dt.co.kr/contents.html?article_no=2017052902102251101001
55 김인숙, "'일자리 4.0'과 제4차 산업혁명 정책설계," 고용이슈, November, 2016.
56 리상섭, 김인숙, 박제일, 최손환, 김창환(2017).

4차 산업혁명, 교육도 모듈식으로 바꿔야

초기부터 인력 역량을 강화하는 업스킬링(upskilling)을 해야 한다고 독일 정부에 제안했다. … 교육과정을 모듈식으로 구성하도록 제안하고 싶다. … 교육을 모듈식으로 구성할 경우 변화하는 환경에 유연하게 대응할 수 있을 것이라고 생각한다. … 유사한 개념이면서도 인더스트리 4.0과 관련 있는 마이크로 레슨이다. 실무교육을 할 때 기술을 세분화해서 진행한 뒤 각 분야에 대해서 인증서(micro degree)를 주는 방식으로 진행하고 있다. … 근로자도 바뀔 것이다. 과거처럼 특정 분야 전문가가 아니라 범용 근로자가 될 것이다. 스마트 글래스 같은 디지털 도구의 도움을 받아서 그 때 그 때 필요한 상세한 정보를 바로 활용할 수 있는 근로자, 즉 변화하는 상황에 맞춰서 모든 일들을 잘 수행할 수 있는 범용 근로자가 미래형 근로자나 전문가의 모습이 될 것이라고 예상한다.

ZDNet Korea[57] 2017년 3월 28일

결국 4차 산업혁명 시대에 맞는 최적의 인재 육성을 위해서는 지속적인 근로자의 역량 개발과 더불어 근로자의 재배치에 따른 직업훈련과 재교육 등이 중요하다. 동시에 개인은 학습 민첩성을 바탕으로 조직에서 지속적으로 평생학습을 실천해야 한다. 이를 통해 4차 산업혁명 시대가 요청하는 빠르게 변화하는 사회에 보다 유연하게 적용할 수 있는 사람이 될 수 있다.

5.3.1 4차 산업혁명 시대의 필요 역량

다음은 4차 산업혁명 시대의 인재 육성을 위해서는 인재에게 어떤 역량이 필요한지 알아보고자 한다. 많은 학자들이 4차 산업혁명 시대의 필요한 역량에 대하여 다양한 역량을 제시하였으나 4차 산업혁명이라는 용어가 나오기 전 OECD의 DeSeCo(Definition and Selection of Competencies) 프로젝트

---

57 김익현, "4차산업혁명, 교육도 모듈식으로 바꿔야," ZDNet Korea, March 28, 2017, http://www.zdnet.co.kr/news/news_view.asp?artice_id=20170327063100&type=det&re

에서 제시한 역량, 4차 산업혁명의 개념을 제시한 세계경제포럼에서 제시한 21세기에 필요한 16가지 역량, 국내는 2017년 제4차 산업혁명 시대 대한민국 미래교육보고서에서 제시한 역량을 기준으로 4차 산업혁명 시대에 인재에게 필요한 역량을 살펴보고자 한다.

1) OECD DeSeCo 프로젝트

1997년부터 2003년까지 OECD는 '성공적인 삶과 제대로 작동하는 사회를 위해 필요한 핵심 역량은 무엇인가?'에 대한 답을 찾고자 DeSeCo 프로젝트를 실시하여 미래에 필요한 핵심 역량을 찾아내기 위한 연구를 실시하였다.[58] OECD의 DeSeCo 프로젝트에서는 미래의 필요한 핵심 역량을 다음과 같이 3가지로 제시하였다.[59] 〈그림 5.3.1〉은 OECD DeSeCo 프로젝트에서 제시한 3가지 핵심 역량에 대한 설명이다.

첫째, 상호교감하며 도구 사용하기다. 상호교감하며 도구 사용하기 핵심 역량 아래에는 3개의 능력이 있다. 3개의 능력은 첫째, 상호교감하며 언어, 상징, 텍스트를 사용하는 능력, 둘째, 상호교감하며 지식과 정보를 사용하는 능력, 셋째, 상호교감하며 기술을 사용하는 능력이다.

둘째, 이질적인 집단에서 상호작용하기다. 이질적인 집단에서 상호작용하기 핵심 역량 아래에는 3개의 능력이 있다. 3개의 능력은 첫째, 타인과 원만한 관계 맺기 능력, 둘째, 협력하는 능력, 셋째, 갈등을 관리 및 해결하는 능력이다.

셋째, 자율적으로 행동하기다. 자율적으로 행동하기 핵심 역량 아래에는 3개의 능력이 있다. 3개의 능력은 첫째, 전체적 조망 속에서 행동하는 능력, 둘째, 생애 계획을 수립하고 실천하는 능력, 셋째, 권리, 이익, 한계, 요구를 주장하는 능력이다.

---

58 리상섭, 김인숙, 박제일, 최손환, 김창환(2017).

59 OCED, 데세코 프로젝트(DeSeCo Project): 핵심역량 정의 및 선정 프로젝트 요약, OECD 연구보고서, 2005.

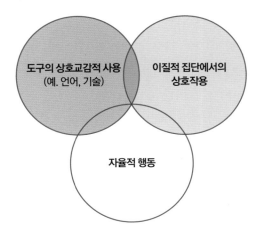

<그림 5.3.1> OECD DeSeCo 프로젝트의 3가지 핵심 역량[60]

2) 세계경제포럼 21세기에 필요한 16가지 역량

2016년 4차 산업혁명의 개념을 제시한 세계경제포럼에서는 2015년 21세기에 필요한 16가지 역량을 제시하였다.[61] <그림 5.3.2>는 세계경제포럼에서 제시한 21세기 필요 역량에 대한 설명이다.

21세기 필요 역량은 크게 기초 문해(Foundational Literacies), 역량(Competencies), 성격 특성(Character Qualities)의 3가지로 구성되어 있다. 첫째, 일상생활에 적용하는 핵심 역량인 기초 문해(Foundational Literacies)는 문해(Literacy), 산술능력(Numeracy), 과학 문해(Scientific Literacy), ICT 문해(ICT Literacy), 재정 문해(Financial Literacy), 문화 및 시민 문해(Cultural and Civic Literacy)로 구성되어 있다. 둘째, 복잡한 도전에 접근하는 역량(Competencies)은 비판적 사고/문제 해결(Critical Thinking/Problem-Solving), 창의성(Creativity), 의사소

---

60 OECD(2005). 데세코 프로젝트(DeSeCo Project): 핵심역량 정의 및 선정 프로젝트 요약. OECD 연구보고서.

61 World Economic Forum, New Vision for Education: Unlocking the Potential of Technology, World Economic Forum, 2015.

통(Communication), 협력(Collaboration)으로 구성되어 있다. 셋째, 변화하는 환경에 접근하는 성격 특성(Character Qualities)은 호기심(Curiosity), 주도성(Initiative), 끈기/투지(Persistence/Grit), 적응력(Adaptability), 리더십(Leadership), 사회와 문화 인식(Social and Cultural Awareness)으로 구성되어 있다.

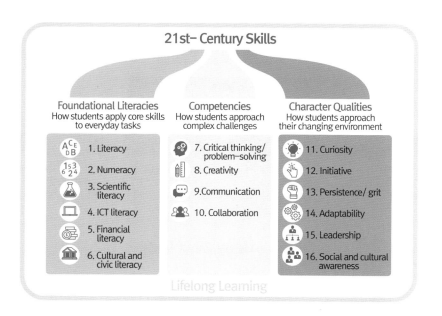

〈그림 5.3.2〉 세계경제포럼의 21세기 필요 역량[62]

3) 제4차 산업혁명 시대 대한민국 미래교육 보고서

2017년 국제미래학회와 한국교육학술정보원[63]은 제4차 산업혁명 시대 대한민국 미래교육 보고서에서 4차 산업혁명 시대의 대한민국 미래교육 인

62 World Economic Forum(2015). New Vision for Education: Unlocking the Potential of Technology. World Economic Forum.

63 국제미래학회, 한국교육학술정보원, 제4차 산업혁명시대 대한민국 미래교육보고서(파주: 광문각, 2017), 175.

재상을 제시하였다. 〈그림 5.3.3〉은 국제미래학회와 한국교육학술정보원에서 제시한 대한민국 미래교육 인재역량에 대한 설명이다.

〈그림 5.3.3〉 대한민국 미래교육 인재역량[64]

대한민국 미래교육 인재역량은 크게 창의로운 인지역량, 인성갖춘 정서역량, 협력하는 사회역량, 생애주기 학습역량의 4가지로 구성되어 있다. 첫째, 창의로운 인지역량은 창의성, 문제해결사고력, 미래 도전력, 인문학적 소양의 4가지 역량으로 구성되어 있다. 둘째, 인성갖춘 정서역량은 인성, 윤리의식, 문화예술소양, 자아긍정관리, 협업 리더십의 4가지 역량으로 구성되어 있다. 셋째, 협력하는 사회역량은 소통과 협력능력, 사회적 자본 이해, 글로벌 시민의식, 스포츠, 체력의 4가지 역량으로 구성되어 있다. 넷째, 생애주기 학습역량은 자기주도 학습능력, 과학기술변화이해, New ICT 활용,

64 국제미래학회, 한국교육학술정보물(2017).

평생학습능력의 4가지 역량으로 구성되어 있다.

결국 OECD의 DeSeCo 프로젝트에서 제시한 역량, 세계경제포럼에서 제시한 21세기에 필요한 16가지 역량, 국내에서 제시한 제4차 산업혁명 시대 대한민국 미래교육보고서에서 제시한 4차 산업혁명 시대에 인재에게 필요한 역량을 정리해 보면 아래와 같다. 급변하는 환경에서 타인과 함께 문제를 해결해 나가기 위해 사회가 요구하는 기초 문해 역량을 보유하고 종합적 사고를 할 수 있는 역량이라고 할 수 있다.

5.3.2 4차 산업혁명 시대의 인재 육성 방법

앞에서 살펴 본 바와 같이 4차 산업혁명 시대에 필요한 역량을 보유한 인재를 육성하기 위해서는 결국 조직 문화가 학습 조직인 조직에서 개인의 학습 민첩성을 바탕으로 현장의 실제 문제를 해결하는 액션 러닝, 선배와 전문가의 코칭과 멘토링, 직무 순환, 교육, 재교육, 일을 통한 도전적인 과제 부여 등을 통해 개인과 조직이 요구하는 경력 개발 계획에 맞추어 4차 산업혁명 시대에 필요한 역량을 갖춘 인재를 육성하는 것이 필요하다. 따라서, 스마트공장에서 요구되는 문제 해결 역량을 높이기 위해서는 결국 이론과 현장이 통합된 인재육성이 필요하다.[65] 또한, 정보통신기술 전문성과 더불어 타인과 열린 의사소통을 통해 개인과 조직의 창의성을 개발하고 스마트 공장에서 발생할 수 있는 문제를 해결하기 위해 종합적 사고가 가능한 인재를 육성하는 것이 필요하다.

65 양희천, "4차 산업혁명의 성공, 산학 연계교육에 답이 있다." 경향신문, May 30, 2017, http://news.khan.co.kr/kh_news/khan_art_view.html?artid=201705301418001&code=990304

1) 스마트공장 교육 및 재교육

앞에서 언급한 바와 같이 일반적으로 스마트공장은 먼저 기술적 관점에서 바라보는 경향이 있지만 결국 가장 기본적인 이슈는 기술을 개발하고 적용하는 사람 즉, 근로자의 문제라고 볼 수 있다.[66] 실제로 미국 매사추세츠공대(Massachusetts Institute of Technology, MIT)의 연구에 따르면 인간과 로봇이 협업하면 생산성이 85% 높아진다고 한다.[67] 따라서, 독일의 경우 스마트공장의 제조공정에 필요한 스마트한 근로자를 육성하기 위해 '스마트 직업훈련'을 실시하고 있으며, 실례로 보쉬는 협력형 로봇 APAS를 적용하며 근로자의 정보기술교육을 의무화하여 근로자는 로봇과 함께 협업하는 방법을 배워야한다.[68] 결국 스마트공장을 보급하기 위해서는 근로자에 대한 교육 및 재교육이 함께 이루어져야 한다는 의미이다.

민관합동 스마트공장추진단

한국에서는 민관합동 스마트공장추진단이 스마트공장 인력 육성을 주도하고 있다. 스마트공장 인력은 첫째, 중소기업과 중견기업에 근무하고 있는 현장 인력과 둘째, 석사 및 박사급 전문인력으로 나뉘며, 이중 재직자 교육은 민관합동 스마트공장추진단과 협약을 맺은 중소기업진흥공단의 중소기업연수원에서 2016년부터 전담해왔다.[69] 민관합동 스마트공단 추진단에서는 스마트공장 융합기술 개발인력 육성 프로그램을 개발하고 교육을 실시하고 있다.[70] 또한, 중소, 중견기업 산업 수요 연계 스마트공장 운영설계

---

66 전효점, "스마트공장: 전문인력 확보가 공장 성패 가른다," 이투데이, June 19, 2017, http://www.etoday.co.kr/news/section/newsview.php?idxno=1504274

67 고재연(2017).

68 고재연(2017).

69 전효점(2017).

70 산업통상자원부, 민관합동 스마트공장추진단(2017).

고급 전문 인력 양성 과정은 학위 과정인 대학원 중심 석, 박사 고급 인력 양
성과정과 비학위 과정인 재직자 중심 핵심운영인력 양성과정으로 구성되
어 있다. 〈그림 5.3.4〉는 민관합동 스마트공장추진단[71]에서 진행하고 있는
비학위 과정인 재직자 중심 핵심운영인력 양성과정에 대한 설명이다.

사업내용	스마트공장의 개요 - 스마트공장의 자사 진단 프로그램 - 스마트공장의 제조기술 - 자동화 및 설비관리 - 스마트공장의 정보시스템 구축 방안 - 스마트공장의 데이터 활용 - 스마트공장의 제조시스템 운영 관리 - 선진 기업의 스마트공장 구축 사례 - 한국형 중소기업의 스마트공장 구축 사례 중점사항 - 기업의 수요가 반영된 커리큘럼 구성 및 차별화된 교육 프로그램의 구성을 위하여 교육 수요조사와 국내 유사교육 분석을 동시에 실시 - 수요기업의 니즈(Needs)를 파악하고, 교육이 필요한 기술, 분야 등의 자료 조사를 위하여 참여대상 기업에 대한 교육 수요조사를 실시 - CPS, 정보시스템 구축 교육 등의 국내에서 이루어지고 있는 관련 교육을 조사/분석하여 참여기업에 필요한 교육 커리큘럼 개발에 반영 - 수요조사와 국내 교육현황 분석을 통하여 도출된 결과를 바탕으로 전문가 그룹의 자문을 거쳐 프로그램 개발 - 기존의 국내에 유사 교육 프로그램과의 차별성을 강화하기 위하여 맞춤형 교육 프로그램을 기획

〈그림 5.3.4〉 재직자 중심 핵심운영인력 양성과정 (비학위 과정)[72]

비학위 과정인 재직자 중심 핵심운영인력 양성과정은 기업체 재직자를
대상으로 다양한 중점사항을 반영한 스마트공장의 자사 진단 프로그램, 스
마트공장의 제조기술, 자동화 및 설비관리, 스마트공장의 정보시스템 구축
방안, 스마트공장의 데이터 활용, 스마트공장의 제조시스템 운영 관리, 선

71 민관합동 스마트공장추진단, Accessed January 2, 2018b. https://www.smart-factory.kr.
72 민관합동 스마트공장추진단(2018b).

진 기업의 스마트공장 구축 사례, 한국형 중소기업의 스마트공장 구축 사례 등으로 구성되어 있다. 재직자 중심 핵심운영인력 양성과정은 총 21시간으로 구성되어 주 1회 3일 과정으로 운영되고 있다. 〈그림 5.3.5〉는 민관합동 스마트공단추진단[73]에서 진행하고 있는 스마트공장 구축 및 추진실무 교육 과정에 대한 설명이다.

〈세부 프로그램〉

일자	시간	교육내용
1일차	09:00~10:00	·등록 및 안내
	10:00~13:00	·스마트공장 개요 및 수준진단
	14:00~18:00	·스마트공장의 정보시스템 구축
2일차	09:00~12:00	·CPS(사이버물리시스템)과 시뮬레이션 활용
	13:00~17:00	·스마트공장 사례연구(중소기업연구원) – 스마트공장 대표기업 견학(안산 소재)
	13:00~17:00	·스마트 생산/품질/설비관리(부산경남연구원, 호남연구원 과정시 강의진행)
3일차	09:00~12:00	·자동화시스템과 에너지 관리
	13:00~16:00	·중소기업 스마트공장 추진 사례
	16:00~16:30	·연수수료 및 설문조사

* 세부프로그램 및 연수 내용은 변경될 수 있음

〈그림 5.3.5〉 스마트공장 구축 및 추진실무 교육 과정[74]

민관합동 스마트공장추진단에서 운영하고 있는 스마트공장 구축 및 추진실무 교육 과정은 3일 일정으로 구성 되어 있다. 1일차는 스마트공장 개요 및 추진전략, 스마트공장의 정보시스템 구축으로 구성되어 있다. 2일차는 스마트공장 생산/품질/설비관리, 스마트공장 추진사례(중소기업) 또는 스마트공장 견학으로 구성되어 있다. 3일차는 스마트공장 핵심기술 이해 및 적용, 현장 제조설비의 데이터 추출/통신/활용 사례로 구성되어 있다.

---

73 민관합동 스마트공장추진단(2018b).
74 민관합동 스마트공장추진단(2018b).

중소기업연수원

구재호[75]는 중소기업연수원에서는 민관합동 스마트공장추진단과 마찬가지로 경영자와 실무자 교육 과정으로 구분하여 경영자 교육 과정은 스마트공장 개요, 추진 방향 및 방법, 추진 사례, 우수업체 벤치마킹 등으로 구성되어 있고, 실무자 교육 과정은 설계기술, 공장운영, 제조자동화, 가공기술, 현장관리 분야 등으로 구성되어 있다고 설명한다. 또한, 구재호[76]는 중소기업의 요구분석 등을 바탕으로 사물인터넷과 빅데이터 활용 등의 교육 과정을 확대해 나갈 것이라고 설명한다. 다음은 중소기업연구원에 위치한 교육생이 실제로 스마트공장을 체험하고 학습할 수 있는 스마트공장 배움터인 '넥스트스퀘어'에 대한 설명이다.

스마트공장 확산위한 전문 교육터 '넥스트스퀘어' 개소 …
'중소기업 혁신성장 전진기지'

중소벤처기업부와 중소기업진흥공단은 1일 경기도 안산 중소기업연수원에 스마트공장 배움터 '넥스트스퀘어'를 공식 개장하고 현판식을 열었다. '넥스트스퀘어'는 실물장비를 온라인으로 조작할 수 있는 사이버실문시스템(CPS)과 이송로봇, 가공(머시닝센터), 조립용 협업로봇, 검사장비 등 제품생산 전단계를 무인생산시스템으로 구축한 스마트공장 라인을 설치했다. 넥스트스퀘어에는 스마트공장 도입을 계획하고 있는 중소 제조기업을 위한 실습 교육이 연중 내내 개설된다. … 중진공은 넥스트스퀘어를 비롯 전국 5개 연수원을 통해 총 66개에 이르는 스마트공장 관련 연수 과정을 운영할 계획이다.

전자신문[77] 2017년 12월 3일

---

75 임근난, "중소기업연수원 구재호 원장 'ICT기술·스마트공장 교육' … 4차 산업혁명 '인력양성 메카' 되겠다," 헬로티, June 1, 2017, http://www.hellot.net/new_hellot/magazine/maga-zine_read.html?code=204&sub=001&idx=34951

76 임근난(2017).

77 유근일, "스마트공장 확산위한 전문 교육터 '넥스트스퀘어' 개소 … '중소기업 혁신성장 전진기지'," 전자신문, December 3, 2017, http://www.etnews.com/20171203000043

5.3.3 4차 산업혁명 시대의 조직 내 경력개발 모형과 실제[78]

　결국 이러한 4차 산업혁명 시대의 개인의 경력개발을 위해서는 4차 산업혁명 시대의 조직 내 경력개발 모형과 실제에 대하여 알아볼 필요가 있다. 일반적으로 경력개발은 개인의 생애 발달 단계와 연동하여 일생에 거쳐 일련의 단계를 거친다. Erikson, Levinson, Hall 등의 학자들은 이러한 개인의 연령의 증가와 성장에 따른 경력개발 모형을 제시하였다. 개인의 생애 발달에 따른 경력개발의 단계는 개개인의 실제적인 경력개발 단계와 정확히 일치하지 않을 수 있으나 누구에게나 해당하는 개인 경력개발의 전반적인 단계를 제시해 줄 수 있다.

　그러나 4차 산업혁명 시대에는 평생직장의 개념이 점차 사라지면서 경력개발 모형을 단순히 개인의 연령 증가, 즉 인생 발달에 따른 경력개발 단계로 설명하는 것은 점차 어려워지고 있다. 오히려 조직의 경우 구성원 개인의 직급이나 전문성에 따라 경력개발 모형을 단계적으로 적용하는 것이 좀 더 효율적으로 보인다. 따라서 본 장에서는 현대적 관점에서 조직 내 경력개발 개념의 적용이 가능한 Driver[79]의 경력 개념 모형(Career Concept Model)과 전문가 육성의 개념을 보여주는 Dalton, Thompson & Price[80]의 전문가 경력단계모형(Career Stage Model for Professional Growth)을 설명하고자 한다.

78　리상섭, 김인숙, 박제일, 최손환, 김창환, 4차 산업혁명 시대의 최신 직업진로설계(서울: 양서원, 2017)의 제11장 내용 중 일부를 발췌 및 수정보완.

79　Michael J Driver, Career Concepts and Career Management in Organizations, ed. Cary Cooper(Englewood Cliffs: Prentice-Hall, 1979).

80　Gene W. Dalton, Paul H. Thompson, & Raymond L. Price, "The Four Stages of Professional Careers: A New Loot at Performance by Professionals," Organizational Dynamics 6, no 1(1977).

1) 경력 개념 모형

Driver[81]는 개인의 경력 개념을 직선형 경력 개념(linear career concept), 전문가형 경력 개념(expert career concept), 나선형 경력 개념(spiral career concept), 전이형 경력 개념(transitory career concept)의 4가지로 구분하고 다음과 같이 설명한다. 첫째, 직선형 경력 개념은 일반적인 조직에서 가장 많이 나타나는 경력 개념으로 조직 내에서 팀장 또는 임원과 같이 보다 많은 책임과 권한을 갖는 직책으로의 수직적 이동과 성장에 초점을 둔 경력 개념이다. 둘째, 전문가형 경력 개념은 조직 내에서 특정 직무 분야의 전문가로 특정 분야에 대한 전문성을 개발하여 성장하는 데 초점을 둔 경력 개념이다. 셋째, 나선형 경력 개념은 자신의 관련 직무 또는 경우에 따라 관련 없는 직무로 7년에서 10년 주기로 이동 및 성장하는 데 초점을 둔 경력 개념이다. 넷째, 전이형 경력 개념은 3년에서 5년 주기로 관련 없는 직무로 이동 및 성장하는 데 초점을 둔 경력 개념이다.

Driver의 직선형, 전문가형, 나선형, 전이형의 4가지 경력 개념 모형은 1979년 드라이버가 논문을 발표할 당시보다 4차 산업혁명 시대의 현대 조직에서 보다 많이 나타나고 있는 것으로 보인다. 경력 개념 모형에서 직선형 경력 개념과 전문가형 경력 개념은 전통적인 조직 내에서 쉽게 찾아볼 수 있는 경력 개념이나 전이형 경력 개념과 나선형 경력개념은 상대적으로 최근의 조직에서 나타나기 시작한 경력 개념이다. 따라서, Brousseau et al.[82]은 직선형 경력 개념과 전문가형 경력 개념은 전통적인 모형이고, 전이형 경력 개념과 나선형 경력 개념은 현대적 개념이라고 주장하기도 한다.

---

81 Michael J Driver(1979).

82 Kenneth R. Brousseau, Michael M. Driver, Kristina Eneroth, & Rikard Larsson, "Career Pandemonium: Realigning Organizations and Individuals," Academy of Management Executive 10, no 4(1996).

2) 전문가 육성을 위한 경력단계 모형

전문가 육성과 관련하여 Dalton, Thompson & Price[83]는 4단계의 전문가 육성을 위한 경력단계 모형을 제시하였다. 경력개발 모형 중 전문가 육성과 관련한 모형은 많지 않기 때문에 Dalton, Thompson & Price의 전문가 육성을 위한 경력단계 모형은 전문가 육성을 위해 시사하는 바가 크다고 할 수 있다. 전문가 경력단계 모형은 4단계로 구성되어 있기 때문에 전문가의 경력이 한 단계에서 다음 단계로 진행되는 것처럼 보일 수 있으나 Dalton, Thompson & Price는 모든 전문가가 자신의 경력개발 단계에서 4단계를 모두 경험한다고 보지는 않았다. 전문가 육성을 위한 경력단계 모형의 4단계는 도제(apprentice), 동료(colleague), 멘토(mentor), 후원자(sponsor)로 각각 구분이 된다.

Dalton, Thompson & Price[84]는 전문가 육성을 위한 경력단계 모형 4단계를 다음과 같이 구체적으로 설명한다. 첫째 단계인 도제 단계는 지시를 돕고, 학습하고, 따르는 단계로 의존적인 특징을 보인다. 둘째 단계인 동료 단계는 독립적인 기여자 단계로 독립적인 특징을 보인다. 셋째 단계인 멘토 단계는 교육훈련하고, 영향을 미치고, 상호작용하는 단계로 타인에 대한 책임감을 가정하는 특징을 보인다. 넷째 단계인 후원자 단계는 조직과 직업의 방향을 만드는 단계로 권한과 영향을 연습하는 특징을 보인다.

전문가 육성을 위한 경력단계 모형의 4단계는 정확한 구분이 쉽지는 않지만 현대 조직의 직급별 경력개발 단계와 연계 가능성을 보인다. 4차 산업혁명 시대의 현대 조직은 팀장과 팀원으로 조직 구성을 단순화하는 경우도 있으나 예를 들어 개인 차이는 있으나 도제는 사원과 대리, 동료는 과장과 차장, 멘토는 조직책임자인 부장, 후원자는 임원으로 볼 수 있다. 사원과 대

83　Gene W. Dalton, Paul H. Thompson, & Raymond L. Price(1977).
84　Gene W. Dalton, Paul H. Thompson, & Raymond L. Price(1977).

리는 도제의 특징처럼 조직 내의 선배인 과장, 차장, 부장, 임원으로부터 조직 문화를 배우고 업무를 배우며, 따르는 단계에 해당하는 직급이라고 볼 수 있다. Greenhaus, Callanan, & Godshalk[85]는 신입사원 단계에서 개인은 업무를 통한 성공 체험을 축적하고, 조직은 개인이 조직에 잘 적응할 수 있도록 다양한 제도와 프로그램을 운영한다고 주장한다. 과장과 차장은 도제 단계를 바탕으로 자신의 직무 역량을 개발하여 조직에 잘 적응하고 독립적으로 동료들과 함께 업무를 수행할 수 있는 동료의 특징을 보여준다. 특히, 이 단계에서는 함께 문제를 해결해 나가기 위해 문제 해결, 프로젝트 관리, 변화 관리 역량이 높다. 부장은 사원, 대리, 과장, 차장에게 리더십을 발휘하는 위치로 멘토의 특징을 보여줄 수 있는 직급이라고 볼 수 있다. 부장은 조직 책임자로서 사람을 관리하고 일을 관리하여 성과를 만드는 위치에 있다. 따라서 사람을 촉진 및 관리하는 멘토의 역할을 보여줄 수 있는 직급이라고 볼 수 있다. 임원은 조직 내에서 후원자의 특징을 보여줄 수 있는 직급이라고 볼 수 있다. 부서원이 업무를 추진함에 있어 후원자의 위치에서 권한을 위임하고 조직의 전체적인 방향을 구상한다.

3) 조직 내 경력개발의 실제

4차 산업혁명 시대에 본인 자신은 자신의 경력개발의 주체이다. 결국 개인의 주관적인 판단에 따라 조직 내부에서의 성공적인 경력개발의 모습이 달라질 수 있다. 즉, 경력개발을 위해서는 개인과 조직의 밀접한 상호작용이 가장 좋으나 개인의 주관적인 판단에 따라 조직 내 다양한 경력개발의 성공 사례와 실제가 있을 수 있다는 의미이다. 하지만, 조직 내 개인의 경력개발은 단순하게 개인의 주관적 판단에만 따를 수 없으며, 조직의 관점에서

85 Jeffrey H. Greenhaus, Gerard A. Callanan, & Veronica M. Godshalk, Career Management(서울: 시그마프레스, 2002).

정의하는 조직 내 성공적인 경력개발의 모습도 무시할 수 없다. 따라서, 개인은 조직 내 또는 조직 이후의 본인의 경력개발 목표와 방향에 따라 조직의 요구와 함께 자신의 조직 내 경력개발을 구체화하여야 한다.

일반적으로 조직 내 경력개발은 직종(예를 들면 교육 직종, 인사 직종, 총무 직종, 경영관리 직종 등) 내 직무(예를 들면 교육 직종의 교육 기획 직무, 리더십 개발 직무, 역량 개발 직무, 온라인 직무 등)를 각각의 직무별로 3~5년에 걸쳐 직종 내 직무순환을 통해 개발한다. 직급이 올라갈수록 본인의 경력개발 방향에 따라 직종과 직무를 이동 및 순환하며 자신의 경력개발을 진행해야 한다. 조직 내 경력개발 시스템이 전문가 육성과 팀장/리더 육성의 두 개의 트랙이 구축되어 있는 경우 본인의 직급이 시니어 차장 또는 부장 때 본인의 경력개발 방향을 선정해야 한다. 하지만 일반적인 조직의 경우 조직의 규모가 작아 전문가 육성과 팀장/리더 육성의 두 개의 트랙이 구축되어 있지 않다. 따라서, 상기 언급한 방법으로 조직 내 자신의 직종과 직무에 대한 전문성을 증진하면서 동시에 팀장/리더로의 자신의 경력개발을 구축해 나가야 한다.

5.3.4 국가 차원의 개인 경력개발

앞에서 논의한 바와 같이 본인 자신은 자신의 경력개발의 주체이다. 그러나 빠르게 변화하는 4차 산업혁명 시대에 개인의 경력개발 책임을 단순히 개인에게 돌리기는 어려워 보인다. 물론 국가 차원에서 개개인의 경력개발을 모두 책임질 수 없으며, 동시에 국가가 개개인의 경력개발에 관여해야 하는지에 대하여는 좀 더 논의가 필요해 보이나 본 절에서는 우선 큰 틀에서 국가(조직) 차원의 개인 경력 개발 방법에 대하여 논의하고자 한다. 〈그림 5.3.6〉은 국가 차원의 개인 경력개발에 대한 설명이다.

개인은 개인과 개인이 속해 있는 조직의 상황에 따라 직선형 경력개념, 전문가형 경력개념, 나선형 경력개념, 전이형 경력개념을 자신의 경력개발

목표에 따라 A 조직 내 또는, A 조직, B 조직, C 조직 등의 이직을 통해 다양한
조직에서 A 직종 (A 직무), B 직종 (B 직무), C 직종 (C직무) 등의 다양한 직종과
직무를 전직과 직무순환 등을 통해 자신의 직종과 직무에 대한 전문성을 증
진하면서 동시에 팀장/리더로의 자신의 경력개발을 구축해 나가야 한다.

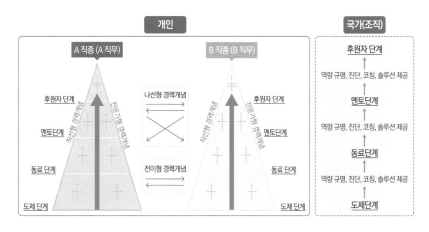

〈그림 5.3.6〉 국가 차원의 개인 경력개발

국가(조직)의 역할은 각 직종 및 직무별 역량을 규명하여 도제 단계에서
후원자 단계에 이르는 각 단계별로 개인의 역량을 진단하여 개인 스스로 각
단계별 자기 역량의 장점과 약점을 파악할 수 있도록 해야한다. 동시에 국
가는 단순히 개인의 직종 및 직무 역량만을 진단하는 것이 아닌 개인의 리
더십 역량을 포함한 공통 역량, 핵심 역량 등의 다양한 역량도 종합적으로
진단하여 개인의 경력개발을 다양한 관점에서 바라볼 수 있도록 도와야 한
다. 또한, 진단 후 개인에게 1:1 경력 컨설팅을 포함한 다양한 교육적 솔루션
과 비교육적 솔루션 등의 제공을 통해 국가 수준의 개인 경력개발을 지원할
수 있는 제도가 구축되어야 한다.

결국 4차 산업혁명 시대에 인간중심 경영을 바탕으로 한 스마트공장을

성공적으로 구축하기 위해서는 배경한[86]은 임직원 모두 스마트공장의 필요성을 인식하고 스마트공장 도입을 위한 긍정적인 마인드를 갖아야 한다고 주장한다. 즉, 스마트공장의 구축이 인간과 기계 모두에게 도움이 된다는 긍정인 마인드의 공유가 중요하다고 볼 수 있다. 박윤배[87]는 성공적인 스마트공장 구축을 위해서는 인간과 조직의 협업을 바탕으로 기술과 기계가 연결되어 있어야 한다고 주장한다. 결국 휴먼팩토리와 인간 중심 경영이 4차 산업혁명 시대의 스마트공장의 성공적인 정착과 구축에 가장 중요한 요소라고 할 수 있다. 이를 바탕으로 4차 산업혁명 시대의 개인, 조직, 국가의 밀접한 협업을 통해 조직과 국가 내 개인 경력개발 시스템을 구축하여 개인의 목표와 국가의 목표를 함께 이룰 수 있도록 노력할 필요가 있다.

---

86 김원정(2017b).
87 박윤배(2017).

2부

스마트공장
기술개론

1장

스마트공장 개요

배경한 고려대학교 교수, (前) 스마트공장추진단 부단장

SMART FACTORY
TECHNOLOGY

'4차 산업혁명과 스마트공장'은 어떻게 탄생하였으며 핵심추진자는 무엇인가? 왜 많은 선진국들은 이 혁명으로 인하여 긴장을 하는가? 뉴스와 미디어는 연일 4차 산업혁명에 관한 소식을 쏟아내고 독일, 일본, 미국 등의 제조 선진국은 매년 전문 Expo를 개최하고 있다. 어떤 이들은 환경 변화와 고용에 대한 두려움과 걱정을 하고, 반대로 어떤 이들은 기회의 발견이라는 새로운 희망과 도전의 꿈을 키우게 한다. 이럴 때일수록 4차 산업혁명과 스마트공장을 바르게 이해해야 한다. 그래서 스마트공장의 핵심추진자를 기술적 측면에서 살펴보고, 사회적으로 미칠 영향을 예측하여 미래를 심도 있게 대응해 본다.

🏃 이 글을 쓴 배경한은

2014년 초에 산업부와 함께 스마트공장 사업을 기획했으며, 2015년에는 (재)민관합동 스마트공장추진단을 설립하고 부단장으로 취임하여 본격적으로 중소·중견 제조업을 위한 스마트공장 보급·확산 사업에 뛰어들었다. 사업을 전개하면서 국내 솔루션 고도화를 위해 노력했으며, 사업이 성장하면서 재직자 교육, 스마트공장 석박사 과정, 업종별 스마트공장 참조모델 개발 및 업그레이드, 기술기획, 표준화 등의 사업을 전개한 우리나라 스마트공장 사업의 산 증인이다.

고려대학교 산업공학과에서 학사·석사·박사 과정을 거쳤으며, 1984년에 한국국방연구원에 입사하여 정보시스템 개발을 시작으로, 삼성과 현대를 거치면서 첨단 ICT를 활용한 제조업 정보화에 앞장섰다. 기계를 포함한 중공업과 조선, 반도체와 전자, 화학장치산업 등 다양한 업종에서 활동했으며 지능형 최적화, ERP/MES를 비롯한 제어자동화, 공급사슬관리 등 제조업 전반에 대한 시스템 설계 및 개발을 주도했다. RFID 국제표준을 개발하기 위해 대한상의에 입사한 것이 계기가 되어 스마트공장 사업과 인연을 맺었으며, 스마트공장추진단의 부단장직을 역임하며 스마트공장 사업을 발전시켜 나갔다. 그리고 스마트제조학과로 자리를 옮긴 후에도 스마트공장 관련 정책 개발, 인력양성 및 표준 개발 등의 분야에서 적극적으로 활동하고 있다.

1.1 4차 산업혁명과 스마트공장

■ 4차 산업혁명의 탄생

　독일연방정부가 주창한 Industrie 4.0(이후 4차 산업혁명이라고 부름)은 2011년 1월 경제·과학연구연합(Forschungsunion Wirtschaft-Wissenschaft, 2006년부터 2013년까지 한시적으로 운영된 독일연방정부 자문위원회)이 독일연방정부에게 제안하고, 같은 해 11월 연방정부가 이를 채택하면서 탄생했다. 그리고 2013년 4월 독일 연방정부가 구체적인 정책과 기술 발전 방향을 공표하면서 세상의 주목을 받게 되었고, 독일 경제·과학연구연합과 독일 공학한림원(Acatech)은 4차 산업혁명 전략보고서[1]를 발표한다. 이 보고서는 산업혁명의 발전단계를 정의하면서 가상물리시스템(CPS, Cyber Physical System)을 4차 산업혁명의 동력으로 명시하고 있다.

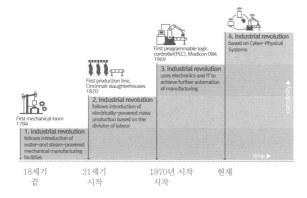

<그림 1.1.1> 독일 경제·과학연구연합과 공학한림원이 정의한 산업혁명 단계와 기술적 복잡도 관계[1]

1　Securing the future of German manufacturing industry, Recommendations for implementing the strategic initiative INDUSTRIE 4.0, Final report of the Industrie 4.0 Working Group, April 2013, Forschungsunion Wirtschaft-Wissenschaft, Acatech National Academy of Science and Engineering, Sponsored by Federal Ministry of Education and Research.

VDMA(독일기구제작연합회), ZVEI(독일전자산업협회), BITKOM(독일정보통신미디어산업협회) 등의 협회, Siemens, Bosch 등의 솔루션 기업, Acatech 등의 단체와 대학이 광범위하게 연합하여 표준화 활동과 연구개발 활동을 활발히 수행해온 독일은 2014년 말부터 법적, 정책적으로 해결해야 할 문제와 표준화 문제들을 철저하게 분석하였다. 그리고 기존의 사업을 재정비하여 2015년 4월 정부 주도의 민관협의체인 Plattform Industrie 4.0으로 확장·발전시켜 큰 성과를 거두고 있다.

Plattform Industrie 4.0의 대표성과[1]

- 2015년 4월, 4차 산업혁명 기술 구성 요소를 모아 레퍼런스 아키텍처를 구성한 RAMI 4.0(Reference Architecture Model Industrie 4.0) 개발 및 발표
- 2016년 1월, 인간-기계 상호작용, 통신, IT 보안에 중점을 둔 4차 산업혁명 표준화 로드맵 개정
- 강소기업과 중간기업 혁신을 주도하는 Mittelstand 4.0 이니셔티브 개발 및 11개 역량센터 설립을 통해 4차 산업혁명에 대한 강소기업과 중간기업의 인식 개선, 참여 지원, 솔루션 제공
- 2017년 3월, 고용훈련 평생교육 워킹그룹이 4차 산업혁명 관련 기업 내 직업 교육 훈련 사례 및 권고사항 발간
- 2017년 4월, 기업과 연구기관의 4차 산업혁명 유스케이스 280건 제공

독일의 움직임과는 별개로 미국 또한 제조업 혁명을 계획적으로 준비해왔다. 미국은 연방정부가 이끄는 스마트 제조와 민간기업 컨소시엄으로 구성된 사물인터넷(IoT, Internet of Things) 혁신이 양립하여 발전을 도모하고 있다.

2011년 6월 24일, 미국정부는 과학기술대통령자문기구(PCAST, President's Council of Advisors on Science and Technology)의 연구결과[2,3]를 바탕으

2 MAKING IN AMERICA: U.S. MANUFACTURING ENTREPRENEURSHIP AND INNOVATION,

로 차세대 첨단기술을 효과적으로 개발할 수 있는 산·학·연 협력계획인 첨단제조파트너십(AMP, Advanced Manufacturing Partnership)을 발표했다. 이 계획을 통해 첨단 제조 플랫폼 제공, 기술 로드맵 개발, 중소기업을 위한 공용 인프라 정비 등의 활동을 개시했다. 또한 스마트제조리더십연합(SMLC, Smart Manufacturing Leadership Coalition)[4]을 활용하여 실증 연구를 수행하면서, 지역별로 9개의 제조혁신연구소(MII, Manufacturing Innovation Institute)를 설립하고, 이들을 연결하여 Manufacturing USA로 알려진 제조혁신 국가네트워크(NNMI, National Network for Manufacturing Innovation)를 구축해 운영하고 있다.

미국의 민간 주도 사업은 산업인터넷컨소시엄(IIC, Industrial Internet Consortium)[5]이다. 이 컨소시엄은 2014년 3월에 GE, AT&T, Intel, IBM, Cisco의 5개 기업이 모여 설립하였으며 제조업, 농업, 광업 등 산업전반의 사물인터넷 표준과 솔루션을 선도하기 시작했다. 이 단체는 산업용 인터넷 아키텍처 프레임워크(IIAF, Industrial Internet Architecture Framework)와 이를 바탕으로 한 산업용 인터넷 참조 아키텍처(IIRA, Industrial Internet Reference Architecture)를 개발하여, 현재는 산업인터넷의 상호운용성과 표준화를 주도하는 26개 테스트베드를 운영하고 있다. 최근 한국을 비롯한 독일, 중국, 인도 등의 26개국, 260여 회원사 조직으로 급격하게 성장하였으며, 독일의 Platform Industrie 4.0 관련 그룹과도 긴밀하게 협력하고 있다.

The Executive Office of the President, June 2014.

3 The U.S. Advanced Manufacturing Initiative, Federal Resources and Opportunities for Public/Private Partnerships, Michael Molna, Chief Manufacturing Officer, NIST US Department of Commerce.

4 Briefing Smart Manufacturing Deployment Agenda, June 2012, Smart Manufacturing Leadership Coalition(SMLC).

5 Industrial Internet Consortium. www.iiconsortium.org.

■ 4차 산업혁명에서 스마트공장의 위상

독일연방정부가 제창한 4차 산업혁명은 핵심 원천 분야를 제조업으로 보고 있다. 〈그림 1.1.2〉는 독일이 제시한 4차 산업혁명 차원에서 바라본 산업구조도이다. 이 그림을 살펴보면, 스마트공장을 중심으로 스마트모빌리티, 스마트그리드, 스마트제품, 스마트빌딩, 스마트물류 등이 포진해 있고 사물인터넷(Internet of Things)과 서비스인터넷(Internet of Services)이 전체를 감싸 안는 모양새이다.

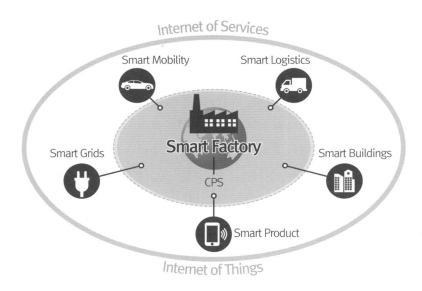

〈그림 1.1.2〉 독일 관점의 4차 산업혁명의 범위와 구성 체계, 스마트공장의 위치[1]

이 그림에서 설명하는 바와 같이 독일연방정부는 스마트공장을 4차 산업혁명의 핵심 엔진으로 보고 있다.

4차 산업혁명 전략보고서에서 정의한 스마트공장[1]

스마트공장은 인간, 기계, 자원이 사회망을 통해 서로 자연스럽게 대화를 나누게 하며, 스마트제품을 생산한다. 스마트제품은 단일 식별자를 매개로 하여 생산시기와 생산공정, 납품정보 등의 상세한 정보를 지니고 있다. 스마트제품, 스마트그리드, 스마트물류, 스마트모빌리티 등의 연결은 스마트공장이 미래의 스마트 인프라스트럭처의 핵심이 되도록 할 것이다. 그리고 이는 전통적 가치사슬의 변환을 주도하고 새로운 비즈니스 모형을 일으킬 것이다. 스마트공장은 수직적 통합과 수평적 연결을 통해 초연결을 지향한다.

미국의 스마트제조리더십연합은 독일의 스마트공장을 대신하여 스마트제조(Smart Manufacturing)라는 명칭으로 정의를 내리고 있다.

스마트제조리더십연합에서 정의하는 스마트제조[4]

스마트제조는 신제품의 빠른 제조, 제품요구에 대한 적극적 대응, 제조과정과 공급사슬망의 실시간 최적화가 가능한 첨단 지능형 시스템으로 원자재에서부터 최종제품의 시장 배송까지 총체적 연결을 지향한다.

스마트제조는 필요할 때, 필요한 곳에서 모든 정보를 활용하는 제조행위이며, 설계공정개발·계획과 생산의 전 생명주기에 제조지능을 불어넣어 모든 정보를 가장 유용한 형태로 활용하는 제조행위이다.

독일의 4차 산업혁명 속의 스마트공장과 미국의 스마트제조리더십연합 속의 스마트제조는 공통적으로 초연결과 융합을 통한 제조업 혁신을 제시하고 있다.

■ 합의된 미래, 융합혁명

1차~3차에 걸쳐 진화하는 산업혁명[6]은 역사학자와 경제학자들이 산업의 발전 역사를 바탕으로 신산업 동력이 경제에 미치는 파장을 분석하여 정의를 내린 것이라고 볼 수 있다. 그에 반해, 4차 산업혁명은 도래하고 있는 미래의 방향을 제시하고 이를 혁명이라고 선언한 경우에 해당한다. 즉 4차 산업혁명은 현재를 작용점으로 두고 미래의 방향을 선언한 혁명이다. 그러므로 지금은 이 혁명이 진행되어지는 과정이라고 보아야 할 것이다.

독일연방정부가 기획한 이 혁명동력은 사물인터넷 철학을 기반으로 시작하여 가상물리시스템으로 귀결된다. 이들은 가상물리시스템을 다양한 물리적 세계를 가상화된 디지털 세계로의 융합엔진(Convergence)으로 보고 있다.

독일연방정부의 4차 산업혁명 전략보고서에 따르면, 4차 산업혁명과 스마트공장 정책의 배경에는 생산 가능 인구의 급속한 노령화(제조업 종사 인구의 평균나이는 40대 중반)로 인한 산업 경쟁력 저하 등의 사회적 문제가 존재하고 있다. 독일은 생산 가능 인구 감소에 대응하며 충격을 완화하기 위한 노력을 꾸준히 수행해왔다.[7] 이민자를 적극적으로 받아들였고 여성의 경제활동 참여를 늘렸으며 제도와 작업환경 개선으로 65세 이상 인력이 계속 산업 현장에서 근무하도록 하였다. 그러나 평균 출산율이 1.5명 이하로 떨어지는 인구 절벽 현상을 근본적으로 막을 수는 없을 것으로 판단하고 있다. 독일 연방정부는 이러한 위기를 예상하여 기술혁신을 통해 미래에도 고용과 더불어 글로벌 리더십을 유지하는 해법으로 4차 산업혁명과 스마트공장을 선택한 것이다.

독일의 이러한 정책은 미국의 산업인터넷컨소시엄, 첨단제조파트너십의 기획 활동과 함께 커다란 공명현상을 일으켜, 일본·중국·한국·프랑스·영국 등의 제조 선진국들이 서둘러 4차 산업혁명을 인정하고 이에 대비한 전략을 수립하는 기폭제가 되었다.

---

6   "The Condition of the Working Class in England", 프리드리히 엥겔스, 1844년.
7   인더스트리 4.0 관련 이슈 분석 및 국제 협력 동향, Kiat 산업정책 브리프, 2017. 04.

2015년에는 중국과 일본이 동시에 4차 산업혁명 대응전략을 발표했다. 일본은 '산업재흥 플랜을 기반으로 한 산업구조 혁신과 로봇 신전략'을 발표하였으며, 중국은 '중국제조 2025 전략'을 발표하면서 중국의 제조업 수준을 2025년 세계 제조강국 대열 진입, 2035년 세계제조강국 중상위 수준 확보, 2049년 세계 제조업 제1강국으로 발돋움한다는 3단계 발전 전략을 제시했다.[7, 8] 이와는 별개로 영국은 2006년에 이미 선언한 High Value Manufacturing을 4차 산업혁명과 연계하여 강화하는 전략을 채택하고, 프랑스는 다쏘시스템 등의 선진 기술력을 발판으로 스마트공장 시장 확대를 선언하였다.

결과적으로, 독일이 선언한 4차 산업혁명은 선진국들의 미래 기술 방향에 대한 합의이며 2015년에 공식화된 것으로 볼 수 있다.

1.2 제조업 혁명을 일으키는 핵심기술들

4차 산업혁명의 핵심인 제조업 혁명은 지능화 기술, 사물인터넷, 서비스인터넷, 그리고 가상물리시스템이 근간을 이룬다.

독일은 2003년부터 사물인터넷 실증 사업을 수행하였고, 2010년에는 독일공학한림원을 중심으로 가상물리시스템 실증 연구를 수행했다. 이 연구 결과를 바탕으로 가상물리시스템과 사물인터넷을 이용한 '스마트한 연결 세계(Smart, Networked World)'로의 디지털 전환(Digital Transform)을 4차 산업혁명의 비전으로 제시하였다.

8   중국제조 2025 전략 — 2049년 제조업 세계 최강을 겨냥한 그랜드플랜 — 산업경제분석. KIET. 2016. 06.

사물인터넷, 서비스인터넷, 그리고 가상물리시스템은 미국의 스마트제조리더십연합이 정의한 스마트제조에도 잘 나타나있다. 이 단체는 스마트제조를 제품 전주기와 전체적 가치사슬, 그리고 비즈니스의 수직적 통합, 이를 통한 지능화된 제조시스템이라고 정의하고 있다.

■ 사물인터넷(IoT, Internet of Things)

스마트한 연결세계 구현의 핵심인 사물인터넷은 1999년 미국 MIT의 부설연구기관인 Auto-ID Center[9]에서 RFID를 활용한 인터넷통신을 정의하면서 개념이 탄생하였다. Auto-ID Center는 900MHz 대역의 수동형 RFID를 활용한 무선인식기술의 표준을 개발했다.

Auto-ID Center가 정의한 표준은 2003년 GS1과의 합작 벤처기업인 EPCglobal이 설립되면서 EPC(Electronic Product Code)로 정착되었다. EPC는 상품과 사물을 개별적으로 식별하는 코드와, 코드를 바탕으로 인터넷통신을 통해 전 세계의 사물들이 서로 대화를 하는 EPCglobal Network 표준으로 구성되며, 유통과 물류업무에서 추구하는 개별사물의 위치 확인과 사물의 이력을 추적하는 기능에 초점을 맞추고 있다. 그러므로 EPC는 〈그림 1.2.1〉에서 보는 바와 같이 물리적 대상과 데이터 교환, 데이터 처리 및 통신(Capture), 데이터 활용 비즈니스 수행(Data Sharing)의 3단계로 구성되어 있다.

---

9 초대 소장 Kevin Ashton, 이 기구는 2003년에 Auto-ID Lab으로 개칭하고 전 세계에 7개 연구기관으로 넓혀 나갔다.

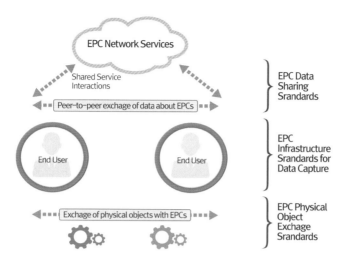

〈그림 1.2.1〉 EPC 데이터 처리를 위한 3단 구성과 관련 솔루션[10]

EPC를 근간으로 하는 사물인터넷은 사물의 식별과 인터넷 네트워크의 관계를 중심으로 개념을 정립하였다.

식별과 데이터 교환 관점에서 정의된 사물인터넷 개념[11]

사물인터넷은 연산기기, 디지털 기계, 사물, 동물과 사람 등의 객체들이 각자 유일한 식별자를 부여받고 사람과 사람, 사람과 컴퓨터 간의 상호작용을 요구하지 않고 네트워크를 통해 데이터를 전송하는 능력을 부여받아서 상호 연동되어지는 시스템이다.

그러나, 사물인터넷은 센서와 제어기와 결합하여 사물 간의 인터넷통신을 통한 식별, 측정, 제어의 기능을 수행하는 역할로 거듭 발전을 하고 있으며 개념 또한 진보적으로 발전하고 있다.

---

10   The GS1 EPCglobal Architecture Framework 2, GS1 Version 1.7 dated 18 April 2015.
11   WhatIs.com.

식별, 측정, 제어의 관점에서 데이터 교환이 정의된 사물인터넷[12]

사물인터넷은 전자장치, 소프트웨어, 센서, 구동장치, 그리고 이들 객체들이 데이터
를 수집하고 교환할 수 있는 네트워크 연결장치들이 내장된 물리적 장치, 운반장비
와 사물 간의 네트워크를 의미한다.

IEEE는 사물인터넷을 사회망 중심으로 종합적 차원에서 정의를 내리고
있다. 이 단체는 사물인터넷을 서로 다른 기술적·사회적 현장을 통합하는
응용영역이라고 정의하면서, 응용영역을 능력이 부여된 기술과 시스템 아
키텍처, 소프트웨어 아키텍처, 서비스와 응용영역, 비즈니스 모형과 생태
계, 사물인터넷으로 인한 사회적 파장, 경영과 관리, 보안과 사생활 보호 등
7대 영역으로 나누고 있다.

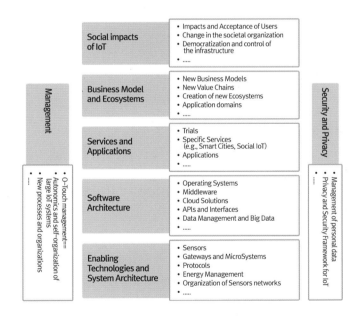

〈그림 1.2.2〉 IEEE가 제시하는 IoT 생태계[13]

12 Wikipedia.

13 Towards a definition of the Internet of Things(IoT), Revision 1-Published, Roberto Minerva,

■ 가상물리시스템

사물인터넷이 활발히 연구·개발되는 동안, 2006년에 미국 NSF(National Science Foundation)의 Helen Gill은 핵심연산장치(Computational Core)가 연산모듈이 내장된 사물들과 커뮤니케이션을 통해 실시간으로 상황을 확인하고 제어하는 개념의 가상물리시스템을 소개했다.

Helen Gill이 정의한 가상물리시스템[14]

가상물리시스템은 물리적, 생물학적, 공학적 시스템으로서 핵심연산장치에 의한 통합관제·제어 형태로 운용된다. 가상물리시스템 구성요소들은 가상물리시스템의 규모에 맞추어 네트워크로 연결된다. 그리고 컴퓨터 연산장치는 모든 물리적 구성요소들과 자재 속에 내장되어 작동한다. 핵심연산장치는 실시간으로 반응하며, 주로 분산되어 작동하는 내장형 시스템이다. 가상물리시스템의 행동은 논리적, 물리적 활동의 완전 통합형 교합체이다.

정의에 따르면 가상물리시스템은 광범위하고 복잡한 공학적 규정을 수용해야하며, 외부와 통신을 교환할 수 있고 연산이 가능한 매우 많은 내장형 시스템(Embedded System)을 필요로 한다. 가상물리시스템을 구성하는 내장형 시스템은 기구적 특성, 제어 특성 등을 고려하여야 하므로 설계·개발은 매우 복잡하면서도 전문가들의 다자간 협력을 필요로 한다. 이 다자간 협력은 경우에 따라서는 국제적으로 이루어질 수도 있다. 그러므로 국제적으로 통용되는 표준과 개발가이드라인이 필요하다. 다쏘시스템을 중심으

Abyi Biru, Domenico Rotondi, 27 MAY 2015, IEEE Internet Initiative.
14 A Continuing Vision: Cyber-Physical Systems, Fourth Annual Carnegie Mellon Conference on the Electricity Industry, FUTURE ENERGY SYSTEMS: EFFICIENCY, SECURITY, CONTROL, Helen Gill, Ph.D, CISE/CNS, National Science Foundation Co-Chair, NITRD High Confidence Software and Systems Coordinating Group.

로 한 유럽 컨소시엄은 국제표준화의 필요성에 공감하여 2008년 6월부터 2011년 12월까지 MODELISAR라고 명명된 프로젝트를 수행하고 공개형 연계 표준(Open Interface Standard)인 FMI(Functional Mock-up Interface)를 완성하였다. 이 표준은 5단계로 수준이 진화하는 가상물리시스템 아키텍처를 제안하고 있다. 이 아키텍처는 연결(Connection), 변환(Conversion), 가상화 (Cyber), 인지(Cognition), 그리고 설정(Configuration)의 5C로 구성되어 5C 아키텍처라고 부르기도 한다.

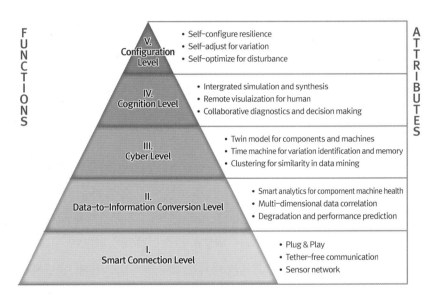

〈그림 1.2.3〉 제조 가상물리시스템의 5C 아키텍처[15]

제1수준: 스마트 연결 수준(Smart Connection Level)이라고 부르며, 기계

15 A Cyber-Physical Systems architecture for Industry 4.0-based manufacturing systems, Lee, Jay; Bagheri, Behrad; Kao, Hung-An, Manufacturing Letters. 3:18-23, January 2015.

2부 스마트공장 기술 개론

로부터 상태를 측정하고 기계를 제어하는 디바이스들이 자가 측정(self-sensing)과 자가 연결(self-connection)이 가능한 수준을 의미한다. 디바이스로부터는 정확하고 신뢰성 높은 데이터를 얻을 수 있으며, 생성된 데이터 간에는 완전한 연결성(Seamless and Tether-Free)을 확보할 수 있다.

제2수준: 데이터 정보 변환 수준(Data-to-Information Conversion Level)이라고 부르며, 다차원의 데이터 상관관계 분석과 예지 정보를 추론할 수 있는 능력을 갖춘 정도이다. 자가 연결 디바이스와 센서는 자가 인지 능력을 가지며 이를 활용하여 주요한 사안의 특성을 측정할 수 있다. 그리고 기계는 잠재적 문제를 스스로 예측하기 위해 자가 인식 정보를 활용할 수 있다.

제3수준: 가상화 수준(Cyber Level)이라고 부르며, 기계가 계기적 특성을 활용하여 스스로 가상공간에 twin(쌍둥이)을 구성하고 "Time-Machine" 방법론에 의거하여 기계 건강 유형(machine health pattern)을 찾아내어 특성화할 수 있어야 한다. 그리고 가상공간에 구축된 twin은 동등한 계층에서 성능을 스스로 비교할 수 있는 능력을 갖추고 있어야 한다.

제4수준: 인지 수준(Cognition Level)이라고 부르며, 자가 분석과 자가 평가 결과를 도해적으로 설명하여 잠재적 사안을 알릴 수 있어야 한다.

제5수준: 구성 수준(Configuration Level)이라고 부르며, 기계나 생산시스템(또는 공정시스템)이 위험 기준이나 우선순위에 따라서 스스로 재구성할 수 있어서 복원력을 확보한 수준을 의미한다.

독일 연방정부는 산업 간의 협업과 사람, 사물, 그리고 시스템 간의 연결을 위해 다음의 특성을 반영하는 서비스 기반의 실시간 운영 가상물리시스템 플랫폼을 제시하고 있다.

- 특성 1: 서비스와 응용시스템 간의 빠르고 단순화를 지향하는 오케스트레이션에 의한 유연성

- 특성 2: 앱스토어 모형 라인에 따라서 비스니스 프로세스의 단순한 할당과 배치
- 특성 3: 전 비스니스 프로세스의 포괄적 안전적 신뢰성 높은 백업
- 특성 4: 센서부터 사용자 인터페이스까지 모든 사물의 안전, 보안, 신뢰성
- 특성 5: 모바일 디바이스에 대한 지원
- 특성 6: 비즈니스 네트워크에서 협력 제조, 서비스, 분석, 예측 업무의 지원

가상물리시스템은 수평적 가치사슬의 통합, 전체 가치사슬을 통한 단대단의 엔지니어링 통합, 수직적 통합과 네트워크화 된 제조시스템의 구현의 3대 통합의 핵심이다. 2012년 Bosch Software Innovations는 이러한 특성을 반영하여 가상물리시스템 플랫폼을 중심으로 한 사물인터넷과 서비스인터넷의 생태계를 제시하고 있다.(〈그림 1.2.4〉 참조)

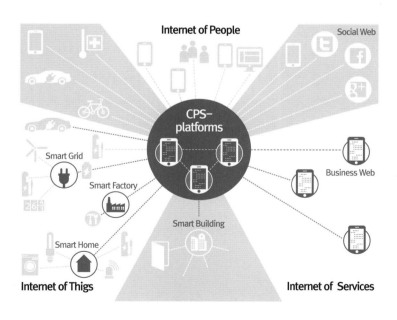

〈그림 1.2.4〉 사물인터넷과 서비스인터넷 – 인간, 사물, 시스템의 네트워크 구성[1]

1.3 스마트공장이 일으킨 변화, 첨단 경영

기획된 혁명인 4차 산업혁명은 선진국을 중심으로 이미 高화력의 기관차처럼 막을 수 없는 질주를 시작하였다. 이제 기업들은 이 혁명의 물결에 편승할 것인지, 아니면 기존의 입장을 고수할 것인지를 결정해야 하는 기로에 섰다. 또한, 이 산업혁명에 동참한다면 '어떻게' 해야 할 것인지를 판단해야 한다.

우선 스마트공장 수요자인 제조업의 입장에서 이 혁명을 어떻게 받아들여야 할 것인지를 생각해 봐야 하며, '스마트공장을 통해 어떤 경영을 할 것인가?'를 진지하게 질문해 봐야 한다. 스마트공장 경영은 디지털 제조혁신 기술을 활용한 '경영혁신'을 추구하므로 도입 후에는 엄청난 변화와 파장을 염두에 두어야 한다. 스마트공장 경영이 제공하는 혁신은 내·외부의 데이터를 이용하여 얻는 경영혁신에서부터 적극적 측면에서는 사업의 대변혁을 추구할 수 있다.

■ 데이터를 이용한 경영혁신

우선 데이터를 이용한 경영혁신을 살펴보면, 기업이 내·외부에서 실시간 데이터를 확보할 수 있다면 혁신 활동이 매우 다양해질 수 있다. 우선 데이터를 분석하여 기업을 구성하는 모든 사람들과 부서들이 서로 합리적인 대화를 나눌 수 있다. 그리고 비합리적인 업무체계를 개선할 수 있고 위기를 예측하고 대응할 수 있으며 새로운 경영방침을 개발할 수 있다. 데이터 간의 무결성 연결을 통해 생산 및 주문이력 추적정보, 품질 정보, 주문 진척 정보, 납기약속 정보 등을 고객에게 제공하여 신뢰도를 높일 수 있다.

데이터 경영을 통한 성과 창출 사례[16]

(원가절감) 전기로를 많이 사용하는 중소기업인 S열처리㈜는 고객의 납기를 준수하면서 전기세를 줄이기 위한 방안으로서 최대수요전력을 낮추는 방안을 강구하였다. 이 기업은 전기로에 전력센서를 인터넷으로 연결하고 전기 사용 특성과 부하 관계를 분석한 후에 규칙을 발견하였다. 그리고 발견된 규칙을 이용하여 알고리즘을 개발한 후에 부하평준화를 지향하는 실시간 스케줄 시스템을 개발하여 운영함으로서 최대수요전력을 30% 이하로 낮추면서 전기세도 동반하여 낮추는데 성공하였다.

(수출증대) 정밀가공을 전문적으로 맡아온 중소기업인 O테크㈜는 재질·설비·고객 요구 특성 별 가공품질데이터를 수집한 후에 이를 설계 개발 시스템과 연계하여 분석을 실시하여 왔다. 이 분석정보는 신규 고객 요구에 적합한 가공제품을 설계하고 개발할 때, 요구품질을 만족시키기 위한 가이드라인을 제시받는데 큰 도움이 되었다.

그리고 이 회사는 자재에서부터 완제품까지 주문이력추적정보를 관리하는 능력을 확보하였으므로 고객의 신뢰는 매우 높았다. 경기 악화로 동종 업체들은 경영의 위기를 겪고 있지만, 이 기업은 적극적으로 해외 수주를 할 수 있어서 수출액이 2.5배로 늘어나는 놀라운 성과를 거두었다.

이처럼, 데이터 경영은 굳이 대기업의 사례를 들지 않더라도 중소기업에서도 큰 효과를 찾아 볼 수 있다. 그 이유는 첨단 장비 도입, 신공정 개발과 같은 고비용이 발생하는 투자를 하지 않고 정보통신기술만을 이용하는 비교적 저렴한 투자만으로도 주요 데이터를 획득·가공하여 진단과 분석을 통해 신기술 창출이 가능하기 때문이다.

■ 빅데이터 경영

데이터 경영은 데이터의 양과 질에서 경영의 혁신 정도가 결정된다고 볼 수 있다. 4차 산업혁명에서 사물인터넷을 기저에 두는 까닭은 기존의 응용시스템(예를 들면 ERP, MES)에서 얻을 수 있는 데이터의 양과 질을 뛰어넘

16 2015, 2016 스마트공장 지원사업 참여기업 우수사례집, 스마트공장추진단, 2016. 12.

어 자재, 설비와 장비, 공정, 작업자, 치공구, 공정물류, 작업장 환경, 시장, 고객 등의 다차원에서 실시간으로 측정이 가능한 고급의 빅데이터를 확보하는 데 목적이 있기 때문이다. 사물인터넷을 통해 얻어진 빅데이터는 외부의 SNS 정보와 결합하여 인공지능과 수리적 기법 등의 다양한 해법을 통해 새로운 사실과 예측정보를 확보하는데 활용되어진다. MODELISAR 프로젝트에서 정의한 가상물리시스템의 5단계 구성은 디바이스, 설비, 공정 등에서 얻어지는 사물인터넷 빅데이터가 진화하는 과정을 정리한 것이기도 하다.

사물인터넷은 설비와 장비로부터 발생하는 진동, 움직임을 지속적으로 모니터링한 영상, 순간적인 상황을 기록한 이미지 등의 빅데이터와 센서가 제공하는 실시간 측정값과 다양한 패턴 등으로 구성되므로 기존의 MES와 ERP 등의 응용시스템이 제공하는 데이터의 양과 속도, 그리고 다양성 측면에서 큰 차이를 보인다.

〈표 1.3.1〉 사물인터넷 데이터와 응용시스템 데이터의 비교

	응용시스템	사물인터넷
데이터 발생 범위	- 바코드, Key-in을 통한 공정물류 관리 - 공정과 설비 연결 PLC로부터 가동과 비가동의 이진(on-off) 데이터 획득	- 설비·공정·자재·작업자·에너지·환경 등 4M+2E의 식별·측정·제어 데이터의 유무선 네트워크 활용 실시간 처리 - 주요 센서: 카메라, 진동, 압조력, 압력, 온도, 습도, 속도, 가속도, 회전 방향과 속도 등
데이터의 다양성	정형화된 텍스트 데이터	동영상, 이미지, 패턴, 텍스트 데이터 등 다양한 형태로 존재
데이터 발생 속도	주기적	실시간 발생, millisecond 단위

	- 주로 통계 분석 실시	- Deep learning 및 기계학습 기술 활용 패턴 분석 및 인지
주요 분석 기술		- Mixed integer programming을 비롯한 최적화 기술 활용 최적해 도출
		- 다차원의 데이터 상관분석 및 root-cause 분석
		- Pattern analysis
		- Critical issue prediction
		- Rule-base 개발

21세기에는 빅데이터가 곧 자산이다. 기업은 빅데이터를 확보한 기업과 그렇지 않은 기업으로 나눠진다. 빅데이터를 확보할 수 있는 기업은 미래를 주도하는 힘을 얻는다. 그런데 빅데이터를 확보하는 기업은 다시 빅데이터를 분석하는 능력에 따라서 기업의 경영 능력이 분류된다. 빅데이터를 이용하여 예측 능력과 최적 의사결정 능력을 확보한 기업은 경영 혁신을 도모할 수 있다.

■ 제조서비스 사업

스마트공장은 기존 제조업의 틀에서 벗어나, 제조행위와 서비스를 융합한 신개념 제조 서비스 사업의 기회를 제공한다. 제조서비스 사업에는 제조기업이 상품기획, 설계·개발, 양산과 납품, 유지·보수, 회수·재활용·폐기 등의 제품수명주기와 가치사슬의 특정 부문 또는 전체를 서비스로 전환하는 방식과 플랫폼을 활용하여 서비스를 제공하는 사업이 있다.

제조서비스 전환방식은 생산·판매 방식에서 임대 서비스로 전환하고 유지·보수 서비스를 강화하는 방식으로서 자동차, 농기계, 아파트 등, 고객과 밀접한 관계가 있는 제품을 판매하는 기업이 주로 활용한다.

제조서비스 전환 사례

미국의 농기계 전문회사인 존디어는 트랙터를 판매하기도 하지만 임대와 유지·보수 사업도 병행한다. 그리고 SAP Predictive Maintenance and Service(PdMS) 솔루션을 활용하여 사물인터넷 정보를 확보한 후에 빅데이터 분석을 하여 전세계의 농민 고객에게 예지보전과 적합한 농사정보를 제공한다. 존디어사는 현장 날씨 및 토양 습기, 토질샘플 검사, 차량 센싱 데이터, 위성사진 및 드론 촬영사진, 모바일 데이터 등을 사물인터넷 데이터로 활용한다.

플랫폼을 활용하는 서비스 사업에는 택시 공용 플랫폼을 개발하여 활용하는 우버(Uber), 주택 공용 플랫을 개발하여 활용하는 에너비엔비(Airbnb) 등이 글로벌 시장을 대상으로 한 서비스로 정착하였다.

스마트공장을 전문으로 하는 플랫폼 서비스로는 GE, 지멘스, 다쏘시스템즈와 같은 전통의 제조업 지향적인 솔루션사들이 집중적으로 참여하고 있다. 이들은 사물인터넷과 빅데이터 분석 서비스에서부터 가상물리시스템 지원 서비스 까지 전문적인 서비스를 개발하여 제공한다.

사물인터넷 연계의 산업용 클라우드 서비스 플랫폼 비즈니스

GE와 지멘스는 산업현장에서 운용하는 사물인터넷 제품으로부터 빅데이터 집계 및 분석하는 인프라인 산업용 클라우드 서비스 플랫폼인 Predix와 MindSphere를 각각 개발하였다. 그리고 이 두 회사는 각자의 플랫폼을 활용하여 분석 서비스 사업을 수행함으로써 제조기업에서 빅데이터 분석 서비스 기업으로 거듭나고 있다.

■ 맞춤생산 경영

스마트공장을 통해 제시되고 있는 또 하나의 경영 방향으로는 고객 요구 맞춤 제품을 즉시 생산하고 납품하는 고객맞춤생산 사업이 있다. 고객맞춤생산은 고객이 요구하는 개별 제품을 설계, 생산, 배달하는 생산방식(Individual Manufacturing)을 지향한다. 이 생산방식은 3D 프린터 활용, 모듈형 공정과 프레임형 공정 등의 공정 표준화, 제품의 프레임 화와 부품의 모듈형 표준화를 지향하며, make-to-order 또는 engineering-to-order 방식의 생산관리시스템을 구축하고 고객에게는 납기약속을 함으로서 운영이 가능해진다. 모듈형 공정은 여러 공정을 표준 모듈로 구성하여 작업 조건 변경으로 인하여 공정 변경이 필요할 때에 즉시 해당 공정을 교체하도록 구성된 공정 방식이다. 프레임형 공정은 Group Technology를 이용하여 동일한 프레임을 갖는 제품을 분류하고 동일한 프레임의 제품의 혼류 생산이 가능하도록 구성한 공정을 의미한다. 부품의 모듈화는 조립 공정을 표준화하여 생산성을 향상할 수 있도록 도와준다. 자동차 회사들은 제품의 프레임 표준화와 프레임 방식의 공정 개발, 부품의 모듈화, 그리고 make-to-order 방식의 생산관리시스템을 통해 대량맞춤생산을 지향하고 있다.

독일의 아디다스는 고객맞춤생산을 가장 적극적으로 개발하는 기업으로, Speed Factory와 'Knit for You'를 통해 스포츠화와 의류제품의 맞춤생산을 시도하였으며, 인건비 절감을 위해 해외로 내보냈던 공장을 독일 국내로 복귀시키는 기회를 모색하고 있다.

맞춤생산은 대량생산제품 가격에 버금가는 낮은 가격으로 고객맞춤생산을 지향하는 제조방식으로, 대량맞춤생산을 추구하기보다는 고객이 만족할 만한 가격으로 고객이 원하는 개인 상품을 개발하여 제공하는 방식을 지향한다.

아디다스의 맞춤생산 사례[17]

아디다스는 2015년 12월 9일에 이미 'Speed Factory'를 발표하고 안스바흐에 스피드 팩토리를 구축하였다. 이 공장은 로봇을 활용한 자동 생산화 시스템을 갖춘 공장으로 한 켤레의 운동화를 생산하는데 5시간이 소요된다. 2016년 전반기에 약 500족의 컨셉 운동화를 생산한 바 있으며 2017년에 160명의 스텝만으로 운영하고 있다.

17 https://www.adidas.com/us/speedfactory

'Knit for You'는 독일 베를린에 위치한 쇼핑몰 비키니에서 실시하는 고객 맞춤형 제조서비스이다. 고객은 쇼핑몰에 와서 전신 프로젝터 스캐닝을 통한 제작 방법과 기본적으로 판매되는 기성 사이즈 중에 하나를 선택하면 매장 뒤편에서는 기계 작업이 이루어진다. 기계 작업은 재봉, 프린트, 세탁, 건조 등의 과정과 수작업으로 마무리를 하는데 단 4시간이 소요되며 200유로의 가격으로 서비스된다.

1.4 Plug & Business 시대

2017년에 스마트공장추진단은 클라우드 서비스 사업을 정식으로 발족하였으며, GST, 무른모, 엑센솔루션즈, 유디엠택 등의 공급사들이 본 사업에 참여하였다. 이때 참여한 공급사들은 자신이 보유하고 있는 응용시스템을 클라우드 서비스 형태로 변경하였으며 첫 해에는 수요기업 39개사에게 서비스를 제공하였다. 2018년에는 100개가 넘는 수요기업이 서비스에 참여하고 있다.

과거에 수요기업은 보안 문제와 자산 취득 문제 등으로 클라우드 서비스에 대하여 회의적인 의견이 많았었다. 그런데 최근에는 아마존, 마이크로소프트, IBM, 지멘스, GE 등의 클라우드 서비스 선진사들의 활발한 마케팅 덕분에 서비스에 대한 거부감이 사라지고 있다.

선진사들은 IaaS와 PaaS 비즈니스가 활발한 반면에 우리나라는 SaaS 비즈니스가 활발한 양상을 보이고 있는데, IaaS와 PaaS는 대규모의 개발과 투자가 필요하므로 접근이 어려운 반면, SaaS는 보유하고 있는 응용시스템을 클라우드 서비스 형태로 쉽게 변경할 수 있기 때문인 것으로 예상된다.

■ SaaS의 장점

스마트공장 수요자 입장에서 SaaS는 자산을 보유하는 부담을 최소화할 수 있고, 공급자 입장에서는 솔루션을 개발하여 보급하는 수고를 최소화하고 서비스 사업으로 전환이 가능하다.

정보시스템을 자산으로 보유하는 경우에는 운영인력의 인건비, 유지보수비, 보안 확보의 어려움, 그리고 각종 세금 등의 부담이 발생한다. SaaS 형태의 서비스로 전환을 하면 서비스 이용료로 대체하면서 이러한 자산 보유의 부담을 없앨 수 있다. 또한, SaaS 클라우드 서비스가 지속적으로 고도화되어지면, 수요자는 기술 고도화에 투자를 할 필요 없이 첨단기술을 활용할 수 있다. 일반적으로 자체 시스템을 활용하는 경우에는 빠르게 발전하는 기술을 따라가기 어려워 시스템의 발전이 늦어지는 문제가 자주 발생하는데 SaaS 클라우드 서비스는 이러한 위험을 최소화하는 효과가 있다.

■ SaaS 도입시 고려사항

SaaS 서비스가 자산보유로부터 발생하는 부담을 없앨 수 있는 장점은 있지만 아직은 초기 단계이므로 고려할 요소들이 많다.

입주자 관점에서 본 SaaS 클라우드 서비스는 모든 입주자(tenant)들이 하나의 시스템으로 서비스를 제공받는 공용서비스(public service)와 입주자마다 개별시스템으로 서비스를 제공받는 사설서비스(private service)로 구분된다.

공용서비스를 제공받을 때에는 입주자 사이의 정보보안 여부, 외부 침투로부터의 안정성 여부, 업무프로세스의 구성과 재구성, 공정의 구성과 재구성, 화면의 구성과 재구성 등의 구성과 재구성 등의 용이성 여부, 그리고 타 시스템과의 연동성을 점검해야 한다.

공용서비스 활용의 고려사항

- 타 입주자로부터 정보 보안을 신뢰할 수 있는가?
- 외부의 보안 침투로부터 안전한가?
- 조직과 업무프로세스의 구성과 변경을 쉽게 할 수 있는가?
- 공정과 설비의 구성과 변경을 쉽게 할 수 있는가?
- 내가 가지고 있는 다른 서비스 또는 시스템과 데이터 연결이 용이한가?

■ 기업이 추구하는 단일 시스템과 SaaS의 역할

기업은 ERP, MES, PLM, SCM, APS 등 다양한 시스템을 사용하지만 언제 어디에서나 정확한 정보를 획득하기 위해 하나의 시스템으로 구성하고자 한다. 시스템이 독립적으로 운영되고 필요한 데이터를 적시에 주고받지 못한다면 적시에 정확한 정보를 얻기는 불가능하며 경우에 따라서는 데이터가 단절되어 시스템 운영이 멈춰 버릴 가능성이 높아진다.

솔루션 사업을 지향하면서도 SI(system integration) 사업이 사라지지 않는 이유는 시스템 간 데이터 연결 작업이 많이 요구되고 연결이 불가능할 경우에는 필요한 기능을 따로 개발하여 붙여 넣어야 하기 때문이다.

■ 인터페이스 표준 개발의 필요성

SaaS가 등장하면서 이러한 문제도 함께 발생하고 있다. 공용 클라우드 서비스는 모든 입주자를 위한 공용 서비스를 지향하므로 입주자(기업)가 개별적으로 자신이 보유한 다른 시스템과 데이터 연결을 원하면 공용성을 보장하면서 데이터 연결을 보장해야 하는 어려움이 있다.

〈그림 1.4.1〉은 클라우드 서비스를 입주기업이 활용할 경우에 여러 입주기업의 데이터 연결 요구를 해결해야하는 이유를 설명하고 있다.

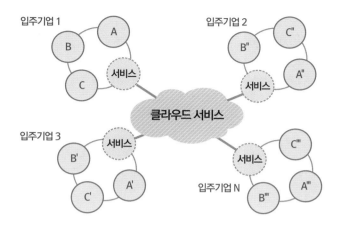

〈그림 1.4.1〉 공용 클라우드 서비스를 활용하는 기업의 정보시스템 연결의 예

스마트공장의 서비스 표준으로서 데이터 인터페이스 표준을 개발하여 공용으로 활용할 때가 되었다. 그리고 스마트공장 공용 클라우드 서비스는 인터페이스 표준을 동반하고 본 표준을 활용한 인터페이스 규칙을 제공하는 아키텍처를 구성할 필요가 있다(〈그림 1.4.2〉 참조).

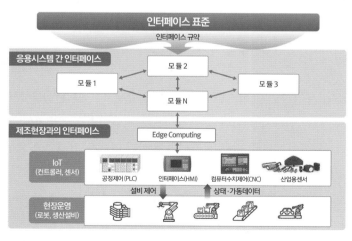

〈그림 1.4.2〉 클라우드 서비스와 on-premise의 데이터 연결을 지원하는 스마트공장 서비스 아키텍처

이 아키텍처에는 '인터페이스 표준'에 인터페이스를 필요로 하는 모듈 간의 주고받을 데이터의 규약이 정의되어져 있다. 그리고 이 규약은 모든 클라우드 서비스와 개별 시스템(on-premise)들이 서로 데이터를 통한 통합 (integration)이 가능하게 한다. 모듈은 이미 기업 경영에 필요한 주요 응용시스템으로 자리 잡은 ERP, MES, PLM, SCM 등의 솔루션을 의미한다. 그리고 사물인터넷을 운영하는 'Edge Computing'도 모듈에 포함된다.

이 방식은 공용 '인터페이스 표준'과 'Edge Computing' 표준이 정해지면 모든 클라우드 서비스와 개별 시스템(on-premise)이 혼합되어 서비스되어지더라도 데이터 연결과 통합의 문제를 완전히 해결할 수 있다. 특히 스마트공장을 도입하는 기업들은 본 표준을 준수하면 다양한 최적 솔루션 (best breed)을 안심하고 도입할 수 있으며, 확장 또한 용이하다. 다만, 이 표준은 다수의 모듈들이 참여했을 때에 가능한 해법이므로 글로벌 솔루션사들의 동의가 필요하다.

1.5 스마트공장 솔루션

스마트공장 시스템 또는 스마트공장 서비스의 구성요소를 스마트공장 솔루션이라고 한다. Helen Gill이 가상물리시스템을 물리적, 생물학적, 공학적 시스템이라고 정의를 하였듯이 스마트공장 솔루션은 범위가 매우 넓고 종류 또한 매우 다양하다.

스마트공장 솔루션의 구성에 대해서는 많은 견해가 있고 제시하는 의견이 많다. 그런데 본 교재에서는 스마트공장추진단이 구성한 솔루션 맵을 기준으로 설명하기로 한다. 스마트공장추진단의 솔루션 맵인 〈그림 1.5.1〉을 보면 산업사물인터넷 영역, 고도화 영역, 서비스 영역, 그리고 응용시스템 영역으로 구분되어 있다. 산업사물인터넷 영역은 사물인터넷으로 운영되고 데이터를 발생시키는 현장자동화와 제어자동화 분야로 구성되어 있다. 서비스 영역은 클라우드 서비스 플랫폼으로 정의하고 있으며, 고도화 영역은 지능형 솔루션, 유연생산기술, 표현과 인지 기술로 구성되어 있다. 그리고 응용시스템 영역은 기업 운영에 필요한 응용솔루션들로 구성된다.

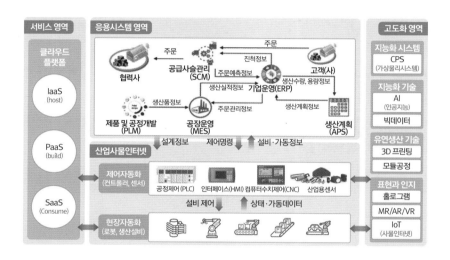

〈그림 1.5.1〉스마트공장 솔루션의 구성 체계

스마트공장 관련 모든 솔루션을 수집하여 정리하기 어려우므로 정보통신기술을 중심으로 정리해보면, 서비스 플랫폼, 가상물리시스템, 응용시스템, 스마트제품 개발, 스마트공정 개발, 인텔리전스, 사물인터넷 기기, 내장형 솔루션 등으로 분류가 가능하다.

솔루션의 분류		설명
서비스 플랫폼		인터넷 연결 즉시 제조서비스를 제공(Plug & Manufacturing)하는 인터넷 기반의 클라우드 컴퓨팅 서비스를 제공하는 틀로서 SaaS(Software as a Service), PaaS(Platform as a Service), IaaS(Infrastructure as a Service)로 구성된다. 브랜드별로 GE Predix 플랫폼, 지멘스 Mindsphere 플랫폼, IBM Watson 사물인터넷 플랫폼, 아마존 AWS 플랫폼, 마이크로소프트 Azure 플랫폼, 다쏘시스템 Outscale 플랫폼, SAP Hana 플랫폼 등이 있으며, 오픈 플랫폼 기술로서 Hadoop, Eucalyptus Elastic Utility Computing, Enomaly ECP 등의 플랫폼이 있다. 한국에서는 현재 무른모, GST, XN솔루션스를 중심으로 MES 분야의 클라우드 컴퓨팅 서비스를 운영 중이다.
응용시스템		비즈니스 프로세스를 지원하는 시스템으로서 공장운영을 지원하는 MES, 설계 개발을 지원하는 PLM, 공급사슬관리를 지원하는 SCM, 기업자원관리를 지원하는 ERP, 계획 수립을 지원하는 APS 등이 있다.
고도화 영역	가상물리 시스템	컴퓨터 연산모듈이 내장된 사물들과 핵심연산장치가 커뮤니케이션을 통해 실시간으로 상황을 확인하고 제어하는 시스템으로서 가상 분야와 실제 분야가 서로 실시간으로 커뮤니케이션을 한다.
	지능화 기술	진단, 분석, 예측, 의사결정 등의 복잡도가 높은 기능을 수행하는데 필요한 정보통신기술 도구로서 빅데이터 분석, 머신러닝, 딥러닝, 최적화기법, 휴리스틱스 등 다양한 기법이 있다.
	스마트제품 개발	시장과 고객의 요구에 즉응하는 신제품 개발을 지원하는 정보통신기술을 활용한 솔루션으로서 CAD/CAE, 3D CAD 기반의 digital mock-up 등이 있다.
	스마트공정 개발	스마트제품 생산에 필요한 최적 공정 개발과 변경을 지원하는 정보통신기술을 활용한 솔루션으로서 CAPP/CAM, 3D CAD 기반의 Digital Manufacturing과 Digital 시뮬레이션, 3D 프린팅 등이 이에 속한다.
	표현과 인지	홀로그램, 증강현실, 가상현실, 혼합현실(Mixed Reality) 등, 사람과 교감을 하는 디지털 기술들이 이에 속한다.

산업 사물 인터넷	사물인터넷 기기	사물인터넷은 식별, 표현과 인지, 측정, 제어, 생산 및 서비스 등의 기능을 수행하며 사물인터넷 기기는 인터넷을 통해 사물인터넷 기능을 수행하는 기기를 일컫는다.

기능	주요 솔루션들
식별	RFID, 바코드, 패턴인식기법 등
표현과 인지	증강현실, 홀로그램, 가상현실 등
측정	첨단 센서와 센서넷 등
제어	PLC, CNC, 컨트롤러 등
생산과 서비스	사무인터넷 기반의 기계와 설비류들, 스마트폰 등

	내장 솔루션	사물인터넷 기기, 기계와 설비에 소프트웨어를 내장하여 지능을 부여하고 외부와의 통신을 통해 의사결정 및 실행을 도모하는 솔루션을 의미한다.

스마트공장 솔루션은 기술융합 과정을 통해 목적하는 스마트공장 시스템 또는 서비스를 제공한다. 여기에서 기술융합이란, 연산·통신 시스템의 내장화와 인터넷을 활용한 연결 및 통합화(Interface and Integration)를 의미한다. 즉, 스마트공장은 핵심 연산장치가 내장된 창의적 시스템들이 연결·통합된 유기체라고 할 수 있다.

융합의 핵심은 가상물리시스템이다. Helen Gill이 "가상물리시스템은 컴퓨터 연산모듈이 내장된 사물들과 핵심 연산장치가 커뮤니케이션을 통해 실시간으로 상황을 확인하고 제어하는 시스템"이라고 정의하였듯이 이 시스템은 컴퓨터 연산모듈이 내장된 커뮤니케이션 시스템의 구성체이며, 독일이 4차 산업혁명에서 정의하는 수평적 가치사슬의 통합, 전체 가치사슬을 통한 단대단의 엔지니어링 통합, 수직적 통합과 네트워크화 된 제조시스템의 구현의 3대 통합의 핵심 솔루션이기도 하다. 최근에는 가상물리시스템 외에 GE가 제창한 디지털 트윈(디지털 트윈 모형)이라는 개념도 활발하게 전개되고 있다. GE는 디지털 트윈을 '컴퓨터에 현실 속 사물의 쌍둥이를 만들고, 현실에서 발생할 수 있는 상황을 컴퓨터로 시뮬레이션해 결과를 예측하는 기술'이라고 정의하고 있다. 가상물리시스템이 물리적 시스템에 디지털 기술을 내재화를 강조하는 측면이 강하며, 디지털 트윈은 가상시스템을 활용한 시뮬레이션을 통해 what-if 분석을 강조하는 면이 있다. 두 개념은 정의에 차이를 보이지만 가상물리시스템이 디지털 트윈을 포괄한다고 볼 수 있다.

2장

제품개발 시스템

이장희 다쏘시스템코리아 전무

SMART FACTORY
TECHNOLOGY

이 장에서는 CAD(Computer-aided Design)/CAM(Computer-aided Manufacturing)/CAE(Computer-aided Engineering)/CAT(Computer-aided Test)로 구성되는 CAx기술 및 PLM(제품수명주기관리, Product Lifecycle Management)의 역사부터 신제품개발에서 PLM이 갖는 의미와 개념, 현재까지의 기술현황을 이해할 수 있는 사례, 그리고 4차 산업혁명에 따른 향후 발전방향까지 설명할 예정이다. 이 장에서는 CAD/CAM/CAE/CAT 모두를 CAx로 약칭하고, PLM은 발전단계상 CAx를 확장한 의미로 사용된다. 그러나 CAD/CAM/CAE/CAT라는 각 영역별 상세기능에 대해서는 설명하지 않을 예정이다. 기능의 상세가 필요한 경우 관련된 참고서적을 보기 바란다.

🏃 이 글을 쓴 이장희는

대학에서 기계공학을 전공한 후 국내 자동차 회사의 금형제작 부문에서 생산기술 업무를 담당했다. 이때 자동차라는 신제품 개발 업무 프로세스와 제조 부문에서 컴퓨터를 활용한 ICT기술의 적용을 경험하게 되었고, 이후 프랑스계 PLM 솔루션 회사인 다쏘시스템으로 전직을 한 후 제품영업과 기술지원, 시스템 구축 업무를 수행하였다. 현재는 다쏘시스템코리아에서 신규 파트너 영입 및 파트너와의 동반성장을 통한 가치혁신 업무를 담당하고 있다. 우리나라의 산업 경쟁력 제고를 위해 고객사가 ICT 기술을 활용한 진정한 의미의 스마트공장을 구축하는 데 어떤 도움을 줄 수 있을지 꾸준히 고민하고 있다. 이메일: jeopajang@gmail.com

2.1 CAx와 PLM의 개념

산업혁명 이후 20세기에 들어 생산시스템의 발전에 따라 제품을 대량생산하기 위한 도구를 빠르고 정확하게 만드는 것이 요구되었다. 이러한 노력의 일환으로 1950년대 후반에서 60년대 초반 공작기계를 활용한 수치제어 가공을 위해 APT(Automatically Programmed Tool)라는 기계가공을 위한 전용 언어의 개발과 함께 컴퓨터의 도움을 받는 가공, 즉 CAM의 세계가 열리게 되었다. 이어서 미국 대학을 중심으로 곡선 및 곡면에 의해 형상을 정의하는 수학적 방법의 연구와 함께 컴퓨터를 이용해서 도면을 그리거나 형상을 만들 수 있는 CAD가 탄생하였다.

이와 같이 이론과 하드웨어의 발달을 기반으로 60년대 후반부터 시작된 CAx의 역사에 대해 미국을 중심으로 간략히 살펴보면 다음의 표와 같다.

CAx의 발전사

- 1963년 UGS사, Calma사 설립
- 1965년 미국 Lockheed Martin사에서 "Project Design"이란 어플리케이션 개발
  (IBM S360+IBM 2250). 이후 CADAM(Computer-graphics Augmented Design and Manufacturing)이란 이름으로 붙여진 최초의 상용 2차원 CAD시스템
- 1967년 SDRC(Structural Dynamics Research Corporation)사 설립
- 1969년 UGS사가 최초의 CAM소프트웨어라 할 수 있는 UNIAPT출시
- 1969년 Computer vision(CV)사 설립
- 1972년 SAP(Systeme, Anwendungen und Produkte in der Datenverarbeitung, "Systems, Applications and Products in Data Processing")사 설립

---

* CAD/CAM/CAE 관련 일반 참고도서는 다음과 같다. CAD, 디지털 가상생산과 PLM(시그마프레스 2006), PLM 이해와 응용(생능 2014), PLM지식(BB미디어 2008), CAM시스템과 CNC절삭가공(청문각 2003), CAD/CAM시스템과 CNC절삭가공(희중당 1997), 차세대 린 사고의 리더 PLM(아이비 2008), Product Lifecycle Management: 21C Paradigm for Product Realization (Springer 2005).

- 1974년   CADAM제품 최초로 IBM 프랑스 파리사무소에 설치되었고, 이어 다쏘
    항공에 판매
- 1975년 |다쏘항공에서 내부적으로 DRAPO(Définition et Réalisation d'Avions
    Par Ordinateur, "Definition and Production of Aircraft For Computer")
    개발
- 1977년   미국IBM에서 CADAM판매 시작
- 1977~78년 다쏘항공에서 3차원 CAD인 CATI(Conception Assistée Tridimen-
    sionnelle Interactive, "Interactive Aided Three-dimensional Design")
    개발
- 1980년   미국 국립표준기술연구소(NIST)에서 CAD데이터 교환용 표준으로 IGES
    버전 1.0 출시
- 1981년   다쏘항공에서 자회사로 다쏘시스템 설립하고 CATI를 CATIA(Computer-
    Aided Three-dimensional Interactive Application)라는 이름으로 출시.
    판매는 IBM에 위탁.
- 1982년   Autodesk사 설립
- 1983년   미국 Lockheed Martin사가 자회사로 CADAM Inc.설립
- 1985년   PTC(Parametric Technology Corp.)사 설립
- 1985년   독일 Eigner+Partner사 설립
- 1989년   IBM이 CADAM사를 매수
- 1992년   다쏘시스템이 IBM에서 CADAM사를 매수
- 1994년   국제표준기구(ISO)에서 STEP 표준 배포
- 2001년   SDRC사가 EDS사에 흡수됨
- 2003년   Agile사가 Eigner사 흡수
- 2004년   EDS사 PLM사업부가 UGS사로 분리됨
- 2007년   UGS사가 독일 Siemens그룹에 인수되어 Siemens PLM으로 변경
- 2007년   Oracle사 Agile Software사 흡수

이후 CAx관련 솔루션을 제공하는 여러 회사들이 설립되고 인수 합병되면서 오늘날 PLM 솔루션을 제공하는 대표적인 회사인 미국의 오토데스크(Autodesk), PTC(Parametric Technology Corp.), 오라클(Oracle), 독일의 지멘스(Siemens) PLM과 SAP, 그리고 프랑스의 다쏘시스템(Dassault Systems) 등이 시장을 선도한다.

앞에서 살펴본 CAD/CAM의 발전사에서 알 수 있듯이, 복잡한 형상에 대

한 기계가공을 위해 개발된 CAM부터 시작하여 수작업 제도를 대체하기 위한 2차원 CAD, 그리고 3차원 형상인 곡면과 솔리드형상을 표현하는 3차원 CAD가 활성화되었다. 90년대 후반에 3차원 데이터를 활용한 DMU(Digital Mock-up)가 실물 목업을 점점 대체하게 되며 제품의 기획, 설계, 가공 및 제조의 과정에서 컴퓨터의 활용이 본격적으로 개발 업무에 적용되었다. 이후 단순히 기계가공을 가능케 하고 2차원 및 3차원 형상을 만드는 것에서 나아가, 만들어진 형상에 대한 해석 시뮬레이션이 가능하고 소위 제품생명주기관리라는 CAx를 포함하는 PLM이라는 개념이 2000년대 이후에 출현했다. 이 장에서는 PLM이란 용어를 CAx를 포함하는 더 넓은 대표용어로 사용하겠다.

PLM에 대한 의미를 살펴보기 위해 PLM을 구성하는 제품(Product), 라이프사이클(Lifecycle), 관리(Management) 등 각 단어별 요소들을 정리해보자.

라이프사이클은 산업과 제품의 유형에 따라 다르게 정의할 수 있겠으나 자동차나 산업용 설비, 가전제품과 같은 유형의 상품을 대상으로 하는 프로세스의 경우에는 다음과 같이 4가지 단계[1]로 나눌 수 있다.

- 제1단계 상품의 개발 과정(ItO, Idea to Offer): 상품기획부터 개발, 제조, 즉 공장출고까지
- 제2단계 상품의 출고 전시에서 구매(주문)까지(OtO, Offer to Order): 만들어진 제품의 전시에서 주문까지
- 제3단계 구매(주문)에서 인도까지(OtD, Order to Delivery): 고객의 주문에서부터 제품의 인도까지
- 제4단계 제품인도에서 사용, 폐기까지(DtC, Delivery to Customer Care): 제품 인수 후 사용과 폐기까지

1   Finished Vehicle Logistics: "What Changes must be made to Distribution Networks?", Automotive Logistics Europe Conference 2013, March 12-14, 2013, Bonn, Germany.

제품의 라이프사이클에 대한 또 다른 분류는 초기 라이프사이클(BOL, Begin of Lifecycle), 중기 라이프사이클(MOL, Middle of Lifecycle), 후기 라이프사이클(EOL, End of Lifecycle)로 나누기도 한다.[2]

자동차나 산업용 기계설비의 경우 제품 라이프사이클의 각 단계와 CAx의 구분은 아래와 같다.

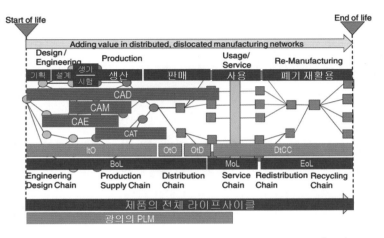

〈그림 2.1.1〉 자동차를 예로 한 제품의 라이프사이클의 예시적 구분[3]

〈그림 2.1.1〉에서 PLM은 라이프사이클의 앞 부분인 스타일링, 설계, 시험, 생산 준비까지 대상으로 하는 경우도 있지만 통상적으로 판매까지 포함한 영역을 말한다. 향후 PLM적용이 더욱 확장될 것으로 기대하고 있다. 예를 들어 원자력발전소의 해체업무가 PLM적용의 확장이 필요한 대표적인

2　Research issues on product lifecycle management and information tracking using smart embedded systems. In: Advanced Engineering Informatics 17, Nr. 3-4(2003) pp. 189-202.

3　Towards the Re-Industrialization of Europe: A Concept for Manufacturing for 2030, Springer(2014).

경우라 할 수 있다.

다음으로 PLM에서 관리에 대해 살펴보겠다. 기업의 목적은 시장과 고객이 요구하는 수준이상의 제품을 적기에 시장에 공급하는 것이다. 즉 고객, 시장, 경쟁자를 고려한 요구사항(Requirements) 또는 핵심성능지표(KPI, Key Performance Index)를 가장 효과적으로 달성하기 위해 상품 개발단계에서부터 정보 데이터를 효율적으로 관리하는 것을 말한다.

마지막으로 제품에 대해 살펴보겠다. 이전에는 비행기, 자동차, 핸드폰 등의 유형의 제품만을 PLM의 대상으로 하는 경우가 많았지만 최근에는 은행, 보험 등의 금융상품, 핸드폰 요금제 등 무형의 서비스상품에도 PLM개념을 적용하는 사례가 늘고 있다. 또 단순한 제품을 넘어 제품에 부가된 서비스와 그런 제품과 서비스의 사용 경험까지 포함하여 PLM의 대상이 대폭 확장되고 있다. 즉 제품이란 제품이나 상품뿐만 아니라 제품이 제공하는 서비스, 그리고 제품을 사용하는 체험을 함께 의미하는 것이다.

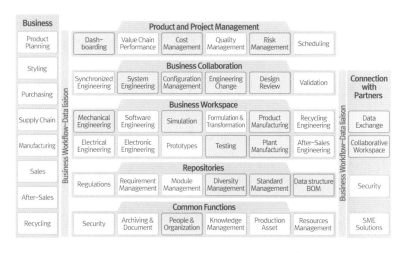

〈그림 2.1.2〉 PLM의 기능영역과 요소기술 예시[4]

4   Le programme VALdriv PLM: trait d'union entre le vehicule du futur et l'usine du future, Boost-Industrie, Dec 2, 2014.

정보기술의 발전과 더불어 PLM을 구성하는 기능군은 단순히 형상을 생성하는 기능을 포함하여 다양한 부가 기능을 제공하는 형태로 발전하고 있다. 넓은 의미에서 PLM은 신제품 개발의 비즈니스 영역(상품기획, 스타일링, 설계, 엔지니어링, 시뮬레이션, 생산준비, 제조, 구매, 판매, 사후서비스, 리사이클링)에서 기업의 목적을 달성하기 위해 제품개발에서의 요구사항을 가장 효과적으로 만족시키기 위한 컴퓨터 및 정보기술 활용 방법이라 정의할 수 있다.

PLM을 구성하는 기능군을 〈그림 2.1.2〉와 같이 나눌 수 있으며 정리하면 아래와 같다.[5] 다만 비율(%)은 PLM 정의 전체에서 해당 영역이 차지하는 비율을 추정한 것이다.

- 제품 및 프로젝트 관리(10%): 일정 및 진척도 관리, 설계자 일정 및 업무 관리, 업무 모니터링용 대시보드, 원가관리, 품질관리, 위험관리
- 협업(20%): 설계리뷰와 검증, 형상관리, 시스템공학, 변경관리, 타 시스템과의 통합
- 설계 및 엔지니어링(30%): 기계·기구설계, 전기·전자설계, 소프트웨어 개발, 해석시뮬레이션, 시작시험, 생산기술, 제조지원
- 데이터저장소(20%): 인증관련 규정자료, 요구사항관리, 모듈관리, 표준관리, BOM(Bill of Material) 데이터구조
- 협력사 관련(10%): 협업공간, 데이터교환, 데이터보안
- 공통기능(10%): 보안, 저장, 백업, 사용자설정, 지식관리

---

5 Product Lifecycle Management: 21st Century Paradigm for Product Realization, Springer (2005).

이와 같이 PLM을 구성하는 다양한 기능들을 효율적으로 제공하기 위해 단일 데이터저장소를 갖는 플랫폼과 플랫폼 상에서 작동되는 독립된 모듈 형태의 업무용 어플리케이션, 즉 앱(App)형태로 제공되는 것이 향후의 발전 방향이라 볼 수 있다.

독일 자동차제조사의 사례를 통해 PLM 기능의 발전과 적용업무의 확장을 살펴보겠다.

〈표 2.1.1〉 독일자동차OEM에서 PLM업무 적용의 발전 단계의 예[6]

레벨	기간(년도)	적용 업무와 관련 기능군
Level 1	1975 – 1985	2차원 CAD, CAM/CNC
Level 2	1985 – 1995	3차원 CAD, CAE 해석 및 시뮬레이션, 팀 데이터 관리(TDM, Team data management)
Level 3	1996 – 2003	3D Parametric CAD, CAE 해석 확대(유동해석), DMU, PDM, 가상현실, 로봇 시뮬레이션 및 오프라인 프로그래밍, 전기전자 CAD, 지식관리
Level 4	2004 – 2013	3D 템플릿 CAD, PLM / 협업, Configured DMU, Design in context, 해석데이터관리, 디지털 팩토리
Level 5	2014 – 2020	시스템공학, FMU(Functional Mockup), PLM / 빅데이터 & 데이터마이닝, 가상현실/증강현실/혼합현실(VR/AR/MR), Industry 4.0: 디지털트윈
Level 6	2020 – 2025	PLM / 스마트엔지니어링, Sustainable engineering & manufacturing, Realtime Digital Manufacturing Feasibility, PLM / 인공지능

---

6 Digital Transformation of PLM to enable Intelligent Systems & Life Cycle Engineering, PLM 2017 Conference, 2017. Jul. 10, Seville, Sweden.

2.2 CAx 및 PLM의 주요기술

60년대 이후로 신제품 개발의 프로세스를 설명을 위해 V-Cycle이라는 개념이 많이 활용되고 있다. 가로축은 제품개발 시작부터 생산까지의 시간축(t)을 나타내며, 세로축은 전체 제품에서 단위부품 등 상세 단위로 구체화 (d)하는 것을 나타낸다.

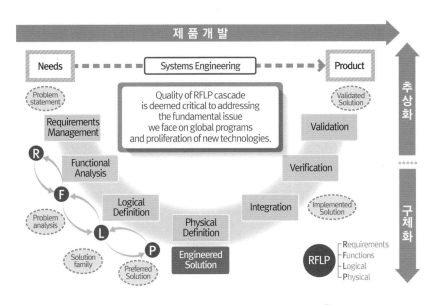

〈그림 2.2.1〉 제품개발에서 V-Cycle과 각 단계별 업무[7]

신제품 개발과정을 기술하는 V-Cycle에서 왼쪽 영역은 요구사항(R. Requirements)으로부터 시작해서 제품의 구조에 대한 기능분석(F. Functional Analysis), 그리고 기능간의 논리적 연결정의(L. Logical definition)와 이런 구조

7 The Model-Based Enterprise, Dassault Systemes 3DEXPERIENCE Forum 2014 NAM.

를 물리적으로 형상화(P. Physical definition)시키는 과정이며, 줄여서 RFLP과정이라 한다.

V-Cycle의 오른쪽 영역은 요구되는 기능(F. Function)이 부여된 형상(F. Form)과 형상간의 연결(F. Fit)에 대해 단품별로 시험하고 통합하며, 종합적으로 모든 구성품에 대해 통합적으로 검증 및 인증하여 최종적으로 제품을 완성시키는 과정이다.

신제품개발을 효율화한다는 것은 어떤 의미일까. V-Cycle에서 가로축(t)의 길이와 세로축(d)의 깊이가 신제품개발에 투입되는 자원과 비례한다고 볼 수 있다. 따라서 신제품개발을 효율화한다는 것은 납기라 볼 수 있는 시간축(t)를 짧게 하고, 투입자원을 의미하는 세로축(d)의 업무를 효율화하는 것을 의미한다. 세로축(d)의 업무량을 줄이는 방법으로는 통상적으로 외부 협력사에게 보다 많은 업무를 위임하는 방안이 있을 수 있지만, 핵심역량을 확보하고 지속성장을 위해 우선적으로 회사 내에서의 개발업무의 효율화, 시스템화를 도모하는 것이 중요한 과제이다.

신제품 개발업무에서 낭비 유형에 대해 살펴보면, 일본의 토요타 생산방식에서 말하는 7대 낭비유형과 동일하게 8가지로 분류되고 있다. 신제품개발의 8가지 낭비 유형으로는 (1) 대기, (2) 과잉생산, (3) 불량/재작업, (4) 동선/회의, (5) 과잉작업, (6) 재고, (7) 운송, (8) 부적절한 자원할당(사람 및 예산)이 포함될 수 있다.[8]

기업은 이런 낭비요인을 없애거나 최소화시키기 위해 지속적으로 노력해야 한다. 기업의 신제품 개발과정은 위에서 언급한 다양한 낭비유형을 최소화한 린(lean)신제품 개발이 되어야만 하며, 당연히 PLM시스템은 이런 8가지 낭비요인을 최소화할 수 있는 IT인프라 역할을 해야만 한다.

---

8 Lean Product Development, 2006. Oct.11, Nottingham Trend University.

■ 업무영역 간 협업과 통합을 지원하는 앱(Apps)과 단일 데이터 저장소

대부분의 회사에서는 과거에 업무상의 필요성에 의해 IT시스템들을 개발·적용하고 유지보수 하였다. 그런 이유로 서로 다른 시스템들이 서로 독립적으로 운영되는 경우가 있었다. 또 기존의 시스템 간 데이터 활용이나 업무 간 연계도 불편한 경우가 많았다. 이런 어려움을 해결하기 위한 방안으로 SSO(Single sign-on)나 여러 시스템을 묶는 포털과 같은 환경을 제공하고 있지만 근본적으로 문제를 해결하는데에 한계가 있다.

〈그림 2.2.2〉에서 보는 바와 같이 기구설계, 전기전자설계, 해석, 시험 및 제조부문이 서로 독립적인 시스템을 사용한다면, 협업과 데이터 공유가 필요한 부문 간의 업무에 효과적이지 못하다. 따라서 가능한 최대의 범위에서 공통 데이터저장소를 기반으로 동일한 정보를 실시간으로 사용하면서 담당자 고유의 업무를 진행하는 업무영역 간 협업과 업무프로세스의 통합을 지원하는 PLM시스템으로의 도약이 필요하다.

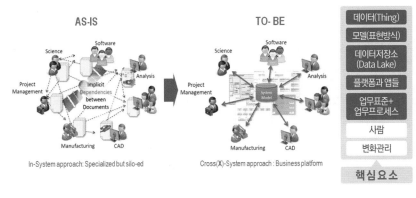

〈그림 2.2.2〉 업무간의 협업과 시스템의 통합을 위한 핵심 요소[9]

9 Model-Based Development Process of Cybertronic Products and Production Systems-

또한 단순한 시스템의 통합과 데이터저장소의 공유, 업무용 앱의 제공 뿐만 아니라 아래와 같은 작업이 병행되어야만 한다.

- **데이터의 디지털화(Digitization)와 사물(Thing)화.** 사람에게 편리하지만 컴퓨터시스템이 처리하는데 어려운 아날로그 데이터의 디지털화와 덩어리 데이터(Chunk)를 컴퓨터에서 쉽게 처리 가능한 사물(Thing)로 변환시키는 작업이 필요하다. 덩어리 데이터가 작은 크기의 사물(Thing)화가 이루어져야, 사물들 간의 연결로 소위 IoT(Internet of Thing)가 가능해진다.
- **컴퓨터시스템에서 사용되고 데이터저장소에 저장되는 정보를 표현하는 모형(Representation).** 문서기반에서 탈피하여 컴퓨터시스템에서 쉽게 생성, 수정, 저장, 보관, 검색될 수 있도록 정보를 표현하는 방식의 도입이 필요하다. 시스템을 기술하는 UML(SysML등) 등이 좋은 예시로, 적용이 확대되고 있다.
- **고립된 싸일로(Silo) 형태의 데이터저장소 수량의 최소화.** 데이터저장소가 물리적으로 하나일 필요는 없으나, 데이터링크(Linked-data)기술을 적용하여 가상적으로 하나의 데이터저장소같이 취급될 수 있어야만 한다. 향후에는 신제품 개발 단계에서 생성된 구조화 또는 비구조화 정보 데이터들을 저장할 수 있는 데이터레이크(Data Lake, 통합 데이터저장소) 개념의 도입이 필요하다. 데이터레이크는 앞으로 클라우드(Cloud) 환경에서 운용이 확대될 것으로 예상된다.
- **업무용 앱의 제공.** 신제품 개발 업무를 위해서는 획일적인 시스템에서 엔지니어링OS(Engineering OS)와 같은 역할을 하는 플랫폼과 데이터레이크라는 데이터저장소를 공통으로 사용하는 업무용 앱이 다양하게 제공되어야 한다. 사용자는 플랫폼 상의 기업용 앱스토어(Enterprise App Store)

로부터 제공되는 업무용 앱을 활용해 개인화된 메뉴를 사용한다. 이런 업무용 앱들은 스마트폰의 앱과 같이 작은 모듈단위로 구현되어 있어, 수시로 수정·보완되고 새로운 버전으로 갱신되어 즉시 업무에 적용될 수 있다.

물론 이런 모든 정보기술의 변혁을 위해서는 시스템의 사용자에 대한 교육, 동기부여가 절실하고, 누가 어떤 업무를 하더라도 정해진 규정에 따라 일을 할 수 있도록 업무에 대한 표준화와 유연한 업무 대응이 가능한 프로세스가 시스템 내에 반영되어야 한다.

■ 모델기반 시스템공학(MBSE, Model-based Systems Engineering)

앞에서 설명한 업무영역 간 협업과 통합을 가능하게 하는 방법론이 시스템공학(Systems Engineering)으로, 하나의 시스템적인 관점에서 제품개발에 관련된 비즈니스 영역과 업무흐름의 구성요소들에 대해 요구사항부터 검증까지 체계적으로 수행하는 접근법이다.

이를 문서기반이 아닌 컴퓨터 시스템 상에 저장되는 모델을 바탕으로 하는 것이 모델기반 시스템 공학(MBSE)이다. 모델기반 시스템공학을 적용할 때 업무상 많은 효과를 거둘 수 있는 것으로 알려져 있으며, 이미 많은 회사에서 업무에 적용하고 있다.[10]

독일의 차세대 PLM시스템 연구 프로젝트인 mecPro²에서는 제품의 라이프사이클 상에 필요한 다양한 모델을 텍스트기반이 아닌 모델(SysML 등) 형태로 정의하고, PLM시스템이 신제품 개발에서 중추와 같은 역할을 하면서 제품의 완성도를 발전시키는 방법론에 대해 연구하고 있으며, 모델기반

10 What is Model Based Systems Engineering, Issue 1.0, Jan 2012.

시스템공학이라는 완성도 높은 수준의 방법론을 제안하고 있다.[11]

이런 모델기반 시스템공학 프로세스는 경우에 따라 디지털연속성(Digital continuity), 디지털 쓰레드(Digital thread)라고도 불리고 있다. 실물에 대응하여 만들어진 컴퓨터 시스템상의 가상모델은 소위 디지털트윈이라 불리고 있으며, 이런 가상모델은 실물의 움직임을 충실하게 재현하는 모델이 될 수 있다.

■ 구성요소 간 상관관계, 추적성의 확보, 그리고 변경관리

신제품 개발과정에서 가장 어려운 점은 어떤 이유로든 변경이 발생한다는 점이다. 설계 오류가 발생한 경우나 하부공정에서 문제점을 발견한 경우, 이를 효과적으로 해결하기 위해서는 오류나 문제점의 원인을 파악하고 최선의 해결책을 찾아야만 한다. 따라서 PLM시스템에 요구되는 가장 중요한 기능은 정적인 데이터 외에 동적으로 변하는 데이터에 대한 변경추적이라 할 수 있다. 제품을 구성하는 부품간의 연결 관계를 갖고 있으면서, 불량이나 변경이 발생했을 경우에 먼저 이슈와 관련된 담당자들에게 문제점을 통지하는 것으로 개선활동이 시작된다.

이런 구성요소간의 연결관계와 추적성을 컴퓨터시스템이 자동적으로 제공하기 위해서는 더 많은 연구가 필요하지만, 반드시 업무의 표준화 및 프로세스화와 더불어 부품 간의 특징에 대한 연결관계를 정의하고 이를 시스템으로 적용해야 한다. 설계구조매트릭스(DSM, Design Structure Matrix)은 이런 연관관계를 나타내는 방법 중 하나이다.

---

11 System Lifecycle Management-The Engineering Backbone for the interdisciplinary PLE and MBSE, 8th PLM Future Day 2016.

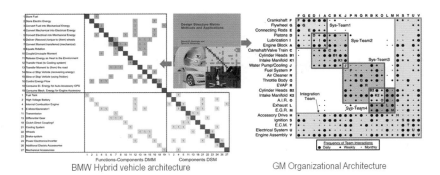

BMW Hybrid vehicle architecture

GM Organizational Architecture

〈그림 2.2.3〉 설계구조매트릭스(DSM, Design Structure Matrix)의 예[12]

■ 설계와 생산의 연계

신제품 개발과정은 크게 나누면 설계와 생산으로 나눌 수 있다. 이런 설계와 생산을 연결하는 다리와 같은 역할을 하는 부문이 바로 생산준비 부문이다. 생산준비 부문에서는 설계, 시뮬레이션 및 시작품을 통해 검증이 완료된 완성도가 높은 제품관련 데이터를 바탕으로 제품을 지정된 공장라인에서 생산하는데 문제점이 없는지 검토하여 효율적인 공정계획, 생산계획, 설비보완 등의 관련 작업지시서를 만드는 일을 한다.

이를 위해 설계와 생산공정을 연결하는 BOP(Bill of Process)라고 불리는 개념이 있다. 제품에 대한 정보를 입수한 후 생산준비에 필요한 부가적인 정보를 추가하여 컴퓨터상에서 가상의 디지털 공장모형을 만들고 제품을 생산할 공장에 대한 최신 정보를 이용하여, 실제 생산에서 발생할 수 있는 문제점들을 사전에 검증하고 생산 방안과 작업지시서를 만드는 프로세스이다.

12 Design Structure Matrix Methods and Applications, MIT(2012).

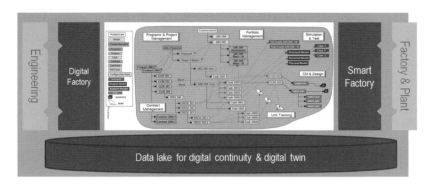

〈그림 2.2.4〉 가상물리시스템(CPS)구현을 위한 BOP(Bill of Process) 개념도

〈그림 2.2.4〉와 같이 가상의 디지털공장(왼쪽)과 실제 제품을 생산하는 현장의 스마트공장(오른쪽)을 연결한다. 디지털공장은 데이터저장소를 통해 설계부문과 통합되어 있고, 스마트공장은 제품생산을 위한 공장정보와 연결되어 있다.

이때 가장 필요한 정보 중 하나가 생산 예정인 공장라인에 대한 정확한 정보이다. 이러한 정보에는 해당 생산라인의 3차원 모형이 포함된다. 그러나 많은 경우 공장의 정확한 실시간 정보를 얻기 어려운 경우가 많고, 라인의 3차원 데이터를 레이저 스캐닝 등을 통하여 얻을 경우라도 방대한 데이터의 양으로 인해 처리에 어려움이 있는 경우도 있다. 비록 사전에 많은 시간과 비용이 투입되어야 하지만, 공장의 현재 상황에 대한 신뢰성 높은 정보를 갖고 있다면 많은 장점이 있다. 예를 들어 새로운 특정제품을 기존공장에 투입하여 생산하는 경우 컨베이어를 통해 제품을 이동시킬 때 간섭은 없는지, 작업자의 안전이나 물류흐름에는 문제가 없는지, 지정된 라인에서 원하는 생산능력이 가능한지 등등에 대한 다양한 사전검토가 가능하며, 컴퓨터상에서 가상으로 생산을 좀 더 최적화할 방안을 충분하게 확인해 볼 수 있다.

앞에서 설명한 디지털트윈 개념이 공장에 대해서도 적용될 수 있으며, 팩토리트윈(Factory Twin)이라 부르기도 한다. 생산과정에 대한 디지털트윈 모형은 생산조건에 변경이 발생할 경우 예상되는 결과를 사전에 시스템으로 파악해볼 수 있는 WHAT-IF분석이 가능하게 되어 제조경쟁력을 높일 수 있다.

■ 가상현실/증강현실, 가상검증

만약 실물모델에 대한 높은 충실도를 갖는 3차원 가상모형이 시스템으로 제공된다면, 이런 가상모델을 이용하여 제품의 형상에 대한 검증, 제품의 조립에 대한 간섭과 조립성 등의 사전 검증, 현장 작업내용에 대한 교육 등 다양한 형태로 활용될 수 있다. 최근 4차 산업혁명의 흐름 속에서 가상현실과 증강현실 장비를 활용하여 업무상 효율을 높이려는 시도가 이루어지고 있다.

설계 검증 (미국 Wichita대학)　　　　가상조립(다쏘시스템)　　　　인공심장 (다쏘시스템)

〈그림 2.2.5〉 신제품 개발과정에서의 VR/AR/MR 활용 사례

〈표 2.2.1〉 분야별 시스템 활용

항목	Design/Engineering (Design-robot)	인공지능 & IoT/Big Data	VR/AR/MR & 가시화	기타
CAD	• 시스템 아키텍쳐 • 편집설계 • Feature Engineering • 원가기반설계 • 시스템공학(SE)	• 기능생성설계 (Functional generative design) • 2D/3D 형상인식 • 3D 형상검색	• 설계리뷰	• STEP 확장(예: STEP AP 242)

CAE	• CAD-CAE연계 & 자동화 • 메쉬자동생성 • 다분야최적화(MDO, Multi-disciplinary optimization) • FMU(Functional Mockup) • TDE(Target-driven engineering) • SDM(Simulation data management)	• 시뮬레이션 (FEM) 마이닝	• 해석결과 가시화(예: 인공 심장 프로젝트)	• 첨단V&V (Verification & Validation) • PDE(Performance driven engineering) • SLM(Simulation data management)
CAM	• MBOM, Routing관리 • 생산기준정보관리 • 가공 자동화, 가공 최적화 • 가공 시뮬레이션 • 물류 시뮬레이션 • BOP(Bill of Process)	• Smart Factory 관련 기술 (Co-bot, CPS, 디지털 트윈 등) • Industry 4.0관련 (데이터 마이닝, 기계학습 등)	• 가상 조립 • AR/MR기반 교육	
CAT	• TLM(Test lifecycle management)	• 시험결과 마이닝	• 해석결과 가시화 • AR/MR-based Review	• Test Data 표준화(ASAM-ODS)
PLM	• 시스템공학(MBSE) • 요구사항관리 • 컨피규레이션관리 (CM) • 모듈화 • Commonality • 확장형 통합검색 • 온톨로지와 시맨틱스 기반의 지식관리	• 데이터 레이크 • 데이터의 사물화 • 클라우드 • 자연어 & 음성 검색	• 대형 프로젝트 현황 대시보드	• PLM 성숙도 모형 • PLM 투자효과 (ROI) • PLM솔루션 선택 • PLM벤치마킹 • OOTB vs. Customization • PLM솔루션 Migration & upgrade 방법론 • eRM(enterprise-Record Management)

2.3 CAx 및 PLM기술 적용 사례

PLM기술의 최신 적용사례로써 다쏘시스템(Dassault Systèmes)사가 하노버메세(Hannover Messe International) 2017에서 전시된 내용을 요약해서 소개한다. 전시된 내용은 종합 포장설비 중 첫 번째 공정인 히포드럼(Hippodrome) 공정에 적용된 PLM의 요소기술이다.

이번 전시에서 선보인 기술은 포장설비 개발과정에서 독일의 연구소인 프라운호퍼연구소(Fraunhofer Institute), 로보트 보쉬 그룹의 자회사인 렉스로쓰(Rexroth)사와 공동으로 앞서 시스템공학(Systems Engineering) 영역에서 설명한 가상물리시스템(CPS)이다. CPS기술과 매우 유사한 기술로 디지털트윈이 있다. 보쉬그룹이 제공하는 클라우드(Cloud) 기술을 활용하여 설비관련 데이터를 실시간으로 모니터링하고 분석하는 기술도 함께 전시하였다.

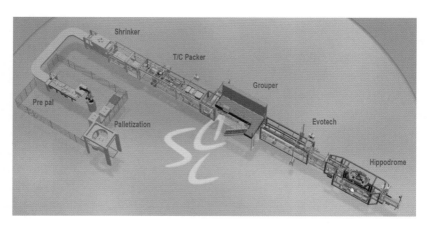

〈그림 2.3.1〉 미국 웨스트락사의 종합포장시스템 공정
총 7개 공정으로 구성되어 있으며, 첫 번째 공정이 히포드럼공정

이번 전시에서 보여준 업무의 흐름과 해당되는 PLM 솔루션 화면을 그림으로 표현하면 다음과 같다.

〈그림 2.3.2〉 다쏘시스템이 2017년 하노버메세에서 전시한 PLM요소기술과 업무흐름

마케팅/수주에서부터 설비 제조 시운전 및 납품 운영의 단계를 11개의 영역으로 나눠 영역별 최신의 PLM기술에 대해 설명하고 있다.

영역별로 적용된 기술은 다음과 같다.

- 마케팅과 3차원 가시화: 회사가 제공하는 제품에 대한 다양한 정보를 홈페이지 등을 통해 제공하고, 고객을 위해 시스템상의 가상공간에서 대화형 가상현실 장비를 이용하여 제품 또는 설비를 사전에 체험해볼 수 있다.
- 1차 포장상자 설계 및 검토: 설비 수주 후 제품의 포장상자에 대한 설계안을 검토하여, 고객을 포함한 관련 당사자 간의 협의에 의해 최적안을 검토할 수 있다. 고해상도의 렌더링 기능과 가상현실 기술을 활용하여 시스템상에서 몰입감있게 검토해 볼 수 있다.
- 2차 포장상자 설계: 앞 단계에서 선정된 몇 개의 설계안에 대하여 추가적

인 검토를 한다. 예를 들면 선정된 설계안에 대한 다양한 해석, 즉 포장지 찢김, 낙하시 파손여부, 운반을 위한 적재층수, 운송시 흔들림이나 파손 등에 대한 해석결과를 바탕으로 최적의 설계안을 선정한다.

- 프로젝트 관리: 고객에게 수주한 새로운 설비를 개발함에 있어서 PLM시스템을 활용하여 개발프로젝트를 관리하는 내용이다. 고객의 요구사항(가격, 납기, 설비성능 등)부터 설비와 관련된 모든 문서는 중앙에서 통합적으로 저장·관리되며, 내용의 변경에 대해서도 프로젝트 관리시스템에 의해 추적된다. 설비 개발과정에서 수정사항이 발생할 경우에도 관련정보가 담당자들에게 자동적으로 통보된다. PLM의 프로젝트 관리 기능은 프로젝트 일정의 진척현황, 비용 투입현황 등의 정보를 대시보드형태로 제공하여 프로젝트 추진의 투명성을 높인다.

- 포장설비 전기, 유압, 공압 설계(Electrical, Hydraulic, Pneumatic Schematics): PLM시스템은 포장기계에 대한 기구학적 3차원 형상뿐만 아니라, 전기, 유압, 공압 부품에 대한 회로도(Schematic Diagram)도 역시 동일한 작업환경에서 모형을 설계하고 단일 데이터베이스(DataBase)에 저장할 수 있다. 따라서 설비를 개발하는 기계기구 담당자와 전기회로 담당자가 동일한 데이터를 바탕으로 협업하면서 업무를 진행한다. 또 작동하는 부품에 대해서 사전에 간섭도 쉽게 확인해볼 수 있다.

- 시스템공학: 시스템공학 기법을 이용하여 설비 구성품 전체를 최적화할 수 있다. 기능에 대한 검증을 시스템상에서 사전에 실시함으로써 개발의 낭비를 최소화할 수 있으며, 대부분의 산업용 설비 제조사들은 개발에서 이러한 가상설비 검증(Virtual Build) 및 가상시운전(Virtual Commissioning)을 보다 적극적으로 활용한다.

- 사양관리: PLM 내의 사양관리 기능을 활용하여, 포장용 설비개발단계에서 제품의 혼류생산에 따른 다양한 사양과 변종부품에 대한 대응과 관리가 가능하다.

- 적층가공과 기능생성설계(Additive manufacturing & Generative design): 제품을 잡는 부품의 형상최적화를 위하여 PLM시스템이 제공하는 기능생성설계(Functional generative design)기능을 사용하여 형상최적화된 설계를 한 후, 이를 제조하기 위해 3D프린터를 이용한 적층가공을 활용하려는 시도가 늘고 있다.

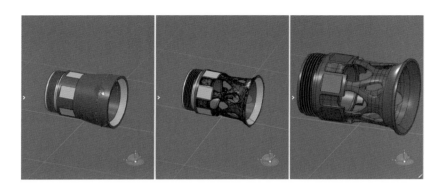

〈그림 2.3.3〉 적층가공을 위한 기능생성설계(Functional Generative Design)
기존의 플라스틱 조립품(왼쪽)과 기능생성설계에 의한 형상(오른쪽)

- 생산준비(DM, Digital Manufacturing): 제조를 위한 제조용 BOM(M-BOM), 라우팅 및 공정계획, 작업공정 검토, 로봇 프로그래밍, 인간공학적 작업성 검토 등 설비의 생산에서 필요한 다양한 검증작업을 동일한 데이터베이스상의 형상과 정보를 활용하여 실현할 수 있다.
- 제조공정관리(MOM, Manufacturing Operations Management): 공장에서 설비를 가공, 조립, 생산하는데 필요한 제조실행시스템(MES, Manufacturing Execution System)과 일정계획의 수립 및 조정(APS, Advanced Planning & Scheduling)기능을 제공하며, 재고현황관리, 품질문제추적 및 현장 운전현황에 대한 대시보드 등의 기능을 제공하여 생산성향상에 기여할 수 있다.

- 설비유지보수 및 서비스지원: 고객에게 납품된 설비의 가동을 최대화하기 위해 PLM시스템의 데이터베이스를 기반으로 3차원 형상데이터를 활용하여 유지보수용 작업지시서를 생성, 검토한 후 유지보수 작업자가 필요시 정보를 참조하여 신속하고 정확한 유지보수를 가능하다.

결론적으로 이번에 전시된 다쏘시스템의 PLM기술을 요약하면 제품기획, 마케팅부터 설계, 해석, 생산준비, 생산 및 설비의 유지보수에 이르기까지 전 과정을 단일 비즈니스 플랫폼 위에서 업무프로세스를 지원하는 솔루션이다.

〈그림 2.3.4〉 기획부터 생산까지 산업기계설비 제작의 전체 업무 프로세스를 지원하는
비즈니스 플랫폼 솔루션

2.4 CAx & PLM의 향후 발전방향

PLM의 발전 트렌드 중 가장 중요한 부분은 4차 산업혁명을 이루기 위해 스마트공장에 적용되는 빅데이터, 사물인터넷(IoT), 인공지능(AI) 기술이 PLM의 미래에 지대한 영향을 미칠 것이라는 점이다.

독일 인공지능연구센터(DFKI)가 제시한 4차 산업혁명을 이루기 위한 4가지 분야와 미래의 기술 분야에 대하여 설계/시험/생산준비 부문과 생산부문에서 대응되는 개념은 〈그림 2.4.1〉과 같이 표현할 수 있다.

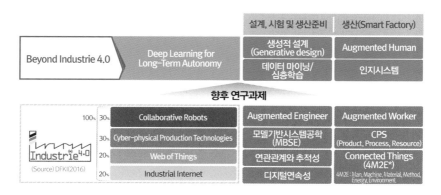

〈그림 2.4.1〉독일의 인더스트리 4.0의 구성요소와 인더스트리 4.0 이후의 연구과제 설계, 시험 & 생산준비 부문과 생산부문에서의 개념 대비표[13]

생산현장에 협동로봇과 같은 고급기능의 로봇 도입 확대, IoT관련 기술의 도입과 더불어, 설계부문에서의 PLM 발전방향은 많은 솔루션 회사들이 집중적으로 연구하고 있는 기능생성설계(Functional Generative Design) 기능이 적층가공과 함께 점차 실용화될 것으로 기대된다. 또한 현재 연구단계지만 파라미터 편집설계의 확장개념으로 형상뿐만 아니라 성능까지 포함하는 피처엔지니어링(Feature Engineering)이 설계나 해석영역에 도입될 것이다. 제품이 갖추어야 될 성능을 다분야에서 시뮬레이션(MDO)하여 최적화하는 성능기반 엔지니어링이 개념설계 단계에서 적용되고, 해석 또는 시험데이터에 대한 마이닝이 확대되면서, 엔지니어가 과거에 생각하지 못했던

13 Multimodal Communication in Hybrid Industrial Teams: Teaming up Robots, Workers, and Softbots for Industrie 4.0, 2nd Czech-German Workshop on Industrie 4.0, Berlin, December 12, 2016.

2장 제품개발 시스템

문제영역을 탐색하고 최적의 값을 도출하는 것에 많은 도움을 줄 것이다.

그리고 수평 및 수직적 통합을 가능하게 해주는 모형기반 시스템공학과 가상물리시스템에 관련된 기술들, 현실을 높은 충실도로 재현하는 가상모형인 디지털트윈이 가능해질 것이다. 디지털 트윈 모형을 이용하여 변경이 발생했을 경우 시스템상에서 쉽게 추정해보는 WHAT-IF 분석이 가능할 것이다.

그로 인해 PLM시스템이 형상중심에서 데이터중심으로 바뀌고, 이런 데이터들이 사물(Thing)화 되면서 서로 사물들 간 연결 관계를 갖고, 데이터끼리 서로 연결되어 제품 라이프사이클에서 설계 변경이나 품질문제 등이 발생 시에 추적성을 제공하여 변경에 대한 관리가 완벽하게 이루어지는 기능이 구현될 것이다.

2.5 결론

스마트공장과 함께 최근 디지털 트랜스포메이션(DX, Digital Transformation)라는 개념이 화두가 되고 있다. 기업에서 디지털 트랜스포메이션은 업무와 고객, 사회, 주변 환경 및 기술 등 3가지 영역에서 디지털 기술을 활용하여 일하는 방법과 비즈니스 모형의 변환 및 제품의 혁신 등을 시도하는 것이라 할 수 있다.

디지털 트랜스포메이션의 대상영역 중 신제품 개발과 관련하여 기간시스템이 되는 주요 IT 인프라 시스템은 BOM(Bill-of-material), PLM, MES/MOM(Manufacturing Operations Management), SCM(Supply Chain Management) 등이다.

특히 PLM영역은 신제품 개발의 디지털 트랜스포메이션을 위해 가장 중요한 부분 중 하나이며, 기업에서 진정한 디지털 트랜스포메이션을 위해 PLM 영역을 혁신하는 방안에 대해 향후 진지한 논의가 필요한 상황이다.

PLM시스템의 도입의 성공과 실패에 대해 설명하고자 한다. PLM 또는 다른 IT시스템을 현업에 적용하면 다양한 요인에 의해 결과가 영향을 받을 수 있다. 그러나 중요한 것은 PLM 시스템 도입의 실패와 성공에 대한 정의는 개별 회사나 프로젝트에 따라 다를 수 있겠지만, PLM 도입 및 적용을 성공시키기 위한 최소한의 지침은 있어야 된다.

독일의 아이그너(Eigner)교수는 PLM 성공을 위한 간단하지만 아주 멋진 공식을 제안하고 있다.[14]

$$S = 100\,E + 10\,P + T$$

* S = PLM시스템의 성공(Success),

　T = 솔루션이나 기술(Technology),

　P = 업무의 표준화와 프로세스화(Process),

　E = 사용자에 대한 교육과 동기부여(Empowerment),

이 공식이 의미하는 바는 사용자들의 교육과 동기부여가 무엇보다 중요하다는 것을 보여준다. 공식에서 100이나 10이라는 상수는 경우에 따라 다르나, PLM 프로젝트의 성공은 외적인 기술보다 내적인 문제, 예를 들면 표준화된 업무프로세스, PLM 시스템을 사용하는 사용자에 달려있다. PLM프로젝트가 실패한다면 솔루션과 기술의 제약이나 부족함이 요인일 수 있지만, 실질적으로는 업무 프로세스의 개선과 최종 사용자에 대한 교육 및 변

---

14 Why PLM projects (still) fail, ProSTEP iViP Symposium 2009, May 12-13, 2009, Berlin, Germany.

화에 대한 동기부여가 보다 중요한 요인이라는 점을 마음에 새길 필요가 있다.

〈그림 2.5.1〉 PLM성공법칙

3장

산업용 사물인터넷

배유석 한국산업기술대학교 교수

SMART FACTORY
TECHNOLOGY

오늘날 우리들의 주변 환경은 정보통신기술(ICT)의 혁신적인 발달로 인하여, 다양한 센서와 사물들이 지능화되고 연결 및 공유되는 새로운 생활환경, 더 나아가 산업 전반의 생태 변화 등을 겪고 있다. 이러한 변화의 배경에는 빅데이터, 사물인터넷, 인공지능 등의 기술들이 있으며, 4차 산업혁명에서의 중요한 기반기술로서 자리매김하고 있다.

🏃 이 글을 쓴 배유석은

대학 시절 역동적인 빛과 인공지능의 아름다움에 매료되어 광학기술과 인공지능기술의 분야에 꾸준한 관심을 기울이며 서울대 전기공학과를 졸업했다. 그리고 KAIST에서 전자공학과 박사 과정을 마치고, 미국국립표준연구소(NIST)에서 인공지능 연구를 진행하였다. 이후 삼성전자에 입사하여 연구 활동을 이어나갔으며, 2003년부터 한국산업기술대학교 교수로 근무하면서 학생들 및 기업과의 활발한 연구 활동을 수행했다. 2010년 최우수 산학협력 대상을 수상하고 2018년에는 '스마트제조 산업 활성화'유공자에 대한 산업통상자원부 장관 표창을 받았다. 현재 한국산업기술대학교 첨단제조혁신원 원장을 겸직하고 있으며, 다양한 스마트공장 관련 사업에 참여하여 국가의 제조경쟁력 강화에 힘을 보태고 있다.

3.1 사물인터넷의 개념

■ 정보통신기술의 발달과 사물인터넷(Internet of Things, IoT)

오늘날 우리들의 주변 환경은 정보통신기술(ICT)의 혁신적인 발달로 인하여, 다양한 센서와 사물들이 지능화되고 연결 및 공유되는 새로운 생활환경, 더 나아가 산업전반의 생태 변화 등을 겪고 있다. 이러한 변화의 배경에는 빅데이터, 사물인터넷, 인공지능 등의 기술들이 있으며, 4차 산업혁명에서의 중요한 기반기술로서 자리매김하고 있다.

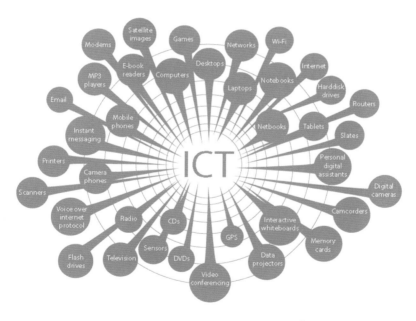

〈그림 3.1.1〉 정보통신기술(ICT)에 대한 개념도[1]

---

1   Jonathan Anderson, 'ICT Transforming Education, A Regional Guide', UNESCO, 2010.

아마도 지금, 여러분들은 〈그림 3.1.1〉과 같이 생활 속에 익숙해진 정보통신기술을 통하여 사물인터넷을 자신도 모르는 사이에 자연스럽게 사용하고 있을지도 모른다.

이번 장에서는 정보통신기술의 핵심이자, 4차 산업혁명을 이끌고 있는 기반 기술로서의 사물인터넷의 개념 및 주요 기술, 적용사례 등을 통하여 사물인터넷과 산업용 산업인터넷에 대하여 자세히 공부하기로 한다.

■ 사물인터넷이란?

초연결사회, 차세대 인터넷, 사물 간 인터넷, 똑똑하게 연결된 디바이스,[2] 즉, 인터넷 환경에서 고유의 식별이 가능한 주소를 가진 사물이 만들어낸 정보를 공유하는 환경[3] 등 다양한 형태로 불리는 중요한 기술이 있다. 바로 '사물인터넷'이라는 기술이다.

사물인터넷이란, "각종 사물에 다양한 센서와 통신 기능을 내장, 인터넷에 연결하는 기술을 의미한다.[4] 인터넷에 연결된 사물들이 데이터를 주고받아 스스로 분석하고 학습한 정보를 사용자에게 제공하거나 사용자가 이를 원격 조정할 수 있는 인공지능 기술을 의미한다.[5]"라고 정의하고 있다.

2 David Blaza(UBM Electronics), 'Smart Connected Devices', ARM techCon2012, Internet of Things Panel session, 2012.
3 Cisco, 'Internet of Everything, IOE', 2011.
4 정빛나, "사물 인터넷도 DIY시대 … 레고처럼 조립하는 제품 등장", 연합뉴스, 2016. 11. 6.
5 심용운, "스마트 생태계", 커뮤니케이션북스, 2015. 1.

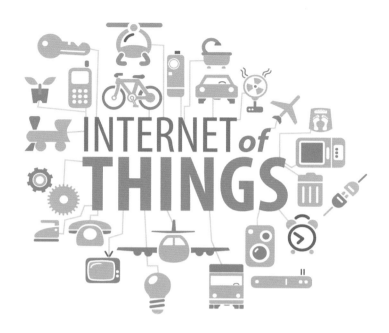

〈그림 3.1.2〉 사물을 인터넷으로 연결하다[6]

　　미국의 유명한 통신 및 네트워크 전문 기업 시스코의 존 체임버스 회장
은 'CES 2014' 기조연설에서 '단순히 기술적인 문제가 아니며, 인류 생활 방
식 자체를 바꾸는 혁명'이라 표현 하였으며, 글로벌 시장조사업체 '가트너
(Gartner)의 2013년 보고서'[7]에 의하면 "사물들은 서로 소통하고, 감지하고,
상호작용한다."라고 정의 하고, 2009년 약 9억개의 사물 인터넷 기술을 사
용하는 사물의 개수가 2020년까지 260억 개에 이를 것으로 예상된다고 하
였으며, 앞으로 가장 주목해야할 10대 전략기술 중 하나로 선정하기도 하
였다.

6　　Jack Wallen, 'Why the Internet of Things needs open source', techrepublic, 2016
7　　Gartner, 'Gartner Says the Internet of Things Installed Basee Will Grow to 26 Billion
　　　Units By 2020', 2013.

■ 사물인터넷의 정의

사물이란 가전제품, 모바일 장비, 등 전통적인 형태의 다양한 임베디드 시스템으로 구성이 되며, 자신을 구별할 수 있는 IP를 가지고 인터넷에 연결되어야 하며, 외부 환경으로부터 데이터 취득을 위해 센서를 내장하는 형태로 구성된다.

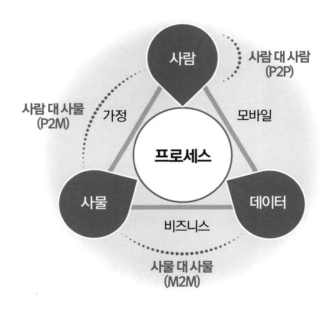

〈그림 3.1.3〉 사물인터넷의 개념[8]

사물인터넷의 기본개념은 '사람이 조작하고 개입하는 것을 최소화시켜 사물과 사물, 즉 휴대폰과 보일러나 자동차 스마트키와 자동차가 서로 데이

8 민경식, '사물 인터넷(Internet of Things)", NET Term, 한국인터넷 진흥원, 2012. 6.

터를 주고받는 기술이다.'[9]로서 1999년 MIT Auto-Id Center장이었던 케빈 애쉬턴(Kevin Ashton)이 사물인터넷이라는 용어를 처음 소개한 후 "사물인터넷은 인터넷에 연결되어 인터넷과 같은 방식으로 작동하는 센서들을 의미한다. 사물인터넷은 개방적인 애드혹(Ad Hoc) 연결을 만들고 자유롭게 데이터를 공유하고 예상하지 못했던 애플리케이션들을 구현함으로써 컴퓨터가 주변 환경을 인식하고 마치 인간의 신경계처럼 작동할 수 있도록 해준다."[10]라고 정의하였다.

사물인터넷이란 좁은 의미로는 "센서와 사물 간 지능 연결이 가능한 사물(thing)그 자체를 의미하지만, 넓은 의미로는 사람, 사물, 공간 등 모든 것이 인터넷으로 연결되어 이를 통해 생성된 엄청난 양의 데이터들이 산업의 모든 분야에 활용되는 현상 그 자체를 의미하기도 한다."[11]라는 의미로 분류하기도 한다.

■ 사물을 통한 상호작용의 확장

사물인터넷에서는 일상 데이터들, 즉 위치·움직임·기온·환경 등에 대하여 센서를 사용하여 데이터를 수집하고, 이렇게 수집된 데이터들을 다양한 통신방식을 이용하여 다른 사물들에게 전달되는 상호작용을 하고 있다. 물론, 사물인터넷은 기존에도 존재하던 M2M(Machine To Machine) 방식의 상호전달에서 인터넷을 이용한 확장된 개념으로 사물은 물론, 현실과 가상세계의 모든 정보와 상호 작용하는 개념이라고 할 수 있다.

---

9   김민수, '사물과 사물이 소통한다. 사물인터넷', KISTI의 과학향기 칼럼, 2015. 1.
10 Kevin Ashton, 'Making Sense of IoT', 1999.
11 심용운, "스마트 생태계", 커뮤니케이션북스, 2015. 11.

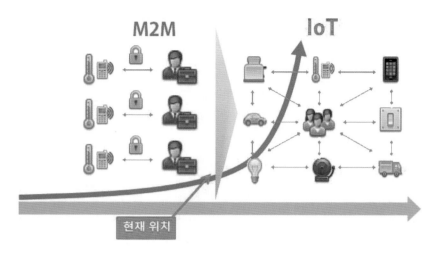

〈그림 3.1.4〉 M2M과 사물인터넷의 개념 변화[12]

■ 사물인터넷의 현주소

우리가 자주 접하는 스마트폰, 스마트밴드 등도 사물인터넷에 일종으로 볼 수 있으며, 이 기술은 전혀 새로운 것이 아닌 기존에 있던 제품이나 기기에 단지 센서나 통신 기능을 추가하는, 전통적인 오프라인 기기에 정보통신 기술을 접목시켜 기존에 존재하지 않은 새로운 기기를 만들어내는 기술[4]로 생각할 수 있다.

이처럼 과거에도 존재하던 사물인터넷의 개념이 최근 들어 이슈화 되고 있는 이유는 현대의 환경이 매우 빠른 속도로 변화하고 있기 때문이다. 과거의 제한된 통신기능을 가지거나 거의 연결이 되지 않던 시대와 대비하여, 현재는 스마트폰등 수많은 스마트 디바이스가 광범위하게 보급되면서 이들이 서로 네트워크를 형성, 사물인터넷화 되고 있는 추세이다.

12 민경식, "사물 인터넷(Internet of Things), 한국 인터넷 진흥원.

2부 스마트공장 기술 개론

물론, 이러한 기술은 주로 스마트기기라 불리며 단지 단순한 센서나 기능만을 추가해 새로운 기기로 포장한 사례가 많아, 우리가 스마트폰을 처음 접하는 상황에 체감하였던 혁신에 대한 경험을 제공하지 못하는 경우가 대부분이어서 단지 신기한 장난감 정도로 간주 되고 있는 현실이다.

그러나 과거와 달리 사물인터넷의 환경이 많이 변한 상황에서 적용분야가 다양해지며, 융합 기술 등 다양한 첨단기술을 이용하여 여러 환경에 적용되어 혁신을 제공함으로서 앞으로의 사물인터넷은 생활뿐만 아니라 산업 전반으로 유기적인 상호작용을 위한 기반기술로서 자리매김할 것이다.

■ 산업 환경에서의 산업용 사물인터넷(Industry Internet of Things, IIoT)

산업인터넷(Industrial Internet)이라는 용어는 GE(General Electric)에서 최초로 사용되었다. 산업용 사물인터넷은 Industrial Internet of Thing, Industrial Internet, Internet of Industrial Things, Enterprise IoT 등으로 다양한 용어가 사용되고 있으며, 이를 축약하여 IoT, IIoT, IoIT, EioT 등으로 표현하고 있다.

산업용 사물인터넷의 주요 정의를 살펴보면, 사물인터넷 컨소시엄(IIC)은 사물인터넷, 기계, 컴퓨터, 인간이 기업의 성과 개선을 목적으로 최첨단의 데이터 분석방법을 이용하여 지능적으로 산업을 운영하는 것으로서, 사람과 기계의 상호접속 방식을 개선하는 것으로 정의될 수 있다.

사물인터넷은 산업계에서 차지하는 역할이 더욱 중요하다. 산업분야에서 사용하는 사물인터넷을 '산업용 사물인터넷(IIoT)'라고 구분하기도 한다. 산업용 사물인터넷이란 산업현장에서 기계, 첨단 분석기술, 작업자를 서로 연결하여 상호작용을 이뤄내는 것을 의미한다.

사실 공장은 오래전부터 '자동화'를 통해 사람의 직접적인 노동을 대체하는 움직임이 있어 왔다. 하지만 그 자동화가 전체 공정에 얼마나 효율적으로 적용되었는가는 별개의 문제가 되어 버렸으며, 오로지 자동화가 필요한 공정에 대한 선택, 제품의 생산량 관리, 각 설비의 결함 파악과 유지보수 등은 관리자의 직관에 의지해 결정되며 발전해왔다.

〈그림 3.1.5〉 산업용 사물인터넷이 적용된 산업 현장, 지맨스사의 예시[13]

하지만 스마트공장은 이러한 관행을 타파하고 실질적인 프로세스에 기반을 둔 최적의 생산라인을 구축하려는 목적으로 산업용 사물인터넷을 이용하여 연결된 수많은 기기들은 산업 현장에서 모니터링, 데이터 수집, 교환 및 분석 등의 기능 수행을 통해 생산력 향상과 안전관리, 시스템에 대한 제어를 이루어지게 하며, 고효율과 높은 생산성 및 성과를 제공할 것으로 기대되고 있다.

---

13 'DIGITALISIERUNG-INNOVATIONSTREIBER AUF DEM WEG ZUR INDUSTRIE 4.0', SIE-MENS.

3.2 주요 기술

■ 사물인터넷의 주요기술

〈그림 3.2.1〉 사물인터넷의 3대 주요 기술[14]

　사물인터넷의 주요 기술은 크게 3가지로 분류할 수 있다. 첫째, 주위 환경으로부터 정보를 취득하는 센싱 기능을 사용하는 사물(엣지)단계, 둘째로 사물과 사물의 연결을 담당하는 유/무선통신 및 네트워크 인프라 기술을 이용한 게이트웨이/네트워크 인프라 단계, 마지막으로 응용서비스와의 연동 및 인터페이스 역할을 수행하는 사물인터넷 서비스 인터페이스 기술로 분류가 가능하다.

　산업용 사물인터넷은 운송, 제조, 소비재, 석유, 가스, 화학, 플랜트 등 산업 분야 전반에 걸쳐 적용되고 있다. 사실 업체나 기관, 국가 마다 산업용 사물인터넷이 Industrial Internet of Things, IIoT, I2oT, Industry 4.0, 4차 산업혁명 등 정의가 다양하지만 일반적으로 사물인터넷의 아키텍처는 〈그림 3.2.2〉와 같이 구분이 가능하다.

14 '사물인터넷', 스플렉스, 'http://www.splex.co.kr/사물인터넷-iot'

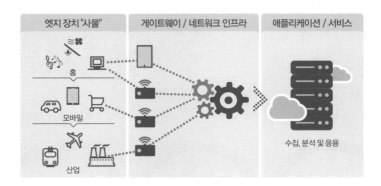

엣지 장치 "사물"　　게이트웨이 / 네트워크 인프라　　애플리케이션 / 서비스

홈

모바일

산업

수집, 분석 및 응용

〈그림 3.2.2〉 사물인터넷의 아키텍처[15]

첫 번째 단계는 실제 산업 공정에서 산재하는 수많은 센서, 액츄레이터, 디바이스와 같은 물리적인 측정 기기들로, 사물인터넷의 사물을 담당하는 계층이다. 사물들에서 데이터가 발생하는 첫 단계라고 할 수 있으며, 'Edge (엣지)' 장치라고도 호칭하고 있다.

두 번째 단계는, 수많은 사물들을 연결하는 '게이트웨이/네트워크 인프라'로서, 각 사물에서 생성되는 데이터를 모아주는 통로 역할을 한다. 이더넷, RFID, ZIGBEE, WIFI, Bluetooth 등 무선통신을 비롯하여, 3G, LTE 등과 같은 이동통신 기술들이 사용되며, REST, XMPP, CoAP, MQTT등 다양한 프로토콜을 지원한다.

세 번째 단계에서는 수집된 데이터의 통합, 분석 및 처리, 시각화를 담당하는 단계로서, 수집된 데이터를 대상으로 플랫폼 기반의 다양한 산업용 애플리케이션 및 서비스가 운영된다.

산업용 사물인터넷 시장을 선도하는 업체에 의하여 지원하는 사물인터넷 아키텍처는 회사별로 보유하고 있는 기술 및 진출 산업 분야에 따라 서로 다른 특징을 가지며, 각 기술력에 따른 다양한 회사가 존재한다.

15 이미정, '산업용 IoT 시장 및 기술동향과 빅데이터 플랫폼으로서의 Splunk', MDS 테크놀로지.

1) 사물(엣지) 단계

사물에게 청각, 미각, 후각, 촉각, 시각 등을 부여해 주변 환경의 변화를 측정할 수 있도록 하는 방법으로 사물의 실제적 물리적인 정보를 센서를 이용하여 표준화, 지표화하여 정보를 처리하고 응용하는 과정을 거쳐 다양한 환경에 적용하게 된다.

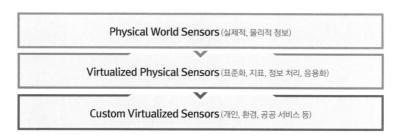

〈그림 3.2.3〉 사물인터넷 센싱기술[16]

전통적인 온도, 습도, 열, 가스, 조도, 초음파센서 등에서부터 원격감지, SAR(합성개구 레이더), 레이더, 위치, 모션, 영상 센서 등의 사물과 주위 환경으로부터 정보를 얻을 수 있는 물리적 센서를 사용하여, 표준화된 인터페이스와 정보 처리 능력을 내장한 스마트센서로의 발전이 진행되고 있다.

따라서, 센싱 기술이란, 정보를 수집하고 처리, 관리하며, 정보가 서비스로 구현되기 위한 환경을 지원하는 기술을 의미한다. 더 나아가, 기존의 센싱된 데이터로부터 특정 정보를 추출하는 가상 센싱 기술 기능의 연구로 실제 사물인터넷 인터페이스 구현에 많은 역할을 차지하고 있다. 그러므로 지금의 센싱 기술은 기존의 독립적이고 개별적인 센서보다 한 차원 높은 다중, 융·복합 센서 기술을 사용하기 때문에 한층 더 고차원적인 정보를 추출할 수 있다.

---

16 '사물인터넷', 스플렉스, 'http://www.splex.co.kr/사물인터넷-iot'

2) 유·무선 네트워크 기술

기존의 WPAN, Wifi, 3G/LTE, Bluetooth, 이더넷, BcN, 시리얼통신, PLC등, 인간과 사물을 연결시킬수 있는 모든 유·무선 네트워크 기술을 의미한다. 유·무선 네트워크 기술은 인터넷에 직접적으로 연결하거나, 각 센서들을 연결하여 사물인터넷에서 중요한 역할을 수행하고 있다. 사물인터넷에서 사용되는 주요 유·무선 네트워크의 프로토콜은 다음과 같다.

가) REST(Representational State Transfer)

사물인터넷을 구성하는 기기들의 상태를 전송하는 방법으로, 리소스라는 이름의 인터넷상의 문서, 이미지, 서비스와 같은 정보를 지칭한다. 클라이언트 서버의 네트워크 환경에서 리소스의 CRUD(Create, Read, Update, Delete)처리를 지원한다.

나) MQTT(Message Queuing Telemetry Transport)

제한된 컴퓨터 성능과 빈약한 네트워크 연결 환경에서의 동작을 고려, 설계된 대용량 메시지 전달 프로토콜로서 IBM에서 개발되고 OASIS(Organization for the Advancement of Structured Information Standards)에 의해 사물인터넷의 표준 프로토콜로 선정된 기술이다.

다) XMPP(eXtensible Messaging and Presence Protocol)

IETF에서 제정한 국제 표준 프로토콜로서 인스턴트 메신저를 위한 프로토콜이며, 다수의 클라이언트 간의 Publish, Subscribe 구조를 바탕으로 확장성 있는 XML기반의 실시간 메시지 교환이 가능한 프로토콜이다.

라) CoAP(Constrained Environments Application Protocol)

제한된 컴퓨팅 성능을 갖는 디바이스들의 통신을 실현하기 위하여 IETE

의 CoRE(Constrained RESTful Environments) 워킹 그룹에서 만든 응용·계층 표준 프로토콜로서 인터넷의 센서 노드와 같이 제약이 많은 환경에서 사용된다. 웹서비스를 구현함에 있어서 제약이 많은 환경을 TCP, HTTP와 같은 무거운 통신 프로토콜을 사용함에 어려움이 많아 웹서비스를 할수 있는 가벼운 프로토콜을 목적으로 설계된 프로토콜이다.

3) 사물인터넷 서비스 인터페이스 기술

사물인터넷 서비스 인터페이스 기술이란, 사물인터넷의 주요 3대 구성 요소인 인간·사물·서비스의 특정 기능을 수행하는 응용 서비스와 연동하는 역할로서, 사물인터넷 서비스 인터페이스는 네트워크의 인터페이스의 개념이 아닌, 정보를 가공하고 추출하고 처리하는 일련의 과정과 저장 및 판단, 상황인식, 인지, 보안, 프라이버시 보호, 인증 및 인가, 디스커버리, 객체 정형화, 온톨로지 기반의 시맨틱, 오픈센서API, 가상화, 위치확인, 프로세스 관리, 오픈플랫폼, 미들웨어, 데이터 마이닝, 소셜 네트워크 등의 서비스 제공을 위해 인터페이스(저장, 처리 및 변환 등) 역할을 수행한다.

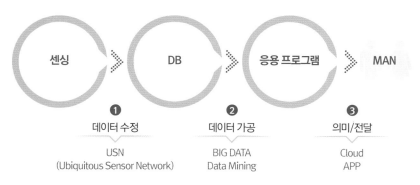

〈그림 3.2.4〉 사물인터넷 인터페이스 구조도[17]

17 '사물인터넷', 스플렉스, 'http://www.splex.co.kr/사물인터넷-iot'

즉, 서비스 인터페이스로서 사물인터넷망을 통해 정보에 대한 저장, 추출, 처리 및 변환 등의 다양한 서비스를 제공할 수 있는 인터페이스 역할을 의미한다.

4) 사물인터넷 플랫폼

사물인터넷의 플랫폼이란, 사물인터넷의 두뇌 역할을 수행하는 부분이라고 할 수 있다.

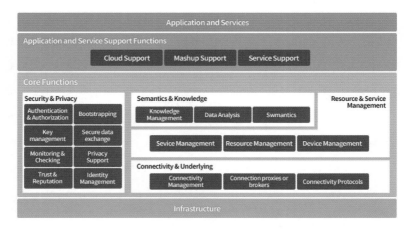

〈그림 3.2.5〉 사물인터넷 플랫폼의 구조도[18]

실세계에 존재하는 사물들과 네트워크로 상호 연결되어 사람과 사물, 사물과 사물끼리 언제 어디서나 소통할 수 있도록 환경을 제공하며, 사물들의 데이터를 수집하거나 사물에 대한 제어방법을 제공하고 궁극적으로 수집한 데이터를 처리하여 지능형 서비스를 사람들에게 제공하기 위한 서비스 프레임워크라고 할 수 있다.

18 '사물인터넷', 스플렉스, 'http://www.splex.co.kr/사물인터넷-iot'

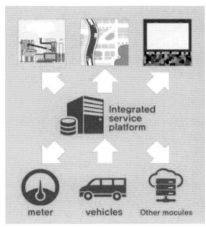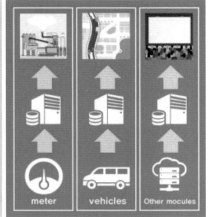

수직적 모형　　　　　　　　수평적 모형

〈그림 3.2.6〉 사물인터넷플랫폼의 수직적 모형과 수평적 모형[19]

　　사물인터넷의 서비스 대부분이 이 플랫폼에서 시작되며, 초기의 사물인
터넷 플랫폼은 해당 서비스나 응용 도메인별로 독립적인 플랫폼 위치의 수
직적 모형으로 구축 되었으나, 관련 기술의 발달과 복합적인 사물들의 사용
으로 인하여 응용 도메인의 경계를 허무는 통합 플랫폼 위주의 수평적 모형
으로 접근하고 있다. 하지만 수평적 모형이 하나의 플랫폼으로 통합되는 것
이 아닌, 다수의 플랫폼들이 존재함을 의미한다.

■ 사물인터넷의 동향 및 전망

　　사물인터넷을 구성하는 생태계는 칩벤더, 모듈/단말 업체, 플랫폼/솔루
션 업체, 네트워크/서비스업체 등 크게 4가지로 구성된다.

---

19 '사물인터넷', 국립중앙과학관.

가치사슬	유형	주요전문업체
칩벤더	무선 송수신칩, 센서, 마이크로 컨트롤러 등을 생산하는 제조업체	(해외) Qualcomm, Taxas Instruments, Infineon, ARM
모듈/ 단말업체	사물인터넷 모듈(무선송수신칩+마이크로컨트롤러), 다양한 사물인터넷단말 등을 생산하는 제조업체	(해외) Sierra Wireless, E-device, Telular, Cinterion, Telit, SIMCOM
플랫폼/ 솔루션 업체	사물인터넷 플랫폼 소프트웨어나 사물인터넷 종합관리 솔루션을 개발하여 제공하는 업체	(해외) Jasper Wireless, Aeris Wireless, Qualcomm, datasmart, Inilex, Omnilink
		(국내) 멜퍼, 페타리, 브레인넷, 엔티모아, 인사이드M2M
네트워크/ 서비스업체	기본적인 유무선 네트워크를 제공하고, 보다 전문적인 M2M 서비스를 제공하는 업체	(해외) AT&T, Sprint, Vodafone, T-mobile, Verizon, BT
		(국내) SKT, KT, LGU+

현재, 사물인터넷 칩셋을 제조하는 칩벤더와 모듈을 공급하는 제조업체는 칩셋은Qualcomm, Ti, Infineon등에 의해 주도되고 있고, 모듈의 경우 전세계 공급량의 78%를 Cinterion, Telit, Sierra, SIMCOM등 4개회사가 공급하고 있는 상황과 같이 해외의 주요 소수 기업에 의해 생산 및 공급되고 있는 상황이다.

플랫폼/솔루션 업체는 비교적 중소·중견기업에 의해 주도되며, 다양한 맞춤형 솔루션 서비스를 제공하고 있다.[21] 네트워크/서비스업체의 경우 새로운 수익원으로서 사물인터넷을 인지하고 산업현장에 다양한 적용 방법을 모색 중에 있다.

---

20 방송통신위원회, 'IoT 가치사슬 및 생태계 내 주요 플레이어'.
21 방송통신위원회, '2012년 사물지능통신 정책방향', 2012. 2. 23.

이처럼 기반산업으로서의 사물인터넷은 산업현장 뿐만 아니라 국가정책에 영향을 미칠 정도의 중요성을 가지고 있다. 미국에서는 '국가정보위원회'에 의하여 2025년까지 다양한 분야에서 미국의 국가경쟁력에 영향을 미칠 수 있는 6대 와해성 기술(disruptive civil technologies, 2008) 분야 중 '사물인터넷(The Internet of Things)'을 선정 하였으며, EU에서는 일찍이 2009년 7월 인터넷 진보를 활용하는것과 보안(개인정보)과 같은 문제가 될 우려가 있는 사항에 적절히 대응할 수 있도록 14개의 사물인터넷에 관한 액션플랜을 발표하였으며, 일본의 경우 2011년 8월 경제산업성에서 사물인터넷을 중심으로한 'IT융합에 의한 신산업 창출전략'을 발표하였으며, '안전한 디지털 안심·안전 사회의 실현을 위한 'i-Japan 전략 2015'에 이용자 관점에 입각한 인간중심의 디지털사회구현에 사물지능통신이 포함, 국가 전략 산업으로 육성하고 있다.[22]

3.3 적용 사례

산업용 사물인터넷은 서비스와 장비들이 더 많은 센서와 네트워크에 연결되어 제공됨에 따라 매우 큰 잠재력을 가지고 있다. 개방 환경을 제공하고 표준 인터넷 접근성과 서비스의 혜택을 받는 서비스로서, 산업장비가 공개 데이터베이스를 활용하여 동종업계 벤치마킹 업체와 비교하여 얼마나 성과를 내고 있는지 알 수 있는 시스템이다.

상위 수준의 사물인터넷은 에너지, 제조, 유지보수 등의 효율성 증대와 향상된 안전과 보안, 그리고 더 나은 경험과 새로운 비즈니스 서비스가 가

---

22 민경식, '사물인터넷(Internet of Things)', 한국인터넷진흥원.

능해진다. 다음의 사례를 통하여 업종별 산업에 대하여 간략하게 살펴보도록 하겠다.

■ 스마트 생산, 스마트 공장

생산업체들은 그들의 제품과 생산라인에 유무선 연결성을 적용함으로써 생산 프로세스를 개선하고 있다. 생산자들은 통합된 연결성 덕분에 작업장에서 얻은 정보를 클라우드를 통해 전달받음으로써, 제품이 공장을 떠나기 전에 문제들을 발견하고 처리할 수 있다. 생산자들은 연결성을 사용해서 현장 장비에서도 정보를 얻기를 원한다. 이러한 정보는 그들이 버그를 찾게 해주고, 장비를 모니터링 할 수 있게 하며, 소프트웨어와 펌웨어를 원격으로 업그레이드할 수 있게 해주는 등 이전에는 불가능했던 것들을 가능하게 한다.

■ 건물자동화

공장 자동화와 비슷한 방법으로, 건물 자동화는 실제 사용에 기반을 두고 조명을 켜고 끄기 위해 센서에 연결할 수 있고, 에너지 최적화를 돕는 HVAC[23] 시스템의 역동적인 제어가 가능하게 한다. 예측 가능한 유지보수를 지원함으로 저렴한 비용으로 운용 관리가 가능하다는 점이 강점이다.

■ 스마트시티

e-meter의 사용과 함께 전기와 물 사용의 개선 및 보전에 사물인터넷이 적극 사용되며, 연결된 스마트 가로등과 네트워크에 연결된 보안과 교통제

23 HVAC: Heating Ventilation, Air Conditioning, 공기조화설비.

어 모니터는 도시를 원활하게 운영하는데 도움을 준다. 도시 전체에 설치된 센서들은 가스와 수도 누출을 감지하고 시민들을 안전하게하고 작동이 가능하도록 보장한다.

■ 소매점

디지털 라벨을 통해 재고를 더 잘 추적할 수 있게 하고, 소비자 충성도 프로그램과 결합된 사물인터넷 기반의 연결된 비콘은 소비자들이 상점 내에서 쇼핑하는 동안 선호도를 토대로 상품의 쿠폰과 권유가 가능해진다.

위의 예시 외에도 많은 분야에서 사물인터넷이 사용되고 있다. 그러나 산업용 사물인터넷은 산업용의 고려요소인 방해음과 환경 변화, 제어된 지연에 강하고 사용되는 환경과 적용 때문에 안전하고 다양한 인터페이스와 통신 프로토콜을 필요로 한다.

게다가 산업시장은 변화가 매우 느리기 때문에 산업용 사물인터넷이 적용되는 시간도 많은 시간이 필요할 것으로 예상된다. 하지만, 적절한 하드웨어와 소프트웨어 솔루션과 결합된 예측 가능한 유지보수, 모니터링, 빅데이터 분석 및 산출과 작업환경을 개선시키는 것 등의 특징적인 장점은 산업용 사물 인터넷의 산업 전 분야에 적용되는 시간의 단축을 예상케 한다.

다음의 예를 통하여 현재 산업용 사물 인터넷 시장의 선두 역할을 하고 있는 기업들의 예시를 이용하여 산업분야에 대하여 적용을 자세히 알아보도록 하겠다.

■ 제너럴 일렉트릭(GE)

제너럴 일렉트릭사는 2014년 제프 이멜트 회장의 기조연설을 통해 "GE는 어재까지는 제조 산업 기반의 회사였지만, 이제는 데이터 및 분석회사로 거듭날 것이다"라고 밝히며, 회사의 체질을 근본적으로 변화시키고 있다. 이를 위하여 2011년 미국 캘리포니아주 실리콘밸리에 개발자 1,400명 규모의 소프트웨어 연구소를 설립하고, 약 1조원의 연구 비용을 투자를 하고 있다. 또한 2011년에 산업용 사물 인터넷의 표준을 설계를 하기 위하여 산업인터넷 컨소시엄(Industrial Internet Consortium)을 IBM, Cisco, 인텔, AT&T와 함게 창립 맴버로 설립하고, 다양한 공동연구를 진행하고 있다.

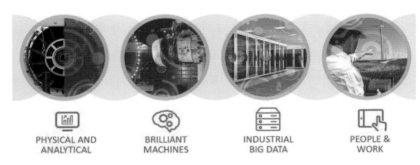

〈그림 3.3.1〉 제너럴 일렉트릭사의 산업용인터넷 4대 연구 분야[24]

제너럴 일렉트릭사는 항공, 제조, 에너지, 의료, 철도 등 다양한 산업 분야의 기계 설비를 제조하는 노하우를 보유하고 있다. 산업기계역학에 대한 이해와 새로운 분석 소프트웨어 기술의 융합 연구를 진행하고, 운영하고 있는 400여개의 공장 및 주요 고객사를 대상으로 파일럿 프로젝트를 수행하였다. 이를 통하여 개발된 산업별 특화된 산업인터넷 솔루션을 해당 사업을 전담하기 위해 신설된 GE Digital 조직을 통해 공급하고, 전 세계 기업의 디지털 혁신을 돕고 있다.[25]

24 윤해열, '산업용 사물인터넷의 적용방안 및 기대효과', 월간계장기술, 2016. 2.

제너럴 일렉트릭사는 산업인터넷을 적용하는 분야로 "생각하는 공장 (Brilliant Factory)", "설비자산성능관리(Asset Performance Management)", "지능적인 환경(Intelligent Environment)"으로 세분화하였다.

GE Brilliant Factory 3단계 프로젝트
플랫폼을 통해 필요한 만큼 손쉽게 적용 범위를 확대할 수 있다.

〈그림 3.3.2〉 제너럴 일렉트릭사의 Brilliant Factory[26]

이를 구축하기 위하여 〈그림 3.3.2〉와 같이 Get Connected, Get Insights, Get Optimized의 3단계 방법론을 제시하고 있다. 이는 기존의 방식에서 탈피하여 단계적 접근을 통해 기업의 투자가 빠른 시일 내에 효과를 내고 다음 단계로 진행하기 위한 최적화 과정을 의미한다.

Get Connect의 과정에서는 공장 내 사물들의 데이터를 수집하고 분류, 가시성을 확보하는 첫 번째 단계를 수행한다. 다음의 단계인 Get Insight는 이전 단계에서 수집된 빅데이터 분석을 통해 주요 KPI지표[27]를 산출한다. 마지막으로 Get Optimized단계를 통해 주요 지표를 개선하기 위하여 전사

---

25 윤해열, '산업용 사물인터넷의 적용방안 및 기대효과', 월간계장기술, 2016. 2.
26 윤해열, '산업용 사물인터넷의 적용방안 및 기대효과', 월간계장기술, 2016. 2.
27 KPI지표 : Key Performance Indicator, 핵심성과지표.

적으로 최적화하고 적용하는 단계를 통하여 기업이 도출, 혁신하고자 하는 분야 및 목표를 선정하고 이를 위해 산업 인터넷 기술이 적용되어야 하는 설비 및 업무 프로세스를 결정한다.

■ 지맨스(Siemens)

세계 최고의 지능형 공장을 구현하여 생산설비, 제어시스템 및 산업용 소프트웨어 등 거의 모든 산업분야의 제조 및 공정자동화 솔루션을 보유하고 있으며, 자동화, 디지털화 영역에 핵심 역량이 집중되어 있다.

지맨스에서는 산업용 클라우드기반의 개방형 사물인터넷 플랫폼 '마인드스피어'를 기반으로, 사물인터넷에서 생성되는 방대한 데이터를 효율적으로 저장하고 관리해주는 개방형 OS(Operating System)을 사용한다. 생산과정의 데이터를 분석하고 새로운 정보를 제공함으로서, 스마트한 공장운영을 가능하게하고 고객의 필요에 따라 분석한 데이터 기반으로 컨설팅 서비스를 제공하고 있다.

〈그림 3.3.3〉 지맨스사의 EWA의 내부[28]

28 Siemens, "Seimens Electronics Factory in Amberg/Germany-The 'Digital Factory'".

독일 Amberg지역의 스마트공장 EWA(Electronics Works Amberg)에서는 개발형 사물인터넷 플랫폼 '마인드 스피어'가 실시간으로 수집하는 5,000만 건의 정보를 통해 제조 공정마다 75%의 자동화 실현율을 통해 자동으로 작업을 지시하는 등 실제 업무에 적용하고 있다.

■ 국내기업 현황

대기업을 중심으로 ICT 적용 제조현장 혁신을 위한 시도가 진행되고 있으나, 외산 솔류션에 대한 의존도가 높고, 국내 기술의 한계로 민간 투자는 시작단계라 할 수 있다.

1) LS산전

스마트공장 시범사업(산업자원부)를 통해 PLC[29] 기반의 조립 자동화 라인을 구축하고 수요예측 시스템이 적용된 유연생산시스템을 운영하고 있으며, 공장 자동화 시스템과 스마트 그리드 기술을 융합하여 에너지 최적화를 위한 통합 제어관리 시스템을 도입하여, 다품종 대량생산은 물론 맞춤형 소량다품종 생산도 가능한 시스템 변혁을 구현하였다.

2) 포스코(POSCO)

2017년도 까지 국내 제철소 대상 설비, 품질, 조업, 에너지, 안전관리 등의 분야에 스마트 공장 적용 프로젝트 추진 중이며 스마트 공장 구축을 위한 ICT 요소기술 적용을 시도하고 있다. 하지만, RFID/GPS 기반의 물류체계를 구축하였으나, 협력업체들의 비용 부담으로 인하여 전체 협

---

29 PLC: Programmable Logic Controller. 각종 센서로부터 신호를 받아 산업용 로봇이나 설비가 작동하도록 하는 장치.

력업체로의 확산은 부족한 상황이다.

3) 현대위아(Hyundai WIA)

현대자동차그룹의 공작기계 제조회사로 지멘스와 협력하여 만든 스마트팩토리 솔루션(HYUNDAI I-TROL)을 통해 제품 설계부터 3D 시뮬레이션 결과를 확인 가능하다.

4) 주요 중소기업 사례 분석(스마트공장을 중심으로)

▶ ㈜대성아이앤지

1. 자동차 동력 전달장치 및 부품을 생산
2. 현대·기아 자동차의 미션 및 자동차 에어컨에 사용되는 관련 부품을 생산, 세계적인 자동차 부품 업체인 보그워너, 한온 시스템 등 1차 협력사에 납품
3. 도입 기술 및 효과
   1) MES[30]를 이용해 데이터의 신뢰성과 업무 효율성을 향상
   2) 모바일을 활용한 ICT[31] 기반의 시스템을 도입하여 현장에서 문제 발생 시 혹은 조치가 끝나면 관계자에게 개별적으로 문자가 전달되어 크로스 체크 가능
   3) 스마트공장 시스템 도입으로 축적된 기초 데이터를 활용해 계획 생산을 실현, 불량률 감소
   4) 곧 전사적인 스마트 시스템을 도입할 계획

---

30 Manufacturing Execution System (재조실행시스템)-제품이 완성 될 때까지 전 생산 활동을 관리하는 시스템으로 생산 현장의 각종 정보들을 실시간으로 수집하여 집계/분석/모니터링 및 생산 공정을 제어함으로써 고품질의 수익 지향적 생산체제를 갖추게 하는 통합 생산관리 시스템.

31 Information Communication Technology(정보통신기술).

5) 불량률 39% 감소, 설비 가동률 2% 개선, 전기 사용량 3% 감소, 매출 28.6% 향상

▶ ㈜연우

1. 화장품 용기를 생산
2. 세계 10대 화장품 브랜드를 포함한 전 세계 주요 화장품 브랜드와 거래 중
3. 400개의 거래사를 보유해 동종 업계 1위를 차지
4. 도입 기술 및 효과
   1) 전사정보 시스템과 연계된 MES 구축으로 '4M'[32] 관리를 강화
   2) MES를 통해 관리자들은 물론 임원실과 사무실에서도 현장 상황을 실시간 파악할 수 있음
   3) '사출'이 모든 공정의 기초이기 때문에 사출 라인에 가장 먼저 스마트공장 구축
   4) 현장 설비에 장착된 POP[33]를 통해 시간당 생산량과 양품, 불량품의 수량을 즉각 파악함으로써 성능 가동률을 실시간 점검 가능
   5) 업무 생산성 23% 증가, 설비 가동률 8% 증가, 2분기 매출 전년 동시 대비 25.2% 증가, 신규 수주 확대

▶ 영신금속공업㈜

1. 볼트, 스크류, SDS 생산
2. 6대 뿌리산업에 속하는 여섯 기술 중 주조를 제외한 다섯 기술로 GM, 현대·기아차, 삼성전자, LG전자 등 국내 기업뿐 아니라 전 세계

---

32 Man, Machine, Material, Method(인력, 설비, 재료, 작업 방법).
33 Point of Production-현장에서 생산 시작과 종료 데이터를 수집하는 수준의 제조현장관리 시스템.

주요 자동차 기업들에게 납품 중

3. 도입 기술 및 효과

    1) 현장 단말기 37대 설치, 센서 및 바코드를 통해 현장에서 자동적으로 데이터가 수집되도록 MES를 구축함으로써 생산 실적과 품질 공정에 관한 정보를 실시간으로 확인, 공유

    2) 스마트공장 2차 사업을 진행하여 '16년 7월까지 현장단말기 70대 설치, 전 공정에서 현장 데이터를 실시간 수집할 수 있도록 시스템 구축

    3) 3차 사업을 계획 중이며 '17년 6월까지 현장 단말기 89대 추가 설치, 환경 감시 시스템, 축적된 설비 모니터링 데이터를 토대로 한 예측 보전 시스템까지 구축 예정

    4) 마지막으로 자동창고까지 완성하면 생산 공정에서 품질관리, 생산 실적 관리, 로트 추적 등 모든 과정이 시스템에 의해 움직임

    5) 시간당 생산성 14% 향상, 집계시간 80% 감소, 작업 준비시간 67% 감소, 매출액 7.6% 증가, 수십억 원의 투자비 절감

▶ 유남전기㈜

1. 필터 드라이어 열교환 석션 파이프 생산

2. 도입 기술 및 효과

    1) MES 시스템을 구축하고 이를 기존 ERP[34]와 연결하여 제조 자동화를 구현하고 주력 품목 생산 정보를 신속하고 정확하게 모니터링

    2) ICT 기반 MES와 필터 드라이어 제조자동화 설비부터 구축하여 핵심 공정별 기능을 통합

34 Enterprise Resource Planning(기업자원관리)-재무/회계, 자재/구매, 품질, 생산, 설비 등을 유기적으로 연계하여 관리하는 시스템.

3) ERP 시스템에 새로 도입한 POP 시스템 연계

4) 설비 관리, 작업 방법, 선입선출 구조 개선으로 생산성 향상과 원가 절감, 작업 편리성 제고

5) 캡 조립기 32%, 롤 커팅기 20% 생산성 향상, 동판 가공 원가 연 2,200만원 절감, 선입선출 체계 구축, 조립·성형 용기 표준화, 동 파이프 코일 교체시간 83% 단축

▶ ㈜프럼파스트

1. PB 파이프 배관 자재 생산

2. 도입 기술 및 효과

1) MES 도입 후 데이터를 자동 수집하여 기록, 분석

2) 불량이 어디서부터 시작 되었는지 바로 추적이 가능

3) 호퍼기에 설치된 자동계량장비를 통해 중량 정보가 실시간으로 수집, 불량률 관리가 가능해짐

4) 제조업의 핵심 중 하나인 '수율'을 비로소 측정할 수 있게 됨

5) 업무 생산성 향상, 종전 대비 불량률 30% 감소, 매출 20% 상승

▶ ㈜B.M.C

1. 모터 하우징, 모터 라미네이션 생산

2. 도입 기술 및 효과

1) 누락이나 오입력을 원천 봉쇄하기 위해 각 설비에 PLC[35]를 보강하고 통신카드를 붙임

2) 주요 설비마다 카운터를 설치해 전체 현황을 나타내는 모니터를

---

35 Programmable Logic Controller-제어로직 프로그램을 실행할 수 있도록 고안된 시스템으로서 제어를 위한 입출력 장치를 포함하고 있음.

각 라인의 가장 잘 보이는 곳에 설치

3) MES 업그레이드로 설비와 사내 전산을 연계하여 정확한 현장 정보 수집

4) 자체 소프트웨어를 개발하여 시스템 구축비용을 4~5,000만 원 비축

5) 시간당 생산량 10.7% 증가, 불량 50.2% 감소, 폐기비용 2억 2,300만 원 절감, 설비 가동률 25.3% 개선

▶ 디에스글로벌㈜

1. 모바일 포토프린터 생산

2. HP와 100억대 규모의 신규 계약 체결

3. 도입 기술 및 효과

1) 기초 단계의 MES를 도입, 데이터를 실시간으로 집계하여 전산화하고 기존 ERP 시스템에 연동하여 전 업무 담당자들이 공유

2) 생산 및 품질관리의 효율을 극대화하고, 대형 관제 모니터를 이용한 실시간 모니터링 시행

3) 생산성 26% 향상, 불량률 36% 감소, 납기 준수율 42% 향상

▶ 디엘아이코리아㈜

1. 자동차 고무 부품(고무 개스킷, 자바라, 패킹) 생산

2. 도입 기술 및 효과

1) ERP 시스템으로 통합 관리, MES와 POP 시스템에 의한 단계별 선입선출 관리 등 불량률을 낮추기 위해 노력 중

2) ICT를 활용한 스마트공장으로 실수를 줄이고, MES 업그레이드를 단행해 실시간 현장품질관리, 생산 현장의 가시성 확보, 초·중·종품 검사 결과 통합 관리, 신속한 의사결정 지원 등의 성과를 거둠

3) 자주검사 등에 투입되는 인력과 시간을 절약해 다른 생산 라인에 투입함으로써 효율적 일자리 창출 효과를 거둠

4) 부품 원가 경쟁력을 갖추고, 사업 확대로 이어져 결국 새로운 일자리 창출

5) 검사시간 79% 단축, 고객 클레임 발생률 150% 감소, 불량률 90% 이상 감소

▶ ㈜프론텍

1. 자동차용 너트류 및 공구 세트 생산

2. 도입 기술 및 효과

1) MES 시스템이 공구 조립라인의 10개 셀 라인에 구축, 관제용 대형 모니터 설치로 실시간 모니터링이 가능

2) 현재 기초 단계와 중간 1단계 사이 수준이며 고도화 실현이 목표

3) 로트 추적 시스템 업그레이드로 품질관리 능력 강화, 정밀측정기의 정보 데이터 활용으로 불량률 감소

4) 매출 4% 향상, 생산성 7% 향상, 불량률 80% 감소, 경력 단절 여성 일자리 창출 45명

▶ 한국OSG㈜

1. 탭, 엔드밀, 드릴, 다이스 생산

2. 도입 기술 및 효과

1) ERP 풀 패키지를 전사적으로 확대, 각 공정마다 모니터링이 가능하고 어디서든 바코드를 이용해 공정 진행 상황, 재고관리나 불량 등록도 가능

2) APS[36]를 도입, ERP의 문제점을 해소하기 위해 동시에 발생하는 다중 변수와 제약 조건들을 동기화하여 현실성 있는 최적의 스케

줄을 수립하는 시스템 구축

3) 창고 자동화 시스템으로 재고관리는 물론, 결품 관리, 발주 관리 등이 모니터나 스마트기기에서 실시간으로 가능

4) 연간 약 8,862만 원 개선 효과, 재고 파악 시간 98% 개선, 재고 오류율 99.1% 개선, 소재 출하 리드타임 71% 개선

▶ ㈜메가젠임플란트

1. 임플란트 시스템(스크류 등) 생산

2. 도입 기술 및 효과

1) 일찍부터 ERP와 POP 시스템을 도입해 생산 및 품질관리를 철저히 함

2) 향후 MES 도입 등 시스템 업그레이드를 통해 촘촘한 생산 관리와 리드타임 단축을 달성할 예정

3) 스크류 검사의 자동화방식은 신뢰성을 크게 높였고, 치형이나 치수의 정밀성 검사에 대한 세밀한 대응을 가능하게 함

4) 사물인터넷을 이용해 모바일앱으로 확인이 가능해 작업자가 다른 곳에 있어도 조치를 취할 수 있음

5) 생산비용 연 6,000만원 절감, 검사능력 312% 향상, 불량 배출 0%, 전년 대비 매출액 30% 증가

▶ ㈜새한텅스텐

1. 자동차 전구용 필라멘트 생산

2. 도입 기술 및 효과

---

36 Automated Picking System–주문에 해당하는 제품들을 창고에서 찾아내어 박스에 자동으로 담는 시스템

1) 기존 MES 업그레이드, '3정5S'까지 여러 혁신 활동 추진

2) MES와 ERP 시스템을 연동하여 각종 업무 진행

3) 카메라 장치에 필라멘트를 올려놓으면 항목별 측정값이 바로 MES 로 자동 연동되어 정확성을 높이는 정밀비전 시스템으로 5분 걸렸 던 검사시간을 30초로 단축

4) 모바일 어플리케이션을 활용해 경영 정보시스템을 구축한 후, 시 간·공간의 제약 없이 문제해결에 속도를 낼 수 있음

5) MES 업그레이드와 정밀비전 시스템 연동을 통해 중간 1단계로 향상

6) 공정 불량률 83% 감소, 생산성 60% 향상, 재공·재고품 20% 감소

▶ ㈜LCC

1. 가글, 손소독제, 화장품 생산

2. 도입 기술 및 효과

1) ERP 시스템이 도입되면서 생산 관리 업무 효율화가 이루어짐

2) 관리비용 절감에 따른 가격 경쟁력 강화가 곧바로 매출 증대로 이 어짐

3) MES와 POP를 도입해 효율적인 생산 관리로 경쟁력을 높임

4) 기존 서버를 중계 서버와 메인 서버로 분리, 새로운 ERP 패키지를 개발, 도입

5) ERP 시스템의 스마트화로 스피드 경영이 실현되고, 대량생산이 가능해짐

6) 수많은 로트 관리도 MES와 연계해 처리, 경로 추적으로 반제품 수 거 등 완벽한 조치가 이루어짐

7) ERP 성장지표 86점으로 최우수 평가, 수출 240% 확대, 원료 오계 량 0%

▶ ㈜이랜시스

1. 댐퍼, 모티스 생산
2. 일본 도시바와 50억 상당의 계약 체결 예정
3. 도입 기술 및 효과

   1) 오일댐퍼 자동화 라인에 ICT를 접목하여 ERP와 연계된 구매 SCM 을 구축

   2) PDA를 통해 재고조사가 가능하도록 함

   3) ICT를 활용하여 실시간 현장 정보를 확보하고 신속한 의사결정 및 지원을 하게 되어 재고가 감소

   4) 현재 오일댐퍼 14개 라인 중 3개 라인에만 스마트공장 적용

   5) 생산성 60% 향상, 재고 파악 시간 감소

▶ ㈜태정기공

1. 자동차용 냉간 단조품 및 잭 생산
2. 인도 자동차 잭 제조업체인 M사와 건당 8,000달러 생산 설계 기술 라이선스 계약 체결
3. 미국 소재 글로벌 부품 회사인 V사와는 제품 생산 및 판매로 지속적 매출 신장을 기록
4. 도입 기술 및 효과

   1) 초·중·종물 관리 및 스마트 생산 관제 시스템을 도입하여 현장 작업자가 전자 계측 장비를 이용해 검사를 하면 실시간으로 측정 데이터가 입력됨

   2) 그 자료가 관제 시스템을 통해 관리 파트와 공유되어 현장의 품질 현황 직시 가능

   3) SCP 측정 부스 및 관련 프로그램 도입

   4) 시간당 생산 증가율 150% 개선, 공정 불량 감소율 300% 개선, 설

비 가동 향상률 133% 증가, 납기 준수 향상률 50% 개선

▶ 대동리빙

1. 화장품 부재료, 칫솔, 성형품 생산

2. 도입 기술 및 효과

   1) 화장품 리필 용기 조립 자동화 및 ICT 연계

   2) 메시벨트 컨베이어와 냉각팬을 설치, 천장 조명을 LED로 바꾸는
      한편, 정밀 카메라로 기계 불량 여부, 오염 여부를 확인

   3) ICT 시스템이 생산 상황을 실시간 집계 전송

   4) 생산성 50% 향상, 원가 18% 절감, 납기 준수율 100% 달성

▶ 농업회사법인 ㈜산드레

1. 식육, 소스, 가공식품 생산

2. 도입 기술 및 효과

   1) 사골엑기스 생산 설비 자동화, 식품공정 표준화 및 데이터베이
      스화

   2) 각 생산설비마다 온도제어, 타이머, 예약기능이 있는 스마트 컨트
      롤 장치 장착, 전체적으로 모니터링 할 중앙제어 장치를 설치

   3) 스마트 컨트롤 시스템 구축으로 수·발주 관리와 생산 계획 수립,
      재고관리가 가능해짐

   4) 시간당 생산 증가량 150%, 생산 품목 수 증가율 600%, 설비 가동률
      200% 개선, 수주 출하 리드타임 6일 단축

▶ ㈜성한전공

1. 자동차 LPG 연료탱크 부속 부품, 동력 전달 장치 커버류 생산

2. 도입 기술 및 효과

1) MES와 연동되는 초·중·종물검사 시스템으로 데이터의 정확성과 신뢰성 확보

2) 작업자는 개인용 정보 단말기 PDA 활용, 바코드 스캔으로 모든 현장 정보가 쉽게 집계

3) 초·중·종물검사, 금형·설비 관리 등 MES로 취합되는 생산 데이터를 기반으로 기존 단순 재고관리 시스템을 업그레이드

4) 불량률 50% 감소, 생산성 67% 향상, 재공·재고 63% 감소

▶ ㈜씨엠텍

1. 자동차 시트, 사출품 생산

2. 도입 기술 및 효과

1) POP를 도입하고 품질정보화 시스템을 갖춤

2) MES 기초 단계를 도입해 사출 라인에 적용, 자동차 시트 조립 공정에 필요한 자재 관리 등에도 일부 도입

3) '17년에는 MES 중간 단계까지 도입 예정

4) POP와 MES를 제대로 갖춰 신경 쓰지 않아도 전체 공정에 대한 기본 수준이 유지되어 신규 사업 분야를 개척하는 회사 입장에선 업그레이드 할 시간과 여유를 갖게 됨

5) 사울성형 분야 대외 경쟁력 향상, 품질관리 능력 향상

▶ 아이탑스오토모티브㈜

1. 액티브 후드 리프트 시스템, 액추에이터, 차량용 센서 생산

2. 도입 기술 및 효과

1) ERP, POP 시스템을 구축하여 '물류 흐름'에 중점을 둠

2) 어렵지 않게 선입선출을 할 수 있도록 ERP/MES와 연계하여 시스템을 정비

3) 작업 준비 시간 50% 단축, 시간당 생산량 10% 증가, 불량률 60% 감소, 사업 다변화

3.4 솔루션

현재 국내 산업용 사물인터넷 시장에는 인텔(Intel), 시스코(Cisco), IBM, 오라클(Oracle), 마이크로소프트(Microsoft), 제너럴 일렉트릭(GE), 로크웰 오토메이션(Rockwell Automation), NI 및 어드밴택(Advantech)등 대부분의 글로벌 업체가 진출해있으며, 주로 제조/생산 분야의 스마트팩토리 분야에 집중되어 있다. 국내 업체의 경우 LG CNS, 포스코 ICT, 삼성 SDS, SK C&C 등의 IT 분야 대기업들이 출사표를 내는 등 적극적인 행보를 보이고 있다.[37]

산업용 사물인터넷 시장의 선두업체들의 사물인터넷 사례를 통해 국내 및 국외에서 널리 사용되는 사물인터넷 기술에 대하여 살펴보기로 한다.

■ 제너럴 일렉트릭(GE)

사물인터넷이라는 개념을 가장 먼저 도입한 기업은 항공기 엔진, 가전제품, 의료기기 등의 분야에서 높은 점유율을 가지고 있는 세계적인 제조업체인 제너럴 일렉트릭(GE)라고 할 수 있다.

---

37 이미정, '산업용 IoT 시장 및 기술동향과 빅데이터 플랫폼으로서의 Splunk', MDS 테크놀로지

〈그림 3.4.1〉 제너럴 일렉트릭(GE)사의 프리딕스(Predix)[38]

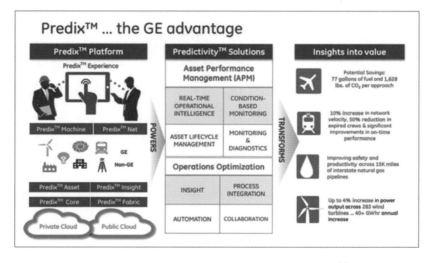

〈그림 3.4.2〉 제너럴 일렉트릭(GE)사의 프리딕스(Predix) 전략[39]

제너럴 일렉트릭사의 대표적 사물인터넷 플랫폼은 '프리딕스'(Predix)이
다. 프리딕스는 제너럴 일렉트릭사는 2015년 9월 29일 사내 컨퍼런스 행사

38 'PREDIX', GE, https://www.ge.com/digital/predix
39 'PREDIX', GE, https://www.ge.com/digital/predix

인 '마인즈+머신즈'(minds+machines) 행사에서 정식으로 공개한 산업용 사물인터넷 소프트웨어 플랫폼이다. 이 플랫폼은 자사에서 실제로 운영 중인 기술로서, 1조개의 관리자산에 부착된 1천만 개가 넘는 센서에서 발생되는 대용량 데이터를 분산으로 저장, 수집 및 분석, 모니터링을 수행한다. 프리딕스에는 제너럴 일렉트릭사 뿐만 아니라, 버라이즌, 시스코, 인텔 등이 참여한 플랫폼으로, 제너럴 일렉트릭사는 사물인터넷 시장의 선점을 위하여 초대형 IT 업체와의 협업을 통해 프리딕스를 산업용 사물인터넷 업계의 표준 플랫폼으로 추진하고 있다.

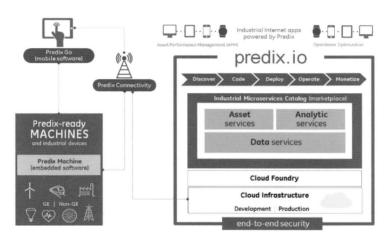

〈그림 3.4.3〉 제너럴 일렉트릭(GE)사의 프리딕스(Predix) 플랫폼[40]

프리딕스는 제너럴 일렉트릭사가 2011년부터 준비해 2014년에 테스트 버전을 공개 했으며, 2015년 9월말 정식제품을 출시하였다. 2015년 9월 기준 4000명의 외부 개발자가 사용 중이라고 하며, 산업용 장비를 연결하고, 데이터를 분석, 실시간 반응 전달이 주된 목적으로 활용되고 있다.

40 'PREDIX', GE, https://www.ge.com/digital/predix

〈그림 3.4.4〉 제너럴 일렉트릭(GE)사의 프리딕스(Predix) 플랫폼이 적용된 발전소[41]

■ 인텔(Intel)

인텔은 강력한 IT 기반의 인프라를 활용하여 전 방위적으로 포괄하는 사물인터넷의 솔루션을 제공하고 있다.

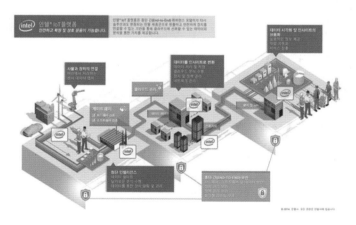

〈그림 3.4.5〉 인텔(Intel)사의 사물인터넷 플랫폼[42]

41 'PREDIX', GE, https://www.ge.com/digital/predix.

디바이스 및 클라우드 관리모듈 'Wind River Edge Management System', 단말기기의 컴퓨팅과 클라우드 데이터 분석 및 결합을 수행하는 Intel Galileo / Edison / 사물인터넷 Gateway 등의 개발키트를 제공한다.[42]

Galileo 개발보드   사물인터넷 Gateway

〈그림 3.4.6〉 인텔(Intel)사의 사물인터넷 개발 키트 및 게이트웨이[43]

인텔의 경우 자사 제품군을 기반으로, 타사의 솔루션과 연동을 지원하는 형태를 취하고 있으며, 클라우드를 통한 데이터 분석 등의 서비스를 제공하고 있다.

■ 마이크로소프트(Microsoft)

마이크로소프트사는 Microsoft IoT와 Azure 플랫폼을 이용하여 다양한 스마트 기기들을 사물인터넷으로 연결함으로써, 다양하고 방대한 데이터

---

42 '인텔 IoT플랫폼', Intel, https://www.intel.co.kr/content/www/kr/ko/internet-of-things/overview.html

43 '인텔 IoT플랫폼', Intel, https://www.intel.co.kr/content/www/kr/ko/internet-of-things/overview.html

를 수집, 저장하고 분석하는 서비스를 지원하고 있다. Widows 10 IoT 버전의 경우 게이트웨이나 POS를 비롯한 일반 기기로부터 산업 기기까지 모든 장치를 지원하고 있다.

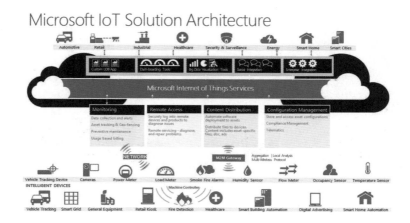

〈그림 3.4.7〉 마이크로소프트사의 사물인터넷 솔루션 아키텍처[44]

■ 시스코(Cisco)

시스코(Cisco)가 제공하는 사물인터넷플랫폼은 방대한 양의 데이터를 먼곳에 있는 대용량 데이터 서버에 저장하지 않고, 데이터 발생 지점 근처에서 처리하는 포그 컴퓨팅(Fog Computing) 기술을 기반으로 한다.

포그 컴퓨팅 기술의 핵심은 'IOx'라는 플랫폼으로 시스코 네트워크 운영체제인 'IOS'에 리눅스를 결합한 플랫폼으로 분산컴퓨팅을 제공하는 한편, 디바이스와 클라우드 간 중간 레이어를 형성함으로서 궁극적으로 '포그'라는 개념을 구현할 수 있게하는 프레임 워크를 제공한다.

44 'Microsoft IoT Solution Architecture', Microsoft.

〈그림 3.4.8〉 시스코(Cisco)사의 사물인터넷 플랫폼[45]

시스코에서는 시스코 커넥티드 머신(Cisco Connected Machines)을 통하여 산업용 사물인터넷에 대한 솔루션 서비스를 지원한다. 이 솔루션은 기계들을 안전하게 연결하고, 기계에서 나오는 데이터를 실시간 인사이트로 전환하고, 기계 구축·제조 업체들과 협업하는 순환 비즈니스를 성장시킬 수 있는 완전한 솔루션을 제공한다.[46]

커넥티드 머신 솔수션을 통해 시스코가 전달할 수 있는 솔루션들은 아래와 같다.

〈그림 3.4.9〉 시스코(Cisco)사의 IE4000[47]

45 '시스코 IoT플랫폼', Cisco, http://www.ciscokrblog.com/
46 '산업용 솔루션까지 뻗치는 시스코 사물인터넷 역량', Cisco, http://www.ciscokrblog.com/984
47 'Cisco Industrial Ethernet 4000 Series Switches', Cisco, https://www.cisco.com/c/en/

– IOx를 갖춘 IE4000: 이 애플리케이션의 프레임워크는 모든 IOx 구동 네
트워크 인프라 상에서 운영된다. 이 플랫폼은 플러거블(Plugable) 마이크
로 서비스들을 갖추고 있어 확실하게 사물인터넷 센서와 클라우드 애플
리케이션들을 안전한 방식으로 통합할 수 있을뿐 아니라, 데이터를 기계
와 더 가까운 곳에서 처리할 수 있다.

– 커넥티드 스트리밍 애널리틱스(Connected Streaming Analytics): IOx 구동
포그 애플리케이션들을 통한 소규모 풋프린트 배포를 위해 IE4000에서
운영되는 실시간 애널리틱스이다.

■ 지멘스(Siemens)

지멘스 사는 클라우드기반의 개방형 산업용 사물인터넷 플랫폼인 '마인
드 스피어(Mindsphere)' 기반으로 개방적인 시스템을 운영하고 있다.

'마인드 스피어'는 견고성, 개방성, 보안성, 분석도구를 모두 갖춘 오픈
산업용 사물인터넷 플랫폼으로 최대한 개방적인 시스템 특징을 가지고
있다.

'마인드 스피어'는 구체적으로 MindApps, MindSphere, MindConnect
로 나뉜다. MindApps는 지멘스와 협력사에서 만든 앱으로 데이터 처리 및
분석 툴을 제공하는 어플리케이션이며, MindSphere는 SAP와 AtoS, Micro-
soft Azure 기반의 운영체제 시스템, MindConnect는 플러그앤플레이 기반
의 연결을 지멘스와 협력사에게 제공하는 기능을 가지고 있다.

us/products/switches/industrial-ethernet-4000-series-switches/index.html

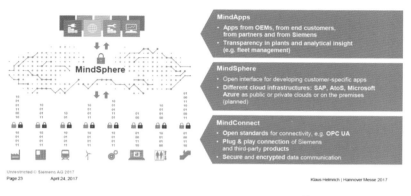

〈그림 3.4.10〉 지멘스(Siemens)사의 마인드 스피어[48]

마인드 스피어가 제공하는 주요 어플리케이션은 마인드앱스 플릿 매니저(MindApps Fleet Manager), 비주얼 어날라이저(Visual Analyzer)가 있으며, 마인드앱스 플릿 매니저는 전 세계에 흩어져 있는 OEM들이 제작한 장비나 산업용 자산이 마인드 스피어에 연결되어, 전 세계 어느곳에서 장비가 어떻게 작동하고 있는지 상태를 대시보드 형태로 제공하는 어플리케이션이며, 비주얼 어날라이저는 장비가 어떻게 동작을 하는지 모니터링을 해서 분석을 하여 에너지 데이터 관리 서비스나 리소스 최적화 등을 위한 디테일한 정보를 제공하는 어플리케이션으로 구성되어 있다.

마인드 스피어가 사용자에게 제공되는 형태는 크게 세가지로 나눌 수 있다. 첫째로, 공정데이터를 저장 및 관리하는 플랫폼 자체이며, 다음으로는 공정데이터를 자체 분석해서 새로운 형태의 정보로 제공한다. 마지막으로 공정데이터를 분석하여 지멘스의 전문적 맞춤 컨설팅서비스 형태로 정보를 제공한다.

48 Siemens 'Hannover Messe 2017', pp. 23, 2017.

■ IBM

IBM사는 지능형 CEP/분석 플랫폼과 인공지능 컴퓨터 Watson을 기반으로 대용량, 실시간 데이터에 대한 빅데이터 분석 및 클라우드 등 우수한 기술력과 연계하여 전세계에서 다양한 사물인터넷서비스를 구축하고 있다.

■ 오라클(ORACLE)

오라클사는 Java와 세계 최고의 DBMS 및 빅데이터 솔루션을 기반으로 사물인터넷 서비스 전 계층의 솔루션을 확보하고 있다. B2B, B2C, P2P 등 모든 영역에서 서비스를 제공하고 있으며, SPOT(자바 기반 센서 노드), OSGi 게이트웨이, 서버 HW 등이 사물인터넷 기반 기술로 활용되고 있다.

■ 퀄컴(Qaualcomm)

퀄컴사는 원천기술 확보를 통한 이동통신 및 AP 관련 칩에서 기술적 우위와 시장장악력을 바탕으로 OS에 독립적인 P2P 프레임 워크인 'AllJoyn'을 개발하였다. 퀄컴사는 프레임워크의 오픈소스 플랫폼화를 위하여 'Alljoyn'을 리눅스 재단에 기브하여 "AllSeen Alliance"를 결성하고 있다.

■ 삼성전자

삼성전자는 스마트싱스, 아틱(ARTIK), 삼성 커넥트(Samsung Connect) 등 전사의 모든 사물인터넷 제품과 서비스들을 '스마트 싱스'로 통합하여 더욱 강력한 사물인터넷 서비스를 제공하고 있다.

〈그림 3.4.11〉 삼성전자의 스마트싱스[49]

삼성전자는 가전 및 반도체 제도 기술을 바탕으로 사물인터넷 디바이스를 위한 반도체 기술과 사물인터넷 디바이스를 위한 오픈소스 운영체제인 '타이젠' 등을 기반으로 사물인터넷 생태계 구축을 추진하고 있다.

삼성전자는 2014년 8월 미국의 사물인터넷 플랫폼기업인 '스마트싱스'를 2억 달러에 인수, 2017년 2월 사물인터넷 스타트업 퍼치를 인수하는 등 기술도입에 많은 투자를 하고 있으며, 사물인터넷의 표준화와 관련하여 상호 호환성을 추진하는 OIC 컨소시엄을 주도하고, Thread Group에 참여하는 등 활발한 활동을 하고 있다.

■ LG전자

2015년 세계 4위의 사물인터넷 관련 특허출원[50] 하는 등 LG전자는 사물인터넷과 관련 활발한 연구진행과 2017년 B2B사업본부·융복합사업개발센터[51]를 설립하는 등 인공지능과 사물인터넷 시장을 본격적으로 공략하고

49 'SmartThings', 삼성전자.
50 민두기기자, 'LG전자 사물인터넷 특허출원 세계 4위', IT뉴스, 2015. 2. 16.
51 권동준기자, '[LG전자] LG전자 B2B사업본부융복합사업개발센터 신설… 미래먹거리 창출', 전자신문, 2017. 11. 30

있다. 현재 모다정보통신, KETI 와 oneM2M 릴리즈 1.0 표준 기반의 사물 인터넷 플랫폼을 개발 중에 있다.

4장

빅데이터와 인공지능

정재윤 경희대학교 교수
나혁준 ㈜비스텔 이사

SMART FACTORY
TECHNOLOGY

인터넷과 네트워크로 시작된 디지털 데이터는 이제 스마트폰, 스마트밴드 같은 모바일 기기와 페이스북, 트위터, 카카오톡과 같은 SNS를 통하여 가속화되었다. 또한 초고속 통신망과 WiFi는 디지털 데이터를 더욱 빠르고 원활하게 전송하는 전달자 역할을 톡톡히 하고 있다. 디지털 데이터는 이제 언제 어디서나 생성, 저장, 전송되어 적시적소에 활용되고 있다. 빅데이터(big data)는 이와 같이 최근의 정보통신기술에 힘입어 무궁무진한 발전가능성을 가지며, 미래의 유전이라고도 불리고 있다.

🏃 이 글을 쓴 정재윤은

경희대학교 산업경영공학과에서 정교수로 재직 중이다. 서울대학교 산업공학과에서 학사, 석사, 박사 학위를 받은 이후 네덜란드 아인트호벤공대, 서울시 유비쿼터스컴퓨팅지원센터에서 연구 활동을 진행했다. 경희대에서 12년 동안 50편 이상의 국제 저널 논문을 출판하였고, 국내외 논문상을 16회 수상하였다. 약 40건의 정부 및 기업체 과제를 수행하면서 이론보다는 현장이 중요하다고 생각하여, 경희대에서 산업자원통상부 지원 스마트공장 인력양성사업단을 이끌고 있다.

🏃 이 글의 적용 사례를 쓴 나혁준은

비스텔에서 제조 지능화와 엔지니어링 자동화를 위한 소프트웨어 솔루션 개발을 담당하고 있다. 2001년부터 주로 반도체와 디스플레이 산업을 대상으로 한 설비 엔지니어링 시스템 및 데이터 분석 솔루션을 개발하여 수십 개 생산라인에 적용하였으며, 지금은 AI, Big Data, Cloud 기반의 Smart Manufacturing 제품 개발에 주력하고 있다.

4.1 개념

■ 빅데이터의 등장

오늘날 우리의 삶은 다양한 디지털 정보에 둘러싸여 있다. 이메일을 통하여 정보를 교환하고, 웹브라우저를 통하여 포털 사이트 뉴스를 확인하고 정보를 검색한다. 스마트폰을 통하여 친구들과 하루에도 수많은 메세지를 주고받고 실시간 사회망서비스(SNS; Social Network Service)로 새로운 뉴스를 공유하고 있다. 스마트폰이 확산된 지는 10년도 되지 않았지만, 이제는 스마트폰이 없는 우리의 삶을 상상할 수 없다.

인터넷과 네트워크로 시작된 디지털 데이터는 이제 스마트폰, 스마트밴드 같은 모바일 기기와, 페이스북, 트위터, 카카오톡과 같은 SNS를 통하여 가속화되었다. 또한 초고속통신망과 WiFi는 디지털 데이터를 더욱 빠르고 원활하게 전송하는 전달자 역할을 톡톡히 하고 있다. 디지털 데이터는 이제 언제 어디서나 생성, 저장, 전송되어 적시적소에 활용되고 있다. 빅데이터(big data)는 이와 같이 최근의 정보통신기술에 힘입어 무궁무진한 발전가능성을 가지며, 미래의 유전이라고도 불리고 있다.

기업도 마찬가지이다. 기업 활동에 적용하여 가치 창출 및 수익 극대화, 비즈니스 경쟁력 향상을 위하여 적극적으로 다양한 디지털 정보를 활용하고 있다. 제조기업의 경우, 제품 설계, 수요예측 및 생산계획, 품질관리, 재고관리, 배송에 이르기까지 어느 하나 디지털화되지 않은 곳이 없다. 경쟁사보다 조금이라도 더 빨리 신기술을 적용한 혁신적 제품을 개발하기 위하여 디지털 도면인 CAD, 수치 해석을 위한 CAE 도구들을 사용한다. 고객사나 매장의 주문은 기업자원관리(ERP, Enterprise Resource Planning)로 전송받아 생산일정계획을 수립하고, 제조실행시스템을 통하여 생산현장에 작업수행을 지시한다. 가공된 부품과 제품들은 샘플링 및 전수검사를 통하여 디지털로 품질검사 결과를 저장하고, 재고창고의 입고 및 반출 정보는 창고관리시스템을 통하여 기록된다. 이러한 전 과정들이 디지털로 기록되어 기업의 소중한 자산으로 관리되고 있다. 이제 빅데이터 기술을 이용하여 기업의 수익향상 및 공정혁신을 위한 디지털 정보를 분석할 시기가 도래하였다.

■ 빅데이터의 정의

빅데이터의 정의는 일반적으로 3 V로 종종 설명된다. 리서치 기관인 가트너(Gartner, Inc.)는 데이터의 증가와 함께 새로운 비즈니스 기회가 창출되고 있으며, 데이터의 양이 많고(Volume), 요구되는 분석속도가 빠르며(Velocity), 다양한 형태의 데이터(Variety)가 포함되어 있다는 것이 주요 특징이라고 설명하였다. 보통 이 세 가지의 특징 중에서 두 가지 이상을 만족하면 빅데이터라고 말한다. IBM은 빅데이터의 특징으로 3V 외에도 데이터의 정확성(Veracity)을 추가하여, 데이터의 정확성과 신뢰성이 빅데이터 프로젝트의 성공에 결정적인 영향을 미친다고 한다. 그 외에도 많은 연구자들이 가치(Value) 또한 중요한 특징이며, 빅데이터 분석은 비즈니스에서 실질적인 가치를 창출하기 위한 과정이라고 설명한다.

제조 현장에서도 수많은 빅데이터가 축적되고 있다. 기업자원관리, 제조실행시스템, 제품생애주기(PLM, Product Lifecycle Management), 공급사슬관리(SCM, Supply Chain Management) 등 대표적인 정보시스템에는 관계형 데이터베이스 내에 부품, 가격, 설비, 주문, 생산일정, 재고 등 제품설계 및 생산운영을 위한 수많은 구조적 데이터(structured data)가 저장되어 있고, 도면이나 제품설계에는 이미지 및 텍스트 형식의 비구조적 데이터(unstructured data)도 무수히 포함되어 있다. 또한, 제조과정에서 수집 가능한 온도, 압력, 진동, 소음, 장비 이동위치 등의 데이터 스트림으로 수집되는 시계열 데이터도 비구조적 데이터의 일종이다. 또한, 최근 비전기반의 불량 검출 시스템이나 상태 감지 시스템에서는 수많은 이미지 데이터를 분석하기도 한다. 이처럼 방대한 양(volume)의 다양한(variety) 데이터가 제조현장에서 축적되고 있으며, 불량검출이나 설비보전과 같이 빠른(velocity) 분석을 요구하는 경우도 있으므로, 제조현장은 실로 빅데이터의 3V 요소를 모두 갖추고 있다고 볼 수 있다.

■ 빅데이터 분석

빅데이터 분석을 논의하기 전에 먼저 데이터와 정보, 지식의 관계를 이해하는 것이 필요하다. 데이터는 디지털로 기록된 숫자, 문자, 이미지 등을 의미하며, 정보는 기록된 데이터의 의미 있는 조합이다. 또한, 지식은 수많은 정보를 통하여 확인되어 비즈니스적으로 활용 가능한 유용한 규칙 또는 패턴이라고 볼 수 있다. 즉 데이터가 모여 정보가 되고, 수많은 정보를 통하여 지식이 생성된다. 이러한 측면에서 볼 때, 빅데이터 분석이란, 디지털로 기록된 다양한 형태의 방대한 데이터로부터 유의미한 정보를 빠르게 제공하기 위한 기법이며, 나아가 의사결정에 필요한 유용한 지식을 추출하는 작업이라고 말할 수 있다.

빅데이터 분석을 위하여, 데이터마이닝(data mining), 기계학습, 딥러닝 등 다양한 기법들이 적용되고 있다. 특히, 데이터마이닝과 머신러닝은 거의 동일한 개념으로 사용되는 경우가 많다. 즉, 데이터마이닝은 데이터로부터 유의한 지식을 채굴(mine)한다는 의미로, 분석 대상인 데이터에 초점을 두고 붙여진 용어이며, 기계학습은 데이터를 통하여 모형이 지속적으로 학습(learn)하여 개선된다는 의미로, 모형 생성 방식에 초점을 두고 붙여진 용어일 뿐, 실제로 의사결정나무, 지지벡터머신, 클러스터링, 인공신경망 등 상당수의 데이터마이닝 기법은 기계학습 방식을 따르고 있다. 나아가, 최근에 각광받고 있는 딥러닝은 기계학습 기법의 일종인 인공신경망의 은닉층 개수를 여러 층으로 깊게(deep) 추가한 학습 방식의 모형으로, 인공지능 개념을 기계학습 방식으로 실현한 빅데이터 분석 기법의 하나이다.

이러한 빅데이터는 제조현장에서 어떻게 활용될 수 있을까? 기존의 생산운영 및 제조공정관리에서 다루는 모든 의사결정 문제들이 제조 빅데이터 분석으로 접근이 가능하다. 예를 들어, 수요예측, 생산계획, 품질관리, 공정관리, 설비예지보전 등 다양한 생산운영 및 제조공정관리 문제들이 있다. 예를 들어, 기존에는 샘플링을 통한 통계적 공정관리를 수행하였다면, 빅데이터 분석은 과거에 누적된 공정데이터를 분석하여 불량이 발생하는 공정 패턴들을 미리 학습시킨 후에, 사물인터넷(IoT)로부터 실시간으로 수집되는 공정데이터를 모니터링하여 이상징후를 발견하고 불량 발생을 사전에 방지할 수 있다. 또한, 생산계획의 예를 들면, 과거에는 고객 주문에 대하여 알려진 생산용량과 재고현황을 바탕으로 생산일정을 수립하여 작업지침으로 하달하였지만, 빅데이터 분석은 단기 수요상황을 예측하고, 현재 생산공정의 실시간 공정용량 및 작업상태를 반영하여 보다 실제적인 생산계획을 수립하고, 생산완료시점을 보다 정확하게 예측함으로써 공급자 및 고객과의 공급사슬을 개선할 수 있다.

■ 데이터 기반 운영 관리

최근 제조 및 서비스 기업에서 빅데이터 분석의 목적은 데이터에 기반한 객관적이고 체계적인 의사결정이라고 볼 수 있다. 소위 데이터 기반 의사결정(DDD: Data-Driven Decision Making) 또는 데이터 기반 경영이란 비즈니스 및 IT 전략을 수행하기 위하여 데이터를 수집하고, 분석하여, 이를 근거로 의사결정을 수립하는 경영 방식을 의미한다. 기존의 비즈니스 운영 및 의사결정이 알려진 지식과 경영자의 경험 위주로 수행되었다면, 알려진 지식은 기업의 실정에 따라 각기 다르며, 경영자의 경험은 시간에 따른 기업 환경의 변화에 의해 적절하지 않을 수 있다. 데이터 기반의 의사결정은 객관적인 데이터라는 실제(reality)에 근거하여, 이러한 알려진 지식과 경영자의 경험을 지원하고, 보조하고, 수정하여 위험을 줄이기 위하여 적절히 활용될 수 있다. 다시 말하면, 관리자나 담당자의 경험이나 직관에 의한 비즈니스 운영이 아니라, 현실의 데이터에 입각하여 빠르고 정확한 의사결정을 수행하고자 하는 활동이다.

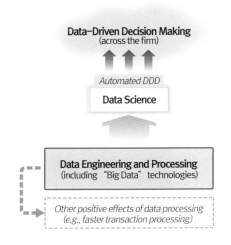

〈그림 4.1.1〉 데이터 기반 의사결정(DDD: Data-Driven Decision Making)[1]

데이터 기반의 비즈니스 운영 분석에 관련된 기존의 대표적 개념으로는 비즈니스 인텔리전스(BI: Business Intelligence)와 비즈니스 애널리틱스(BA: Business Analytics)가 있다. 현재는 두 개념 간의 차이가 줄어들었지만, 초창기에는 IBM, SAP 등 비즈니스 솔루션 기업들이 비즈니스 인텔리전스를 주도하였고, 반면 SAS, SPSS 등 통계 분석 솔루션 기업들은 비즈니스 애널리틱스를 강조하였다. 최근에는 비즈니스 인텔리전스 및 애널리틱스(BIA: Business Intelligence & Analytics)라고 불리며 비즈니스 데이터를 분석하기 위

---

1   Foster Provost and Tom Fawcett, Data Science for Business: What You Need to Know about Data Mining and Data-Analytic Thinking, O'Reilly Media, Inc., 2013.

한 통합적 방법으로 혼용되기도 한다.

비즈니스 인텔리전스란 1990년대 초 Gartner Group의 Howard Dresner가 만든 신조어로, 관리자들이 데이터에 기반을 두어 합리적 의사결정을 내릴 수 있도록 데이터를 수집, 저장, 처리, 분석하는 일련의 기술, 응용 시스템을 의미한다. 2000년대에 기업 및 조직의 비즈니스 성과를 모니터링하고 관찰하기 위한 용도로 경영정보시스템의 기능으로 많이 활용되었다. 기업정보시스템의 궁극적인 목적은 효율적인 정보의 제공 및 교환을 통하여 담당자의 업무처리와 의사결정을 지원하는 것인 만큼, 비즈니스 인텔리전스는 기업정보시스템에 누적된 유용한 정보를 분석함으로써 지능적인 의사결정을 지원하는데 일조하였다.

일반적으로 비즈니스 인텔리전스 소프트웨어는 데이터 웨어하우스, 비즈니스 웨어하우스 등의 데이터베이스 제품과 연동하여, 비즈니스 활동 모니터(BAM: Business Activity Monitoring), 대시보드 등의 형태로 많이 제공된다. 빅데이터 분석에서도 이와 마찬가지로 비즈니스 데이터의 분석 결과를 분석하여 그 결과를 효과적으로 제시하고 비즈니스 인사이트를 제공하기 위하여 〈그림 4.1.2〉와 같이 수행될 수 있다.

〈그림 4.1.2〉 빅데이터 분석과 비즈니스 인텔리전스[2]

---

2 Global Data Strategy, Ltd., https://globaldatastrategy.com/

한편 비즈니스 애널리틱스는 비즈니스 기회를 얻기 위하여 데이터를 지속적, 반복적으로 조사하고 분석하는 기법, 기술, 실무를 의미한다. 2010년대에 데이터마이닝, 데이터 사이언스 등이 대두되면서, 비즈니스 성과 모니터링에서 나아가 비즈니스 데이터를 좀 더 정밀하게 분석하는 기능을 강조하면서 대두된 개념이다.

비즈니스 애널리틱스는 비즈니스 인텔리전스와 마찬가지로 데이터 웨어하우스, 비즈니스 웨어하우스 등의 데이터베이스와 연동하지만, 통계 분석 및 데이터마이닝 소프트웨어와 결합하여 고급분석(AA: Advanced Analytics)이 가능하도록 구축된다. 가트너에 따르면, 비즈니스 애널리틱스는 〈그림 4.1.3〉과 같이 네 단계로 구분할 수 있다.

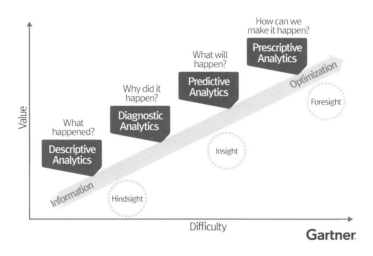

〈그림 4.1.3〉 비즈니스 애널리틱스의 4단계[3]

- 설명적 분석(descriptive analytics): 데이터로부터 비즈니스 운영을 이해하고 해석하는 과정으로 비즈니스 애널리틱스의 첫 단계라고 할 수 있다.

3　Gartner, Business Analytics Conference, 2013.

– 진단적 분석(diagnostic analytics): 데이터로부터 문제를 감지하고 원인을 파악하고 진단하는 목적의 비즈니스 애널리틱스 방법이다.

– 예측적 분석(predictive analytics): 비즈니스 의사결정을 지원하기 위하여 주어진 환경 또는 미래에서 비즈니스 운영 결과가 어떻게 발생할지 예측하는 방법으로, 최근 데이터마이닝 및 머신러닝 기법들의 지도학습(supervised learning)이 대표적으로 활용될 수 있은 분야이다.

– 예방적 분석(prescriptive analytics): 최종적으로 최적의 비즈니스 의사결정 방법을 알려주고 대안을 제시하는 방법으로 전통적인 경영과학(management science) 또는 경영과학(operations research) 기법들이 적용될 수 있으나, 빅데이터 분야에서는 상대적으로 아직 성숙되지 못한 분야이다.

4.2 주요 기술

■ 빅데이터 분석 기법: 데이터마이닝, 기계학습, 딥러닝

빅데이터로부터 지식을 효과적으로 추출하기 위하여 다양한 빅데이터 분석 기법을 사용할 수 있다. 이와 관련된 용어와 개념은 다음과 같다.

데이터마이닝은 많은 양의 데이터를 효과적으로 분석하는 데 사용될 수 있는 통계, 패턴인식, 기계학습 등 여러 분야의 데이터 분석 기법들을 총칭하는 용어이다. 데이터마이닝 기법은 분석목적에 따라 분류(classification), 예측(prediction), 군집화(clustering), 연관관계(association rule), 이상치 탐지(anomaly detection) 등으로 구분한다. 분석 데이터의 형태에 따라서 네트워크 마이닝, 프로세스 마이닝 등의 파생기법이 개발되기도 하였다.

기계학습(machine learning)은 컴퓨터 또는 소프트웨어가 스스로 발전할 수 있도록 설계된 알고리즘이라고 볼 수 있다. 기계학습 기법들은 빅데이터를 바탕으로 학습하는 지도학습(supervised learning)과 비지도학습(unsupervised learning), 그리고 데이터를 사용하지 않고 스스로 가능한 방식을 탐색하면서 학습하는 강화학습(reinforcement learning)으로 분류할 수 있다. 지도학습은 분류값 또는 수치와 같은 주어진 목표값을 잘 예측하기 위하여 데이터를 학습하는 기법들이며, 비지도 학습은 특정한 목표값이 아니라 데이터가 포함하고 있는 전반적인 특징이나 패턴을 찾기 위하여 데이터를 학습하는 기법들이다. 강화학습은 데이터를 활용하지 않고 스스로 학습하기 때문에, 기계학습이지만 빅데이터 분석 기법이라기보다는 다음에 설명할 인공지능 기법에 포함된다.

〈표 4.2.1〉 기계학습 기법의 분류: 지도학습, 비지도학습, 강화학습

	지도학습 (Supervised Learning)	비지도학습 (Unsupervised Learning)	강화학습 (Reinforcement Learning)
학습 방식	문제와 답(label)을 주고 모형을 학습시킨 후, 문제에 대한 답을 예측하는 방식	답(label)을 사전에 지정하지 않은 데이터로부터 특정 패턴을 찾아내는 방식	주어진 상태(state)에서 보상(reward)이 최대인 행동(action)을 찾아가는 방식
특징	– 학습 데이터 필수 – 목표값(label) 필수	– 학습 데이터 필수 – 목표값(label) 불필요	– 학습 데이터 불필요 – 상태, 행동, 보상에 대한 실험환경 필요
세부 유형	– 회귀(regression) – 분류(classification)	– 군집화(clustering) – 이상치 탐지	N/A
제조분석 예시	– 공정기반 불량률 예측 – 납기준수 여부 분류	– 생산공정 군집화 – 장비 이상상황 감지	– 생산일정계획 수립 – 물류로봇 이동경로

최근에는 딥러닝(deep learning)이라는 다층 신경망을 활용한 기계학습 기법이 인공지능 분야에서 급속도로 발전하고 있는데, 딥러닝 또한 신경망을 학습하기 위하여 방대한 양의 빅데이터를 활용해야하기 때문에 빅데이터 분석 기법으로 볼 수 있다. 대표적인 딥러닝 기법으로는 이미지나 동영상 데이터로부터 부분적인 특징들을 추출하기 위한 합성곱 신경망(CNN: Convolutional Neural Network), 음성 인식이나 번역에서 연속성이 있는 데이터를 처리하기 위한 순환 신경망(RNN: Recurrent Neural Network), 새로운 데이터 패턴을 생성해내는 생성적 적대 신경망(GAN: Generative Adversarial Network) 등이 있다. 딥러닝에 관해서는 인공지능에서 다시 설명하겠다.

■ 빅데이터 분석 절차

데이터마이닝, 기계학습, 딥러닝 등은 빅데이터로부터 데이터를 분석하여 최상의 분석 모형을 개발하고 선정한다는 동일한 목적을 가지고 있기 때문에, 유사한 절차에 따라서 수행된다. SAS, SPSS 등이 소개한 대부분의 데이터마이닝 수행 방법론들은 데이터 수집, 모형 개발, 평가 및 분석, 적용의 과정을 따르며, 일부 방법론은 첫 단계에 데이터 분석의 목표 정의를 배치하는 경우도 있다.

널리 사용되는 표준 프로세스로는 1990년대 중반에 유럽 기업들이 제안한 데이터마이닝 프로세스 표준인 CRISP-DM(Cross-Industry Standard Process for Data Mining)이 있다. CRISP-DM은 1) 비즈니스 문제의 이해, 2) 데이터의 이해, 3) 데이터 준비(또는 전처리), 4) 모형 수립, 5) 시험 및 평가, 6) 적용으로 구성되어 있다. 또한, SAS사에서 제시하는 데이터마이닝 분석 방법론인 SEMMA는 데이터 분석에 좀 더 집중하여 1) 표본수집(Sample), 2) 탐색(Explore), 3) 수정(Modify), 4) 모형 개발(Modeling), 5) 평가(Assessment)의 단계로 수행된다. 즉, 데이터를 수집하고 탐색적 분석 과정을 거쳐 이해한 후에, 데이터를 전처리 및 수정한 다음, 예측이나 회귀 등의 분석 모형을 수립하여 평가하고 적용하는 과정을 따른다.[4]

이들을 종합하여 아래와 같은 좀 더 상세한 빅데이터 분석 모형 개발 절차를 따를 수 있다. 이는 데이터마이닝이나 머신러닝, 나아가 딥러닝을 이용한 빅데이터 모형 개발에서 동일하게 적용될 수 있다.

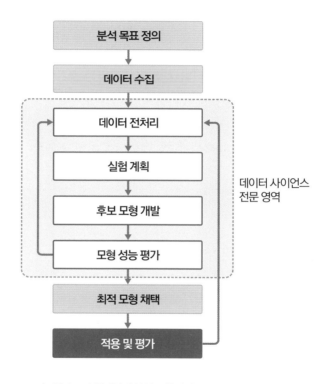

〈그림 4.2.1〉 빅데이터 분석 모형 개발 절차

---

4   Dursun Delen 저, 허선, 신동민 역, 데이터마이닝 데이터를 정보로: 정보를 지식으로 변환, 시그마프레스, 2016.

■ 분석 목표 정의 및 데이터 수집

먼저, 비즈니스 분석 목표를 정의하고, 관련 데이터를 수집하는 단계가 수행된다. 이 두 단계에서는 데이터 분석가는 비즈니스 현장 담당자와 충분한 논의를 거쳐서 함께 수행해야 한다. 즉, 비즈니스 니즈를 만족시키는 목표를 수립하고, 관련 데이터를 이해하고 적절한 데이터를 선별하는 일은 현장 담당자의 도움 없이는 성공할 수 없다. 앞서 빅데이터의 네 번째 V인 정확성(Veracity)의 확인도 현장 담당자에게 검토 받아야 하며, 데이터가 정확하지 못하는 경우에는 신뢰할 만한 데이터를 추가로 수집해야 할 수도 있다. Garbage in, garbage out(GIGO)이라는 용어를 기억하기 바란다.

다음으로 수행되는 데이터 전처리, 실험 계획, 후보 모형 개발, 모형 성능 평가는 데이터사이언스 전문 영역이라고 할 수 있다. 간단히 수행할 수도 있지만, 훌륭한 모형 개발을 위해서는 고도의 전문지식을 적용할 수 있는 단계이다.

■ 데이터 전처리 및 정제

데이터 전처리 단계는 데이터의 다양성, 완성도 등과 관련이 있다. 제조 데이터를 예로 들면, 온도, 습도, 압력과 같은 시계열 데이터는 시계열 표현(time-series representation) 기법을 적용하거나, 소음, 진동과 같은 주파수 데이터는 푸리에 변환이나 웨이블릿 변환과 같은 신호처리 기법을 사용할 수 있다. 즉, 초당 또는 밀리초 단위로 수집될 수도 있는 시계열 데이터를 직접 처리하는 것이 아니라, 그 데이터를 잘 표현할 수 있는 특징(feature)을 추출하여 사용하는 것이다. 그 외에도 이미지 데이터로부터 분석 가능한 데이터 크기로 변환하거나, 텍스트 데이터로부터 키워드 벡터를 추출하는 등의 작업들은 다양한 데이터로부터 특징을 추출하기 위한 전처리 과정에 해당된다.

이와 동시에 분석에 사용될 정형화된 데이터를 마련하기 위하여, 데이터 병합, 데이터 정제, 유도변수 추가, 데이터 축소 등의 작업이 추가로 진행될 수 있다. 즉, 분리된 데이터 소스로부터 데이터를 연계하고 병합하는 작업, 데이터 불일치, 누락 데이터 처리와 같은 불완전한 데이터를 정제하는 작업, 필요시 기존 변수들을 결합하여 유도변수(derived variable)를 생성하는 작업 등을 진행할 수 있다. 또한, 분석의 효과를 향상시키기 위하여, 데이터 축소 기법을 사용할 수 있다. 이 과정을 통하여 정제된 데이터가 마련되면 실험 계획을 통하여 모형 개발에 착수한다.

■ 모형 분석 및 평가를 위한 실험 계획

실험 계획은 분석 모형을 평가하고 최적 모형을 선정하기 위한 합리적인 방법을 계획하는 단계이다. hold-out 기법, 교차검증(cross validation), 반복 샘플링 등을 수행할 수 있다. 이러한 방법들을 모두 객관적으로 모형을 개발하고, 적합한 모형을 선별하기 위한 방식이다.

Hold-out 기법에서 훈련 데이터(training set)는 모형을 개발하기 위하여, 테스트 데이터(test set)는 모형을 평가하기 위하여 사용된다. 보통 전체 데이터에서 임의적으로 훈련 데이터와 테스트 데이터로 나눈다. 즉, 모형을 개발하는 데 사용된 데이터를 테스트에 사용되지 않도록 분리함으로써, 개발된 모형의 평가를 객관적으로 수행하기 위함이다. 훈련 데이터와 테스트 데이터는 7:3 또는 8:2 등의 비율로 나눌 수 있다.

그러나 데이터의 양이 매우 충분하지 않은 경우에는 이렇게 두 데이터로 분리하였을 때, 특이 데이터가 테스트 데이터에 포함되는가에 따라서 편중이 있을 수 있다. 이 경우에 사용하는 것이 k-묶음 교차검증(k-fold cross validation) 기법이다. 〈그림 4.2.2〉(b)는 5-묶음 교차 검증을 보여주고 있는데, 4개 묶음으로 학습시켜서, 나머지 한 묶음으로 테스트를 하는 작업을 번갈아가며 총 5회 실시하는 방식이다. 이 경우에는 각 묶음이 4회씩 학습에 사용되고, 1회씩 테스트에 사용되므로 데이터 편중에 우려가 줄어든다. 극단적인 교차검증은 k를 데이터 개수 N과 같도록 설정하여(k=N), 총 N번의 교차검증을 하는 방식인데, 이를 leave-one-out 교차검증이라고 부른다.

더 나아가 여러 개의 모형 개발하고 비교 평가하여 최적 모형을 선정한 후, 객관적인 성능 평가를 하기 위하여 〈그림 4.2.2〉(c)와 같이 검증 데이터셋(validation set)를 추가할 수 있다. (a)의 훈련 데이터에 다시 hold-out 기법을 적용한 것이라고도 볼 수 있으며, (c)의 검증 데이터셋은 (c)의 훈련 데이터로 개발된 여러 모형들의 성능을 비교하는 데 사용되며, 선정된 최선의 모형의 성능은 테스트 데이터셋을 이용하여 평가된다.

마찬가지 방식으로 (a)의 훈련 데이터에 교차 검증을 적용하는 방식이 (d)의 방법이라고 볼 수 있다. 네 가지 방법들 중 뒤로 갈수록 좀 더 객관적인 모형 선정 및 평가를 제공할 수 있다. 이 외에도 전체 데이터가 적은 경우에는 복원 추출을 통한 반복적인 샘플링을 하는 방식으로 데이터셋을 만들어서 훈련 및 평가에 사용하기도 한다.

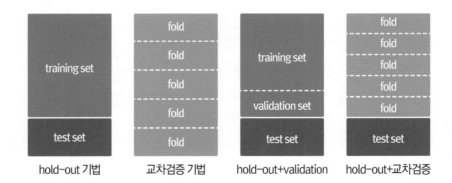

〈그림 4.2.2〉 모형 개발 및 성능 평가를 위한 실험 계획 방법

■ 데이터마이닝 및 머신러닝 기법

앞서 언급한 바와 같이 데이터마이닝 기법 중 대부분이 머신러닝 기법을 사용하고 있으며, 머신러닝 중 지도학습 형태를 가지는 대표적인 문제 유형이 분류와 예측이고, 비지도학습 형태의 대표적인 문제 유형이 군집화와 연관 분석이다.

먼저, 분류(Classification)는 주어진 데이터들을 사전에 학습한 후, 새로운 데이터 개체(instance)의 특징(feature)을 바탕으로 그 개체가 속할 클래스(class)를 예측하는 문제이다. 즉, 클래스를 알지 못하는 새로운 개체에 대하여 그 개체가 가지고 있는 특징을 바탕으로, 알려진 클래스 중 하나로 가장 정확하게 할당하는 모형을 개발하는 것을 목표로 한다. 대표적인 분류 기법으로는 의사결정나무(Decision Tree), 로지스틱 회귀(Logistic Regression), 단순베이스분류기(Naïve Bayes Classifier), 지지벡터머신(Support Vector Machine), 인공신경망(Neural Network), 랜덤포레스트(Random Forest) 등이 있다.

분류의 응용분야로는 인터넷 통신사를 이동할 것으로 예상되는 고객을 선별하여 마케팅하는 다이렉트 마케팅(Direct Marketing)이나, 은행이나 보험사의 고객 이탈을 예측하는 고객 이탈(Customer Churn) 예측이 있다. 제조 분야에서는 반도체 웨이퍼 이미지에 따라서 불량인지 아닌지, 나아가 어떤 형태의 불량인지 판별하는 불량 검출(Defect Detection) 문제, 설비 상태에 따라서 설비 고장이 조만간 발생할지 아닌지를 예측하는 설비 고장 감지(Fault Detection and Classification) 문제가 있다.

두 번째로, 회귀(Prediction/Regression)는 주어진 데이터들을 사전에 학습한 후, 새로운 데이터 개체(instance)의 특징(feature)을 바탕으로 그 개체의 정량적 목표값을 예측하는 문제이다. 즉, 목표값을 알지 못하는 개체에 대하여 그 특징을 기반으로 목표변수의 정량적 값을 가장 정확하게 예측하는 것을 목표로 한다. 대표적인 회귀 기법으로는 선형회귀(Linear Regression),

일반선형모형(Generalized Linear Model), k-최근접이웃(k-NN: k-Nearest Neighbors), 인공신경망(Neural Network), 시계열분석(Time-Series Analysis) 등이 있다. 인공신경망이나 의사결정나무와 같은 일부 기법들은 모형 개발을 통하여 분류나 회귀 문제에 모두 사용될 수도 있다.

분류의 응용분야로는 가까운 미래에 지역별, 연령별로 판매될 제품별 수량을 예측하는 수요예측 문제, 현재의 설비 세팅으로 작업 수행 시 하나의 로트(lot)에서 발생될 불량품의 비율을 예측하는 불량률 예측 문제, 현재 설비의 상태를 관찰하여 부품 또는 설비의 남은 수명을 예측하는 잔존수명(RUL: Remaining Useful Life) 예측 문제 등이 있다.

세 번째로 군집화(Clustering)는 데이터셋이 주어졌을 때, 유사한 데이터들을 가급적 동일한 클러스터로 모으고 성격이 다른 데이터들끼리는 서로 다른 클러스터에 속하도록 데이터들을 그룹화하는 작업이다. 군집화에서는 두 개의 데이터 개체를 상호비교 해야 하기 때문에 유사성(similarity) 또는 거리(distance) 측도가 필요하다. 잘 알려진 유사성 측도로는 피어슨 상관계수(Pearson's correlation coefficient), 자카드 계수(Jaccard coefficient), 코사인 유사도(Cosine similarity) 등이 있으며, 거리 측도로는 유클리드 거리(Euclidean distance), 민코프스키 거리(Minkowsky distance), 해밍 거리(Hamming distance) 등이 있다.

응용분야로는 마케팅 프로세스에서 타켓 고객을 설정하기 위하여 고객들을 유사한 고객군으로 클러스터링한 후, 각 고객군별로 차별화된 마케팅 전략을 수립하는 시장 세분화(Market Segmentation) 문제, 과거 특정 기간 동안 관찰된 설비의 상태들을 군집화한 후, 각 설비 상태 클러스터별로 설비의 고장이나 제품의 불량 특징이 있는지를 확인하는 설비 상태 분류 문제 등이 있다.

네 번째로 연관 분석(Association Analysis)은 장바구니 데이터(market basket data)와 같이 여러 가지 항목들로 구성된 데이터들이 주어졌을 때, 패턴을 이해하기 위하여 항목들 간에 자주 발생하는 규칙을 생성하는 문제이다. 연관 규칙(association rule) 생성을 위해서는 먼저 apriori algorithm, FP-growth 등을 이용해 빈발 항목집합을 준비한 후, 빈발 항목들 내의 집합 A, B 간의 발생 규칙 $A \Rightarrow B$ 을 생성한다.

주어진 데이터로부터 연관 규칙을 무수히 생성할 수 있기 때문에, 유용한 연관 규칙을 선별하기 위한 평가 측도가 중요하다. 연관 규칙을 항목집합 A, B 간의 관계인 $A \Rightarrow B$ 이라고 할 때, 대표적인 세 가지 평가 측도인 지지도(support), 신뢰도(confidence), 향상도(lift)는 아래와 같이 계산할 수 있다.

$$supp(A \Rightarrow B) = \frac{f(A \cup B)}{N}$$

$$conf(A \Rightarrow B) = \frac{f(A \cup B)}{f(A)} = \frac{supp(A \cup B)}{supp(A)}$$

$$lift(A, B) = \frac{conf(A \Rightarrow B)}{supp(B)} = \frac{supp(A \cup B)}{supp(A)supp(B)} = \frac{Nf(A \cup B)}{f(A)f(B)}$$

〈표 4.2.2〉 데이터마이닝의 대표적 기법들

유형	분류 (Classification)	예측 (Prediction / Regression)	군집화 (Clustering)	연관 분석 (Association Analysis)
대표적인 기법	• Decision Tree • Logistic Regression • Naïve Bayes Classifier • Support Vector Machine • Neural Network(MLP) • Random Forest	• Regression • Generalized Linear Model • k-Nearest Neighbors (k-NN) • Neural Network (MLP) • Time-Series Analysis	• k-means algorithm • Hierarchical Clustering (AHC) • Density-based Clustering (DBSCAN) • Model-based Clustering	• Association Rule Mining • Sequential Rule Mining • Causality Analysis

■ 프로세스 마이닝

프로세스 마이닝(process mining)이란 업무 프로세스 실행 과정에서 시스템에 기록된 이벤트 로그를 분석하여 프로세스를 이해하고 분석하여 다양한 의사결정 지원 및 지식 발견을 달성하고자 하는 기법이다. 프로세스 마이닝은 본래 비즈니스 프로세스 관리(BPM: Business Process Management)를 향상시키기 위하여 개발되었으며, 비즈니스 프로세스 수행 과정에서 저장된 이벤트 데이터 분석을 위하여 데이터마이닝 기법 및 네트워크 분석 기법을 적용하는 기법으로 워크플로우 마이닝, 비즈니스 프로세스 마이닝이라고도 불린다.

프로세스 마이닝의 분석 목표로는 프로세스 실행 과정의 성능 지표 관리, 프로세스 모형 도출, 조직 모형의 분석, 수행 조직의 소셜 네트워크 분석, 성능 평가 및 분석, 보고 및 감사 등이 있으며, 프로세스 마이닝의 적용 방식으로는 크게 세 가지로 구분할 수 있다.

- 프로세스 도출(process discovery): 이벤트 로그를 사용하여 프로세스 모형을 생성하는 기법으로, alpha algorithm, heuristic miner, fuzzy miner 등의 알고리즘을 사용함
- 적합성 검사(conformance checking): 이벤트 로그를 기반으로 만들어진 프로세스 모형이 의도했던 원래의 프로세스와 얼마나 적합한지를 평가하는 방법들로 구성됨
- 프로세스 향상(process enhancement): 원래의 프로세스를 확장시켜 개선하는 방법들을 총칭함

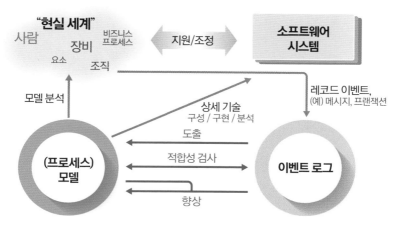

<그림 4.2.3> 프로세스 마이닝 개념 및 방법[5]

프로세스 마이닝의 시초가 된 프로세스 도출 기법은 1998년도 Agrawal et al.이 처음 제시하였는데, 실질적인 알고리즘 개발 및 구현은 Aalst et al.에 의하여 개발된 α-알고리즘이라고 할 수 있다. α-알고리즘은 이벤트 로그로부터 액티비티 간의 Footprint 매트릭스를 생성한 후 두 액티비티 간의 논리적 관계(순차적 관계, 병렬 관계, 배타적 관계 등)를 분석하여, 이들을 만족시킬 수 있는 프로세스 모형을 도출해낸다.

프로세스 도출 기법을 이해하기 위해 아래와 같은 간단한 프로세스를 가정해보자. 〈표 4.2.3〉은 5건의 주문이 어떤 단계를 거쳤는지 기록된 이벤트 로그라고 가정하자. 표의 각 줄은 각 주문이 거친 공정 순서를 표현하는데, 이를 하나의 케이스(case)라고 부른다. 예를 들어, Case1의 (A, John)은 Case1의 가장 첫 번째 이벤트로, 작업 A를 John이 수행했다는 것을 의미한다. 그 다음으로, B, C, D라는 작업을 각각 Sue, John, Pete가 Case1에서 수

5   IEEE Task Force on Process Mining, 송민석, 정재윤 역, 프로세스 마이닝 매니페스토, 2011.

행하였음을 기록하고 있다.

〈표 4.2.3〉 프로세스 마이닝을 위한 프로세스 이벤트 로그의 예시

케이스 번호	이벤트 순서
Case1	(A, John), (B, Sue), (C, John), (D, Pete)
Case2	(A, John), (C, Mike), (B, John), (D, Sue)
Case3	(A, Carol), (E, Mike), (D, Sue)
Case4	(A, Pete), (C, Carol), (B, Clare), (D, Pete)
Case5	(A, Sue), (E, Pete), (D, Clare)

〈표 4.2.3〉의 총 18개의 이벤트가 기록된 5개의 케이스를 분석하면 프로세스 모형을 도출할 수 있다. 초창기의 대표적인 프로세스 도출 기법인 α-알고리즘을 이용하면 〈그림 4.2.4〉와 같이 페트리넷(Petri-net)으로 표현된 프로세스 모형을 생성할 수 있다. 페트리넷은 프로세스 분석에서 많이 사용되는 그래프로 표현 가능한 수학적 모형화이다. 페트리넷은 상태(state)와 전이(transition)라는 두 가지 노드가 번갈아 가면서 연결된 네트워크이며, 상태 노드는 원형으로 전이 노드는 사각형으로 일반적으로 표현된다. 또한, 검은 점 형태의 토큰(token)이 상태 노드 위로 이동하면서 프로세스의 진행 과정이 표현된다. 전이 노드는 입력 화살표 앞의 모든 상태 노드에 각각 토큰이 하나 이상씩 존재할 때만 실행이 가능(enable)하고, 전이 노드가 실행(fire)되면 모든 입력 상태들에 존재하는 토큰을 하나씩 가져와서, 다음에 있는 모든 출력 상태들에 토큰을 하나씩 생성하는 방식으로 프로세스가 실행된다. 예를 들어, 〈그림 4.2.4〉에서 A에서 E까지의 전이 노드(사각형) 중에서, 입력 상태 노드(원형)에 토큰이 존재하는 전이 노드는 A 밖에 없으므로 A가 실행될 수 있으며, A가 실행되면, 첫 번째 상태 노드에 있는 토큰은 사라지고, A 다음에 있는 두 상태 노드에 토큰이 생성된다. 두 토큰은 B와 C에 의

해 개별적으로 소비되거나, 또는 E에 의해 동시에 소비될 수 있다. 두 경우 모두 D 앞에 있는 두 개의 상태 노드에 토큰이 각각 생성되므로, 그 다음에 는 D가 항상 수행되어 프로세스가 종료하게 된다.

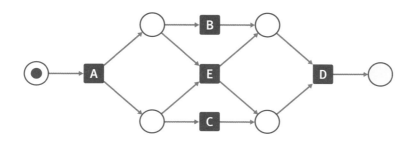

〈그림 4.2.4〉 이벤트 로그로부터 추출된 페트리넷 기반의 프로세스 모형

■ 인공지능의 등장

인공지능(artificial intelligence)는 기계 또는 컴퓨터에 의하여 인공적으로 구현된 지능을 의미한다. 인간을 비롯한 고등 동물이 가지고 있는 의사결정 및 사고 체계를 인간이 인위적으로 창조하는 것이다. 이러한 인공지능의 개 념은 크게 두 가지 방식으로 접근할 수 있다. 첫 번째 방식은 인간이 수행하 는 사고방식, 즉 논리, 추론, 판단, 학습과 같은 방식과 유사한 과정과 행위 를 컴퓨터 또는 소프트웨어를 통하여 모사하는 것이다. 반면 두 번째 방식 은 인간의 지능을 흉내 내는 것이 아니라, 매우 합리적이고 논리적으로 문 제를 해결하는 지능, 그 자체를 목표로 구현하는 것이다. 예를 들어, 컴퓨터 의 이론적 체계를 개발한 앨런 튜링(Allen Turing)이 제안한 튜링 테스트 (Turing Test)를 살펴보자. 튜링 테스트는 베일 뒤에서 타이핑하고 있는 것이 인간인지, 컴퓨터인지 구별해내지 못한다면, 튜링 테스트를 통과하였다고 판단한다. 이는 첫 번째 기준에서의 인공지능을 구현하는 것이다. 즉, 문제

를 완벽하게 해결하기보다는 실수도 적당히 할 수 있는 인간다움을 평가하는 것이다. 그러나 우리가 바라는 인공지능이 과연 이런 것인지는 생각해보아야 한다. 노인들을 위한 서비스 로봇처럼 사람을 대리하는 인공지능은 인간다움을 추구해야겠지만, 스마트제조와 같은 불량 감소, 설비 진단 등은 인간다움이라기보다 인간보다 더 정확한 판단을 요구하는 합리적 의사결정 체계를 요구하기 때문이다.

인공지능이라는 용어는 컴퓨터가 등장한 직후에 제시되었다. 1940년대 중반에 제2차 세계대전에서 튜링 주도로 암호 해독을 위하여 영국군이 Colossus를 개발하였고(1945), 세계대전 직후, 미군이 포병의 탄도예측용 ENIAC을 개발하였으며(1946), 최초 상업용 컴퓨터 Mark 1을 IBM이 영국 맨체스터 대학에 납품하였다(1951). 이러한 컴퓨터의 개발은 학자들에게 인공적인 지식의 구현이 가능할 것이라는 희망을 심어주었고, 이는 1956년에 다트머스 대학에서 열린 다트머스 워크샵(Dartmouth Workshop)에서 결실을 맺는다. 존 맥카시(John McCarthy)는 마빈 민스키(Marvin Minsky), 헐버트 심슨(Herbert Simon) 등 10여 명의 학자들과 함께 2달 여 동안 논의한 끝에, "Artificial Intelligence"라는 용어를 처음 명명하게 되었다. 이전까지는 이처럼 인공적인 지식의 구현은 생각하는 기계(Thinking machine)로 불리었었다. 다트머스 회의에서는 10년 내 인공지능의 구현이 가능하고 "10년 내에 세계 체스챔피언과 새로운 수학정리를 구현할 것"이라고 장밋빛 미래를 예견하였지만, 이후 인공지능의 구현이 그렇게 쉽지 않았고 수많은 난관을 거치게 된다.

전통적인 인공지능은 크게 두 가지 사조로 구분할 수 있다. 인간의 논리적 사고 방식을 표현하고 실현하고자 하는 기호주의(Symbolic AI)와, 생물학적 학습 방식을 모사한 인공신경망으로 구현하고자 하는 연결주의(Connectionist AI)가 있는데, 초기 1960년대의 인공지능 연구는 이 두 연구그룹 간의 경쟁으로 진행되었다. 그러나 1980~1990년대의 인공지능은 전통적인 지식표현 및 추론을 바탕으로 한 전문가시스템(expert system)을 중심으로 한 기호주의 AI가 득세를 했다면, 최근에 다시 각광받고 있는 딥러닝은 인공신경망(artificial neural network)을 확장한 연결주의 AI에 속한다고 볼 수 있다. 최근 병렬컴퓨팅 방식의 고속 데이터 처리는 딥러닝의 학습 방식 및 속도를 획기적으로 개선하였고, 여러 연구자들이 끊임없이 신경망의 빠르고 정확한 학습방식을 개발한 덕분에, 최근 음성인식, 이미지분류, 기계번역, 자연어처리 등 다양한 응용영역에 적용되어 그 성능을 입증하고 있다. 딥러닝은 구글의 알파고, 아마존의 알렉사, 테슬라의 자율주행차 등 여러 분야에서 새로운 기술혁신을 선도하고 있다.

■ 딥러닝

최근 인공지능 기술을 주도하고 있는 딥러닝은 연결주의 인공지능에 해당되는 인공신경망의 확장이다. 인공신경망은 생물학적 신경계와 유사한 방식으로 병렬로 연결된 요소들의 계층적 네트워크로 조직된다. 인공신경망은 1957년 프랭크 로젠블랏(Frank Rosenblatt)의 퍼셉트론(Perceptron)으로 거슬러 올라간다. 퍼셉트론은 여러 개의 입력값에 가중치를 곱한 후, 임계값보다 크면 활성화시키고, 그렇지 않으면 비활성화시키는 뉴런(neuron)을 모형으로 개발한 것이다. 당시에 하나의 퍼셉트론으로는 배타적 논리인 XOR(eXeclusive OR) 구조를 표현할 수 없다는 지적을 받았지만, 이후 다층퍼셉트론(MLP: Multi-Layer Perceptron)을 통하여 극복할 수 있음이 밝혀졌다. MLP를 학습시킬 수 있는 효과적인 방법인 오류역전파(error back-propagation) 알고리즘이 1980년대 중반에 개발되면서 인공신경망이 활발히 연구되기 시작하였다.

반면에 오류역전파 알고리즘도 신경망이 3계층 이상이 되면 기울기소실(vanishing gradient) 문제라고 불리는 현상 때문에 오차가 가중치 업데이트에 적절히 반영되지 못하고 과적합(overfitting)되는 한계가 있었다. 또한, MLP에서 계층의 개수나 층별 노드 수와 같은 결정에 있어서 체계적인 방법이 제시되지 못하여 성능 확보에 어려움이 있었다. 그러나 최근에 충분한 양의 학습 데이터 수집이 가능해졌고, GPU나 멀티코어 프로세서의 발달, 클러스터 컴퓨터 등 연산능력의 발달로 인하여 복잡한 문제를 빠르게 연산할 수 있는 환경이 주어졌고, 드롭아웃 등 다계층 신경망을 효과적으로 학습시킬 수 있는 기법들이 결합되면서 딥러닝이라는 심층신경망이 급속도로 보급되고 있다.

이미지 인식에서 주로 사용되는 CNN(Convolutional Neural Network, 합성곱 신경망)이나, 음성인식, 자연어처리 등에 주로 활용되는 RNN(Recurrent Neural Network, 재귀 신경망), 새로운 그림이나 음악을 생성할 수 있는 GAN(Generative Adversarial Network, 생성적 적대 신경망) 등은 수많은 계층을 사용하는 신경망이라는 공통점은 있지만, 실제 내부에서 작동하는 방식은 실제로 매우 상이하다.

딥러닝의 초기 확대를 불러일으킨 CNN은 합성곱층과 풀링층이라는 두 가지 계층을 통하여 이미지의 특징을 추출해내는 장점을 가지고 있다. 흑백 이미지 또는 RGR 컬러 이미지가 구성하고 있는 픽셀값을 2차원 행렬로 간주하고, 특정 영역의 이미지 패턴을 추출하기 위하여 컨볼루션(convolution)이라는 정해진 크기의 마스크(mask)를 사용한다. 이 마스크는 정방행렬의 가중치를 가지고 있어서, 마스크의 가중치가 학습되면서 이미지 특징을 생성한다. 풀링층은 주요한 이미지를 도출하기 위하여 특정영역의 최대값 또는 평균값을 다음 층으로 넘겨서 이미지 특징을 추출하는 역할을 한다. 주로 최대값을 사용하여 맥스풀링(max-pooling)이라고 부른다.

CNN에서는 효과적인 네트워크 학습을 위하여, 드롭아웃으로 가중치를 임의로 무시하여 과적합을 방지하기도 하고, 스트라이드(stride)를 통하여 이미지 특징 추출 시간을 감소시키기도 하며, ReLU라는 단순화된 활성함

수 유닛을 사용함으로써 심층신경망의 학습시간을 대폭 단축하게 된다. 컴퓨팅 능력의 증가뿐만 아니라, 수많은 학습 데이터를 대상으로 깊은 계층까지 빠르고 효과적으로 학습시키기 위하여, 위와 같은 여러 가지 장치를 도입함으로써 딥러닝의 발전이 가능해진 것이다.

■ 분산 병렬 처리

지금까지 설명한 다양한 데이터분석 기법들은 가끔 방대한 데이터를 처리해야 하는 문제에 직면하기도 한다. 아무리 훌륭한 기법도 원하는 시간에 적절한 해답을 제시해주지 않으면 쓸모가 없는 경우가 많다. 예를 들어, 센서를 통한 장비의 고장진단이나 이미지 분석을 통한 제품 불량 감지의 경우, 빠른 시간 안에 결과를 알려주지 않으면 그 효용이 매우 떨어진다. 이처럼 대용량 데이터를 처리하기 위하여 다양한 분산 배치 처리 기법들이 등장하였고, 최근 빅데이터 분석을 가능하게 한 여러 가지 기술들이 개발되었다.

그 대표적인 기술이 하둡(Hadoop)이며, 하둡은 하나 이상의 머신(컴퓨터)에서 대용량을 분산 저장하고 병렬로 처리할 수 있도록 지원하는 분산 처리 프레임워크이다. 2005년 더그 커팅과 마이크 카파렐라가 처음 개발하였으며, 야후, 페이스북, 아마존 등 대규모 데이터를 처리하는 인터넷 기업들이 채택하면서 널리 소개되었다. 하둡은 크게 대용량 데이터를 분산 저장할 수 있게 하는 하둡 분산 파일 시스템(HDFS: Hadoop Distributed File System)과 빅데이터 분석 및 계산을 분산 처리할 수 있게 하는 맵리듀스(MapReduce)로 구성된다.

HDFS는 테라바이트 급의 대용량 처리를 하는 데 효율적으로 사용할 수 있으며, 500MB 이하의 작은 용량의 데이터를 저장하고 관리하는 것은 비효율적이다. 하둡은 마스터/슬레이브(master/slave) 구조를 사용하며, 네임노드(NameNode)라는 싱글 노드가 슬레이브 노드의 파일 액세스를 제어하고, 클러스터 파일 시스템의 네임스페이스를 관리한다. 또한 클러스터 내의 머신 별로 데이터 노드(DataNode)를 하나씩 두어 각 머신의 디스크 저장소를 관리한다.

맵리듀스 프레임워크는 데이터를 〈Key, Value〉 형태로 표현하고, 데이터를 표현하는 맵(Map) 단계와, 변환된 데이터를 키에 따라서 수집하는 리듀스(Reduce) 단계로 처리된다. 배치 처리 요청에 대하여 맵 단계에서는 사용자 정의 맵 함수에 따라서 데이터 노드로부터 〈Key, Value〉 형식으로 데이터가 출력되는데, 출력된 데이터는 Key에 따라서 각 서버로 전송되어 리듀스 함수에 따라서 데이터들이 통합된다.

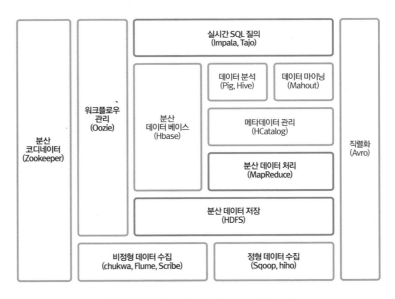

〈그림 4.2.5〉 하둡 에코시스템과 그 구성요소들

하둡은 분산 처리를 지원하는 프로그래밍 프레임워크이고, 〈그림 4.2.5〉와 같이 하둡 프레임워크 내에서 다양한 하부 프로젝트들이 수행되어 하둡 프레임워크 내에서 함께 사용할 수 있다. 이러한 하둡 프로젝트들의 구성을 하둡 에코시스템(Hadoop Ecosystem)이라고 부른다.

하둡 에코시스템에서 HDFS 하위에는 비정형 및 정형 데이터를 수집하는 기술들이 존재하는데, 아파치 스쿱(Apache Sqoop), 클라우데라의 플룸(Flume), 아파치 척와(Chukwa), 페이스북의 스크라이브(Scribe) 등이 있다.

아파치 피그(Apache Pig) 프로젝트는 SQL과 유사한 형식의 스크립트 언어로, 맵리듀스를 생성하기 위하여 사용할 수 있다. 그리고 아파치 머하웃(Apache Mahout)은 클러스터링, 분류, 예측 등의 데이터마이닝을 하둡 환경에서 처리할 수 있도록 지원한다.

하둡에서 맵리듀스를 통하여 필요한 데이터를 추출하기 위해서는 프로그래밍을 사용해야 하는데, 이를 대신하여 기존의 데이터 질의에 일반적으로 사용하던 SQL을 사용하도록 지원하는 것이 아파치 하이브(Apache Hive)이다. 하이브는 HiveQL이라는 SQL 형태의 질의언어를 제공하지만, 맵리듀스로 변환되어 처리하기 때문에 속도가 느리다는 한계가 있다. 그래서 하이브를 완전히 대체하여 실시간 SQL 질의를 제공하기 위하여 개발된 것이 클라우데라의 임팔라(Impala)와 그루터의 타조(Tajo)이다.

하둡도 아파치, 클라우데라(Cloudera), 호튼웍스, MapR과 같은 여러 가지 배포판이 있어서 성능과 기능에 맞게 선택하여 구축할 수 있다. 한편 하둡은 저장된 데이터를 배치 처리하는 방식에 적합한 구조를 제공하고 있으나, 실시간으로 증가하는 빅데이터를 처리하는 데에는 한계가 존재한다. 예를 들어, 데이터 전송 시 상황에 따라 많은 디스크 입출력과 네트워크 부하를 야기시킬 수 있으며, 맵과 리듀스로 구분되어 처리되는 맵리듀스는 반복 작업이 많을 경우에 비효율적일 수 있다. 이러한 단점들을 보완하기 위하여 스파크(Spark)와 아톰(Atom)과 같은 데이터 처리 기술들이 등장하였다.

스파크(Spark)는 UC Berkeley 대학에서 개발되어 디스크 입출력 비용을 최소화한 인메모리 컴퓨팅 기반의 데이터 분산처리 시스템이다. 스파크는 하둡과 같은 배치 처리 과정에서 반복적인 데이터 연산을 빠르게 처리할 수 있는 시스템 구조를 지원하며, 사용자 친화적인 대화형 데이터마이닝 툴을 제공한다. 이를 위하여 스파크는 RDD(Resilient Distributed Dataset)라는 데이터 집합의 추상화 개념을 도입하여 사용자의 빠른 작업을 지원한다. 이처럼 스파크는 반복적인 데이터 처리를 지원하기 위하여 인메모리에서 RDD 형태로 데이터를 유지하기 때문에 데이터마이닝이나 머신러닝과 같은 빅데이터 분석에 유용하다. 예를 들어, 로지스틱 회귀분석의 경우, 스파크가 하둡보다 크게는 10배나 빠른 속도를 보이기도 하였다.

스톰(Storm)은 BackType에서 개발되어 2011년 트위터로 인수되면서 널리 알려졌으며, 2013년부터 아파치 프로젝트로 오픈되어 지속적으로 개발되고 있다. 스톰은 빠른 데이터 처리, 확장성, 신뢰성 등의 장점을 가지는 실시간 데이터 처리 시스템이다. 스톰은 트위터에서 생성되는 30테라바이트 이상의 데이터를 실시간으로 처리할 수 있도록 개발되었기 때문에 IoT 기술의 발전과 함께 센서 및 디지털 장비의 스트리밍 데이터를 처리하기 위한 솔루션으로 주목받고 있다. 특히 스톰은 자바가상머신(JVM)의 바이트코드를 직접 컴파일하는 Clojure 언어로 개발되어, 프로그래밍 언어에 구속되지 않고 데이터 처리 모형을 구성할 수 있다.

〈표 4.2.4〉 하둡, 스파크, 스톰의 기능 비교[6]

기능	하둡	스파크	스톰
데이터 처리 방법	배치 처리 방식	배치 처리 방식	실시간 스트리밍 처리 방식
업데이트 단위	레코드	파일 또는 테이블	스트림(튜플)
컴퓨팅 환경	디스크 기반	인메모리 기반	인메모리 기반

6   엄정호 등, "차세대 실시간 빅데이터 분산 시스템 동향 – 스파크와 스톰을 중심으로", 주간기술동향 포커스, 정보통신기술진흥센터, 2014. 9. 3.

반복연산	Weak	Strong	Medium
프로그래밍 언어	Java	Scala	Clojure
SQL 지원 여부	연관 프로젝트 Tajo에서 지원	스파크SQL에서 지원	관련 없음
추천 환경	데이터 대비 작업 복잡도가 크지 않고 작업의 중간 단계에서 데이터 교환이 많은 시스템에 적합	분할된 데이터에 대해 반복 또는 많은 연산 작업이 발생하고 데이터 간 교환이 적은 시스템에 적합	사용자 질의에 대한 응답시간이 짧고, 동일한 데이터에 대하여 다양한 질의 형태가 존재하는 시스템에 적합

4.3 적용 사례

■ 불량예측 및 불량요인분석

첫 번째 빅데이터 적용 사례로써, 반도체 생산 공정에서 수율 저하 문제의 원인을 찾기 위한 데이터마이닝 기반 불량 요인 분석 사례는 다음과 같다.

반도체 생산 공정은 〈그림 4.3.1〉과 같이 수백 개의 생산 단계로 이루어져 있으며, 전 생산 공정이 종료되고 나서, 마지막 단계에서 최종 검사를 하여 생산 웨이퍼의 수율(yield)을 측정한다. 반도체 웨이퍼 수율은 웨이퍼 상전체 칩들 중 정상 칩의 비율로 정의되며, 비정상 칩이 많을수록 수율이 낮아지게 된다. 따라서 반도체 생산 공정에서는 이러한 수율(Y인자)을 낮게 만드는 공정 데이터(processing data)들 중에서 불량인자(X인자)를 찾고자 하는 수요가 있으며, 빅데이터 환경에서 데이터마이닝 솔루션을 적용하여 불량요인을 분석하였다.

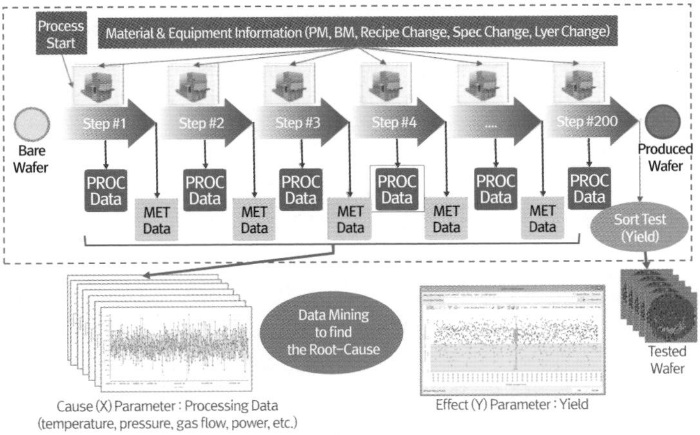
Process Start
Material & Equipment Information (PM, BM, Recipe Change, Spec Change, Lyer Change)
Step #1
Step #2
Step #3
Step #4
....
Step #200
Bare Wafer
Produced Wafer
PROC Data
MET Data
Sort Test (Yield)
Data Mining to find the Root-Cause
Tested Wafer
Cause (X) Parameter : Processing Data
(temperature, pressure, gas flow, power, etc.)
Effect (Y) Parameter : Yield

〈그림 4.3.1〉 반도체 생산 공정 및 데이터

반도체 생산 공장은 1개 생산 라인에서 보통 한 달에 100,000장 이상의 웨이퍼를 생산하고 있으며, 이 각 웨이퍼들이 전체 생산 공정을 거치면서 얻어지는 공정 데이터들은 무수히 많아 빅데이터 환경에서의 분석이 필수적이다. 따라서 〈그림 4.3.2〉와 같이 다양한 빅데이터 아키텍처가 실제 제조 환경에 구축되어 분석에 사용되고 있다.

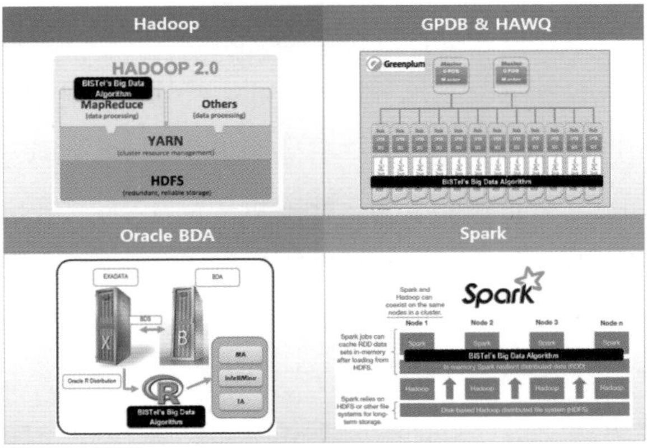
Hadoop
GPDB & HAWQ
HADOOP 2.0
BISTel's Big Data Algorithm
MapReduce
Others
YARN
HDFS
Greenplum
Oracle BDA
Spark
Spark

〈그림 4.3.2〉 다양한 빅데이터 아키텍처

〈그림 4.3.3〉과 같이 빅데이터 환경에서는 하나의 연산이 여러 개의 데이터 노드로 분산되어 처리되며, 최종적으로 그 결과만 상위 어플리케이션으로 전달되게 된다. 만약 10개의 데이터 노드가 있고, 다중 CPU를 가진 각 노드가 10개의 프로세스를 가동한다면, 이론적으로는 성능을 100배 빠르게 개선할 수 있다. 단, 이것은 Load Balancing이 잘 이루어졌을 경우이고, 특정 노드에서 연산이 지연될 경우에는 최종 결과를 내기위해 대기를 해야 하기 때문에, 분석 요구사항에 많게 데이터 분산을 어떻게 잘 하느냐가 매우 중요하게 된다.

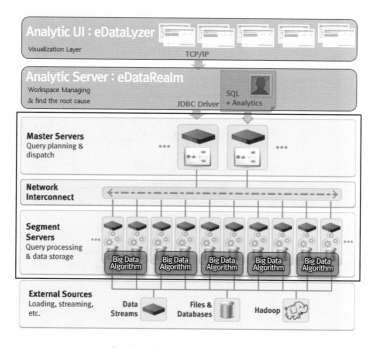

〈그림 4.3.3〉 빅데이터 분산처리 예시

반도체 생산공정의 불량요인분석을 위해서는 〈그림 4.3.4〉와 같이 빅데이터 아키텍처를 구성하였으며, 빅데이터 전용 여러 데이터마이닝 솔루션으로 분석하였다. Root Cause Analysis 솔루션을 중심으로 불량 유형 분류를 위한 Wafer Map Analytic 솔루션과 정밀 데이터(Trace data) 분석을 위한 Trace Analytic 솔루션이 서로 그 결과를 주고받으며 분석의 정확도를 높일 수 있다.

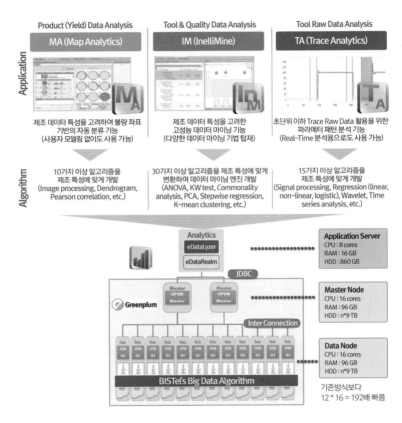

〈그림 4.3.4〉 빅데이터 분석 솔루션

위와 같은 분석으로 반도체 생산 공정의 수율 저하 불량원인분석을 수행하면 〈그림 4.3.5〉과 같이 수율저하에 영향을 미친 인자들을 Process step, 대상 설비 및 parameter 단위까지 찾아준다.

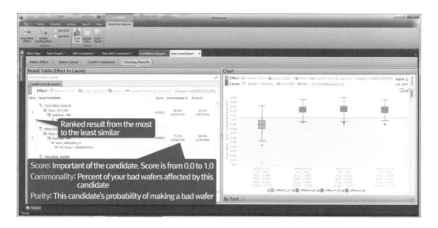

〈그림 4.3.5〉불량원인분석 결과

■ 설비예지보전 및 잔존수명

　두 번째 빅데이터 적용 사례로써, 제조 설비의 예지보전을 위한 진동데이터 기반 고장 진단 및 잔존수명 예측 사례는 다음과 같다.

　PdM(Predictive Maintenance)은 기존 TBM(Time Based Maintenance)이나 CBM(Condition Based Maintenance) 관리에서 벗어나 제조공정 설비의 상태 및 사용 환경 등을 고려하여 정확한 PM시점을 예측하는 기술이다. 이러한 PdM 기술은 산업별 제조공정 특성을 고려한 예측모형을 제공하여 사후 조치가 아닌 사전 대응을 가능하게 하며, 설비 이상 중단을 감소시키고 최적의 설비 상태를 유지하여 예기치 않은 장비 고장에서 오던 손실을 크게 줄이는 효과가 있다.

　이와 같은 PdM 솔루션 구축을 위해, 〈그림 4.3.6〉과 같이 PdM을 5단계로 구성하였으며, 각 단계별로 필요한 분석 알고리즘들을 Signal processing/Feature extraction, Detection, Classification, Prediction으로 구분하여 개발하였다.

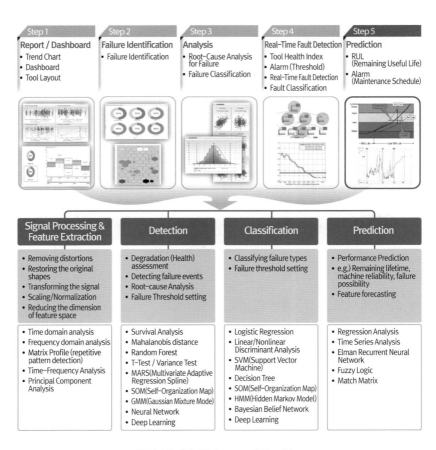

The figure contains the following text:

Step 1
Report / Dashboard
- Trend Chart
- Dashboard
- Tool Layout

Step 2
Failure Identification
- Failure Identification

Step 3
Analysis
- Root-Cause Analysis for Failure
- Failure Classification

Step 4
Real-Time Fault Detection
- Tool Health Index
- Alarm (Threshold)
- Real-Time Fault Detection
- Fault Classification

Step 5
Prediction
- RUL (Remaining Useful Life)
- Alarm (Maintenance Schedule)

Signal Processing & Feature Extraction
- Removing distortions
- Restoring the original shapes
- Transforming the signal
- Scaling/Normalization
- Reducing the dimension of feature space

- Time domain analysis
- Frequency domain analysis
- Matrix Profile (repetitive pattern detection)
- Time-Frequency Analysis
- Principal Component Analysis

Detection
- Degradation (Health) assessment
- Detecting failure events
- Root-cause Analysis
- Failure Threshold setting

- Survival Analysis
- Mahalanobis distance
- Random Forest
- T-Test / Variance Test
- MARS(Multivariate Adaptive Regression Spline)
- SOM(Self-Organization Map)
- GMM(Gaussian Mixture Mode)
- Neural Network
- Deep Learning

Classification
- Classifying failure types
- Failure threshold setting

- Logistic Regression
- Linear/Nonlinear Discriminant Analysis
- SVM(Support Vector Machine)
- Decision Tree
- SOM(Self-Organization Map)
- HMM(Hidden Markov Model)
- Bayesian Belief Network
- Deep Learning

Prediction
- Performance Prediction
- e.g.) Remaining lifetime, machine reliability, failure possibility
- Feature forecasting

- Regression Analysis
- Time Series Analysis
- Elman Recurrent Neural Network
- Fuzzy Logic
- Match Matrix

〈그림 4.3.6〉 PdM Process 및 Algorithm

위와 같은 PdM 솔루션을 〈그림 4.3.7〉과 같은 lift robot에 적용하고 진동 데이터 분석을 수행하여 효과를 보았다. 이 프로젝트는 대상 설비의 모터 부문에서 발생하는 설비 이상을 탐지하기 위해 "생산설비에서 발생하는 진동 데이터를 분석하여 정확한 설비 건강 상태(Health index) 파악 및 RUL(Remaining Useful Life) 계산"을 목적으로 하였다. 이를 위해 진동 센서에서 수집되는 진동 정밀 데이터, PLC 장비에서 수집되는 이벤트 데이터, MES 상에 저장되는 Summary 데이터를 종합 분석하여 예측 모형을 수립하였다.

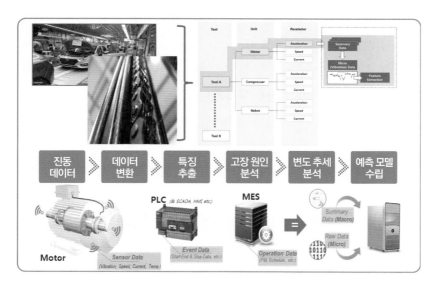

〈그림 4.3.7〉 진동 데이터 기반 제조 설비의 PdM 적용 사례

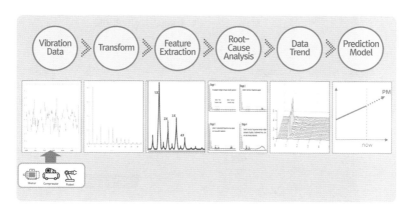

〈그림 4.3.8〉 진동데이터 기반 PdM 솔루션 분석 절차

진동데이터 기반 PdM 솔루션은 〈그림 4.3.8〉과 같이 몇 가지 분석단계를 거쳐서 진행된다. 우선 FFT(Fast Fourier Transform) 등 Frequency domain analysis를 활용하여 진동데이터를 분석 가능한 형태로 변환하고, PCA(Principal Component Analysis) 등을 활용하여 유효한 특징을 추출한다. 이렇게 추출된 특징들을 기준으로 여러 머신러닝 기법을 수행하여 해당 설비 이상의 원인 분석(Root-cause Analysis)을 수행한 뒤 관련 feature들의 종합적인 Trend를 분석하여 설비의 향후 상태를 예측하게 된다.

위와 같이 제조 설비에 적용된 PdM 솔루션을 요약하면 〈그림 4.3.9〉와 같다. 즉, 진동 데이터 기반의 설비 상태를 종합적으로 모니터링하고 설비의 건강 지수(Health Index)를 관리한다. 또한, 설비 건강 지수의 주의/알람 임계치 관리를 지속적으로 수행하여 모형의 성능을 계속적으로 향상 시킨다. 이러한 PdM 솔루션은 실제 제조 설비 분석에 적용되었으며, 설비 이상 중단을 감소시키고 최적의 설비 상태를 유지하여 예기치 않은 장비 고장에서 오던 손실을 크게 줄이는 효과를 보였다.

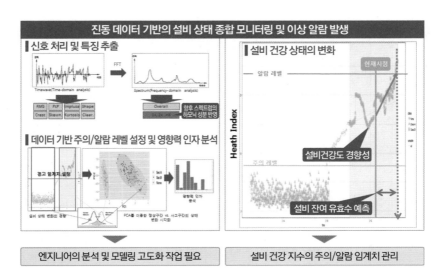

〈그림 4.3.9〉 진동 데이터 기반 설비 상태 모니터링 및 이상 예측 모형

4.4 솔루션

■ 데이터 분석용 소프트웨어

2014년에 유명한 데이터 분석 웹사이트인 kdnuggets.com에서 사용자들에게 최근 12개월 동안 실제 프로젝트에서 사용한 데이터 분석용 소프트웨어를 조사한 바가 있다. 그 결과에 따르면 가장 많이 사용된 데이터 분석용 소프트웨어는 아래와 같다.[7]

〈표 4.4.1〉 데이터 분석용 소프트웨어 사용 순위

순서	데이터 분석용 소프트웨어	사용 비율	단독 사용 비율
1	RapidMiner	44.20%	35.10%
2	R	38.50%	2.10%
3	Excel	25.80%	0.10%
4	SQL	25.30%	0.10%
5	Python	19.50%	0.90%
6	Weka	17.00%	0.40%
7	KNIME	15.00%	10.60%
8	Hadoop	12.70%	0%
9	SAS base	10.90%	0%
10	Microsoft SQL Server	10.50%	0%

---

7   Dursun Delen 저, 허선, 신동민 역, 데이터마이닝 데이터를 정보로: 정보를 지식으로 변환, 시그마프레스, 2016.

이 조사 결과에는 데이터마이닝 솔루션들(예. RapidMiner, Weka, KNIME), 범용 분석 언어(R, Python), 데이터베이스 등이 혼재되어 있지만, 데이터 분석가들이 어떤 도구들을 많이 사용하는지 가늠할 수 있다. 앞에 표기된 비율은 응답자들이 데이터 분석을 위하여 해당 소프트웨어를 사용하는지에 대한 응답이고, 괄호 안에 표기된 비율은 그 소프트웨어를 주로 단독으로 사용하는 비율이다. 예를 들어, 데이터마이닝 솔루션인 RapidMiner와 KNIME은 각각 단독으로 데이터 분석에 사용되는 비율이 35.1%와 10.6%로 꽤 높은 비중을 차지함을 알 수 있다. 또한, 데이터 분석을 위하여 Excel, R, Python에 대한 지식이나 SQL 및 데이터베이스 제품도 많이 사용되고 있음을 보여주고 있다.

■ 비스텔 eDataLyzer/IM(IntelliMine)

비스텔의 빅데이터 분석 솔루션인 eDataLyzer는 각 산업별 제조공정 특성을 고려한 고성능 데이터마이닝 알고리즘을 기반으로 다양한 빅데이터 분석 기능을 제공하며, 분석 결과로 도출된 의미 있는 인자는 예측모형 수립에도 사용할 수 있다.

데이터마이닝은 대량의 데이터 가운데 숨겨져 있는 유용한 상관관계를 발견하여, 미래에 실행 가능한 정보를 추출하고 의사결정에 이용하는 과정으로 비스텔은 데이터마이닝 솔루션으로 〈그림 4.4.1〉과 같이 IM(IntelliMine)을 제공한다. IM은 30개 이상의 알고리즘을 사용하여 제조업의 공정 상황을 고려한 불량원인분석(Root-Cause Analysis)을 수행하는 솔루션이다. 또한, IM은 원인 인자를 제조 공정의 설비, parameter 수준까지 찾아주고, 인자간의 상호작용에 의한 원인 및 시간에 의존하는 원인을 찾아주는 기능을 가지고 있어 사용자에게 풍부한 정보를 제공한다. 또한, 결과 해석에 있어서 통계 지식이 필요하지 않기 때문에 누구나 손쉽게 사용이 가능한 장점이 있다.

비스텔의 IM은 이외에도 설비 간 유의차 분석, 인자별 불량 Trend 분석, 인자별 상관도 분석 등 다양한 통계 자료를 제공하여 사용자의 다각도 분석을 지원한다.

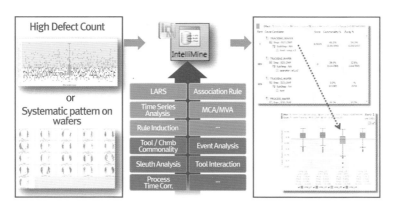

〈그림 4.4.1〉 IM(IntelliMine) – Data Mining Application

■ 프로세스 마이닝 도구 ProM

데이터마이닝과 같이 프로세스 마이닝도 전문적 분석 도구를 활용하는 것이 일반적이며, 오픈소스 프로그램인 ProM이나 상용 프로그램인 Fluxi-con사의 Disco를 이용할 수 있다. 그 외에 SAP도 Celonis라는 프로세스 마이닝 소프트웨어를 출시하였으며, 국내에서는 ProcessAnalyzer가 개발된 바 있다.

오픈소스 프로세스 마이닝 도구인 ProM은 네덜란드 아인트호벤공대에서 개발된 Java 기반의 오픈소스 프로세스 마이닝 프레임워크로서, 프로세스 마이닝을 위한 보편화된 스키마인 MXML(Mining XML) 및 XES(eXtensible Event Stream)를 기반으로 하며, 프로세스 마이닝 알고리즘이 탑재된 플러그인(plug-in) 형태의 수많은 기능을 제공한다. 〈그림 4.4.2〉은 ProM 5.1 버전으로 이벤트 로그를 읽어 들인 후, Heuristics Miner를 통하여 프로세스 모형을 도출한 화면을 보여준다.

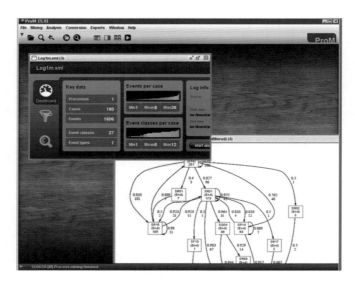

〈그림 4.4.2〉 Process Mining을 위한 ProM 오픈소스 프레임워크[8]

〈그림 4.4.3〉은 ProM 5.1에서 이벤트 데이터 입력파일 형식으로 사용하는 MXML의 스키마를 보여주고 있다. 이벤트 로그 WorkflowLog는 내부에 몇 가지 프로세스 모형인 Process를 포함할 수 있고, 그 하부에는 Process를 여러 차례 수행한 ProcessInstance 사례를 포함할 수 있다. ProcessInstance 내에는 개별적인 이벤트 저장단위인 AuditTrailEntry가 다수 포함되어 있으며, 이는 이벤트 이름인 WorkflowModelElement, 시작이나 종료와 같은 이벤트 형태를 구분할 수 있는 EventType, 발생시간인 Timestamp, 담당 작업자 또는 시스템, 설비를 의미하는 Originator 정보를 포함한다.

8 ProM Tools, http://www.promtools.org/

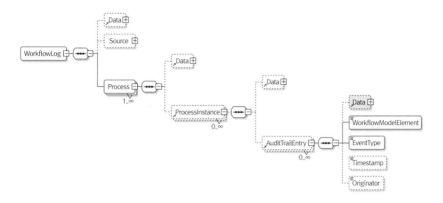

〈그림 4.4.3〉 ProM의 프로세스 이벤트 저장 스키마 MXML

■ 딥러닝

데이터마이닝은 매우 다양한 분야의 알고리즘이 산재하고 있다면, 딥러 닝은 상대적으로 알고리즘의 수가 적은 편이다. 그럼에도 불구하고 일반적 인 데이터마이닝이나 머신러닝에 비하여 더 많은 학습데이터를 필요로 하 며, 더 오랜 시간 네트워크 학습시간이 소요되기 때문에 딥러닝 라이브러리 의 성능이 상대적으로 더 중요하다.

오픈소스 공유사이트인 깃허브(GitHub)에 따르면, 2017년 2월 기준으로 딥러닝 라이브러리 인기순위가 〈표 4.4.2〉와 같이 조사되어, 구글의 Tensor-Flow가 개발자들 사이에서 독보적인 우위를 차지하고 있는 것으로 나타났 다. TensorFlow는 구글에서 검색엔진, 번역기, 이메일 등 다양한 응용분야 에 사용되도록 권장되고 있다. 그 외에 이미지 분야에 강점을 보이고 있는 Caffe가 있고, 아마존웹서비스(AWS)에서 강력하게 지원하기 시작한 MXNet 가 빠르게 보급되고 있다. 한편 Python 기반의 Keras는 TensorFlow나 Theano와 같은 다른 딥러닝 라이브러리들을 래핑(Wrapping)하는 라이브 러리로 딥러닝 구조 및 학습을 설계하는 것이 매우 간단하여 딥러닝 입문에 많이 사용되고 있다. Theano는 하위수준까지 제어할 수 있는 딥러닝 라이브러리로 빠르고 유연한 장점이 있다.

<표 4.4.2> 딥러닝 라이브러리 인기순위[9]

순위	딥러닝 라이브러리	점수
1	TensorFlow	172
2	Caffe	89
3	Keras	69
4	MXNet	53
5	Theano	38

4.5 맺음말

빅데이터와 인공지능은 스마트공장뿐만 아니라 다양한 분야에서 지능화된 시스템 구축을 위하여 활발하게 사용되고 있다. 제조업에서는 수많은 설비와 장치들로 구성되어 있어서 데이터를 모으고 네트워크로 수집하는 등의 사전 작업이 없이는 이러한 빅데이터 분석이 용이하지 않을 수 있다. 그러나 최근 스마트공장이 확대되면서 MES를 통한 시스템 관제 및 데이터 수집이 용이해지고 있고, 클라우드나 에지 컴퓨팅과 같은 기술을 통하여 데이터를 분석하거나 처리하기 위한 정보기술들이 개발되고 있기 때문에, 미래에 최적화된 공장을 설계하고 운영하기 위한 빅데이터, 인공지능 기술의 도입이 가능해지고 있다.

9 Github, Inc., http://github.com/

지속적인 개선(CI: Continuous Improvement)이라는 측면에서 생산계획, 제품검사, 설비상태 등의 데이터를 축적하고 관찰하고 분석하는 것은 전통적인 생산운영의 영역이었다. 이러한 데이터가 디지털로 축적되고 고도의 빅데이터 분석 기법들과 결합되면, 기존에 숙련자의 경험에 의존하였던 생산계획, 품질분석, 설비보전 등과 같은 문제들이 체계적인 관리 영역으로 편입될 수 있을 것이다. 나아가 최근에 컴퓨터 비전을 이용한 제조공정의 품질 검사 및 설비 감시 시스템에는 CNN과 같은 이미지 처리를 위한 딥러닝 기술 도입도 유용하다. 빅데이터, 인공지능과 같은 새로운 기술은 기존의 경험적 기술의 한계를 넘어설 수 있게 하고, 작업자의 인적 오류를 보완하여 더 진보된 제조기술을 실현할 수 있을 것으로 기대한다.

5장

자동화 시스템

박용운 LS산전 고문

SMART FACTORY
TECHNOLOGY

스마트공장이 추구하는 빅데이터 획득과 분석 그리고 그 결과를 실시간으로 생산시스템에 반영하려면 공장 전체의 연결성(물리적 통신 경로, 데이터 호환성)이 확보되어야하고 피드백된 정보를 설비가 자동으로 작업에 반영할 수 있어야 한다. 그리고 그 기반으로써 공장 자동화 시스템이 필요하다. 여기서는 스마트공장으로 가기 위한 기본 조건으로서의 공장 자동화에 대해서 알아보도록 한다.

🏃 이 글을 쓴 박용운은

서울대 제어계측공학과를 졸업하고 금성계전(현 LS산전)에 입사한 이래 지속적으로 산업자동화 분야의 연구개발을 주도해 온 한국 자동화의 산 증인이다. 1980년대는 럭키금성그룹(LG/LS/GS 그룹의 모태)을 포함한 굴지의 대기업들이 외산 자동화 기기들을 TA 등의 형태로 도입 판매하여 한국 시장은 비싼 외산 PLC의 각축장이었다. 다른 한편으로는 대기업들이 국산 제품 개발에 착수한 시기이기도 하다. 외산 PLC를 TA로 공급하는 대기업에 근무 중이었던 저자 역시 자동화기기를 저렴한 가격으로 국내 기업에 공급하여 국가의 제조산업 기반을 튼튼히 하겠다는 각오로 연구개발에 전념하였다. 힘겨운 노력의 결과로 LS산전은 외산 PLC와 경쟁하는 국내 유일의 업체로 남아 있으며, 현재도 글로벌 기업과 맞서기 위해 연구원들과 함께 각고의 노력을 경주 중이다. 혁신적 PLC 기술의 개발로 NET, NEP, 장영실상 등을 수상한 바 있으며 연구위원을 거쳐 수년간 LS산전 연구소장을 역임하고 현재는 LS산전 자동화사업 분야의 제품개발을 지도하는 상근기술고문으로 근무하고 있다.

5.1 공장 자동화의 개요

■ 자동화 시스템의 개요

스마트한 공장이 구축되려면 공장을 운영하고 통제하는 두뇌 역할의 인텔리전트 한 관리 시스템과 더불어 현장에서 실제로 작업자 역할을 수행하는 제어시스템이 있어야 한다. 또한 작업자의 손, 발에 해당하는 구동기기, 그리고 작업자의 감각기관에 해당하는 계측용 센서들도 필요하다. 그리고 구성원들이 유기적으로 협력하여 작업을 하기 위한 작업자 간의 연락수단 또는 작업자의 손과 발의 동작지시를 전달하는 신경망과 같은 역할을 하는 산업용 통신이 필수적인 구성 요소 중의 하나가 된다.

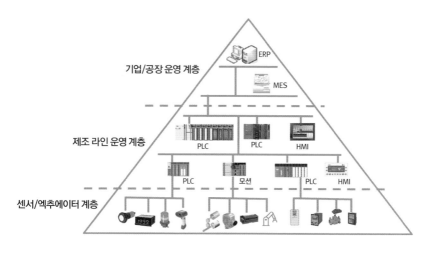

〈그림 5.1.1〉 공장자동화 시스템의 계층 구성도

현재의 공장은 이러한 구성 요소들이 통신을 통하여 계층적으로 구성되어 있으며 향후 스마트공장으로 진화하면서 점차적으로 계층을 넘어 자유로운 정보 교환이 이루어지게 될 것이다.

본 장에서는 현재의 자동화된 공장 및 너무 멀지 않은 미래에 보편적으로 적용될 자동화시스템 위주의 설명을 통하여 현장에서 즉시 적용할 수 있고 향후 발전해가는 시스템을 이해 하는데 도움이 될 기초 지식을 탄탄히 하는 것에 초점을 맞추었다.

그러한 목적에 맞추기 위해서 제어자동화 시스템의 설계/운영 시 기본적으로 알고 있어야 하는 자동화기기의 소개와 기능 설명 위주로 구성을 하며, 구동기기와 센서는 공장별, 작업 별로 적합한 것을 선택하여 사용할 수 있도록 간단한 가이드를 제시한다.

■ 자동화 시스템의 핵심 제어기인 PLC 탄생 및 현황

산업현장은 과거 세 차례의 산업혁명 과정에서 증기기관, 전기동력/대량생산체제, 컴퓨터/IT를 채용하며 획기적인 생산성의 발전을 이루어 왔다. 그 과정에서 '인력을 기계의 힘'으로 대체하고 '인간의 활동을 기계의 자동화'로 대체하는 기술은 꾸준히 발전해 왔다.

초기의 자동화는 기계 캠, 전기 로직 등 기계적(물리적)인 방식으로 진행이 되어 왔으나 1960년대 초에 자동차 회사의 주도로 소프트웨어를 적용한 공장 자동화 기기가 도입되었다. 자동차 생산 모형 변경 시에 조립 라인의 가변성 확보를 위해 소프트웨어를 탑재한 제어자동화기기를 제안하였으며 이것이 현재 공장자동화의 핵심기기인 PLC(Programmable Logic Controller)의 태동이다. 최초 PLC 도입 시에는 하드웨어로 구성된 로직회로를 대체하는 논리제어(Logic Control) 기능으로 출발하였으나 지속적으로 다양한 기능들을 추가하며 전 산업의 표준 제어기기로 확실한 자리매김을 하였다. 현재는 일부분은 PC제어기로 대체되고는 있으나 여전히 산업자동화 분야에서는 가장 선호하는 기기이다.

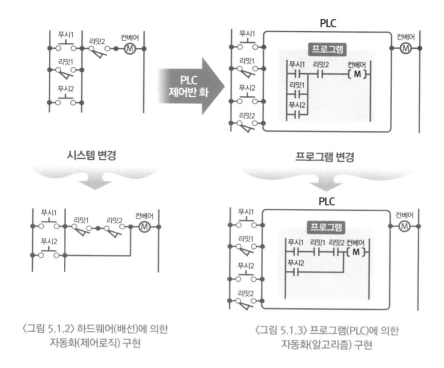

〈그림 5.1.2〉 하드웨어(배선)에 의한
자동화(제어로직) 구현

〈그림 5.1.3〉 프로그램(PLC)에 의한
자동화(알고리즘) 구현

한편 제어의 속도가 비교적 느린 대규모의 공정제어에서는 PLC 발전시기와 맥을 같이 하여 DCS(Distributed Control System)가 적용되어 왔다. 그러나 PLC의 기능 향상, 통신 체계 완비 그리고 상대적으로 저렴한 가격경쟁력으로 대부분의 어플리케이션 현장에서 PLC로 대체 되어왔고 현재는 특정한 분야에서만 DCS가 적용되고 있다.

■ 제어 시스템의 구성 예

간단한 제어 시스템은 통상적으로 PLC를 중심으로 PLC프로그램 작성을 위한 PC 소프트웨어, PLC에 의해 구동되는 기기들 그리고 사람과의 정보교류를 위한 HMI기기로 구성된다.

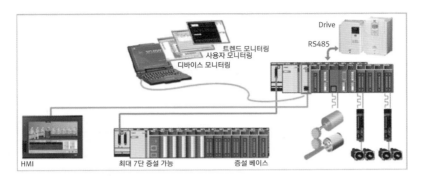

〈그림 5.1.4〉 기본적인 제어시스템의 구성 예[1]

    PLC를 적용한 자동제어는 소규모 기기의 자동화부터 대규모 공장의 생산자동화 시스템 까지 제어 대상에 맞추는 유연성을 가지고 있다. 〈그림 5.1.5〉는 소규모 자동화의 사례로서 소시지를 만드는 기계인데 소형PLC와 모터를 구동하는 서보 그리고 기기 작동의 조작을 위한 소형 HMI기기로 구성되어 있다. PLC와 서보는 산업용 통신으로 연결되어 운전되며 3축을 동시에 제어한다. 소시지의 길이를 정밀하게 제조하기 위해 CAM기능이 적용되고 모터의 관성 제어를 위해 PID기술이 적용되었다.

〈그림 5.1.5〉 소규모 제어시스템 예(소시지 포장기)[2]

---

1   LS산전㈜ PLC 카탈로그.

2   LS산전㈜ 산업자동화본부 웹레터.

5.2 제어시스템의 기본 구성 기기 및 기술

■ 제어시스템 구성 요소 개요

자동화 시스템을 구성하는 대표적인 제품은 컨트롤러, 가공 기계, HMI, 센서/액추에이터, 이송장비, 통신장비 등이 있다.

공정 라인을 제어하는 주 컨트롤러로는 PLC, DCS, IPC(Industrial PC), 모션제어기 등이 있고, 개별 생산작업을 진행하는 대표적인 가공기계들로 NC/CNC/MCT, 프레스, 로봇, 3D 프린터 등이 있다. 생산 활동 중 인간과 기계간의 정보 교류를 위한 HMI기기, SCADA 소프트웨어 제품들이 있으며 제어를 위해 가공품, 가공환경의 정보를 취득하는 다양한 센서(온도, 압력, 비전 등)들이 있다. 또한 제어지령에 따라 실제로 물리적 힘을 가하는 액추에이터로서 모터, 공압/유압기기, 솔레노이드 밸브 등의 기기들이 있다. 한편 이러한 모든 기기들 간에 정보를 소통하여 통합적인 제어가 가능하게 하는 산업용 통신시스템이 매우 중요한 역할을 수행한다.

여기서는 컨트롤러 특히 PLC, 모션제어기, 산업용 통신 그리고 HMI기기에 대해서 기본적인 설명을 실었으며 구동기기와 센서는 공장별, 작업별로 적합한 것을 선택해서 사용해야 하므로 여기서는 자세한 설명을 생략하고 전체적인 이해를 도울 수 있는 간략한 표로 대체한다.

〈그림 5.2.1〉 다양한 PLC의 형태

■ 제조라인을 운영하는 PLC

1) PLC의 기능 및 구성 기기 종류

PLC 시스템은 시스템 전체를 제어하는 CPU(Central Processing Unit)모듈과 특정한 기능을 수행하는 다양한 종류의 기능 모듈들을 제공한다. 사용자는 각 적용 대상에 맞도록 필요한 모듈들을 조합하여 최적의 시스템을 구성한 후 제어를 위한 운영 프로그램을 작성하여 자동제어를 위한 PLC시스템의 구성을 완료한다.

사용자가 자신의 시스템에 적합한 규모와 성능의 시스템을 채용 할 수 있도록 소형PLC, 중/대형PLC, 이중화PLC, Safety PLC 등 다양한 형태의 제품이 제공되고 있다.

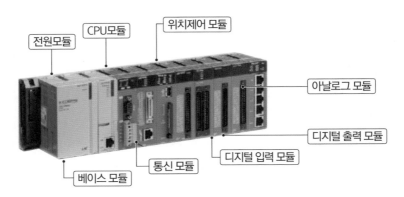

〈그림 5.2.2〉 기능모듈 조합형태의 PLC 구성

〈그림 5.2.3〉 시스템에 장착되는 다양한 기능의 모듈들과 일체형 소형 PLC

PLC시스템의 기능 모듈 종류로는 간단한 ON/OFF 제어를 위한 디지털 입/출력모듈, 아날로그 신호를 제어하는 아날로그 입/출력모듈, 엔코더의 출력과 같은 고속펄스를 계수할 수 있는 고속카운터 모듈 그리고 온도제어를 위해 TC(Thermocouple/열전대), RTD(Resistance Temperature Detector/ 측온저항체)등 온도센서 값을 읽을 수 있는 온도측정모듈이 있다. 가공기 및 자동라인제어를 위한 위치결정모듈과 모션모듈 그리고 시스템의 확장을 위한 통신모듈 등도 있다. 현재도 공장자동화의 고도화에 맞추어 상위 제조실행시스템과의 I/F기능, 필드의 로봇 및 NC와의 I/F기능 등이 제공되며 최근에는 클라우드 시스템과의 연계를 위한 장치 제공 등 지속적인 발전을 거듭하고 있다.

PLC의 다양한 시스템 구성 능력을 실감 할 수 있도록 하나의 PLC 시스템 구성제품 리스트를 아래에 예시하였다.[1]

〈표 5.2.1〉 기본시스템 모듈 예

CPU	XGK-CPUH, CPUU, CPUHN, CPUUN	전용언어, 6,144점	
	XGK-CPUS, CPUA, CPUSN	전용언어, 3,072점	
	XGK-CPUE	전용언어, 1,536점	
	XGI-CPUUN, CPUU/D, CPUU, CPUH	IEC언어, 6,144점	
	XGI-CPUS	IEC언어, 3,072점	
	XGI-CPUE	IEC언어, 1,536점	
전원	XGP-ACF1	AC110/220V	DC5V 3A, DC24V 0.6A
	XGP-ACF2	AC110/220V	DC5V 6A
	XGP-AC23	AC220V	DC5V 8.5A
	XGP-DC42	DC24V	DC5V 6A
기본베이스	XGB-M04A	4슬롯	
	XGB-M06A	6슬롯	
	XGB-M08A	8슬롯	
	XGB-M12A	12슬롯	
증설베이스	XGB-E04A	4슬롯	
	XGB-E06A	6슬롯	
	XGB-E08A	8슬롯	
	XGB-E12A	12슬롯	

입력	XGI-A12A	AC110V, 16점
	XGI-A21A	AC220V, 8점
	XGI-D21A	DC24V, 8점
	XGI-A21C	AC220V 입력, 8점(단독COM)
	XGI-D22A	DC24V, 16점, Sink/Source
	XGI-D22B	DC24V, 16점, Source
	XGI-D24A	DC24V, 32점, Sink/Source
	XGI-D24B	DC24V, 32점, Source
	XGI-D28A	DC24V, 64점, Sink/Source
	XGI-D28B	DC24V, 64점, Source
출력	XGQ-RY1A	릴레이, 8점
	XGQ-RY2A	릴레이, 16점
	XGQ-RY2B	릴레이, 16점, 서지킬러 내장
	XGQ-SS2A	트라이액, 16점
	XGQ-TR1C	트랜지스터, 8점(2A, 단독COM)
	XGQ-TR2A	트랜지스터, 16점, Sink
	XGQ-TR2B	트랜지스터, 16점, Source
	XGQ-TR4A	트랜지스터, 32점, Sink
	XGQ-TR4B	트랜지스터, 32점, Source
	XGQ-TR8A	트랜지스터, 64점, Sink
	XGQ-TR8B	트랜지스터, 64점, Source

〈표 5.2.3〉 아날로그 모듈 예

아날로그 입력	XGF-AV8A	전압, 8채널
	XGF-AC8A	전류, 8채널
	XGF-AD8A	전압/전류, 8채널
	XGF-AD16A	전압/전류, 16채널
	XGF-AD4S	전압/전류, 4채널, 절연형
	XGF-AW4S	2Wire, 전압/전류, 4채널, 절연형
아날로그 출력	XGF-DV4A	전압, 4채널
	XGF-DC4A	전류, 4채널
	XGF-DV8A	전압, 8채널
	XGF-DC8A	전류, 8채널
	XGF-DV4S	전압, 4채널, 절연형
	XGF-DC4S	전류, 4채널, 절연형
아날로그 입·출력	XGF-AH6A	입력: 4채널, 전압/전류 출력: 2채널, 전압/전류
HART아날로그 입력/출력모듈	XGF-AC4H	입력, 4채널
	XGF-DC4H	출력, 4채널

〈표 5.2.4〉 온도제어 모듈 외 예

온도입력	XGF-RD4A	RTD, 4채널
	XGF-RD4S	RTD, 4채널, 절연형
	XGF-RD8A	RTD, 8채널
	XGF-TC4S	TC, 4채널, 절연형
온도제어	XGF-TC4UD	입력: 4채널(전압/전류/RTD/TC), 출력: 8채널(TR/전류), 제어: 4루프
	XGF-TC4RT	입력: 4채널(RTD), 출력: 4채널(TR), 제어: 4루프
이벤트입력	XGF-SOEA	DC24V, 32점
데이터로그	XGF-DL16A	USB 2.0, CF2001, Max.16Gbyte, 32점 1슬롯 (입력 22점, 출력 10점)

〈표 5.2.5〉 통신 모듈 예

RAPIEnet	XGL-EIMT	산업용 Ethernet, 전기 2포트
	XGL-EIMF	산업용 Ethernet, 광 2포트
	XGL-EIMH	산업용 Ethernet, 전기 1포트, 광 1포트
	XOL-EIMT	산업용 Ethernet, 전기 2포트, PC용 PCI카드
	XOL-EIMF	산업용 Ethernet, 광 2포트, PC용 PCI카드
	XOL-ES4T	단독형 4채널 산업용 Ethernet 스위치
FEnet	XGL-EFMT	Open Ethernet,전기 1포트
	XGL-EFMF	Open Ethernet,광 1포트
	XGL-EH5T	Open Ethernet,전기 5포트, 스위칭 허브
FDEnet	XGL-EFMTB	Open Ethernet, 전기 2포트
	XGL-EFMFB	Open Ethernet, 2포트광
EtherNet/IP	XGL-EIPT	산업용 Ethernet, 전기 2포트
Cnet	XGL-CH2B	RS-232C 1채널, RS-422/485 1채널
	XGL-C22B	RS-232C 2채널
	XGL-C42B	RS-422/485 2채널
Dnet	XGL-DMEB	DeviceNet, Master
Pnet	XGL-PMEB	Profibus-DP, Master
	XGL-PSRA	Profibus-DP, Slave, Remote Interface
	XGL-PSEA	Profibus-DP, Slave(I/O Slot 장착제품)
Rnet	XGL-RMEA	전용 네트워크, Master
Fnet	XGL-FMEA	전용 네트워크
BACnet/IP	XGL-BIPT	BACnet client/server

〈표 5.2.6〉 위치제어 모듈 예

고속카운터	XGF-HO2A	오픈컬렉터(전압), 2채널
	XGF-HD2A	라인드라이버, 2채널
	XGF-HO8A	다채널 고속카운터, 8채널
위치결정	XGF-PO1A~PO3A	오픈컬렉터(전압), 1~3축
	XGF-PD1A~PD3A	라인드라이버, 1~3축
	XGF-PO1H~PO4H	오픈컬렉터(전압), 1~4축
	XGF-PD1H~PD4H	라인드라이버, 1~4축
위치결정 (Network Type)	XGF-PN8A	LS전용 EtherCAT 네크워크, 8축
	XGF-PN8B	표준 EtherCAT 네크워크, 8축
	XGF-PN4B	표준 EtherCAT 네크워크, 4축
모션제어	XGF-M16M	Mechatrolink-II, 4축
	XGF-M32E	표준 EtherCAT, 32축

2) 프로그래밍 언어

PLC의 태동에서 설명했듯이 PLC는 전기장치에 의한 하드웨어적인 제어를 소프트웨어로 대체하는 것에서부터 출발한 까닭에 PLC의 프로그램 방식은 전장품에 의한 시퀀스 다이어그램을 모사한 래더(Ladder) 다이어그램으로 시작되었고 현재까지도 가장 보편적으로 사용되고 있다.

래더 외에 텍스트 형태의 언어로서 텍스트 형태의 명령어를 순차적으로 작성하는 IL(Instruction List) 방식, 문장 형태로 기술하는 ST(Structured Text) 방식이 있으며 래더와 같은 그래픽 언어로서 기능 블록 들을 연결하는 FBD(Function Block Diagram) 방식이 있다. 또한 프로그램을 순차적으로 수행하면서 병렬 프로세싱이 가능하도록 구조화할 수 있는 순차도로 표현하는 SFC(Sequential Function Chart) 방식이 있다.

위에서 설명한 5가지의 언어는 국제표준인 IEC 61131-3에서 표준으로 지정이 되어 있으며 이외에 개별업체 자체의 규격에 의한 프로그램 방식들이 있으며 C언어로 프로그램이 가능한 모듈이 제공되기도 한다.

IEC 국제 표준 규격의 프로그램 언어 지원 : LD, SFC, ST

Ladder Digram

SFC

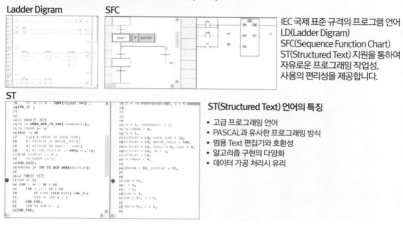

IEC 국제 표준 규격의 프로그램 언어
LD(Ladder Digram)
SFC(Sequence Function Chart)
ST(Structured Text) 지원을 통하여
자유로운 프로그래밍 작업성,
사용의 편리성을 제공합니다.

ST

ST(Structured Text) 언어의 특징

- 고급 프로그래밍 언어
- PASCAL과 유사한 프로그래밍 방식
- 범용 Text 편집기와 호환성
- 알고리즘 구현의 다양화
- 데이터 가공 처리시 유리

〈그림 5.2.4〉 PLC언어의 종류 예시[1]

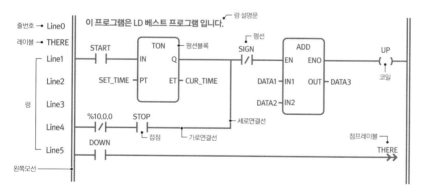

〈그림 5.2.5〉 래더 프로그램의 형태 예시[1]

PLC제조 업체들은 프로그램을 위한 기본적인 요소들을 제공하는 한편 사용자들의 프로그래밍 용이성을 위하여 다양한 기능(알고리즘)을 구현한 응용명령어(평션/평션블록) 라이브러리를 제공하고 있다. 또한 사용자가 자신만의 알고리즘을 하나의 블록으로 작성하여 라이브러리에 추가 할 수도 있다.

〈표 5.2.8〉 6.1.2 수치연산 평션의 예[1]

No.	평션 이름	기 능
		일반 평션
1	ABS	절대값 연산(Absolute Value)
2	SQRT	제곱근 연산(Square Root)
		로그 평션
3	LN	자연 대수 연산(Natural Logarithm)
4	LOG	상용 대수 연산(Common Logarithm Base To 10)
5	EXP	자연 지수 연산(Natural Exponential)
		삼각 평션
6	SIN	사인 값 연산(Sine)
7	COS	코사인 값 연산(Cosine)
8	TAN	탄젠트 값 연산(Tangent)
9	ASIN	아크 사인 값 연산(Arc Sine)
10	ACOS	아크 코사인 값 연산(Arc Cosine)
11	ATAN	아크 탄젠트 값 연산(Arc Tangent)
		각도 평션
12	RAD_REAL	각도의 단위를 (˚)에서 라디안(Radian)으로 변환
13	RAD_LREAL	
14	DEG_REAL	라디안(Radian)값을 각도(˚)로 변환
15	DEG_LREAL	

3) PLC 운용 Software 작성 툴

PLC시스템에는 세가지 부류의 S/W가 존재한다. 하나는 모듈 안에 기본적으로 탑재되어 있는 모듈의 고유기능 수행을 위한 Embedded control Software이고 다른 하나는 사용자가 PLC시스템을 자신의 의도대로 동작시키기 위해 작성하는 사용자 프로그램이다. 그리고 프로그래밍 언어를 사용하여 사용자 프로그램을 작성하거나 기기의 상태를 모니터링 및 설정 할 수 있는 PC상에서 운용되는 PADT(Program and Debug Tool) S/W 패키지가 있다.

최근에는 PLC를 운용하는 PADT S/W와 주변의 Software 툴(Tool)들을 하나의 플랫폼으로 묶어서 PLC시스템을 운영하는 Portal로 제공하는 추세이다. 이로써 설치나 운용을 편리하게 하고 Software 툴 간의 data 호환성을 제공하여 프로그램 작성시 동일한 태그 등을 툴마다 반복하여 작성하는 수고를 덜어 주고 있다.

PADT는 PLC의 프로그래밍, 디버깅 및 시운전 등을 위하여 아래와 같은 기능들을 제공한다.

- PLC 프로그램과 변수의 작성 및 시뮬레이션
- PLC로의 프로그램 다운로드/업로드
- PLC 의 제어운전 중에도 프로그램의 편집 & 디버깅
- 다양한 모니터링(특수모듈 데이터, 트렌드, 시스템 변수/디바이스 모니터링 등)
- 진단 및 보전 기능(운전 및 고장 이력, 강제 입출력 지정, 운전 중 모듈교체 마법사, 고장 마스크 등)
- 하나의 프로젝트 창에서 멀티 PLC, 멀티 태스크, 멀티 프로그램 관리

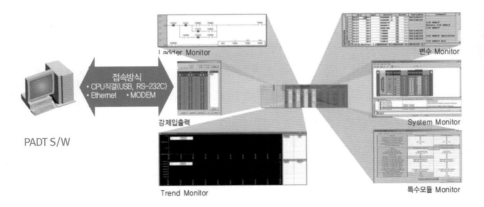

〈그림 5.2.6〉 PADT의 사용 예[1]

PLC의 사용자는 프로그램 작성 외에 시스템 구성 요소들의 파라미터 설정, 진단, 조작을 위한 소프트웨어 툴들을 사용하게 되는데 점차 하나의 Portal을 통해 사용할 수 있도록 통합을 하는 추세이다. 주로 사용하는 툴들은 아래와 같다.

- 네트워크 컨피큐레이터 : 수동 또는 Auto Scan 기능을 활용하여 네트워크 구성 정보를 설정하고 통신모듈/미디어/라인 등의 상태를 진단한다. 통신 개통 후에는 각 국의 교신 상태 및 통신 프레임의 모니터 기능을 활용할 수 있다.

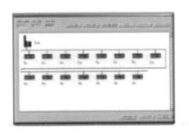

〈그림 5.2.7〉 네트워크 Auto Scan 결과 화면

- 위치제어모듈이나 온도컨트롤러 등 복잡한 기능을 내장한 모듈의 운영을 위해서 별도의 소프트웨어 패키지들이 제공된다. 해당 모듈의 기능에 맞는 시스템 구성 뷰, 프로그래밍, 시뮬레이션, 데이터 트레이스 등의 기능이 탑재되어 있다.

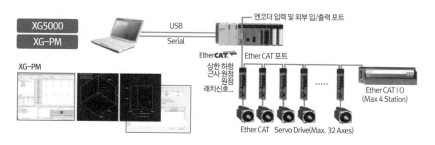

〈그림 5.2.8〉위치제어 모듈 운영 소프트웨어 예[1]

4) 통신 시스템

통신은 제어시스템 내·외의 기기들간의 연결성(Connectivity)을 위한 가장 기본이 되는 물리적 수단이다. 따라서 하나의 공장에 표준 통신방식이 정해지면 기기들은 그것에 맞추어야 하고 이후에 변경이 어려운 매우 중요한 요소가 된다.

Global PLC업체들은 공장환경에서 사용이 가능한 네트워크(Field bus)들을 제각기 개발하였으며 1990년대 즈음에 사용자의 편의를 위하여 통합을 추진하였으나 업체들의 이익이 상충하여 실패하고 다수의 네트워크가 IEC국제표준이 되는 결과를 낳았다. 이후 통신기술의 발달로 산업용 이더넷이 새로 등장하였으나 이 역시도 업체들의 이해관계가 얽혀서 또 다시 다수의 네트워크가 IEC국제 표준으로 등재되는 상황이 반복되었다. 그러한 배경 덕분에 한국에서 개발한 산업용 이더넷인 RAPIEnet도 IEC표준으로 등재될 수 있었다. 각 PLC업체들은 시장을 주도하기 위하여 자체 개발한 네트워크의 확산에 노력 할 뿐만 아니라 경쟁 PLC업체들의 시장을 탈취할 목적으로 경쟁사의 네트워크도 제공하고 있다.

최근 스마트공장과 관련하여 또 다시 단일 통신표준에 대한 논의가 있었고 현재는 OPC UA로 의견이 모아지는 경향을 보이고 있어 그 확산 속도를 주의 깊게 볼 필요가 있다.

통신에 대해서는 다음 소절인 "■ 공장의 신경망인 네트워크 시스템"에서 좀 더 자세하게 설명하도록 한다.

■ 정밀 작업을 담당하는 모션 제어 시스템

1) 모션제어기의 기능

기계가공분야에서 모션제어기는 PLC 제어시스템 만큼이나 큰 분야이다. 모션제어기는 서보모터 제어기에 지령을 내려 구동기기의 위치제어, 속도제어를 수행한다. 여러 축을 동시에 제어하면 다양한 궤적으로 위치의 제어가 가능하며 속도 및 토크제어를 더하여 가공기, 이송기, NC머신, 로봇 등의 장치들을 목적에 맞게 정밀하게 제어를 수행할 수 있다.

PLC의 모션기능모듈, 단독형 모션제어기 및 PC탑재형 소프트웨어형 등 다양한 형태로 제공되어 사용자는 자신의 기계, 라인에 최적의 형태를 선택하여 적용 할 수 있다. 최근에는 멀티코어시스템의 채용 등으로 PLC CPU모듈에 모션기능이 통합된 형태의 제어기도 다수 출시되고 있다.

〈표 5.2.9〉에 보인 것과 같은 모션제어기의 기본 기능을 적용하여 프로그램을 작성하고 시뮬레이션을 한 후 서보모터 제어기에 지령을 주면 그에 따라서 제조라인, 공작기계의 장치들이 제어가 된다. 복잡한 제어를 위한 많은 수의 프로그램용 소프트웨어 명령어(평션/평션블록)를 제공하며 NC제어용 별도의 프로그램 명령어를 추가로 제공하기도 한다. 최근에는 어플리케이션 프로그램을 좀 더 쉽게 구성 할 수 있도록 적용 분야별 응용 라이브

러리를 더해가는 추세이다.

제어 기능		동작 설명	이동 좌표 참조
위치제어	절대좌표 (Absolute) 방식에 의한 제어	시작 위치(원점)에서 목표 위치(위치 결정 데이터에서 지정한 위치)로 위치 제어를 합니다.	
	상대좌표 (Incremental) 방식에 의한 제어	시작 위치에서 목표 이동량 만큼의 위치 제어를 합니다.	
보간제어	직선 보간 제어	양단점의 수치 정보를 주어서 그것으로 정해지는 직선을 따라 공구의 운동을 제어합니다. - 절대좌표 방식에 의한 직선 보간 제어 - 상대 좌표 방식에 의한 직선 보간 제어	
	원호 보간 제어	2개의 축을 사용하여 각각의 설정된 축 진행 방향으로 원의 궤적을 따라 보간 운전을 합니다. - 중간점 지정 방식 - 중심점 지정 방식 - 반지름 지정 방식	

	헬리컬 보간 제어	원호 보간 설정에 따라 지정된 원호 궤적을 이동하면서 여기에 동기하여 직선 보간을 수행합니다.	
속 도 제 어	이동 중의 속도 패턴을 제어	속도 제어 명령에 의해 실행 되고, 버퍼 명령이 실행되거나 또는 정지 명령이 입력될 때까지 설정된 속도로 운전합니다.	
토 크 제 어	이동/가공 중의 토크 패턴을 제어	토크 제어 명령에 의해 실행 되고, 버퍼 명령이 실행되거나 또는 정지 명령이 입력될 때까지 설정된 토크로 운전합니다.	

NO	명령어(펑션)	기능 설명
	단축 모션 명령어	
1	MC_Power	서보 온/오프
2	MC_Home	원점복귀
3	MC_Stop	즉시정지
4	MC_Halt	정지
5	MC_MoveAbsolute	절대위치 운전
6	MC_MoveRelative	상대위치 운전
7	MC_MoveAdditive	추가위치 운전
8	MC_MoveVelocity	지정속도 운전
9	MC_MoveContinuousAbsolute	절대위치 운전 후 지정속도 운전
10	MC_MoveContinuousRelative	상대위치 운전 후 지정속도 운전
11	MC_TorqueControl	토크제어 운전
12	MC_SetPosition	현재위치 설정
13	MC_SetOverride	속도/가속도 오버라이드
14	MC_ReadParameter	파라미터 읽기
15	MC_WriteParameter	파라미터 쓰기
16	MC_Reset	축 에러 리셋
17	MC_TouchProbe	터치 프로브
18	MC_AbortTrigger	트리거 해제
19	MC_MoveSuperImposed	SuperImposed 운전
20	MC_HaltSuperImposed	SuperImposed 운전 정지
	다축 명령어	
21	MC_CamIn	캠 운전
22	MC_CamOut	캠 운전 중지
23	MC_GearIn	전자기어 운전
24	MC_GearOut	전자기어 해제
25	MC_GearInPos	위치지정 전자기어 운전
26	MC_Phasing	위상 보정

5장 자동화 시스템

그룹 명령어		
27	MC_AddAxisToGroup	그룹 축 추가
28	MC_RemoveAxisFromGroup	그룹 축 제외
29	MC_UngroupAllAxes	그룹 내 모든 축 제외
30	MC_GroupEnable	그룹 활성화
31	MC_GroupDisable	그룹 비활성화
32	MC_GroupHome	그룹 원점복귀 운전
33	MC_GroupSetPosition	그룹 현재위치 설정
34	MC_GroupStop	그룹 즉시정지
35	MC_GroupHalt	그룹 정지
36	MC_GroupReset	그룹 에러 리셋
37	MC_MoveLinearAbsolute	절대위치 직선보간 운전
38	MC_MoveLinearRelative	상대위치 직선보간 운전
39	MC_MoveCircularAbsolute	절대위치 원호보간 운전
40	MC_MoveCircularRelative	상대위치 원호보간 운전
LS 명령어		
41	LS_Connect	통신연결
42	LS_Disconnect	통신연결 해제
43	LS_ReadSDO	슬레이브 SDO 데이터 읽기
44	LS_WriteSDO	슬레이브 SDO 데이터 쓰기
45	LS_SaveSDO	슬레이브 SDO 데이터 저장
46	LS_EncoderPreset	엔코더 현재위치 설정
47	LS_Jog	조그운전
48	LS_ReadCamData	캠 데이터 읽기
49	LS_WriteCamData	캠 데이터 쓰기
50	LS_ReadEsc	ESC 읽기
51	LS_WriteEsc	ESC 쓰기
52	LS_CamSkip	캠 스킵
53	LS_VarCamIn	변수 캠 운전
54	LS_VarGearIn	변수 기어 운전
55	LS_VarGearInPos	변수 위치지정 기어 운전

56	LS_ReadCamTableSlavePos	캠테이블 슬레이브 위치 읽기
57	LS_InverterWriteVel	인버터 속도 설정
58	LS_InverterReadVel	인버터 속도 읽기
59	LS_InverterControl	인버터 제어워드 쓰기
60	LS_InverterStatus1	인버터 상태 읽기1
61	LS_InverterStatus2	인버터 상태 읽기2
62	LS_SyncMoveVelocity	속도제어 운전(csv 모드)
63	LS_ReadCamTableMasterPos	캠 테이블 마스터 위치 읽기
좌표계 전용 명령어		
64	MC_SetKinTransform	기구정보 설정
65	MC_SetCartesianTransform	PCS 설정
66	LS_SetWorkSpace	워크 스페이스 설정
67	LS_MoveLinearTimeAbsolute	좌표계 절대위치 시간직선보간운전
68	LS_MoveLinearTimeRelative	좌표계 상대위치 시간직선보간운전
69	MC_MoveCircularAbsolute2D	좌표계 절대위치 원호보간 운전
70	MC_MoveCircularRelative2D	좌표계 상대위치 원호보간 운전
71	MC_TrackConveyorBelt	컨베이어벨트 동기 설정
72	MC_TrackRotaryTable	로터리 테이블 동기 설정
73	LS_RobotJog	좌표계 조그 운전
74	LS_SetMovePath	경로운전 데이터 설정
75	LS_ResetMovePath	경로운전 데이터 삭제
76	LS_GetMovePath	경로운전 데이터 읽기
77	LS_RunMovePath	경로운전 수행
NC 제어 명령어		
78	NC_LoadProgram	NC 프로그램 지정
79	NC_BlockControl	Single/Optional Block 운전 지정
80	NC_Reset	NC 리셋
81	NC_Emergency	비상정지
82	NC_CycleStart	자동운전 시작
83	NC_FeedHold	Feed Hold

2) 모션제어 시스템의 구성 예

〈그림 5.2.9〉는 모션제어기를 포함한 시스템 구성의 예시이다. 제어 대상체의 위치나 속도 정보를 받을 수 있는 엔코더, 시스템과 단순 ON/OFF 정보를 주고 받는 디지털입출력, 온도/압력/레벨 등 정보 수수를 위한 아날로그 입출력, 모션의 운전방식을 설정하는 소프트웨어 그리고 모션의 연산 결과 지령을 받아서 모터를 구동하는 서보모터드라이브 등으로 구성되어 있다. 타 시스템과 연동운전이 필요한 경우는 PLC와 연결되어 운전을 하기도 한다. 예전에는 모션제어기의 출력포트와 서보드라이브(Servo Drive)가 1:1로 연결된 신호선을 통해 펄스 신호로 위치, 속도 지령을 전달 하였으나 최근에는 통신방식을 채용하여 하나의 출력포트에 다수의 서보드라이브를 붙여서 운전이 가능하며 필요에 따라 동일한 네트워크에 입출력 모듈도 붙일 수 있게 되었다.

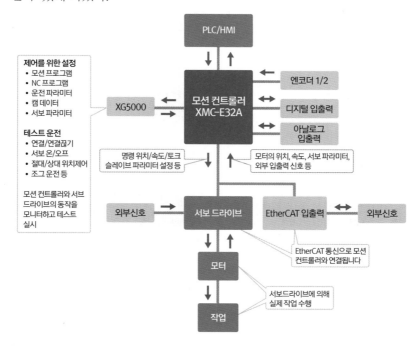

〈그림 5.2.9〉 모션시스템 구성 예[1]

3) 머신비전 시스템의 활용

상기 전형적인 모션시스템구성에 더하여 최근에는 머신비전시스템(Machine Vision System)의 도입이 활발해 지고 있다. 영상처리 기술의 발전과 저렴해진 가격으로 인하여 기존 방식의 대체와 더불어 새로운 어플리케이션이 확대되고 있다. 기존에는 작업 대상 물체를 정위치에 고정시킨 후 작업이 가능 했으나 이제는 좀 더 유연한 작업에 적용이 가능하게 되었다. 카메라로부터 얻은 물체의 중심좌표와 각도의 정보를 얻어 모션시스템이 그에 맞추어 위치를 보정하여 작업을 할 수 있도록 발전하였다.

비전 카메라를 고정 설치하기도 하고 로봇 팔에 부착하여 사용하기도 한다. 비전의 활용은 많은 연산량 때문에 별도의 비전시스템이 활용되어 왔으나 최근에는 영상처리가 가능한 스마트 카메라의 출현으로 별도의 비전시스템 없이 PLC나 모션제어기와 스마트카메라로 비전을 활용한 제어시스템의 구축이 가능해졌다. 최근 국내에서도 스마트카메라에 AI알고리즘을 탑재하는 등 비전기술의 비약적 발전으로 적용 사례가 급격히 늘 것으로 예상된다.

영상 소프트웨어 툴

모션제어기

서보/모터

스마트카메라

〈그림 5.2.10〉 모션시스템과 비전

■ 공장의 신경망인 네트워크 시스템

산업자동화에서 사용되는 통신시스템은 통신관련 기반기술의 발전, 제품공급업체의 목적 그리고 사용자의 요구에 따라서 다양하게 개발되어 왔다. 미디어의 발전과는 별도로 업체별, 어플리케이션 별로 프로토콜이 개발되었으며 그 결과로 서로 간의 호환성을 갖지 못하게 되었다.

여기서는 시스템간 통신을 위한 4가지 부류의 통신에 대해서 설명하며 센서/엑추에이터용 통신은 다음 소절인 "■ 인간의 감각을 대신하는 센서"에서 기기와 함께 설명하도록 한다.

장거리 전송이나 전자기적 노이즈가 심한 환경에서는 데이터의 원활한 전송을 위하여 구리선을 이용한 전기통신 대신 광통신을 사용하기도 하는데 통신 방식이나 프로토콜은 대동소이하므로 여기서는 전기와 광을 특별히 구분하지 않고 설명을 기술한다.

1) 범용 통신

통상 시리얼 통신(Serial Communication)으로 불리며 RS-232C, RS-485/422 미디어를 사용한다. 초기에는 PC와 기기 간의 통신으로 주로 사용되어 왔으나 점차 기기들이 통신 기능을 기본으로 탑재하면서 기기간 제어용으로도 적용되었다. PC와의 연결은 USB나 이더넷으로 대체 되었으나 가격이 저렴하고 프로그램이 간편하여 저속, 소량의 데이터를 전송하는 기기에서는 아직도 많이 사용하고 있다.

표준으로 정해진 프로토콜 없이 개별기기가 자기에게 최적의 프로토콜로 통신기능을 제공하며 PC, PLC 등 제어기에서 기기의 프로토콜에 맞추어 통신하는 것이 일반적이다. PLC는 상대기기의 프레임에 맞추기 위하여 프레임 편집기를 사용하거나 사용자 프로그램으로 프로토콜을 작성하여 통신을 개통할 수 있다.

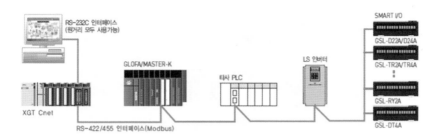

〈그림 5.2.11〉 시리얼 버스(RS-232, RS-485) 접속 예[1]

2) 필드버스 통신

현장에서 실시간 분산제어를 위한 제어시스템용 네트워크로 사용하기 위해서는 몇 가지 필수적인 요건이 있었는데 범용 통신으로는 그것을 만족할 수가 없어서 필드버스의 개발이 진행되었다.

고속의 반응 속도, 다수의 기기 접속, 장거리 통신, 상대적으로 많은 통신데이터, 열악한 전기적 환경 등의 필드에서 사용하기 위한 요구 조건을 만족시키기 위하여 여러 단체 또는 업체에서 미디어와 프로토콜을 제 각각 개발하게 되었다. 현재는 주력 네트워크들은 모두 IEC 61158로 표준화되어 있다.

상위 HMI와는 비 실시간 통신인 시리얼통신이나 이더넷을 많이 사용하고 있으며 PLC간 또는 PLC 아래 계층에 붙는 기기들은 실시간 통신이 가능한 필드버스를 적용하는 것이 보통이다. 그러나 제어의 속도가 느려도 되는 시스템에서는 상기에서 설명한 범용 시리얼통신을 적용하기도 한다.

한편 비 실시간 통신에서는 일찍부터 무선통신이 도입되었으나 실시간 제어에서는 패킷의 소실, 간섭 등의 문제로 제어가 원활치 못한 문제점이 있어서 아직은 Process 제어 등 상대적으로 느리거나 유선으로 설치가 어려운 환경에서 조금씩 적용이 되고 있다. Wireless Hart 나 ISA100이 가장 대표적인 공장용 표준무선 필드버스 이다.

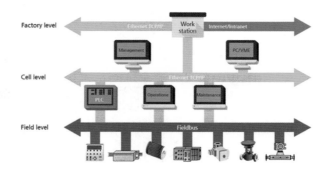

〈그림 5.2.12〉 공장에서의 필드버스의 계층도[3]

그 동안 다양한 네트워크들이 개발이 되고 IEC표준으로도 등재되었으나 시장점유율은 큰 차이가 있다. 〈표 5.2.11〉에 우리나라에서 많이 사용되는 대표적인 필드버스의 종류 및 특성을 간단히 정리하였다.

〈표 5.2.11〉 필드버스 특성 비교

필드버스 명	Profibus–DP	DeviceNet	CC–LINK	Rnet
표준	IEC 61158	IEC 61158	IEC 61158	–
최대점수/국[Byte]	244	256	1024	120
통신속도[bps]	9.6k~12M	125k/250k/500k	156k~10M	1M
최대 전송 거리[m]	100~1200	500/250/100	100~1200	750
전송 방식	Bus	Bus	Bus	Bus
케이블	Twisted Pair	Twisted Pair	Twisted Pair	Twisted Pair
미디어	RS–485	CAN	자체	Fieldbus 개선
최대 접속 국수[국]	126	64	64	32
주도업체	Siemens	Rockwell	Mitsubishi	LS산전

3   아둘람테크㈜ 홈페이지.

IEC 61158에는 아래와 같이 많은 필드버스가 등재되어 있으며 표준에 등재하지 않고 개별업체 주도로 사용되고 있는 네트워크들도 있다.

Foundation Fieldbus(Type 1), DeviceNet/ControlNet(Type 2), PROFI-BUS(Type 3), P-Net(Type 4), SwiftNet(Type 6 - 제거), WorldFIP(Type 7), INTERBUS(Type 8), CC-Link(Type 18), HART(Type 20)

3) 산업용 이더넷

산업현장에서는 사소한 에러가 전체시스템에 큰 피해를 줄 수 있기 때문에 필드버스의 개발요건에서도 보듯이 신뢰성 있는 기술을 상당히 보수적으로 도입해왔다. 이러한 이유로 이더넷이 오피스에서는 오래 전부터 널리 사용되어 왔음에도 불구하고 산업계에서는 환경이 좋고 비실시간 통신이 가능한 경우에만 부분적으로 도입되어 왔다.

그러나 다양한 필드버스의 혼재로 복잡해진 네트워크 시스템 문제를 해결하고 상위 관리시스템부터 하위 기기까지를 통합할 수 있는 기술로 이더넷을 주시하게 되었고 PLC업체들은 이더넷을 산업계에서 쓸 수 있도록 기술 개발을 하게 되었다. 기존 스위치나 허브를 사용한 스타(Star)형의 결선방식 외에 공장에서 선호하는 라인(Line) 방식과 링(Ring) 방식을 추가 하였으며 통신의 실시간성 부여를 위한 프로토콜의 개발 및 커넥터의 강도 개선 등을 통하여 산업현장에서의 적합성을 확보하였다. 또한 안전(Safety) 기술과 이중화(Redundancy) 기술도 탑재하여 산업현장에서 사용하기에 충분한 기능과 성능 그리고 안전성과 가용성을 확보하였다. 그럼에도 불구하고 상당기간은 기존의 필드버스 보다는 가격이 높아서 고급시스템에 주로 적용이 되었으나 최근 원가의 하락으로 작은 기기에도 적용이 확산되고 사용자들의 이더넷에 대한 인식의 제고로 공장에의 도입이 가속화되고 있다.

이렇게 개발된 산업용이더넷이 상용 이더넷 하드웨어 기술을 사용함에도 불구하고 여전히 공급업체별 산업용네트워크 간에는 호환성이 확보되지 않았으며 국제표준에도 필드버스와 마찬가지로 개별적으로 등록되어 있다. 네트워크가 자동화시스템의 선택에 핵심요소이기 때문에 업체들이 양보없이 치열하게 경합을 벌인 결과이다. 〈표 5.2.12〉에서 대표적인 산업용 이더넷의 특성을 비교하였다.

〈표 5.2.12〉산업용이더넷 특성 비교

			EtherNet/IP	PROF-INET	EtherCAT	Power-link	Modbus RTPS	RAPIEnet	CC-LINK IE
국제규격	IEC 61158-Part#	Part 1	Type 2	Type 10	Type 12	Type 13	Type 15	Type 21	Type 23
		Part 3/4/5/6	X/●/●/●	X/●/●/●	●/●/●/●	●/●/●/●	X/X/●/●	●/●/●/●	X/X/●/●
	Profile (IEC 61784-2)		CPF 2	CPF 3	CPF 12	CPF 13	CPF 15	CPF 17	CPF 8
	Safety Network (IEC 61784-3)		CIP Safety	PROFIsafe	Safety-over-EtherCAT	open-SAFETY	–	RAPIEnet Safety	CC-Link IE Safety
	High Availability		IEC 62439-5	IEC 62439-3		–	–	IEC 62439-7	–
표준화 기구/협회			ODVA (Open DeviceNet Vendor Association)	PI (PROFIBUS/PROFINET International)	ETG (EtherCAT Technology Group)	EPSG (Ethernet POWERLINK Standardization Group)	Modbus-IDA	없음	CLPA (CC Link Partner Association)
전송 속도 (100M/1G bps)			●/●	●/△	●/●	●/●	●/●	●/●	△/●
Single/Dual Port			Single/Dual	Single/Dual	Single/Dual	Single/Dual	Single	Single/Dual	Single/Dual

지원토폴로지 (Star/Line/Ring)	●/●/●	●/●/●	△/●/●	●/●/X	●/X/X	●/●/●	●/●/●
PLC to System/PLC/Field IO	●/●/●	●/●/●	△/△/●	●/●/●	●/●/●	●/●/●	●/●/●
기존 필드버스와 Seemless 통신	CIP (Common Industrial Protocol)						SLMP (Seamless Message Protocol)
주도업체	Rockwell	Siemens	Beckhoff	B&R	Schneider	LS산전	미쓰비시

△ : 표준문서에는 반영이 안되어 있으나 해당 네트워크의 주도업체 제품에는 보완 기능들이 추가로 제공되었음.

상기 표에서 제시한 것 외에 IEC 61158에 등재된 산업용이더넷으로는 아래와 같은 것들이 있다.

P-NET on IP(Type 4), Foundation HSE(Type 5), WorldFIP minimal for TCP/IP(Type 7), EPA(Type 14), SERCOS Ⅲ(Type 16), SafetyNET p (Type 22), CC-Link IE(Type 23), MECHATROLINK-Ⅲ(Type 24)

4) 산업현장에서의 통신시스템

자사의 주력 네트워크를 통하여 전체시스템을 공급하려는 것이 업체들의 목표이지만 개별 공장에서 필요로 하는 도입기계 및 시스템의 구성 요건에 따라서 다양한 네트워크가 사용될 수밖에 없는 것이 현재의 상황이다. 이 때문에 제어기 공급업체에서는 자체 개발 네트워크 외에 경쟁관계에 있는 네트워크에 대한 솔루션도 내놓고 있다

한편 공장을 구축하고 운영하는 입장에서도 여러 가지 네트워크가 혼재되어 가동되고 있는 현재의 상황은 무척이나 관리가 힘들고 해결하고 싶은 과제이다. 아래는 국내업체에서 제공하는 네트워크 솔루션 예시이다.

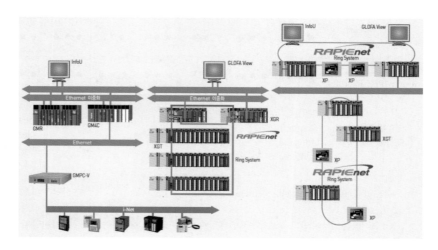

〈그림 5.2.13〉 업체의 주력 네트워크로 구성한 시스템 예

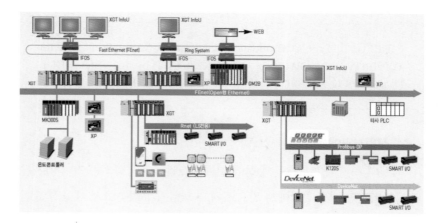

〈그림 5.2.14〉 네트워크 혼용 사용에 대한 솔루션 제안 예[4]

4 LS산전㈜ 사용설명서.

5) 스마트공장에서 지향하는 통합화 신규표준 네트워크

앞서 설명한 바와 같이 서로 다른 표준을 채택한 통신들은 서로 교신이 불가능하여 스마트공장에서 추구하는 유연한 시스템 구성에 장애가 된다. 이것을 해결하고자 OPC UA(OPC Unified Architecture)라는 통신표준을 채택하고자 하는 움직임이 활발히 추진되고 있다. 당장은 기존 기기들과의 연결성, 각 업체들의 이해관계에 따른 전략에 따라서 기존의 네트워크들이 계속 사용될 것이다. OPC UA는 서로 다른 통신시스템을 갖는 장치 간 통신수단 또는 상위 시스템과의 연결성을 확보하는 역할부터 시작될 것으로 보인다.

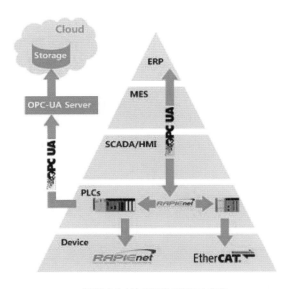

〈그림 5.2.15〉 현재의 OPC UA 활용

OPC UA는 호환성 외에 통신보안 기능을 보유하고 있으며 단점이었던 다수간 통신기능을 최근에 보강하였으며 미래 기술인 고속통신 기술(TSN)을 채용할 계획도 가지고 있어서 앞으로 활용의 폭은 더 넓어 질 것으로 판단된다. 그러나 현장에의 적용 속도는 계속 주시해야 할 것이다.

스마트공장과 관련하여 OPC UA의 활용과 더불어 PLC와 하위기기들과의 연결성 확보를 위한 방안으로 IO-LINK가 주목 받고 있다. IO-LINK는 PLC 국제표준인 IEC61131의 Part9로 등록이 되어 있는 인터페이스 방식으로 통신으로 분류되지 않는다. 기존에 Hard-wire 로 연결하던 방식을 대신하여 1:1로 기기를 연결한다. 센서나 액추에이터에 IO-LINK를 탑재함으로써 기기정보, 상태정보 등을 제공받게 되어 시스템의 사전 유지보수가 가능하게 된다.

예를 들면 포토센서의 경우 시간 경과나 이물질 등에 의해 검출 능력이 떨어질 수 있는데 정상 동작 중에도 센서가 자체적으로 신호의 변화를 체크하여 오류가 발생하기 전에 수리나 교체를 위한 정보를 제공 한다. 또한 운전 중에도 교체가 가능하며 교체된 기기는 자동적으로 이전 기기의 정보를 승계 받아 정상동작이 되므로 엔지니어링 없이 현장 작업자가 교체 할 수 있어서 시스템 가동율을 높일 수 있다.

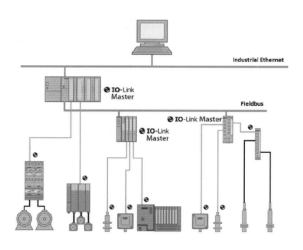

〈그림 5.2.16〉 IO-LINK를 적용한 시스템 아키텍쳐 예[5]

OPC UA와 더불어 스마트공장의 상위 클라우드 시스템에 데이터를 올릴 때 표준으로 사용되는 프로토콜인 AMQP(Advanced Message Queuing Protocol), MQTT(Message Queue Telemetry Transport)가 있는데 이는 사물인터넷이나 클라우드 플랫폼에서 설명이 될 것이다.

향후 중기적으로 산업용통신에 영향을 줄 수 있는 통신 기술로는 5G와 TSN을 추가로 들 수 있다.

■ 작업자와 자동화기기를 연결해 주는 Human Machine Interface(HMI)

자동화기기나 생산라인 현장에서 기계와 사람간의 정보 공유가 필요한데 이 역할을 HMI기기나 HMI 소프트웨어가 제공한다. 자동화 시스템에서 기존의 상태표시등과 조작 스위치들은 HMI기기 화면 안에 그래픽 형태로 구성되고 터치스크린을 통한 조작이 가능하게 되어 편리하고 유연하게 대체가 된다. 또한 공장의 생산현황, 기기의 상태 등을 그래픽으로 실시간 제공할 수 있어서 효율적인 운영을 가능하게 한다.

공장제조라인에는 아직은 많은 인력들이 현장에서 생산 및 관리업무를 담당하고 있다. 생산 라인의 작업자들에게 종이로 된 문서로 전달되던 작업지시서가 현장의 HMI(Human Machine Interface) 기기를 통하여 스크린으로 전달되고 있으며, 작업종료 후 취합하던 작업현황이 현장에 설치된 HMI를 통하여 실시간으로 제공된다. 또한 작업 중 오류나 기기의 이상 등이 중앙관리소를 통하지 않고 현장 관리자에게 바로 통보되는 등 기계와 인간 간의 정보 소통을 위하여 많은 수의 HMI장치 들이 설치되어 활용되고 있다.

현장의 다양하고 열악한 사용 환경에 적합한 강인한 특성을 갖는 HMI 기기들이 현장에 주로 설치가 되며, PC상에 편리하게 설치하여 고속, 대용량, 대화면 등 PC의 장점을 활용 할 수 있는 HMI S/W패키지 들이 관제소 등에서 공정의 통합관리 등에 사용된다.

1) HMI기기

HMI기기를 제공하는 업체들은 단순한 정보를 제공하는 소형화면의 기기부터 복잡한 시스템의 상태를 화면에 구성할 수 있는 큰 화면의 기기까지 시리즈로 제공을 하고 있다. 사용자는 업체가 제공하는 그래픽 빌더(Graphic Builder)를 PC에 설치하여 자신의 기계나 공장 운영을 위해 적합한 그래픽 화면을 작성하고 HMI기기에 다운로드하여 동작을 시키게 된다. HMI기기는 PLC 등 기기로부터 데이터를 전송 받아서 그래픽 화면에 상황을 표시하고 터치를 통하여 지령을 제어기기에 전송한다. HMI기기는 현장의 다양한 종류의 PLC, 계측기 등으로부터 정보를 취득해야 하므로 매우 많은 종류의 통신 드라이버를 제공하고 있다. HMI기기 선택 시 접속하려는 기기의 통신 프로토콜을 지원하는지 확인이 필요하다.

〈그림 5.2.17〉 HMI기기 제품 예

〈그림 5.2.18〉 운용 그래픽 다운로드

〈그림 5.2.19〉는 PLC와 함께 설치되어 PLC로부터 얻은 라인의 생산량 정보, 장비의 알람 정보 등을 실시간으로 제조실행시스템에 전송하는 간단한 설비 예이다.

설비 개요

제품 생산량과 에러 발생 시 에러 코드를 실시간으로 상위 제조실행시스템으로 전송하는 시스템

적용 제품

XGT Panel, XGK

적용 기능

WiFi를 사용하여 라인의 생산 데이터와 장비에서 발생한 알람 정보를 상위 PC로 전송하는 기능이며, 스크립트를 사용하여 정해진 프로토콜에 따라 상위 PC와 통신하는 사용자 정의 통신 지원

WiFi   Access Point   Database PC

〈그림 5.2.19〉 HMI기기의 적용 예[2]

2) HMI Software 패키지

산업용 PC나 일반 PC에 설치하여 사용할 수 있는 소프트웨어 제품으로 HMI기기보다 많은 수의 데이터를 모니터하고 대용량의 이력 데이터를 저

장할 수 있어 SCADA(Supervisory Control And Data Acquisition) 시스템을 구
성할 수 있다. 또한 일반 PC 애플리케이션 프로그램과 혼용하여 사용이 가
능한 장점도 있으며 대규모 공장에서 50인치 이상 큰 화면의 모니터를 활용
하여 시인성을 높여 주기도 한다.

수처리 시스템

부품 검사기

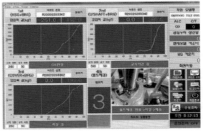

Key Function · 각종 센서 Data 및 공정 감시
· Data Logging, 보고서, 이력 Trend
· Web, Mobile

Key Function · High Speed Data Trend
· 품질 Data 저장, 조회, 출력
· 상위 DB(EMS)연계

〈그림 5.2.20〉 HMI 소프트웨어로 구성한 SCADA 화면[4]

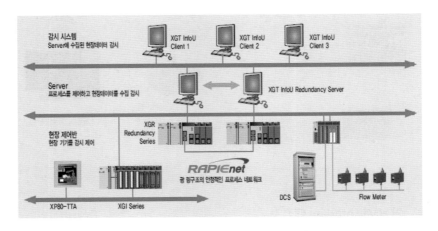

〈그림 5.2.21〉 HMI 소프트웨어의 역할 예[4]

■ 인간의 감각을 대신하는 센서

1) 센서(Sensor)란?

센서는 온도, 압력, 속도와 같은 물리적인 상태나 환경정보를 전기적인 신호로 바꾸어 주는 장치이다. 기술의 발전에 따라 기존 센서의 고도화와 더불어 센서의 종류도 지속적으로 늘고 있다. 물리적 센서의 종류가 200여 종을 넘었고 물리적 센서들과 소프트웨어를 결합하여 기능을 구현하는 가상센서(virtual sensor)들도 등장하고 있다.

제어를 위해서는 제어 대상의 상태를 알아야 했기에 예전부터 공장에서는 온도, 습도, 압력, 거리, 위치 등을 알 수 있는 센서를 적용하여 왔다. 현재는 항공기, 국방 등에 적용되던 센서들을 저 비용으로 사용 할 수 있게 되었고, 의료공학 기술의 발전으로 맥박이나 혈압, 혈당, 산소포화도(SpO2) 센서를 포함한 바이오 센서 등 다양한 분야의 센서 들을 우리 주변에서도 볼 수 있게 되었다.

예를 들어 우리가 지금 사용하는 스마트폰에는 가속도 센서, 자이로 센서(Gyro Sensor), 근접 센서, RGB센서, 밝기 센서, 홀 센서(Hall Sensor), 모션 센서, 온도/습도 센서, 기압계, 지자기 센서, 심장 박동 센서, 지문 인식 센서 등 다양한 센서를 탑재하여 편리한 기능들을 제공하고 있다.

스마트공장이 되려면 모든 상황들이 측정이 가능해야 하므로, 전통적으로 사용하던 센서 외에 다른 분야에서 사용되던 다양한 센서들도 공장에 도입이 되고 있다. 비전 센서를 사용하여 사람의 눈으로 판별하던 작업들을 자동화하고 있으며, 로봇 팔에 토크 센서를 부착하여 사람과 충돌 시 위해가 가해지지 않도록 하여 로봇 근처에 사람의 접근을 막는 안전 펜스를 제거하고 사람과 로봇이 혼재되어 작업을 할 수 있는 환경을 구축할 수 있게 되었다.

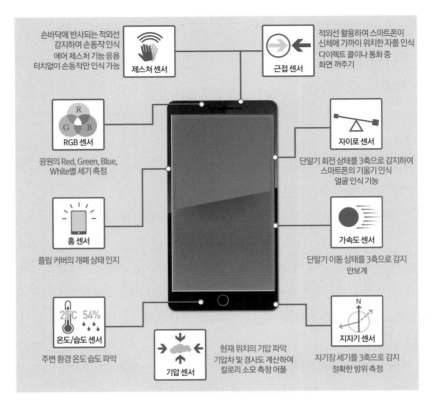

손바닥에 반사되는 적외선
감지하여 손동작 인식
에어 제스처 기능 응용
터치없이 손동작만 인식 가능

제스처 센서

적외선 활용하여 스마트폰이
신체에 가까이 위치한 자를 인식
다이렉트 콜이나 통화 중
화면 꺼주기

근접 센서

R
G   B
RGB 센서

광원의 Red, Green, Blue,
White별 세기 측정

자이로 센서

단말기 회전 상태를 3축으로 감지하여
스마트폰의 기울기 인식
얼굴 인식 기능

홈 센서

플립 커버의 개폐 상태 인지

가속도 센서

단말기 이동 상태를 3축으로 감지
만보계

25℃ 54%
온도/습도 센서

주변 환경 온도 습도 파악

기압 센서

현재 위치의 기압 파악
기압차 및 경사도 계산하여
칼로리 소모 측정 어플

N
지자기 센서

자기장 세기를 3축으로 감지
정확한 방위 측정

〈그림 5.2.22〉 센서의 기능 및 적용 예[6]

4차 산업혁명에서 국가 경쟁력을 가지기 위하여 센서기술을 발전시켜
야 한다는 주장은 이러한 것을 배경으로 한 것이다. 새로운 편리한 기능을
제공하기 위해서는 채집된 데이터를 가공하는 Big Data, AI의 기술이 필요
하나 원초적인 데이터를 만들어 내는 센서의 적절한 적용과 기술의 발전은
필수적이라고 하겠다.

6　국립중앙박물관-사물인터넷.

2) PLC(제어기)와 연결 방법, 센서/엑추에이터 통신

PLC와 센서 및 엑추에이터와 연결하는 가장 기본적인 방식은 24V 전압을 이용한 ON(통전), OFF(단전) 방식이다. 스위치가 ON 되면 PLC의 디지털 입력 장치에 전압이 인가되어 스위치의 ON상태를 인지하고, PLC의 출력 모듈은 내장된 릴레이나 반도체 소자(TR, SSR 등)를 이용하여 엑추에이터에 공급되는 전류를 ON, OFF 함으로써 동작을 제어한다.

아날로그 형태의 입출력 값은 PLC의 아날로그 입력모듈을 이용하여 센서의 값을 읽어서 PLC의 프로그램에 입력하고, 제어연산의 결과로 PLC로부터 생성된 데이터는 디지털 또는 아날로그 출력모듈을 통해서 엑추에이터 등에 출력된다.

최근은 센서의 인텔리전트화에 따라서 다양한 통신을 통하여 PLC와 연결하여 데이터를 수수할 수 있다. 표준 필드버스 통신을 이용하여 센서와 엑추에이터 간 정보 교환이 가능하며 범용 시리얼통신을 통하여 메이커 별 프로토콜을 사용하여 통신하는 경우도 있다.

상대적으로 제어의 속도가 늦는 프로세스 제어와 같은 어플리케이션에서는 일부 무선통신(Wireless Hart, ISA100 등)을 적용하기도 한다. 최근은 기기의 상태나 공장 내 환경 등을 모니터 하는 용도로 무선 사물인터넷 센서의 채용도 늘어나고 있다.

3) 자동화에 사용되고 있는 대표적인 센서[7]

센서는 너무 다양하고 분류의 기준을 정할 수도 없다. 여기서는 자동화에 사용되는 대표적인 센서의 종류에 대해서만 나열을 하는 것으로 한다. 자세한 동작 원리나 종류에 대해서는 참고 문헌 및 타 자료를 참조 바란다.

센서에는 물체의 유무, 근접 여부 만을 ON, OFF의 형태로 알려주는

---

7   자동화를 위한 센서 공학: 성안당 발행(2016), 김원회·김준식 저.

부류와 물체의 무게, 속도 등과 같이 계측한 결과의 값을 알려주는 부류가 있다.

물체의 유무 및 근접여부는 마이크로 스위치, 리밋 스위치, 터치 스위치와 같이 접촉식으로 만들어진 것과 근접 스위치(고주파 발진형, 정전용량형, 자기형, 차동코일형), 광전 센서(투과형, 미러 반사형, 직접 반사형), 에어리어 센서(광전식, 초음파식, 적외선식)와 같은 비 접촉식이 있다.

계측한 결과를 알려주는 센서는 매우 다양한데 〈표 5.2.13〉에 간단히 정리를 하였다.

〈표 5.2.13〉 계측형 센서

대상	측정 대상	적용 센서/기술 예
기하학량	직선 변위	직선형 퍼텐쇼미터(Potentiometer), 차동 트랜스, 리니어 스케일
	각도 변위	퍼텐쇼미터, 리졸버, 회전형(로터리) 인코더, 싱크로
	형상	이미지 센서, 촬상관
역학량	힘	스트레인 게이지, 로드셀 등
	토크	리액터 타입, 스트레인 게이지(슬립 링 타입, 로터리 트랜스포머 타입)
	압력	스트레인 게이지 압력센서, 용량형/압전형/반도체형 압력 변환기 등
운동량	속도(직선)	리니어 인코더, 리니어 퍼텐쇼미터, 초음파, 레이저
	속도(회전)	옵티컬 인코더, 태코 제너레이터, 리졸버, 홀센서
	가속도(진동)	압전형, 서보형, 스트레인 게이지형 가속도 센서
열.유체량	온도	열전대, 서미스터, 측온 저항체, 반도체 온도센서, 적외선 온도센서
	유량	액체형/기체형 유량계(유속)
	레벨	변위식, 초음파식, 정전용량식, 압력식, 진동식 레벨 센서
환경 등		습도센서, 가스센서, 소음 센서, 먼지 센서, 수질 센서

상기 센서들은 기본적으로 전기의 ON/OFF 및 전압/전류의 형태로 결과를 생성하고 그 결과를 컨트롤러가 그대로 받아서 제어에 활용한다. 한편 센서에 마이크로프로세서와 소프트웨어를 탑재한 스마트센서들은 측정 결과를 필터링 또는 분석한 후 결과 값을 통신을 통하여 장거리도 신호의 왜곡없이 전송한다. 스마트공장 구축에 사용되는 사물인터넷 센서들이 그 한 예이다.

■ 제어 지령을 수행하는 엑추에이터

PLC, 모션제어기, IPC 등의 제어지령에 따라서 실제로 동작을 수행하는 엑추에이터와 가공 기계들이 있다. 각종 릴레이, 유공압 밸브, 솔레노이드 밸브, 모터, 로봇, CNC머신 그리고 최근에는 3D 프린터 등이 해당된다.

공장에서 구동기기로 가장 많이 사용되는 것이 모터이다. 정밀한 동작을 수행하는 서보모터는 모션제어기와 서보드라이브를 통해서 제어를 하며, AC유도모터는 인버터(모터 드라이브) 제어를 통하여 에너지 절감 및 위치/속도 제어 목표를 수행 할 수 있다.

본 장에서는 제어시스템에 초점을 맞추고 있으므로 엑추에이터에 대한 상세한 설명은 생략한다. 제어기로부터 ON/OFF신호, 아날로그신호(전압/전류), 펄스열(Pulse Train)신호와 통신을 통한 지령을 수령하여 동작하는 다양한 엑추에이터가 있고 필요에 따라서 계속 늘어날 것이다.

5.3 자동화 시스템 적용 사례

이제까지 자동화시스템의 구성요소에 대해서 개략적으로 살펴 보았다. 지금 부터는 간단한 사례들을 통해서 앞에서 설명한 기기들을 적용하여 어떠한 자동화 시스템들을 구성 할 수 있는지 확인해 보도록 한다. 아래의 사례들은 "LS산전㈜ 산업자동화본부 웹레터"에서 발췌한 내용이다.

■ 버섯 농장 온도/습도 제어

1) 개요

경북 청도 소재 버섯 공장(재배실)의 온도 및 습도를 XEC PLC의 내장 PID 기능을 이용하여 제어를 한다. 사용자가 SCADA에서 온도/습도를 설정하면, Ethernet을 통해 PLC로 설정값이 전달되고, PLC는 현재값을 SCADA에 전달해 주는 기본 시스템에서, PLC는 PID 연산을 하여 최종 MV를 출력해 냄으로써 가열 밸브/ 냉각 밸브/ 가습 밸브 각각의 궤도율을 제어한다.

2) 적용 제품

XEC-DN64H,

XBL-EMTA,

XBF-AD04A,

XBF-DV04A

〈그림 5.3.1〉 적용 제품

〈그림 5.3.2〉 버섯농장

3) 시스템 구성

PLC에서는 설정한 온도, 습도를 바탕으로 PID 제어를 시작한다. 가열·
냉각·습도 각각 총 3개의 PID 루프를 구성하였으며, 설정 온도가 현재 온
도보다 높을 경우에는 가열밸브를 열고, 설정 온도보다 현재 온도가 높을
경우에는 냉각밸브를 열어 동작을 하도록 서로 인터록 조건을 둔다.

(예) 설정 온도가 현재 온도보다 높을 경우, 냉각 제어PID 동작은 되지 않도록 설정한다.

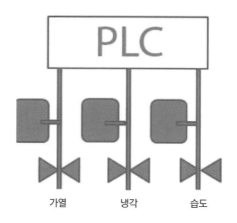

〈그림 5.3.3〉 PLC 시스템 구성

4) 적용 이점

- 최대 256개의 내장 PID 루프를 제공. 개별 루프 당 오토 튜닝을 제공하며, 수동 튜닝을 위한 P, I, D 전용 평션 블록 제공
- PID모니터 기능을 제공함으로써 트렌드를 확인 하면서 다양한 PID 파라미터 설정을 손쉽게 할 수 있으며, 추가적으로 트렌드 모니터 기능으로 현재의 SV(설정값), PV(현재값), MV(출력값) 추이의 추적이 가능하여 장시간 트렌드 모니터를 켜두었을 경우, PID 제어 상태를 확인이 가능
- 캐스케이드 제어가 가능

5) 시스템 요구사항

- 가열 밸브와 냉각 밸브를 제어하는 각 PID는 동시에 동작하지 않도록 함
- 설정 온도와 현재 온도의 차이를 0.5도 내외로 유지함
- 온도 – 습도의 간섭을 고려하여 PID를 진행함

6) 적용 Solution

- 온도의 경우, PV가 SV보다 낮으면 난방 밸브가 OPEN/냉방 밸브가 CLOSE되고, 반대의 경우 냉방 밸브가OPEN/난방 밸브가 CLOSE 되는 특성을 감안하고, 온도 변화 반응이 다소 느린 점을 고려하여 P제어로만 MV 출력(밸브 궤도 결정)을 제어
- 설정 온도와 현재 온도의 차이가 0.1도 내외로 유지

7) Key Functions

PID 관련 다수의 평션 블록을 제공하여, 손 쉬운 PID 튜닝이 가능하며, I,D 값에 0을 넣어줌으로써 P제어 시스템 구성이 가능. 또한, 트렌드 모니터

를 이용하여 장시간 추이를 추적 가능하여 P, I, D 튜닝을 하는데 있어 장점이 있음.

■ 휠 소터(Wheel Sorter)

1) 개요

휠 소터는 컨베이어에 흘러가는 택배 바코드를 스캔 하여 자동분류를 해주는 장비이다. 물류센터 직원들이 직접 눈으로 보며 분류작업을 하면서 지정된 구역으로 이송하던 수동 시스템에서 휠 소터 장비를 통해 기계가 자동으로 분류하는 자동화시스템에 LS산전 Smart 산업자동화 솔루션을 적용하였다.

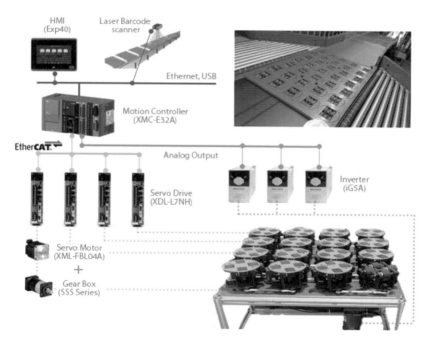

〈그림 5.3.4〉 휠소터 시스템 구성도

2) 시스템 요구사항

컨베이어에 흘러오는 택배 상자를 신속하게 분류하기 위해 서보의 빠른 응답성 필요

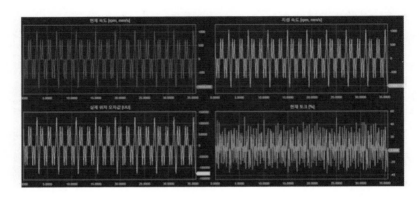

〈그림 5.3.5〉 휠 소터 고속 반복 운전 속도, 위치오차, 토크 모니터링

3) Key Functions

- 고속 반복 운전시, 서보 정지 시 떨림에 대한 서보튜닝
- 빠른 응답성을 위한 서보 속도 피드포워드 게인 적용

4) 적용 이점

- 서보 시스템 적용으로 기존 스테핑 모터 제어 대비 제어성능 향상
- 유지/보수 비용 절감

■ 면 포장기

1) 개요

제품의 포장은 현재 생산 현장에서 큰 부분을 차지하고 있다. 상품의 이미지와 포장 방식에 따라 소비자의 선택과 직결되는 부분이 있기 때문이다.

이에 다양한 제품과 다양한 포장 방법이 존재하게 된다. 여기서 소개하고자 하는 포장 시스템은 누들 포장기 이다. 다양한 제품 크기와 포장지의 종류에 따라 생산업체는 간단한 조작으로 생산과 유지 보수를 하고자 한다.

누들 포장기는 대체로 누들을 공급하는 feeder, 포장지를 공급하는 foil wrapping, 포장을 완성하는 container 세 부분으로 나눌 수 있다. 이러한 세 부분의 기계적 특성을 고려하여 1 cycle의 동기 시스템으로 제어되어야만 하며 또한, 입력되는 누들 속도와 정확한 동기가 맞아야만 정상적인 제품을 생산 할 수 있게 된다.

이번 사례는 캠 동기 제어를 사용하였다. 캠이란 동력 전달 장치의 하나로 회전 운동을 직선 운동으로 또는 그 반대로 바꾸는 기계요소이다. 이러한 특성으로 인하여 포장기 제어의 전반에 걸쳐 사용 할 수 있게 된다.

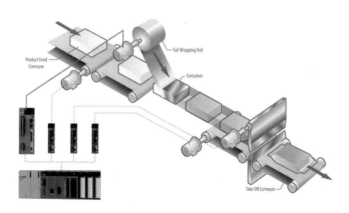

〈그림 5.3.6〉 면포장기 시스템 구성도

2) 주요 특징

- 누들을 공급하는 제품공급 컨베이어
- 제품 생산량 입력으로 컨베이어 속도 및 각 기기의 동작 속도 자동 입력 기능

- Touch-probe 입력 센서를 이용한 재단 위치 검출

3) 포장 제어 시스템

- 설비개요: I-mark 입력 신호(음료 팩) 검출을 이용한 동기제어의 용이성
- 적용 제품: XGB-U PLC + XGT-Panel + Inverter + PN08B
- 장비 요구 기능: 동기제어 및 I-mark 검출 기능, 제품 길이에 따른 포장을 위한 데이터 변경 및 관리

〈그림 5.3.7〉 제품 생산 관련 Operation 화면　　〈그림 5.3.8〉 제품사이즈에 따른 캠 프로파일

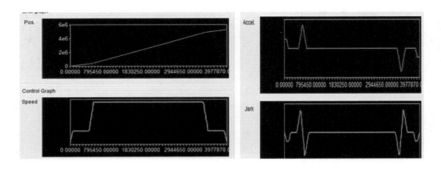

〈그림 5.3.9〉 제품생산 1 Cycle의 위치, 속도 가속도, Jerk 그래프

4) 응용 제어 방법

HMI의 작성된 생산량에 맞추어 feeder 속도를 제어하여, 생산량을 최적화 할 수 있도록 CAM 프로파일을 작성하여 적용하였다.

포장기의 생산속도에 맞추어 feeder 속도를 자동계산 하게 되며, I-Mark 를 검출하여 동기를 이룰 수 있게 된다. 또한 기구적 시스템을 보완하고자 위상 보정제어를 사용하였다.

■ OHS(Over Head Shuttle) 시스템

1) 개요

직선 및 곡선 주행 경로를 거쳐 자재를 요청하는 지점에 정확하게 운송하는 System으로 자유로운 방향 전환을 위해 차축을 사용하지 않고 개별바퀴를 Servo로 개별 운전함.

2) 적용제품

XGK-CPUA, XGF-M16M, XP-50, Y사 Servo Drive & Motor

〈그림 5.3.10〉 OHS 예

3) 주요 적용기능

- 차축이 없는 구조로 안정적인 직선 구간 운전을 위한 4축 동기 Solution

- 곡선 구간 주행시 진동 억제 Solution
- Wi-Fi 기반의 Wireless Network Solution

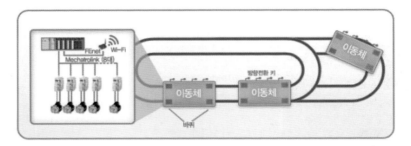

〈그림 5.3.11〉 OHS 기능 구성도

■ 화재 감시 시스템

1) 개요

적용한 시스템은 화재 감시 시스템으로써 HMI를 활용하여 다양한 열 감지 센서와 방재 시스템 제어를 목적으로 하고 있다. 기존의 아날로그 제어 방식을 대체하여 HMI를 적용함으로써 감시/제어에 대한 User Experience 향상 및 효율적인 감시/제어가 가능해졌다. 또한 화재 상황에서의 모든 하위 디바이스 상태를 저장할 수 있어 화재의 원인 분석 시 참고할 수 있으며, 원격지에서 HMI의 화면 상태를 실시간으로 감시/제어할 수 있어 매번 현장을 방문해야 하는 업무의 비효율성을 낮추었다.

2) 적용이점

- 사용자 정의 통신기능을 적용하여 3rd Party 디바이스와의 원활한 통신 가능
- XP-Remote 소프트웨어를 활용하여 원격지에서 감시/제어 가능
- 로깅 기능을 적용하여 실시간 데이터 저장 기능

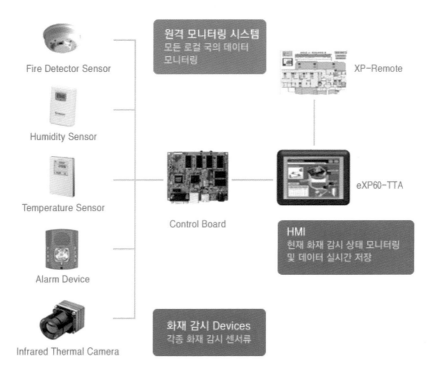

〈그림 5.3.12〉 화재 감시 시스템 구성도

3) 적용 SOLUTION

- 방재 제어 보드와의 이더넷 사용자 정의 통신으로 열악한 환경 조건 발생 시 노이즈 간섭 최소화
- 최상위 원격 모니터링 시스템을 통해 전체적인 시스템 감시 및 데이터 동기/저장
- 사용자 통신 솔루션으로 다양한 제어기와의 통신 개통 가능
- HMI의 로깅 트렌드 뷰어 사용으로 현재 상태(온도, 습도 등)를 그래프 형식으로 실시간 Tracking 가능

■ 철강 열처리로 System

1) 개요

　철강 열처리 시스템은 금속의 가열과 냉각을 통해 금속의 성질을 변화시킬 수 있는 열적 조작 기술이다. 철강 열처리 기술은 크게 재료를 단단하게 만들어 금속의 강도와 물리적 성능을 향상시키는 기술과 재료를 무르게 하여 금속의 가공성을 향상시키는 기술로 나뉘게 되며, 다양한 금속 재료의 특성에 따라 열처리의 온도, 유지 시간, 냉각 속도 등이 다르게 적용된다.

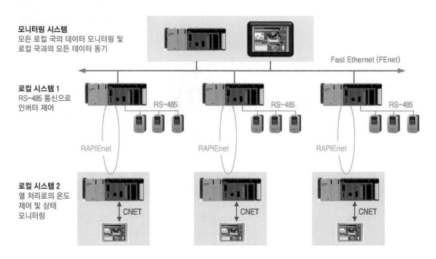

〈그림 5.3.13〉 철강 열처리로 시스템 구성도

2) 시스템 요구 사항

- PLC간(XGK) 전용화된 원거리 통신 기능
- 다양한 특수 기능(아날로그 입/출력, PID제어, 온도 입력) 제공
- HMI에서 온도 설정값 표시 및 현재 온도 추이 표시 기능

- 로컬 국의 개별 데이터 수정 시 전체 시스템에 반영
- RS-485 통신(LSBUS/MODBUS RTU)으로 인버터 제어

〈그림 5.3.14〉 철강열처리로

3) 적용 SOLUTION

- 전용 통신 기능인 RAPIEnet을 사용하여 안정적으로 광 링 네트워크 구축(링 타입 통신 구성으로 보다 안정적인 PLC간 통신 가능)
- 최상위 모니터링 시스템을 통해 전체적인 시스템 감시 및 데이터 동기화(Ethernet, Cnet, RAPIEnet)
- XG5000의 LSBUS/MODBUS RTU프로토콜 지원으로 인버터 제어 용이(인버터 지령 주파수/운전 지령 설정)
- 온도 측정 모듈, 아날로그 입/출력 모듈을 통한 안정적인 PID 기능 제공
- HMI의 로깅 분포도 및 부품 오브젝트를 사용하여 온도 설정값 및 온도 추이를 그래프로 표현

4) KEY Functions

- 내장 PID 제어 기능
  - 가열로의 온도를 아날로그 입력 신호로 받고(PV), 이를 LS PLC 내

장 PID 제어연산을 통해 현재값(PV)이 목표값(SV)에 수렴할 수 있도록 하는 값을(MV) 아날로그 출력 모듈을 통해 밸브로 보내, 밸브의 열림 상태를 제어하여 가열로의 온도를 변화시킨다.

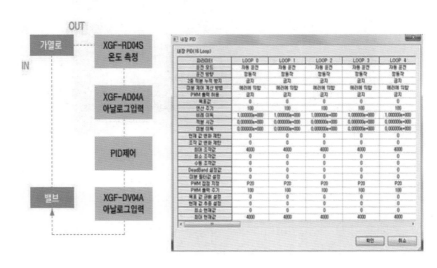

〈그림 5.3.15〉 내장 PID 제어 로직

- 데이터 추적 및 모니터링
  - 적색 그래프를 통해 각 세그먼트 별로 시간에 따른 상승 및 유지 온도를 지정하여 목표 그래프를 표현
  - PID 제어를 통해 출력되는 MV로 열을 가해 변화되는 온도를 그래프로 표시
  - 목표치를 언제든지 수정가능하도록 로깅 분포도 그래프 오브젝트 사용
  - 각 로컬 HMI를 통합하는 메인 HMI와의 데이터 및 그래프 동기화

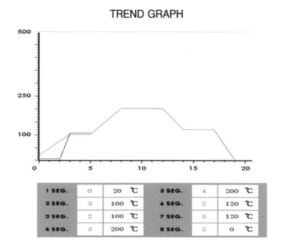

TREND GRAPH

1 SEG.	0	20 ℃	5 SEG.	4	200 ℃
2 SEG.	3	100 ℃	6 SEG.	2	120 ℃
3 SEG.	2	100 ℃	7 SEG.	3	120 ℃
4 SEG.	3	200 ℃	8 SEG.	2	0 ℃

〈그림 5.3.16〉 추적 그래프

- RAPIEnet을 통한 링 방식 네트워크 구성
  - Ethernet 통신을 기반으로 하여 XGT 시리즈 PLC간 통신 용이
  - 두 개의 Ethernet포트 제공으로 링 방식을 구성하여 보다 안정적인
    통신 시스템 구축
  - 링 토폴로지 구성을 통해 통신 Redundancy 기능 제공

5.4 Automation 시스템 솔루션

PLC시스템을 공급하는 회사는 많으나 지멘스(Siemens), 로크웰 오토메이션(Rockwell Automation), 미쓰비시 전기(Mitsubishi Electric), 쉬나이더 일렉트릭(Schneider Electric)이 약 75%의 글로벌 시장을 점유하고 있다. 그 외에 옴론(Omron), B&R, GE, ABB, LS산전 정도가 의미 있는 매출 및 다양한 제

품군을 보유하고 있다. PLC시스템은 공장 자동화의 근간을 이루는 제품으로 한 번 설치 후 타 제품으로의 교체가 매우 어렵다. 따라서 최초 선정 시 자신의 목적과 계획에 부합하는 회사와 제품을 선정하는 것이 매우 중요하다. 자신이 필요로 하는 솔루션의 보유 유무, 시스템 구축 시 비용, 시운전 및 운용 중 문제 발생시 즉시 기술지원 가능 여부, 향 후 설비의 확장성 및 솔루션 제공 업체의 연속성 등 다각적으로 검토 후 결정하는 것이 필요하다.

〈표 5.4.1〉에 PLC 세계시장 점유율 순위에 따른 솔루션 공급업체를 나열하였으며 한국에서의 공급 활성화 정도를 함께 표기하였다. 이 표를 참조하고 구체적인 내용은 웹사이트를 통해 확인하거나 업체와의 협의를 통해 적합한 솔루션을 선정하기 바란다.

〈표 5.4.1〉 PLC 시장 점유율

PLC 세계시장 점유율 순위	솔루션 공급업체	국적	한국 시장 영향력			특기 사항
			PLC	모션/서보	HMI/IPC	
1	Siemens	독일	●	●	●	
2	Rockwell Automation	미국	●			
3	미쓰비시 전기	일본	●	●	●	
4	Schneider Electric	프랑스			●	HMI기기 업체인 Proface 인수('02)
5	Omron	일본	●	●		
6	B&R	오스트리아				ABB가 인수('17)
7	GE	미국				
8	ABB	스웨덴				
9	LS산전	한국	●	●	●	
10	Toshiba	일본				

11	Delta Electronics	대만				
12	Saia-Burgess	스위스				공조분야 특화, 하니웰이 인수('13)
13	Sharp	일본				
14	VIPA	독일				야스카와가 인수('14)*1
15	Panasonic	일본				
16	Yokogawa	일본				
17	Hitachi	일본				

5.5 맺음말

　본 교재의 구성 상 더 자세한 내용을 싣지 못한 것이 아쉽다. 또한 공장 자동화 분야에서 모터를 직접 구동하는 인버터, 서보가 매우 중요한 구성품이나 자동화 위주로 작성하다 보니 지면을 할애하지 못했다. 관심을 가지고 잠시 시간을 내어 제공업체의 홈 페이지를 방문하여 보기를 제안한다.

　고대부터 지금까지 인간을 편하게 하고 경제적 효율성을 높이는 방향으로 자동화에 대한 노력과 발전은 꾸준히 있어 왔다. 그러나 발전의 속도와 방향은 경제적/사회적 여건, 사용자의 인식/유행, 주변 기술의 발전 성숙도 등 여러 가지 조건에 따라 변화가 있었다.

　지금까지는 그 변화의 속도가 빠르지 않았고 한 번 획득한 기술과 시스템의 효용가치가 오래 지속되었다. 그렇지만 이제는 현재를 고수하다 급격히 뒤떨어질 수도 있고 너무 먼 미래 시스템을 목표로 하다가 실패를 경험할 수도 있는 시대가 도래하였다. 본 장에서 제공한 기본 자동화 지식과 다른 장에서 제공하는 다른 분야 기술, 새로운 기술로 기본기를 탄탄히 하고 항상 변화하는 환경을 주시하는 현명하고 능력 있는 스마트공장 인재들이 대한민국에 충만하기를 기대해 본다.

6장

작업자-기계 협력기술, 협동로봇

신규식 한양대학교 ERICA 교수

SMART FACTORY
TECHNOLOGY

협동로봇은 로봇의 한 종류로서 일반 로봇과 다른 고유한 특징을 지니고 있지만, 로봇이 갖는 대부분의 특징을 지니고 있으며 로봇의 발전 과정 중 최근 4차 산업혁명의 붐을 타고 나타난 로봇의 한 종류이다. 협동로봇의 주요한 특징을 알기 위해서는 우선 로봇의 역사에서 협동로봇을 살펴볼 필요가 있다.

🏃 이 글을 쓴 신규식은

1983년 한양대학교 기계공학과를 졸업하고, University of Texas at Austin에서 석사 과정을 거쳐 동 대학에서 1995년 로봇 액츄에이터 설계로 박사학위를 받았다. 박사 후 삼성SDS에서 제품개발 분야 컨설팅 및 PLM시스템 개발, CAD/CAM 분야 등의 일을 하였으며, 포항지능로봇연구소(현 한국로봇융합연구소에서) 연구부장으로 재직한 바 있다. 2009년에서 2013년까지 한양대학교 에리카캠퍼스 기계공학과 교수로 재직 후, 2013년 로봇공학과가 설립됨에 따라 로봇공학과로 자리를 옮겨 현재까지 재직 중이다. 2018년 4차 산업 선도대학 사업을 통해 CARE(Collaborative AI Robotics in Engineering) 인력양성 프로그램을 유치하여, 로봇공학과 학생들을 협동로봇 전문가로 키우기 위해 노력하고 있으며, 협동로봇의 중소기업 보급을 위한 각종 활동에 참여하고 있다. 주요 관심 연구 분야로는 로봇 머니퓰레이터 최적 설계, 로봇 설계방법론, 협동로봇 설계 등이 있고, 주요 프로젝트로는 '로봇 머니퓰레이터 설계 파라미터 최적화', '물체 및 작업 환경에 적합한 그리핑 디바이스 및 파지 전략 연구'등이 있다.

6.1 협동로봇의 개념

협동로봇이란 한국정보통신기술협회의 IT용어사전에 따르면 "인간과의 직접적인 상호 작용을 위해 설계된 로봇"으로 정의되어 있다. 일반 로봇은 자율적으로 주어진 작업을 수행하도록 만들어진 반면, 협동로봇은 사람이 어떤 작업을 성공적으로 수행할 수 있도록 도와주는 목적으로 제작되었다.

협동로봇이 일반로봇과 다른 특징은 외형적으로 소형이며, 안전하여 사람과 같은 공간에서 작업이 가능하고, 값이 비교적 저렴하다는 점이다. 기능적으로는 중소기업의 변화하는 생산 프로세스에 대응이 가능하기 때문에 향후 중소기업의 생산성 향상에 크게 기여할 수 있을 것으로 예측되고 있다.

■ 로봇 역사 속에서의 협동로봇

협동로봇은 로봇의 한 종류로서 일반 로봇과 다른 고유한 특징을 지니고 있지만, 로봇이 갖는 대부분의 특징을 지니고 있으며 로봇의 발전 과정 중 최근 4차 산업혁명의 붐을 타고 나타난 로봇의 한 종류이다. 협동로봇의 주요한 특징을 알기 위해서는 우선 로봇의 역사에서 협동로봇을 살펴볼 필요가 있다.

로봇이라는 말이 처음 등장한 것은 체코의 극작가 카렐 차페크(Carel Capek)가 1921년에 발표한 [로섬의 인조인간(Rossum's Universal Robot)]이라는 희곡에서 체코어로 Robota 즉 '일한다' 또는 '노예'라는 의미로 사용된 것이 시초이다. 이후 로봇이라는 용어는 많은 사람들에 의해 필요에 따라 정의되어 왔다. 위키백과에서는 '사람과 유사한 모습과 기능을 가진 기계, 또는 무엇인가 스스로 작업하는 능력을 가진 기계를 말한다.'라고 정의하고 있고 또한 **국제로봇협회**(IFR, International Federation of Robotics)에서는 '로봇은 고 정 또는 움직이는 것으로서 산업자동화 분야에 사용되며 자동제어가 되고 프로그램이 가능하며 다목적인 3축 또는 그 이상의 축을 가진 자동조정장 치'라고 정의하고 있다.

로봇의 역사는 생물의 힘을 빌리지 않고 자동적으로 움직일 수 있는 기 계장치까지 포함하면 고대까지 거슬러 올라가지만, 현대적인 의미에서 인 간을 대신하여 작업할 수 있는 로봇은 1959년 조지 디볼과 조셉 엥겔버거 에 의해 개발되었다. 1961년 유니메이트사는 최초의 산업용 로봇을 활용하 여 GM공장에서 인테리어용 도어, 창, 핸들, 그리고 기어 변속 손잡이 등을 제조하였으며, 1967년에는 스웨덴에 유럽 최초 산업용 로봇이 설치되었다.

로봇이 점차 발달함에 따라 산업용 로봇처럼 반복적인 작업만을 하는 것이 아니라 보다 지능적인 일을 하는 로봇에 관심을 갖기 시작하였다. 이 를 위해서는 로봇에 사람의 신경에 해당되는 센서 및 비전 등이 개발되어야 하는데, 1968년 마빈 민스키(Marvin Minsky)가 문어처럼 생긴 촉수 팔을 개 발하였고 사람의 눈에 해당되는 비전시스템이 스텐포드 연구소에서 시연 되기에 이르렀다.

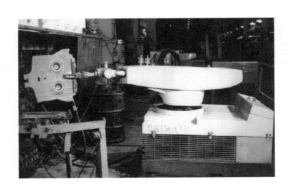

〈그림 6.1.1〉 최초 산업용 로봇

또한 사람 형태를 갖춘 로봇에 관심을 갖으면서 인간형 로봇이 탄생하게 되었는데, 일본에서 최초로 인간형 로봇인 ASIMO가 개발되었다. 한국에서는 KAIST의 오준호 교수에 의해 2005년 휴보가 개발되었고, 이 HUBO를 기반으로 2015년 DARPA Robotics Challenge에서 우승하여 한국 로봇의 기술력을 과시하기도 하였다.

〈그림 6.1.2〉 DRC-HUBO

사람 형태의 로봇이 걷거나 뛰기까지 하면서 우리들에게 많은 화제 거리를 가져다주었고, 로봇 시대에 대한 기대감을 높이기는 했지만, 산업적으로는 그다지 큰 기여를 하지는 못하였다.

산업적으로는 과거에 대량생산을 위한 단순 반복적인 로봇에서 현재의 다품종 소량생산을 거쳐 다양한 제품 생산에 가능한 유연한 생산시스템에 적용 가능한 로봇이 필요하게 되었다. 즉, 사람만의 능력으로는 모두 다른 제품의 생산에 필요한 정보를 처리해서 다양한 제품을 생산하기 어렵다. 또한 로봇도 사람처럼 섬세한 작업을 하기 에는 아직 기술이 부족한 것이 현실이다. 이에 단순 반복적이거나 사람이 감당하기 어려운 작업을 로봇이 담당함으로써 같은 작업공간에서 서로 도와가며 제품을 생산하는 방식으로 변화하고 있다. 이에 따라 과거와는 달리 사람과 같은 공간에서 일을 할 수 있는 협동로봇이 각광을 받게 되었다.

■ 로봇 분류상에서의 협동로봇

로봇을 분류하는 방법은 여러 가지가 있다. 그런데 본 소절에서는 대표적인 기계 구조적인 분류와 용도에 따른 분류의 관점에서 협동로봇의 위치를 설명하고자 한다.

1) 로봇의 기계구조적인 분류

로봇의 형태는 여러 가지가 있으나 그 형태에 따라 크게 다음과 같이 분류 할 수 있다.[1]

- 겐트리 로봇(Gantry Robot): 로봇이 문형(門形) 구조물을 포함하는 직각좌표 로봇
- 스카라 로봇(Scara Robot): 팔의 기계구조가 평행축인 회전 조인트를 가지며, 축에 직교하는 평면 내에서 컴플라이언스를 가진 로봇
- 관절 로봇(Articulated Robot): 링크와 링크 사이를 회전체로 연결하여 사람의 팔 또는 다리처럼 움직일 수 있는 로봇
- 패러렐 로봇(Parallel Robot): 관절로봇이 전부 또는 일부가 폐쇄 루프 구조 형태로 연결되는 로봇

1 http://kin.naver.com/qna/detail.nhn?d1id=11&dirld=1114&docld=100439367 &qb=
66Gc67SH7J2YlOyiheulmCDqspDtirjrpqzroZzrtlc=&enc=utf8&section =kin&rank=2&=
search_sort=0&spq=0&pid=TA/LgspySElssZfTwR0sssssssZ0- 280644&sid=0otxF3wA-
0xcUQ/VBl8/3mA%3D%3D

협동로봇은 위의 분류에서 관절 로봇에 해당된다. 다른 형태의 로봇도 협동로봇의 범주에 넣을 수도 있으나, 범용적인 측면에서는 관절 로봇으로 분류되는 것을 주로 사용한다.

2) 로봇의 용도에 따른 분류

국제로봇협회의 분류에 의하면 제조업용 로봇으로 분류가 가능하다. 국제로봇협회는 로봇을 제조업 분야에서 생산자동화를 위하여 활용되는 로봇을 의미하는 제조업용 로봇과 그 외의 모든 로봇, 즉 가정이나 특정한 전문영역에서 유용한 서비스를 제공하는 서비스로봇으로 분류하고 있다.

〈표 6.1.1〉 로봇의 분류

중분류	소분류		종류
서비스로봇 (service robot)		개인용 로봇	가사지원, 노인지원, 교육, 이동 등
	전문 로봇	공용서비스 로봇	공공서비스, 빌딩서비스, 사회안전(경비)
		극한작업 로봇	재난, 군사, 해양 등
		기타산업용 로봇	건설, 농림축산, 의료
제조업용 로봇(Industrial robot)			핸들링, 용접, 도장, 조립, 용접, 블라스팅 등의 로봇으로 자동차제조, 전자제품제조, 디스플레이/반도체 제조, 조선에서 다양하게 사용됨

그 외에도 제어방법에 따른 분류, 축의 개수에 의한 분류 등, 다양한 분류가 있지만 주로 형태와 사용 용도에 의한 분류만을 살펴보았다. 그러나 과거의 이러한 분류만으로는 협동로봇을 제대로 분류하지 못하는 측면이 있다.

협동로봇은 일반 산업용 로봇과 여러 가지 면에서 다른 특징을 갖고 있다. 산업적으로 제4차 산업혁명 이전 대량 생산형 로봇은 크기가 크고 무거

우며 주로 반복적이고 빨리 작업을 수행하는 반면 협동로봇은 전자제품의
비중이 높아져서 작은 부품의 조립공정과 변경이 잦은 공정 등에 적용되는
경우가 대부분이다.

일반산업용 로봇은 주로 용접, 물류, 팔레타이징 등에 사용되고 협동로봇
은 조립공정에 사용된다. 일반산업용 로봇과 협동로봇의 특징은 〈표 6.1.2〉
와 같이 정리할 수 있다.

〈표 6.1.2〉 일반 산업용로봇과 협동로봇의 차이

	일반 산업용 로봇	협동로봇
크기	일반적으로 대형	중소형
작업형태	Stand alone	인간과 협동
보호장치	Cage 및 guard	Sensor나 Passive compliance
프로그램 난이도	어려움	교시 또는 직관적인 프로그래밍
Task	단순 반복	상황에 따라 다른 Task 수행
제어	위치, 속도제어	힘제어
설치위치	고정형	수시로 변경 가능

현재는 사람의 신경뿐만 아니라 뇌 기능에도 급격한 발전을 이루어서
이제는 인공지능과 결합한 로봇이 속속 등장하고 있다. 이처럼 인공지능과
융합된 로봇은 4차 산업혁명시대를 맞이하여 인간과 로봇 협동을 통해 스
마트공장을 현실화할 수 있는 필수 구성요소로 인정받게 되었다.

현재 인공지능이 협동로봇과 본격적으로 결합되어 있지는 않지만, 향후
에는 인공지능과 로봇과 밀접하게 접목되면서 제품생산에만 적용되는 것
이 아니라 서비스에도 협동로봇이 사용되어 제품과 서비스가 융합되는 제
조업의 추세에 맞추어 갈 것으로 예측되고 있다.

6.2 협동로봇의 주요 기술

협동로봇은 '사람과 제품생산 행위를 같이하는 로봇'이라고 할 수 있다. 그런데 사람과 제품생산 행위를 같이 하면서, 중소기업에서 다양한 생산공정에 대응하기 위해서는 최소한 2가지 조건을 만족해야 한다. 첫째 조건은 사람과 같은 공간에서 작업을 해야 하므로 로봇이 사람의 안전을 보장해야 하고, 둘째 조건은 다양한 제조공정에 쉽게 대응할 수 있도록 프로그램이 쉽고 변경 또한 쉬워야 한다.

■ 안전기술

협동로봇은 특성상 사람이 로봇과 같은 공간에서 협력하는 것을 필요로 하는 로봇이기 때문에 가장 높은 수준의 안전기술이 필요하다. 이를 위해 ISO에서는 로봇에 대한 안전규정이 제정되어 있으며, 이를 설계적인 방법과 제어적인 방법을 통해 구현해야 한다. 안전을 확보하기 위해서는 로봇과 사람이 충돌할 최악의 경우에 대한 대비 방법과 충돌을 미리 방지하는 방법을 준비해야 한다. 충돌에 대한 대비는 우선 설계적으로 사람에게 큰 손상를 주지 않도록 크기를 결정해야 한다. 다음으로 제어 단계에서는 가능한 한 낮은 속도로 움직이게 하여 충격량을 최소화하여야 한다. 충돌 자체를 방지하기 위해서는 여러 종류의 센서를 이용하고 움직이는 경로를 설계하는 단계가 필요하다.

1) 안전규정

기존의 로봇에 대한 안전 규정은 ISO 10218-1, ISO 10218-2에 최초로 명시되어 있었으나, 협동로봇과 같이 높은 수준의 안전에는 적합치 않아서

ISO TS 15066: Robots and robotic devices−Collaborative robots에 협동
로봇의 안전규격을 새로이 제정하였다. ISO 규정에 의하면 다음 4가지 수
준의 안전에 대해 분류되어 있다.[2]

가. 안전감시 정지(Safety Monitored Stop)

기본적으로 로봇이 별도에 공간에서 작업하는 종류의 로봇을 말한다.
이런 종류의 로봇은 사람이 로봇의 작업공간에 들어가면 로봇의 모든 움직
임은 정지된다.

- 일반적인 산업용 로봇을 사용
- 작업자의 근접을 탐지하는 안전장비
- 작업자와의 협동은 매우 적음
- 안전지역을 위반하면 정지

나. 직접 교시 로봇(Hand Guiding)

손으로 가이드하거나 경로를 교시할 때 사용되는 로봇이다. 빠르게 경
로를 교시하거나, pick and place를 할 때 적용할 수 있다. 힘을 감지할 수
있어야 하므로 Force Torque Sensor가 사용된다.

- 일반적인 산업용 로봇을 사용
- end−effector는 힘을 감지할 수 있어야 함
- hand guiding 및 경로 교시에 사용
- 다른 기능에서는 로봇이 협력하지 못함.

2 https://blog.robotiq.com/what-does-collaborative-robot-mean

다. 로봇과 일정 간격이 있을 경우 작동하는 로봇
(Speed and Separation Monitoring)

로봇이 작업자의 위치를 추적할 수 있는 레이저나 비전시스템에 의해 이루어진 환경에 있는 경우이다. 로봇은 사람이 어떤 안전지역에 있을 경우 한정된 일반적으로 느린 속도로 움직이며 너무 가까이 있을 때는 정지한다.

- 일반적인 산업용 로봇을 사용
- 비전시스템이 작업자의 근접을 감지
- 작업자가 자주 개입할 필요한 작업에 사용

라. 로봇이 인간과 접촉이 일어날 수 있는 로봇
(Power and Force Limiting)

이런 종류의 로봇을 많은 사람들이 협동로봇이라고 한다. 부가적인 안전장치 없이 인간과 같은 공간에서 작업이 가능하다. 일정 수준 이상의 힘을 감지하면 정지한다. 충격은 둥근 외관으로 인해 완화될 수 있다. 표준 ISO/TS 15066은 인체의 각 부분에 대한 최대 힘과 압력 수준의 목록을 포함하여 힘의 한계를 결정하는데 도움을 주며, 로봇과 접촉할 수 있는 인체의 각 부분에 대한 위험 평가를 수행하는 방법에 대한 지침을 제공하고 있다.

- 일반적인 산업용 로봇이 아님
- 힘 제한 특성
- 추가적인 안전장치 불필요
- 여러 가지 작업에 작업자와 직접 협동
- hand guiding을 통한 교시

2) 안전을 위한 로봇 설계 기술

위에서 언급한 바와 같이 로봇의 안전은 매우 중요한 이슈이다. 더구나 로봇과 사람이 같은 작업 공간에서 일을 하게 되는 협동로봇의 경우 4번째에 해당되며 사람의 안전을 확보하는 것이 더욱 중요하다. 이를 위해 설계를 통해 로봇의 구성요소를 설계하거나 필요한 부품을 선정하는 작업을 하게 된다.

가. 로봇의 구성부품

- Effector

Effector는 로봇이 외부환경에 영향을 주는 부속품이다. Effector에는 다리, 바퀴, 그리고 손등인데, 대체적으로 손을 Effector라고 하고, 주어진 Task를 담당하고 있다.

- 액추에이터

액추에이터를 선정하기 위해서는 로봇 전체에 대한 동영학적인 모형을 통해 각 관절에 걸리는 하중을 분석하여야 한다. 액추에이터는 로봇의 Effector를 움직이게 하여 주어진 Task를 수행하게 한다. 액추에이터는 기능적으로 액티브(Active) 형태와 패시브(Passive) 형태가 있다.

- 액티브 액추에이터: 에너지를 발생시키는 액추에니터로서 이 에너지를 Effector에 전달하여 로봇이 주어진 태스크를 수행하게 한다.
- 패시브 액추에이터: 중력이나 다른 외부환경의 에너지를 이용하여 Effector를 움직이게 하는 액추에이터이다.

또한 액티브 액추에이터는 에너지의 타입에 따라 다음과 같이 구분한다.

- 전기모터: 가장 흔한 형태의 액추에이터로서 협동로봇에 주로 쓰인다.
- Hydraulic 액추에이터: 유체의 압력에 의해 힘을 전달하는 액추에이터로서 큰 힘을 전달할 수 있고, 비교적 정밀한 작업에 편리하지만, 크고 액체가 흘러나와 오염의 위험이 있어 Sealing이 잘 되어야 한다.
- Pneumatic 액추에이터: 공기의 압력을 이용하여 작업물을 pick-ing하거나 이송하는 데 많이 이용되고 있다. Hydraulic 액추에이터와 마찬가지로 소형화하는 데 어려움이 있고 누설되는 것을 막는 것이 중요하다.
- 재료 기반의 액추에이터: 위의 액추에이터와 달리 재료적인 특성을 이용하여 작은 범위의 운동 범위가 필요할 경우에 주로 사용한다.

• 모터

모터는 액추에이터의 한 종류이지만 이의 선택은 로봇의 성능에 지대한 영향을 미치기 때문에 별도로 설명한다. 모터는 전원에 따라 크게 AC모터와 DC모터로 나누어져 있다.[3]

- AC모터: 일반적으로 사용하는 220V 교류전압을 사용하는 모터이다. 동급 출력을 사용하는 DC모터에 비해 상대적으로 저렴하며, 고효율에 수명이 길다는 장점이 있다. 그러므로 큰 힘을 필요로 하는 기계에 많이 사용되지만 속도나 방향을 제어하기가 어렵다. 교류는 전압이 일정하지 않기 때문에 속도 및 방향을 제어하기 위해서는 추가 장비가 필요하다.

3 http://blog.naver.com/PostView.nhn?blogId=roboholic84&logNo=221068242622

– DC모터: 직류 전압을 사용하는 모터를 말하며, AC모터와 다르게 속도 및 방향을 비교적 간단하게 제어할 수 있기 때문에 다양한 분야에서 사용되고 있다. 또한 배터리는 모두 직류(DC)이기 때문에 무선으로 사용해야할 경우 혹은 정밀해야하거나 방향을 제어해야 하는 경우에는 DC모터를 사용한다. 예) 로봇, RC카, 레이저 절단기, 3D프린터 휴대용 선풍기 등

DC모터 중 세부적으로 로봇에서는 Stepping모터와 BLDC모터가 많이 사용되는데 특징을 정리하면 다음과 같다.

– Stepping모터: 다수의 영구자석을 N극과 S극이 180°로 서로 마주 대하도록 회전자에 부착하고 외측에는 코일을 등간격으로 배치하여 제어회로로부터 전류를 받아 작동한다. 진동, 소음 발생이 쉽고 DC모터에 비해 가격이 높다.[4]

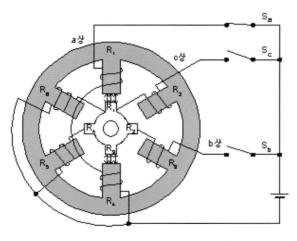

〈그림 6.2.1〉 Stepping 모터의 구조

4   개설 ROBOT공학, 니시카와 마사오 편저, 한동순 역, ㈜기술정보.

– BLDC모터: BLDC는 Brushless의 약자로 기존에 브러쉬가 있
는 DC모터에서 브러쉬를 없앤 것이다. 브러쉬가 없어짐으로써
이것이 유발하는 마찰, 소음, 수명의 단축, 위치와 공간 등의 단
점을 없앨 수 있다. BLDC모터는 DC모터보다 30%정도 출력 또
는 효율이 향상되고, 반영구적이며, 작거나 납작하게 만드는 것
이 가능해졌지만 브러쉬의 역할을 드라이버에서 수행해야 때
문에 제어는 더욱 어려워질 수 있다.[5]

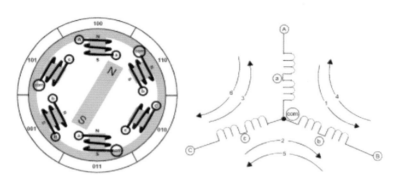

〈그림 6.2.2〉 BLDC모터의 구조

모터는 또한 제어하는 방법에 따라 특성이 크게 달라질 수 있다. 제어의
목표에 따라 위치를 제어하는 방법과 힘을 제어하는 방법으로 나눌 수 있
다. 위치를 제어하는 방법은 정확하게 제어된 위치를 찾아가는 장점이 있는
반면에 로봇의 강성이 매우 커져서 로봇의 안전성을 확보하는 데 어려움이
있다. 반면에 힘을 제어하는 경우는 비록 정확성은 약간 떨어지는 경향이
있으나, 원하는 위치를 정확하게 지향하지 않기 때문에 강성이 떨어져서 오
히려 로봇의 안전에 유리한 점이 있다.

일반적으로 목적에 따라 모터를 선정하는 방법은 〈표 6.2.1〉에 설명한
방법으로 진행된다.

〈표 6.2.1〉 모터 선정방법[6]

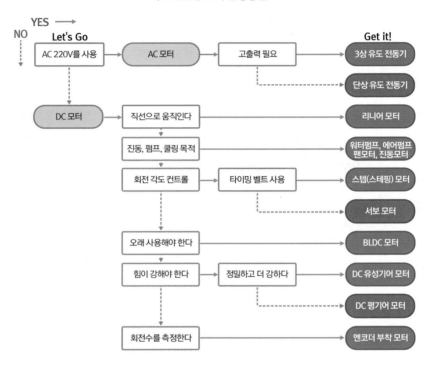

• 센서

센서는 위치, 속도, 가속도, 물체의 근접 여부 등을 측정할 수 있는 것
으로 아래와 같이 정리 할 수 있다.[7]

6   https://blog.naver.com/roboholic84/221068242622
7   chip one stop-http://www.chip1stop.com/web/KOR/ko/tutorialContents.do?page=078

<표 6.2.2> 용도별 사용 가능 센서

검출 대상	센서종류	접촉 여부	특징	사진
물체의 유무	마이크로 스위치	접촉	- 스프링에 의해 구동되는 핀에 따라 접점의 개폐가 이루어지는 스위치 - 물체의 유무에 따라 핀을 동작시키는 것에 의해 검출	
	홀 소자	비접촉	- 전류가 흐르고 있는 반도체 칩에 전류에 수직인 자기장을 걸면 전류와 자기장에 직각인 방향으로 기전력이 생기고(홀 효과), 그 기전력에 따른 전위차를 측정하여 자기장을 검출한다. 자기력을 가진 물체의 유무 검출	
	광전 센서	비접촉	- 빛을 내는 투광부와 빛을 받는 수광부로 구성 - 투광된 빛이 검출 물체에 의해 가려지거나 반사하면 수광부에 도달하는 빛의 양이 변화하므로 수광부는 그러한 변화를 검출한 후 전기 신호로 변환해서 출력	
	유도형 근접 스위치	비접촉	- 검출 코일에 교류 전류를 흘려 교류 자기장을 발생시켜서, 그 자기장에 의해 생기는 피검출 물체의 과전류에 따른 자기 손실을 임피던스로 측정하여 피검출 물체의 유무를 검출	

	정전 용량형 근접 스위치	비접촉	- 피검출 물체와 센서 사이에 생기는 정전 용량은 거리에 따라 변화 - 변화하는 정전 용량을 측정하여 피검출 물체의 유무를 검출 - 피검출 물체는 금속과 같은 도체뿐 아니라 수지나 물과 같은 물질도 검출 가능	
	리드 스위치 (자기형 근접 스위치)	비접촉	- 강자성체 금속이 불활성 가스와 함께 용기 안에 봉지된 구조 - 일반적인 상태에서는 접점은 열려 있지만, 외부 자기장이 가해지면 내부의 자성체가 자석이 되어 서로 당김으로 인해 접점이 닫히는 것을 이용하여 자기나 자기를 띤 물질 검출	
	초음파 센서	비접촉	- 검출 물체의 표면에서 반사되어 나오기까지의 시간 측정	
위치, 속도, 변위, 치수	포텐셔 미터	접촉	- 구조는 가변 저항기와 같고 각도와 저항값 사이에 상관 관계가 있는 것을 이용하여 저항값을 측정하는 것으로 회전각 검출	
	리니어 엔코더	접촉	- 리니어 엔코더는 직동형 엔코더라고도 하고 변위량을 펄스 형태로 출력하여 그것을 카운트함으로써 직선 변위량 검출	

	로터리 엔코더	접촉	- 회전형 엔코더라고도 하고 회전 변위량 검출	
	레이저 도플러 속도계	비접촉	- 피측정 물체에 레이저 빛을 쬐었을 때의 산란광이 도플러 효과에 의해 속도에 따라 주파수가 변화하는 것을 이용하여 그 변화를 입사광과 산란광의 광비트 신호로 측정하여 속도 측정	
압력, 응력, 변형, 토크, 중량	스트레인 게이지	접촉	- 금속선이나 호일을 변형시키면 단면적이 변화하여 전기 저항이 커지는 특성을 활용하여 피측정 재료에 스트레인 게이지를 접착시키고 저항을 측정하는 것으로 재료의 변형이나 신축 여부 검출	
	감압 다이오드	접촉	- pn 접합이나 금속-반도체 접촉 다이오드의 접합부에 집중 압력을 가하면 순방향과 역방향 모두 전류가 증가하는 것을 이용하여 압력을 검출(피에조 효과)	
	로드 셀	접촉	- 스트레인 게이지를 이용한 힘 검출기	
	다이어프램	접촉	- 얇은 평면 모양의 막 형태로 압력을 받으면 중앙부에 변위와 변형이 생기고 그것을 측정하여 압력 검출	

	부르동관	접촉	- C 모양을 띤 관 형태의 밀폐 용기로 용기가 압력에 의해 변형되는 것을 이용하여 압력 검출	
	벨로즈	접촉	- 바깥 둘레에 뱀 비늘 모양의 깊은 주름이 있는 얇은 원통 - 원통에 압력을 가하면 신축하는 것을 이용하여 압력 검출	
가속도 진동	압전 소자	접촉	- 압전체에 압력을 가하면 전압이 발생하는 피에조 효과를 이용해서 진동 등을 전압으로 변환한 후, 그 전압을 측정하는 것으로 진동 검출	
	MEMS 가속도 센서	비접촉	- 반도체 프로세스 기술을 활용하여 미세 구조체를 만드는 기술인 MEMS(Micro Eletro Mechanical Systems)를 이용해서 제조한 가속도 센서 - 감지 기구의 차이에 따라 피에조 저항형, 정전 용량형, 열 감지형으로 분류	
온도	바이메탈	-	- 선팽창 계수가 다른 두 개의 금속을 포개어 붙인 구조를 하고 있으며, 그 구조가 온도에 따라 변형되는(휘는) 것을 이용하여 온도 검출	
	열전대	-	- 서로 다른 금속을 접합할 때 어떤 접합점과 다른 쪽 접합점에 온도차가 있는 경우에 생기는 열기전력(제벡 효과)를 측정하여 온도 검출	

	저항 측 온체	–	– 금속선이 온도에 따라 저항 이 변화하는 것을 이용하여 저항을 측정하여 온도 검출	
	광고온계	비접촉	– 물체의 열방사를 이용하여 비접촉으로 온도를 측정하는 센서	
자기	자침 (나침반)	비접촉	– 외부 자기장의 영향으로 자 석이 움직이는 것에 의해 자 기력 검출	
	자기저항 소자 (MR센서)	비접촉	– 자기에 의해 저항값이 변화 하는 자기 저항 효과를 이용 한 소자	
	포토다이 오드/ 포토트랜 지스터/ 포토사이 리스터	비접촉	– 충분한 에너지를 가진 광자 가 pn 접합이나 pin 접합에 들어가면 전자를 들뜬상태로 만들어 자유 전자와 자유 정 공 쌍을 생성 – 이러한 캐리어는 광전류가 되고, 생성된 광전류로 다이 오드 특성을 변화시키거나 트랜지스터나 사이리스터를 동작	

빛	광전자 증배관	비접촉	- 광전 효과를 이용하여 빛 에너지를 전기 에너지로 변환하는 광전관을 기본으로 하여 전류 증폭 기능을 추가한 고감도 빛 검출기 - 윗부분으로부터 빛이 입사하는 '헤드 온'형과 측면에서 빛이 입사하는 '사이드 온'형으로 분류
	CCD 이미지 센서	비접촉	- 수광 소자에 빛이 닿으면 전하가 발생하고, 그 전하를 전하 결합 소자(CCD: Charge Coupled Device)라고 하는 회로 소자를 이용하여 전송하여 빛 검출
	CMOS 이미지 센서	비접촉	- 수광 소자인 포토다이오드에 축적된 전하를 각각의 화소에서 전압으로 변환, 증폭하여 읽기, 빛 검출 - 잡음이 크므로 용도가 한정되어 있지만, 소형이며 저전력의 장점이 있음

협동로봇에서는 안전을 위해 위치, 힘, 근접 센서 등을 사용하여 충돌을 방지하거나 충돌 시 충격을 줄일 수 있다.

• 기어트레인

일반적으로 모터의 출력으로 나오는 속도는 너무 빠르고, 토크는 너무 낮아서 기어의 조합을 통해 속도를 줄이고 토크를 늘이게 된다. 모터의 출력 속도가 너무 높아 이를 작은 부피로 속도를 높은 비율로 낮추려면 단순한 기어의 조합으로는 만들기 어렵고 유성기어 같은 특수한 기어트레인의 사용을 통해 이룰 수 있다.

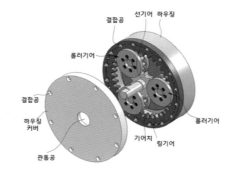

〈그림 6.2.3〉 유성기어 감속기

또한 기어는 로봇에 있어서 치명적인 단점인 기어의 톱니 간의 유격, Backlash로 인하여 로봇을 정확하게 제어하는데 어려움이 생긴다. 이를 방지하기 위해 대체적으로 Harmonic Drive를 사용하여 Backlash를 방지한다. 기어트레인의 크기는 일반적인 것을 사용할 경우 크기가 커서 로봇관절에 들어 갈 수 없는 문제가 생겨서 유성기어와 같은 특수 기어 트레인이 사용된다.

기어를 선정하는 방법은 여러 가지이나 간단하게 선정을 하는 방법은 주어진 부하를 구동하기 위한 최대 토크를 고려하고 모터의 스피드와 필요한 출력속도를 고려하여 기어트레인을 선정한다.

〈그림 6.2.4〉 Harmonic Drive

• 브레이크

브레이크는 모양에 따라 디스크 브레이크, 드럼 브레이크 등이 있고 작동 방법에 따라 유압식, 전기식, 공압식 등의 브레이크가 있다. 협동로봇에 쓰이는 브레이크는 주로 전기식 디스크 브레이크가 사용되고 있다. 협동로봇에 쓰이는 브레이크는 중공축에 사용되어야 하고 가능한한 중심축으로부터 멀리 장착될 수 있도록 설계해야한다. 필요한 경우 갑작스런 정전으로부터 안전을 확보하기 위해 Fail Safe 브레이크를 사용하는 경우도 있다.

• 통신

통신기술에 쓰이는 기술은 여러 가지가 있으나, 그 중 이더넷, 이더캣, 와이파이가 주로 많이 쓰일 수 있다.[8]

– 이더넷(Ethernet)

컴퓨터 네트워크 기술의 하나로써, 사무실이나 가정에서 일반적으로 사용되는 LAN에서 가장 많이 활용되는 기술규격이다. OSI 7계층 모형의 물리계층에서 신호와 배선, 데이터 링크 계층에서 MAC(media access control) 패킷과 프로토콜의 형식을 정의하고 있다. 이더넷 기술은 대부분 IEEE 802.3 규약으로 표준화되었다. 그리고 현재 가장 널리 사용되고 있으며, 토큰 링, FDDI 등의 다른 표준을 대부분 대체하였다.

이더넷은 네트워크에 연결된 각 기기들이 48비트 길이의 고유의 MAC 주소를 가지고 이 주소를 이용해 상호간에 데이터를 주고받을 수 있도록 만들어졌다. 전송매체로는 BNC 케이블 또는 UTP, STP 케이블을 사용하며, 각 기기를 상호 연결시키는 데에는 허브, 스위치 리피터 등의 장치를 이용한다.

8 https://ko.wikipedia.org/wiki

이더넷은 CSMA/CD(반송파 감지 다중 접속 및 충돌 탐지) 기술을 사용한다. 이 기술은 이더넷에 연결된 여러 컴퓨터들이 하나의 전송 매체를 공유할 수 있도록 한다.

이더넷은 매체의 종류와 배선방식, 지원속도에 따라서 나뉜다. 10BASE-T는 초당 10메가비트를 지원하는 이더넷으로, 카테고리 3, 혹은 카테고리 5에 해당하는 UTP 케이블 4가닥을 이용하여 통신한다. 배선 방식은 많은 수의 단자를 갖고 있는 허브나 스위치를 이용해 별 모양으로 이뤄져 있다.

100BASE-TX는 초당 100메가비트를 지원하는 이더넷, 카테고리 5의 UTP 케이블 네 가닥을 이용해 통신, 10BASE-T와 같은 방법으로 배선한다.

100BASE-FX은 광케이블을 이용해 초당 100메가비트를 구현하는 이더넷, 1000BASE-T는 초당 1기가비트를 지원하며 카테고리 5e나 6의 UTP 케이블을 이용한다.

1000BASE-SX는 멀티모드 광케이블을 이용해 550미터까지의 거리에서 초당 1기가비트를 전송한다.

1000BASE-LX는 멀티모드 광케이블로는 550미터, 싱글모드 광케이블로는 10킬로미터까지 지원한다.

- 이더캣(EtherCAT)

이더넷 기반의 필드버스시스템, 이더캣 프로토콜은 IEC 61158 규약으로 표준화 되어있고, 자동화 기술 측면에서 실시간 시스템을 위한 소프트웨어와 하드웨어 요구사항들을 모두 만족한다. 정확한 동기화, 매우 빠른 정보 업데이트 속도, 하드웨어 구성비용 감소 등을 요구하는 이더넷 프로토콜 기반의 자동화 소프트웨어를 위해 개발되었다.

이더캣은 표준 이더넷 패킷 또는 프레임 구조를 변형시켜 사용한다. 이더캣을 사용하면서, 표준 이더넷 패킷 또는 프레임(IEEE802.3)은 더 이상 각 노드에서 처리해야 할 데이터를 수신, 해석, 복사할 필요가 없어지게 되었다.

이더캣 슬레이브 디바이스는 텔레그램이 디바이스를 통과하는 동안 각 슬레이브에게 전달된 데이터를 읽고 "즉시" 처리한다. 마찬가지로, 각 슬레이브의 추가 데이터 또한 텔레그램이 통과하는 동안 즉시 추가된다. 한 프레임이 처리되기 전에는 완전히 수신되지 않지만 가능한한 빠르게 처리를 시작한다. 전송 또한 아주 작은 시간의 지연만 있을 뿐이다. 일반적으로 전체 네트워크에 단 하나의 프레임만으로 모든 슬레이브에 전달할 수 있다.

이더캣 프로토콜은 데이터를 처리하기 위해 최적화 되었으며, Ethertype 0x88a4 형태의 IEEE 802.3 표준 이더넷 프레임내에서 직접 전송된다. 다수의 서브텔레그램으로 구성될 수 도 있으며, 각 텔레그램은 최대 4GB 크기까지 매핑가능한 논리적인 메모리 공간을 제공한다. 데이터 시퀀스는 네트워크 상의 노드들의 물리적 순서(또는 위치)와 상관이 없으며, 어떠한 순서로 배열되어도 전달되는데는 지장이 없다. 브로드캐스트, 멀티캐스트 및 통신은 이더캣 슬레이브 간에 가능하긴 하지만, 반드시 이더캣 마스터 디바이스에 의해서만 가능하다. 만약 IP 라우팅이 필요하다면, 이더캣 프로토콜을 UDP/IP 데이터그램에 넣을 수도 있다.

– 와이파이(Wi-Fi, WiFi)

와이파이는 전자기기들이 무선랜(WLAN)에 연결할 수 있게 하는 기술로서, 주로 2.4 기가헤르츠(12센티미터) UHF 및 5 기가헤르츠(6센티미터) SHF ISM 무선 대역을 사용한다. 무선랜은 일반적으로 암호로 보호되어 있지만, 대역 내에 위치한 어느 장치라도 무선랜 네트워크의 자원에 접근할 수 있도록 개방도 가능하다.

와이파이 얼라이언스는 와이파이를 전기 전자 기술자 협회(IEEE) 802.11 표준에 기반한 모든 "무선 근거리 통신망"(WLAN)제품으로 정의하고 있다. 와이파이는 와이파이 얼라이언스의 상표의 하나이다. Wi-Fi Certified 상표는 와이파이 얼라이언스 상호운용 인증 테스트에 완전히 합격한 와이파이 제품에만 사용할 수 있다.

와이파이 기술을 사용하는 장치에는 개인용 컴퓨터, 비디오 게임 콘솔, 스마트폰, 디지털 카메라, 태블릿 컴퓨터, 디지털 오디오 플레이어, 현대의 프린터가 포함된다. 와이파이 호환장치들은 WLAN 네트워크와 무선 액세스 포인트를 통해 인터넷에 접속할 수 있다. 이러한 액세스 포인트(핫스팟)는 실내에서는 약 20 미터(66 피트)의 대역을, 실외에서는 이보다 더 큰 대역을 가진다. 핫스팟 지원 범위는 무선파를 차단하는 벽이 있는 작은 방으로까지만 지원될 수 있고, 여러 액세스 포인트를 겹쳐 사용함으로써 수 제곱 킬로미터로까지 확대할 수 있다.

와이파이는 이더넷과 같은 유선 연결 보다 덜 안전한 편인데, 이는 침입자가 물리적인 연결을 할 필요가 없기 때문이다. TLS를 사용하는 웹 페이지들은 안전하지만 암호화되지 않은 인터넷 접속은 침입자들에 의해 쉽게 발견될 수 있다. 이러한 이유로 와이파이는 다양한 암호화 기술을 채택하고 있다. 초기 암호화 WEP은 쉽게 뚫릴 수 있었으므로 더 높은 품질의 프로토콜(WPA, WPA2)들이 나중에 추가되었다. 2007년에 추가된 선택적인 기능인 와이파이 보호 설정(WPS)은 공격자가 라우터의 암호를 알아낼 수 있게 하는 심각한 결함이 존재하였다. 그 뒤로 와이파이 얼라이언스는 테스트 계획 및 인증 프로그램을 업데이트하여 새롭게 인증된 장치들이 공격에 저항할 수 있도록 보증하고 있다.

IEEE 802.11 표준은 2.4, 3.6, 5, 60 GHz 주파수 대역에서 무선 근거리 통신망(WLAN) 컴퓨터 통신을 구현하기 위한 매체 접근 제어(MAC)와 물리 계층(PHY) 사양의 집합이다. 이들은 전기전자기술자협회(IEEE) LAN/MAN 표준위원회(IEEE 802)에 의해 생성 및 관리되고 있다. 이 표준의 기반이 되는 버전은 1997년에 출시되었으며 이후 개정판들이 나왔다. 이러한 표준 및 개정판들은 와이파이 브랜드를 사용하는 무선 네트워크 제품을 위한 기초를 제공한다. 각각의 수정판이 최신 버전의 표준에 통합될 때에는 공식적으로 폐지되지만, 기업 세계에서는 개정이 일어날 때마다 개정판에 대한 마케팅을 하는 경향이 있다. 그 이유는 자신들의 제품들이 관련 기능을 제공하고 있음을 알리기 위해서이다. 그 결과, 시장에서는 각각의 개정판이 자체적인 표준이 되는 경향이 있다.

나. 설계기술

설계는 로봇에 필요한 여러 Component를 직접 도면으로 그리거나 필요한 부속을 선정하는 활동이다.

- 경량화 설계 기술
  - 협동로봇은 사람과 쉽게 작업할 수 있도록 만들어진 목적도 있기 때문에 충돌, 회피 및 손쉬운 사람과의 작업을 위해서는 로봇 링크가 컴팩트하고 경량화 되어야 한다.
  - 외관을 둥글게 설계하여 충격 부위에 압력을 집중시키지 않아야 한다.
  - 외피를 부드러움 재질을 사용하면 충격흡수에 도움이 된다.
  - relocation을 위한 경량화 및 소형화 기술이 필요하다.
  - 로봇이 동작하다가 전원이 예기치 않게 차단되면 로봇이 제어되지 못하므로 전원이 나간 경우에 브레이크가 작동되는 Fault Tolerance 개념의 설계가 필요할 수도 있다. 기능적으로 로봇 전체를 컴팩트하고 경량화 하려면 액츄에이터를 모듈화할 필요가 있다. 여기에는 감속기/모터/각종센서/브레이크/제어기 등을 일체화시킬 수 있는 설계 기술이 필요하다.
  - 모터는 대체로 BLDC를 사용한다.
  - 센서는 Force/Torque 센서가 주로 사용된다.
  - 브레이크는 Fail Safe 브레이크 사용이 바람직하다.

• 중공축 설계 기술

로봇의 링크 및 액츄에이터 모듈은 로봇 내부에 전장을 시키기 위하여 중공화 형태로 설계가 이루어지는 것이 안전상 유리하여 거의 모든 협동로봇에서 채택하고 있다.

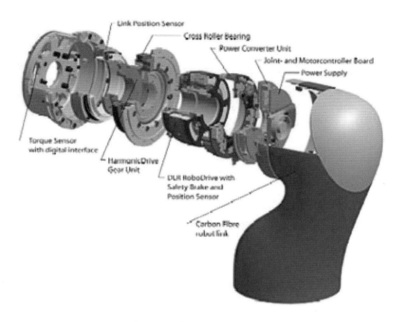

〈그림 6.2.5〉 DLR 로봇의 중공축

다. 제어기술[9]

• 충돌 감지

  − 가능한 한 로봇은 작업 구역 내에 있는 작업자와 충돌하지 말아야 한다.
  − 충돌을 방지하기 위해서는 사람과 환경에 대한 인식 기술이 필요하다.

9   Safety of Industrial Robots: From Conventional to Collaborative Applications.

- 일반적으로는 사람이 안전하지 않은 지역인 로봇의 작업 영역 내에 존재하면 자동적으로 모든 움직임을 멈춰야 하며 이는 브레이크 전원은 켜진 상태로 있어야 한다.
- Vision을 이용하여 사람의 움직임을 실시간으로 추종하는 기술: 로봇의 영역내에 사람이 존재할 때 비전을 이용 실시간으로 추종하여 로봇의 동작을 멈출지 아니면 회피하여 작업을 계속 수행할지를 판단할 수 있어야 한다.
- 작업자의 개입으로 로봇을 stop시켜야 할 brake를 작동시켜 작업을 중지시키고 위험상황이 해제되면 다시 작업으로 복귀할 수 있도록 해야 한다.

• 충돌 회피

- 충돌이 예상되는 경우 이를 회피하기 위한 경로를 선택하고 이를 행할 수 있는 능력이 있어야 한다.
- 장애물 회피를 위한 경로계획 기술: 기존의 작업경로에서 장애물이 감지되면 그것을 회피하여 원래의 경로로 돌아오는 경로계획 기술이 필요하다.

• 충격 완화

일단 충돌이 발생하는 경우 사람의 부상을 막거나 최소화하기 위해서는 속도가 일정 수준이상을 초과해서는 안된다. 스피드를 최소화하여 전달되는 운동에너지를 최소화해야 한다. 이를 위해 최대 허용 스피드를 정의하는 제어 프로그램을 장착하여야 한다. 이러한 한계는 로봇마다 작업환경에 따라 다르기 때문에 현장상황과 작업의 종류에 따라 사용자가 결정할 수 있어야 한다.
- 일단 충돌이 발생하면 시스템을 Stop시키는 기능을 탑재해야 한다.

- 충돌시 가능하면 충돌시간을 늘려서 충격량의 최대값이 낮아지도록 해야한다.
- 힘/토크 센서를 이용한 충돌 제어 기술: 기존의 작업경로에서 장애물이 감지되었을 때 회피가 어려우면 충돌을 완화시키는 제어기술이 필요하다.
- 먼저 disturbance observer를 이용하여 외란을 측정하고, 측정된 외란을 고려한 impedance control를 사용하여 관절의 토크를 감소시켜 충격을 완화시켜야 한다.
- 나아가서는 생체학적인 한계에 대한 고려 또한 필요하다.
- Touch Sensation, Pain Sensation, Low level injury, reversible injury, irreversible injury 등에 대한 고려를 통해 협동로봇의 작업 구간을 설정해야한다.
- 임피던스 제어(Impedance Control): 대상체에 접촉하는 end-effector의 기계적인 임피던스(mechanical impedance)를 조정함으로써 힘과 위치의 제어를 수행해야한다.
- 기계적인 임피던스는 탄성의 확장된 개념이며, 수동(passive) 임피던스 제어와 능동(active) 임피던스 제어로 분류된다.
- 수동 임피던스 제어: 기계적인 임피던스가 실제 기구적인 요소(질량, 스프링, 댐퍼)에 의해서 구현된다.
- 능동 임피던스 제어: 원하는 기계적인 임피던스가 피드백제어에 의해서 구현. 여기서 피드백제어는 위치, 속도 및 직접적인 접촉력 제어 등을 포함한다.
- 특이점 회피를 위한 역기구학 알고리즘: 어느 로봇에서나 존재하는 제어이며, 문제에서 발생하는 본질적인 성질인 특이점 회피를 위한 알고리즘이 필요하다.

3) 프로그래밍 기술

협동로봇의 프로그래밍 작업은 직관적으로 이루어져야 한다. 비전문가라 할지라도 변화하는 공정에 맞추어 빠른 시간에 프로그램을 바꾸어 줄 수 있어야 한다. 이를 위해 직접교시, 간접교시 등의 방법이 사용되고 있다. 그리고 현재까지는 잘 사용하지 않으나 인공지능을 가미한 방법이 사용될 수 있다.

가. 직접교시기술[10]

작업자가 직접 Manipulator의 선단을 잡고, 동작을 가르치는 방법 양팔 로봇을 교시 작업자가 직접 잡고 로봇이 가야할 궤적을 끌고 다니면서 궤적을 교시하는 방법이다. 이를 통해서 공정에 따라 매번 프로그래밍을 다시 해야 하는 문제점을 해소하고 직관적으로 로봇을 프로그램한다.

- 위치제어 기반의 방법 : 로봇은 모터 드라이버의 위치 제어에 의해서 제어되고 있는 상황에서 관절센서를 이용해 관절에 가해지는 사용자의 힘을 측정하여 사용자의 운동 의도를 추정한 후 위치 제어의 목표치를 적절하게 실시간으로 변동시켜 작업자의 의도에 순응하여 로봇을 움직이는 방법이다. 관절센서로 이용할 수 있는 것은 추가적인 설치 없이 활용 가능한 엔코더의 위치 오차, 모터의 전류 등이 있고, 추가적으로 장착해서 활용하는 경우에는 추가적인 엔코더, 가속도계, 그리고 관절토크센서 등이 있다.

  개념적으로 로봇은 입력으로 힘을 받아 위치로 출력하는 어드미턴스 (Admittance) 개체가 되어, 상호작용 시 사람은 힘을 출력하는 임피던스(Impedance)개체로 동작하므로 넓은 의미의 어드미턴스 제어라고 부른다.

10 http://robot-tech.tistory.com/1306

- 전류제어 기반의 방법 : 로봇에 가해지는 동적 토크(또는 전류)를 제어기가 연산한 후 로봇에 가해 제어하는 방법으로 로봇을 임피던스 개체로 동작시킬 수 있다. 즉 로봇은 위치를 입력으로 받아 힘을 출력하는 임피던스 개체가 된다. 보다 더 자연스럽게(어드미턴스 개체로 동작하는) 사용자의 위치 입력에 순응해 로봇이 반응하므로 상호작용 구현에 더 효과적으로 알려져 있다. 그러나 로봇의 운동방정식을 기반으로 시스템의 모형 오차 및 외란, 특히 마찰을 직접 제어해야 하므로 실제 산업용에 적용하기에는 여러 어려움이 존재한다. 전류 제어 기반에서는 관절의 역기동성(Back-drivability)이 보장되는 경우 컴플라이언스(Compliance) 제어와 같이 단순한 제어알고리즘으로도 추가적인 센서 없이 직접 교시를 구현할 수 있다. 관절토크센서가 장착되는 경우 관절토크 피드백을 통해 모터의 관성 및 마찰력을 축소시킬 수가 있어 컴플라이언스 제어와 결합하는 경우 보다 더 부드럽게 효과적으로 직접 교시를 구현할 수 있다.

나. 간접교시

조작버튼에 의해 Manipulator를 움직이려고 하는 점을 포착해서 가르치는 방법으로 조작반을 통해서 조작하거나 컴퓨터 스크린 터치, 휴대폰을 통해서 조작하는 경우도 있다.

다. 인간-로봇 상호작용(HRI: Human-Robot Interaction)

아직까지 많이 사용되지는 않고 있으나 인간-로봇의 상호작용을 통해 로봇을 제어하는 방법이 이용될 수도 있다. 예를 들면 전통적인 교시방법 이외에도 시뮬레이션, 제스처, 음성언어로 협동로봇을 제어할 수도 있다.

- 전통적인 인간-로봇 상호작용은 로봇과 함께 물건을 나르거나 함께

작업을 수행하거나 할 때 필요한 기술로서 사람과 로봇 간에 적용되는 힘을 제어하는 기술이다. 힘 제어 기술은 크게 두가지로 분류되어지는데 하나는 임피던스 제어와 다른 하나는 end-effector의 힘을 직접 제어하는 하이브리드 방식이 있다. 최근에는 하이브리드 방식과 임피던스 방식을 결합한 형태의 하이브리드 임피던스 방식을 사용한다.

- 하이브리드 힘 제어: 힘을 제어해야 하는 방향과 위치를 제어해야 하는 방향을 선택행렬로 설정하고 따로 나누어서 제어하는 방식이다.

- 임피던스 힘 제어 방식의 경우 힘을 제어하기 위한 경로, 강성 및 댐퍼 등의 파라미터를 정확하게 알아야만 하는 단점을 가지고 있어 최근에는 이러한 불확식성을 해결하기 위해 인공지능을 이용하여 불확실성 파라미터를 학습을 통해 구하는 방식이 사용되고 있다.[11]

• 직관적인 인터페이스 즉 사람의 제스처, CAD를 사용한 시뮬레이션 상의 교시, 음성 등의 인터페이스를 사용하여 교시를 할 수 있다.

라. 인공지능 기술

• 유연생산에 대응 기술
  - 인공지능 기반의 공정학습 기술: 최근 인공지능의 급속한 발전을 통해서 아직 적용되지는 않았지만 새롭게 시도되고 있는 기술로서 기존의 공정작업을 인공지능을 이용한 학습을 통해서 배우고, 새로운 공정이 필요하거나 사람과의 작업에 쉽게 적응할 수 있게 하는 기술이다.

---

11 http://www.hellot.net/new_hellot/magazine/magazine_read.html?code=201&sub-
    =002&idx=18926

- 빅데이터 구축 및 학습을 위한 인공지능 엔진: 공정에 필요한 빅데이터를 구축하고 실제 및 가상환경에서 공정에 대한 학습을 위한 인공지능 엔진을 구축한다.
- 인공지능을 이용하여 공정작업에 필요한 물체를 인식하고, 파지 및 조립하는 방법을 학습하여 공정변화에 대한 유연한 대응 가능하다.

6.3 적용 사례

협동로봇은 최근에 발달된 로봇임에도 불구하고 생산공정 중 특정부분에 많이 사용되기 때문에 단기간에 효과를 볼 수 있어 많은 적용사례가 있다.

■ Nissan 자동차 회사[12]

1) 문제

- 플랜트의 해당 분야에서 문제를 일으키는 원인은 '택트타임'의 수준이었다. 택트타임은 특정 공정의 회전 시간이다. 때로는 이 시간이 초과되어 비정규직 노동자를 동원해야 하기 때문에, 결국 Nissan에게 더 큰 노동력과 인건비용이 발생하게 되었다.

2) 적용환경

- 로봇은 원래 실린더 헤드 캠 브라켓의 볼트를 풀기 위해 도입되었다.

12 https://www.universal-robots.com/ko/사례-안내/nissan-자동차-회사/

6장 작업자-기계 협력기술, 협동로봇

- 로봇의 본체는 가볍고 움직이기 쉬우며, 100V 콘센트 호환이 되고, 안전 펜스 없이도 사용할 수 있는 요건을 갖추었다.

3) 경과
- 협동로봇을 엔진 블록의 흡입 매니폴드 설치 프로세스에 투입하였다.
- 로봇은 효과적으로 설치 및 프로그램 되었으며 작동 훈련 및 기본 작동이 약 일주일 이내로 진행되었다.
- 설치 후 프로그램을 섬세하게 조정하였다.

4) 결과
- 설치 후 안정적으로 작동하여 택트타임 초과 문제를 해결하였다.
- Universal Robot의 UR10 두 가지의 로봇팔 생산라인이 요코하마 플랜트에 배치되었으며, 직원들이 더 많은 시간 동안 다른 곳에서 중요한 라인 경험을 쌓을 수 있었고 택트타임이 초과되는 일도 사라졌다.

■ Atria Scandinavia사[13]

1) 대상 공정
- 매일 새우, 올리브, 아티초크 하트, 건조 토마토, 마늘 및 다른 특별 식품들에 라벨이 부착되어 포장되고 팔레트 위에 올리는 공정이다.

2) 목표
- 당사의 인건비를 줄이는 동시에 효율적이며 효과적인 생산이 가능한 신뢰할 수 있는 생산 라인을 확보하는 것이다.

---

13 https://www.universal-robots.com/case-stories/atria/

- 식품 생산업체로서, 중단을 최소화해 신선한 제품을 경쟁력 있는 가격으로 공급할 수 있도록 하는 것이다.

3) 경과

- Atria의 기술 부서가 협동로봇 사용을 시작하였다.
- 협동로봇 3대 설치를 설치하였다.
- 2대 설치에 2개월이 소요되었다.
- 간단한 프로그래밍으로 협동로봇이 공정에 투입되었다.

4) 결과

- 5.5 시간의 작업 중단 시간이 제거되었다.
- 작업전환에 과거 6시간 걸리던 공정이 협동로봇 사용하여 단 20분이 소요되었다.
- 상자 낭비 25% 줄임으로써 포장 부서에서의 재료 활용 최적화를 실현하였다.
- 다음 로봇 설치에는 2주로 단축하였다.
- 로봇에 대한 투자 회수는 불과 1년 만에 이루어졌다.

■ Continental 오토모티브 스페인[14]

1) 대상 공정

- 단순한 반복 작업이지만 정밀도와 섬세함이 필요한 PCB 보드 및 구성요소를 처리하고 검증하는 작업을 하는 공정이다.
- PCB 보드의 로드/언로드와 구성요소를 조립하는 공정이다.

14 https://video.universal-robots.com/continental-automotive-spain

2) 목표

- PCB 조립과정을 자동화하는 것이다.

3) 경과

- 담당엔지니어 로봇 기초를 공부하고 프로그래밍을 시작하였다.
- 실험실에서 사이클과 움직임을 테스트하고 계산하였다.

4) 결과

- 매우 간단한 프로그래밍 덕분에 결정에 따라서 로봇이 제어가 가능해졌다.
- 모든 전자 장치 및 로봇 컨트롤러가 중앙 센터에 결합해 있기 때문에 외부 전문가의 도움 없이 프로그래밍 변경이 가능해졌다.
- 공장에서 부품 및 구성 요소의 이동 작업을 자동화함으로써 Continental은 수동으로 작업을 수행할 때와 비교해 전환시간을 40분에서 20분으로 50% 단축했으며, 운영비용을 절감하였다.

■ 독일 딜링엔(Dillingen)에 위치한 BSH Hausgeräte GmbH 공장

1) 대상 공정

- 매일 2교대 작업으로 약 10,000대의 기계를 생산하며, 총 7개 라인으로 식기세척기가 배치되어 있다.

2) 목표

- 수동 워크스테이션을 변경하지 않고 자동화 솔루션으로 교체하는 것이었다.

3) 경과

- 민감한 감응 특성을 통해 예를 들어 펌프 웰 부품이 올바르게 놓이지 않은 경우 정확히 감지하여 제 위치에 고정이 가능해졌다.

4) 결과

- 인간 작업자의 작업 부하가 경감되었다.
- 작업 단계를 자동으로 문서화 할 수 있었다.
- 검색 실행 모드를 통해 나사 결합 위치를 찾고, 올바르게 위치하지 않을 경우 추가로 압력을 가하는 것이 가능해졌다.
- 4개의 나사를 단단히 죄는 것이 가능해졌다.

■ 조립 분야의 HRC응용

1) 대상 공정

- 산업용 로봇의 기어 유닛 나사체결 작업을 하는 공정이다.

2) 목표

- 정확한 104Nm의 토크로 작업을 하는 것이다.
- 터치를 통한 작업 시작을 지시하는 것이다.

3) 경과

- 인간은 링크 암을 작업대에 위치시켰다.
- 로봇은 정확한 토크와 순서로 나사 조임 작업을 실시하였다.
- 작업자의 또 한 번의 터치로 2번째 유닛의 작업을 시작하였다.

4) 결과

- 작업 중 안전 속도를 준수하였다.
- ISO/TS 15066에 따른 모든 기준을 충족하였다.
- 기계류 지침 2006/42/EC 또한 준수하였다.

■ Folkswagen

1) 대상 공정

- Folkswagen 생산라인이다.

2) 목표

- 안전한 협동로봇을 설치하는 것이다.

3) 경과

- 6축 로봇암 UR5을 적용하였다.
- 충돌 detection을 위한 테스트를 하였다.
- Volkswagen을 위한 협력 Gripper를 개발하였다.

4) 결과

- 사람과 작업 시 차단막 없이 직접 협동 가능한 안전 모드가 완성되었다.
- 인간공학적 배치를 통한 장시간의 노동자 부담을 경감하였다.
- 작업자의 glow plug 직접 삽입에서 UR5의 drill hole에 위치시켰다.
- ISO/TS 15066 기준을 충족하였다.

6.4 솔루션

■ KUKA의 LBR iiwa(intelligent industrial work assistant)를 통한 HRC

- KUKA의 LBR은 영어로는 Lightweight Robot을 의미하고, iiwa는 Intelligent Industrial Work Assistant의 약자이다.
- 최근 협동로봇으로서 상당한 주목을 받고 있는 로봇으로 많은 em-bedded hardware를 탑재하고 있어 값이 비싼 편이다.

〈그림 6.4.1〉 KUKA LBR iiwa

- Power to weight ratio가 뛰어나다.
- 각 조인트에는 초 민감형 force torque 센서를 장착하고 있어서 미세한 충격도 감지가 가능하다.

- 모든 배선, 전기, 공압장비들은 내장형으로 연결 시 전선이 외부로 노출되지 않는다.
- 매우 높은 기술 수준의 로봇이나 값이 비싸므로 투자시 RoI를 고려할 필요가 있다.
- 최초의 감응형 로봇 시리즈(7Kg, 14Kg 버전)는
  - 모든 관절에 토크센서를 통한 힘을 인지함으로써 충돌 시 작업자를 보호한다.
  - 인간작업자와의 협력이 가능하다.
- 특징
  - 위치제어와 컴플라이언스 제어를 통한 신속한 반응을 한다.
  - 정확한 토크 제어가 가능하고, 신속히 부품을 찾을 수 있다.
  - 시뮬레이션을 통해 프로그래밍이 가능하다.
  - KUKA Sunrise Cabinet 컨트롤러를 통한 독립적 작업이 가능하다.

■ 리씽크로봇틱스

저명한 로봇학자인 '로드니 브룩스'가 창업한 회사로서 양팔인 Baxter와 한팔인 Sawyer가 있다.

1) Sawyer

Rethink Robotics에서 개발된 2종류의 로봇 중에서 Sawyer가 Baxter보다 더 산업적으로 많이 사용되고 있다.

- Single Arm
- Backlash가 적음.
- Payload가 더 크고, Repeatiblity가 좋음.

- Embedded Wrist Camera가 장착해 있음.
- 각 조인트에서의 Force Sensing
- 회로기판 테스트에 적합
- ROS 기반의 Software

2) Baxter

Baxter는 1세대의 협동로봇으로서 Harmonic Drive와 Elastic Power Train을 사용하여 본질적으로 안전한 로봇으로서, 포장 및 품질검사용으로 주로 사용되고 있다.

- Dual Arm
- 머리와 몸통 그리고 바퀴가 달려 있음
- Sawyer에 비해 Old version

〈그림 6.4.2〉 SAWYER

〈그림 6.4.3〉 BAXTER

■ Universal Robots

덴마크 로봇업체인 유니버설 로봇은 2009년 세계 최초로 협동로봇 UR5
를 생산하였고 연간 5000대 이상의 협동로봇을 생산하는 시장 주도 사업자
이다. UR5 이외에도 UR10, UR3를 개발하여 시장에 내놓았다.

〈그림 6.4.4〉 Universal Robot UR5

협동로봇인 UR 시리즈가 있다. 이중 UR5의 특징은 다음과 같다.

- 6개의 관절로 이루어진 팔
- 유연성이 높아서 인체의 팔과 유사하게 움직이는 것이 가능
- 직관적인 3D 영상화 기법을 통한 빠른 설정으로 로봇 배치 가능
- 공간절약형 경량 로봇으로 생산 레이아웃 변경하지 않고도 다수의
  작업 재배치
- 새로운 공정으로 쉽게 변경 가능
- 안전시스템은 TÜV(The German Technical Inspection Association)의 승인
  및 인증을 받아 협동하기에 안전한 로봇으로 평가됨
- 협동용 팔 모형은 UR3, UR5, UR10이 있음

- Application: 픽앤플레이스, 폴리싱, 사출성형, CNC, 포장 및 팔레트 적재작업, 품질검사, 조립, 머신 텐딩, 나사조임, 랩 분석 및 검사, 접착 및 용접 등 다양한 분야에 사용 가능
- UR5는 UR3보다 무거운 물체를 다루기에 좋을 뿐만이 아니라 도달 반경도 더 넓음
- UR10은 Universal Robots에서 가장 큰 로봇으로 UR3, UR5보다 더 무거운 물체를 다룰 수 있고 도달 반경도 제일 넓음
- 프로그램 쉽고 빠른 설정 가능
- UR5가 가장 인간의 크기와 비슷하고 널리 쓰이는 로봇임

■ 국내 협동로봇

우리나라에서도 2017년 로보월드를 통해 한화테크윈과 두산도 협동로봇을 전시하고 국내 협동시장을 놓고 치열한 경쟁을 벌일 것으로 예상된다.

〈그림 6.4.5〉 한화 HCR-5

1) 한화테크윈 HCR-5

- 작업반경 915mm
- 6축
- 반복정밀도 0.1mm
- 티칭팬던트 이용한 직관적인 프로그래밍
- 프로그래밍을 3D 시뮬레이션 통환 검증
- 간단한 동작의 경우 다이렉트 티칭
- 가볍고, 작아서 설치에 유리

2) 두산로보틱스 M0609

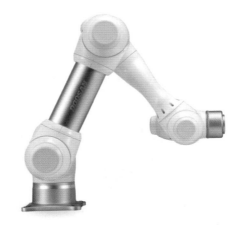

〈그림 6.4.6〉 M0609

- 비전문가도 손쉽게 설치 및 프로그래밍할 수 있도록 애플리케이션 방식으로 프로그램을 구현
- 가반하중 6kg
- 최대 0.9m의 작업반경
- 업계 최고의 충돌 감지력

- 0.1 mm의 반복 정밀도로 정밀한 작업가능
- 고성능 토크센서
- 티칭펜던트를 사용한 Easy Programming
- 최신 통신기술인 Etherent, Fieldbus, Serial, Wifi 등 모두 지원

7장

가상물리생산시스템

왕지남 아주대학교 교수

**SMART FACTORY
TECHNOLOGY**

가상물리시스템은 가상시스템과 물리시스템의 연동으로 정의된다. 가상시스템이란 컴퓨터 환경으로 프로그램 로직, 데이터, 모형들로 구성된다. 물리적 시스템이란 우리가 다루는 실제 세계의 대상들로 구성된다. 가상시스템과 물리적 시스템을 연동하기 위하여 Network기술, 통신기술 등을 이용하여 실세계인 물리적 시스템에서 발생하는 모든 현상들을 실시간으로 가상세계에 반영되어야 한다.

🏃 이 글을 쓴 왕지남은

아주대학교에서 국내 미개척 분야였던 설비보전과 감시제어, 가상제조기술을 연구하며 가르쳐 오고 있으며 가상물리시스템 기반의 스마트제조 솔루션을 개발하고 보급하는 ㈜유디엠텍을 설립하고 운영 중이다. 가속화되고 있는 기술의 발전과 상대적으로 더 뒤처져 보이는 실제 산업현장의 현실을 마주하면서 우리에게 절실한 과제는 현장의 문제를 해결해 주는 R&SD(Research & Solution Development)임을 느끼며 이를 통해 기술혁신 속도에 대한 수용여부가 판가름 된다고 생각해 오고 있다. 이 책의 기획에 참여하게 된 동기도 스마트제조에 관련된 많은 사람들, 특히 제조현장의 실무자들이 문제 해결의 영감과 응용의 아이디어를 구하는 데 조금이라도 도움이 되기를 희망했기 때문이다. 산업적 변혁에 앞서 해결해야 할 한계가 먼저 다가오고 있으며 이 책이 각자 유용한 수단을 찾는 데 참고가 될 수 있기를 바란다.

7.1 가상물리시스템의 개념

■ 가상물리시스템의 정의

　가상물리시스템은 가상시스템과 물리시스템의 연동으로 정의된다. 가상시스템이란 컴퓨터 환경으로 프로그램 로직, 데이터, 모형들로 구성된다. 물리적 시스템이란 우리가 다루는 실제 세계의 대상들로 구성된다. 가상시스템과 물리적 시스템을 연동하기 위하여 Network기술, 통신기술 등을 이용하여 실세계인 물리적 시스템에서 발생하는 모든 현상들을 실시간으로 가상세계에 반영되어야 한다. 모든 물리적 시스템의 변화가 실시간으로 가상시스템에 반영되면 논리적 모형과 모든 계산을 통하여 물리적 시스템을 실시간으로 제어하고 이를 반영한 물리적 시스템의 변화 정보를 다시 가상세계에 전달하여 최적의 제어를 연속적으로 받게 된다.

Cyber – Physical Systems

Cyber : Computation, communication, and control that are discrete, logical, and switched
Physical : Natural and human-made systems governed by the laws of physics and operating in continuous time
Cyber – Physical Systems (CPS) : Systems in which the cyber and physical systems are tightly integrated at scales and levels

What is not?
- Not desktop computing
- Not traditional embedded/real-time systems
- Not today' s sensor nets

〈그림 7.1.1〉 가상물리시스템의 정의

---

1) 협의의 가상물리시스템

　협의의 가상물리시스템의 예로서 자동화 기계의 Embedded S/W를 예를 들 수 있다. 자동화 하드웨어 기계가 물리적 시스템이라면 기계 안에서 구동되는 제어프로그램이 가상시스템으로 기계의 물리적 하드웨어가 소프트웨어와 실시간 연동하여 제어되는 가상-물리 시스템의 한 예라 할 수 있다. 자동화 기계의 제어프로그램은 하드웨어와 실시간 모든 정보를 주고받으며 제어하고 있다.

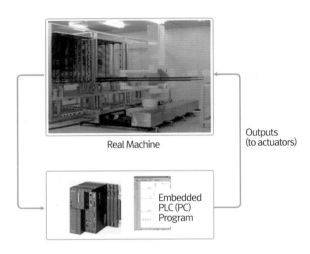

Real Machine

Outputs
(to actuators)

Embedded
PLC (PC)
Program

〈그림 7.1.2〉 협의의 가상물리시스템

2) 광의의 가상물리시스템

• 완전 자동화 생산 라인

광의의 가상물리시스템의 예로서 완전 자동화 공장을 들 수 있다. 자동화 하드웨어 기계들이 물리적 시스템이라면 기계 안과 전체 기계들을 구동하는 제어프로그램이 가상시스템이다. 기계의 물리적 하드웨어와 전체기계들이 동작되어 변화되는 정보가 실시간 연동하여 제어되는 제어프로그램들이 가상-물리적 시스템의 한 예라 할 수 있다. 공장은 모든 제어프로그램에 의하여 실시간 모든 정보를 주고받으며 제어되고 있다.

제어 프로그램은 미리 정해진 논리나 수학적 모형의 계산에 따라 운영되는 시스템이다. 논리에 근거가 되는 수학적 모형이나 기타 의사결정 모형이 자율적으로 변하면서 학습하여 진화된다면 스마트한 가상물리시스템이라 할 수 있다. 아래 그림은 실제 공장을 제어하는 제어기가 가상의 환경에서 실제공장과 같은 모든 현상이 반영되어 제어되는 모습을 상상 할 수 있다.

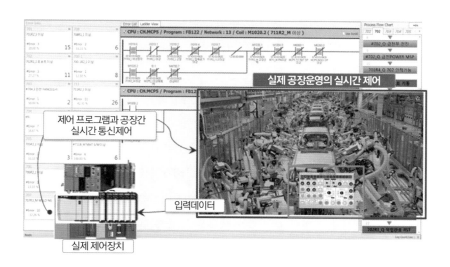

〈그림 7.1.3〉 완전 자동화 라인에서의 가상물리시스템

• 비 자동화 생산 라인

광의의 가상물리시스템의 예로서 비 자동화 공장을 들 수 있다. 자동화 시스템은 잘 정의된 일들이 정의된 제어 논리에 의하여 반복적으로 수행하는 측면이 있다. 실제 공장에서 발생 되는 사건은 미리 정의된 시나리오에 의하여 발생되지 않는 경우도 많이 있다.

다양한 상황에 유연하게 대처하면서 생산하는 시스템은 미리 정해진 일들이 아닌 경우가 많이 있다. 이러한 경우 자동화와 비 자동화가 혼돈하게 된다. 또한 자동화 시스템의 경우에도 다양하게 현상들이 바뀌고 의사결정이 복잡할 때 제어 논리는 매우 복잡하게 형성되며 때로는 컴퓨터 지원에 의한 사람이 결정하는 혼합 된 자동화시스템의 경우도 존재 한다.

7.2 주요 기술

가상물리시스템의 주요 기술은 가상의 세계와 실제 세계를 연동하기 위하여 실제 세계에서 발생하는 현상을 실시간으로 반영하기 위하여 사물인터넷 기술 등이 주로 사용된다. 실제세계를 가상의 세계에 연동하여 표현하는 기술로는 디지털 트윈의 기술로 크게 물리적 모형화 기술, 논리적 모형화 기술, 그리고 역공학적 해석 모형화 기술로 특정하여 설명 할 수 있다.

디지털 트윈이란 실제공장을 가상의 공장에 표현하고 발생되는 주요 데이터나 사건을 동기화하는 개념으로 GE사의 PREDIX 플랫폼에서 널리 사용되고 있다. 실제 공장의 모든 운영사항을 물리적 모형, 논리적 모형, 역공학적 해석 모형 등으로 다각적으로 표현하고 모형들을 서로 동기화 하여 특정한 목적에 맞게 사용하는 기술로 설명된다. 따라서 다양한 사용자 목적에 맞는 서비스 모형을 제공하기 위하여 다각적인 모형 개발 기술이 요구 되고 있다.

■ MIL(Model in the Loop) 기술

디지털 트윈개념의 구현을 위하여 실제 공장을 잘 정의할 수 있는 모형을 찾아내고 이를 이용하여 가상에서 시제품을 빠르게 구현하여 다각적으로 평가할 수 있어야 한다. 일반적으로 Rapid Prototyping은 사전에 주요 요구사항을 받아 개발 및 검증 기간을 단축하고 비용을 절감하기 위하여 MIL(Model in the Loop)기술을 사용한다. 모형이란 실제공장을 목적에 맞게 다차원적인 특성을 함축적이고 추상화한 것으로 표현한 결과물이다.

MIL방법은 사전에 빠르게 주요 요구사항을 검증하기 위하여 Model을 통하여 구축 된 시뮬레이션 등을 통하여 실제 상황이 아닌 컴퓨터상에서 검증하기 위한 것이다. 〈그림 7.2.1〉은 S/W공학과 분산 시뮬레이션 개발프로세스인 DSEEP(Distributed Simulation Execution and Engineering Procedure)와 비교분석한 그림이다.

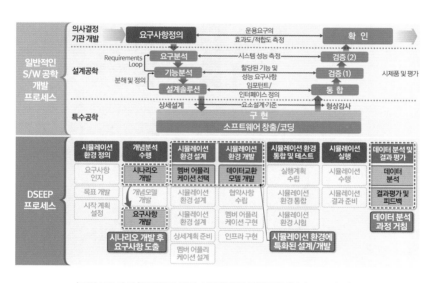

〈그림 7.2.1〉S/W공학과 분산 시뮬레이션 개발프로세스(DSEEP) 비교

■ SIL(Software in the Loop)/HIL(Hardware in the Loop) 기술

SIL이나 HIL은 실제 공장에서 사용되는 S/W나 H/W를 가상의 컴퓨터 모형과 연동하여 실제공장을 가상의 공장에 표현한 후 원하는 목적이나 요

구를 사전에 검증을 수행하는 것이다. 따라서 SIL과 HIL은 MIL 환경보다 실제공장을 구체적이고 정확하게 표현 할 수 있다.

따라서 MIL이 보다 설계검증이나 Prototyping검증에 초점이 될 수 있다면 SIL과 HIL은 보다 개발대상이 완성된 이후 단계에서 보다 실제공장과 같은 혹은 동일한 S/W와 H/W가 실제로 가상물리시스템내의 가상환경에 탑재되어 사용 될 수가 있다. 가상물리시스템 내에서 검증된 S/W나 H/W는 실제 공장에 Plug-in되어 사용된다.

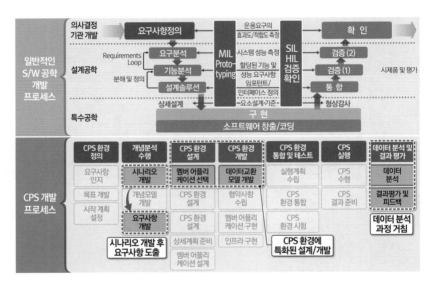

〈그림 7.2.2〉 S/W공학과 분산 시뮬레이션 개발프로세스에서의 MIL/SIL/HIL

MIL, SIL, 그리고 HIL을 이용하면 실제공장의 설계, 제작, 운영, 및 유지보수 기간에 가상에서 지원함으로 시간과 노력을 절감할 수 있도록 사용 할 수 있다. SIL의 적용 예시로서는 기계설비나 전자디바이스 안에 장착되어 있는 임베디드 S/W가 대표적인 예가 된다. 제어기의 S/W와 실제 기계설비가 연동하여 가상에서 동작하는 것을 검증 할 수가 있고 혹은 H/W제어기를 가상의 기계와 연동하여 동작을 검증하고 완성 된 후에 실제 H/W나 S/W를 현장에 설치하는 경우가 해당 된다.

제어프로그램을 가상공장에서 검증 후 실제 적용하는 것은 산업용 전자 디바이스의 SW 가상화를 위해서는 얼마나 실제 공장을 가상에서 동일하게 표현 가능한 것인가가 주요 관점이다. 이를 위해서 풍부한 모형과 유연/확장 가능한 시뮬레이션 및 시험 환경 필요하다.

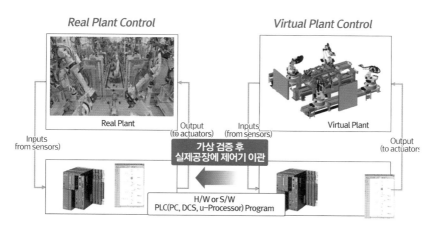

〈그림 7.2.3〉 제어프로그램을 가상공장에서 검증 후 실제 적용

가상공장은 3D 형상, 형상의 움직임과 관련된 물리적 특징을 사실적으로 표현한다. 그런데 실제공장에 내재되어있는 이질적인 디바이스의 기능, 입출력 인터페이스/프로토콜, 소프트웨어 동작 등을 사실과 동일하게 표현하기는 매우 어렵다. 이를 위해서 가상환경에서 실제공장에 대한 효율적이고 범용적인 가상화 및 추상화 모형 개발 기술이 필요하다.

가상화 및 추상화된 모형 공장은 단지 제어 프로그램을 사전에 검증하는 목적 외에도 운영과 유지보수 서비스영역에서 추후 설명하게 될 디지털 트윈 모형으로 사용이 가능하다.

■ 물리적 모형 개발 기술

　　물리적 모형 개발 기술은 실제세계의 물리적 특성을 가상의 컴퓨터세계에 표현하는 기술로서 흔히 물리적 특성을 표현하기 위해 물리적 설계를 위한 기하학적 정보나 움직이는 물리적 정보 등을 사용한다.

　　일반적으로 기하학적 정보나 동적인 기구학 정보는 설계 소프트웨어에서 지원 되고 있다. 기존의 많은 설계 소프트웨어는 개발사 마다 다른 형태의 데이터 구조를 가지고 있기 때문에 이를 변환하여 사용하는 상황이다.

File Format	Version	Extensions
CATIA V4	Up to V4.2.5	MODEL, DLV, EXP, SESSION
CATIA V5	Up to R19	CATPRODUCT, CATPART, CGR
Solid Works	Up to 2011	SLDASM, SLDPRT
Solid Edge	Up to V20	ASM, PAR
JT	Up to 9.1	JT
Parasolid	Up to 19	X_T, X_B
IGES	5.1, 5.2, 5.3	IGS, IGES
STEP	AP 203 E1/E2, AP 214	STP, STEP
Inventor	Up to 2010	IPT, IAM
Pro/Engineer	Up to Wildfire 5	PRT, ASM, NEU, XPR, XAS
NX	Up to NX 6	PRT
PRC	All versions	PRC
Stereo Lithography		STL
Universal 3D	ECMA 1, ECMA 3	U3D
3D XML	Up to 3.0	3DXML

〈그림 7.2.4〉 다양한 CAD 데이터로부터 물리적 모형 개발 예

　　물리적 모형 개발 단계에서 다양한 공장, 공정, 설비, 로봇, PLC, 엑츄에이터, 서보, 인버터, 각종 전자 디바이스들의 기능별/제조사별 로 라이브러리를 제작하여 저장하고 프로파일링, 분류/저장/검색을 위한 명세 기술 및 저장소를 개발하여 사용 할 수 있다.

　　물리적 모형은 3D환경으로 표현하며 이를 VR(Virtual Reality)환경으로 확장하여 보다 사용자에게 직관적이며 사용자와의 다양한 정보의 대화과정을 제공 할 수가 있다.

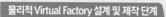

물리적 Virtual Factory 설계 및 제작 단계

- 공정에 전문화된 가상 설비 모델링 및 공정의 가상화 구축
- 설비모델의 모션 정보를 빠르게 입력하고 검증할 수 있는 시스템
- 타 모든 CAD 데이터의 손쉬운 변환을 통해 빠른 형상 모델링 시스템
- 공정/설비별 설계능력 분석 시스템

1단계	2단계	3단계
그래픽 툴을 이용한 공정의 가상화	3D 형상의 기구학 정의	설비충돌, 동작성 및 공법 검토

〈그림 7.2.5〉 물리적 모형 개발 구축 단계 예

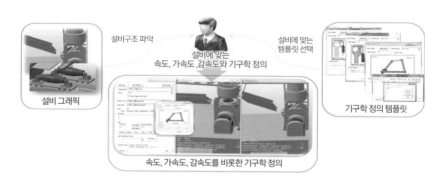

설비구조 파악

설비에 맞는
속도, 가속도,감속도와 기구학 정의

설비에 맞는
템플릿 선택

설비 그래픽

기구학 정의 템플릿

속도, 가속도, 감속도를 비롯한 기구학 정의

〈그림 7.2.6〉 물리적 모형 개발과 기구학 정의 예

주요기능

- 대규모 디지털 공장 구축
- 로보틱스 시뮬레이션
- 생산라인 시뮬레이션
- 이송 시뮬레이션
- 작업자 시뮬레이션
- 로봇 오프라인 프로그래밍
- 3D 스캐닝 데이터 활용
- 로봇 실시간 모니터링 및 제어

〈그림 7.2.7〉 차체 조립 공장에 대한 물리적 모형 개발과 적용 예

■ 논리적 모형 개발 기술

논리적 모형 개발 기술은 제조 산업마다 다양한 논리적 특징을 쉽고 효율적으로 표현하는 기술이다. 이 작업은 제조 산업의 특성을 파악하여 일정한 형태로 논리적 모형의 템플릿을 작성하여 데이터베이스화한 후에, 유사한 라인에 대하여 템플릿을 활용함으로서 논리적 모형 개발을 쉽고 빠르게 할 수 있다.

자동화 산업의 경우 산업 군별로 다양하게 사용되는 공정 제어기의 특성과 환경을 고려하여 제어프로그램의 논리적 모형을 구축한다. 제어프로그램의 경우 정상동작을 위한 프로그램과 이상상황에 대처하는 이상상황에 대한 모형 개발도 필요하다. PLC 제어프로그램과 논리적 모형을 연계한 연구와 개발은 기존 연구에서 개발 적용되어 왔다.

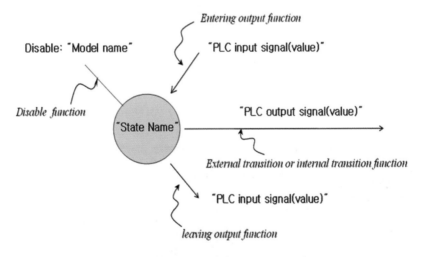

〈그림 7.2.8〉 제어 프로그램과 논리적 상태

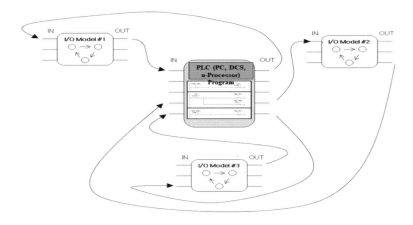

〈그림 7.2.9〉 제어 프로그램과 DEVS(Discrete Event System Model)

물리적 모형[1]에 논리적 모형이 연동되면 가상에서 실제 공장을 운영 할 수 있는 환경이 만들어진다. 모든 센서, 엑츄에이터, 각종 하드웨어 디바이스와 실제 운영되는 제어프로그램을 가상에서 동작 할 수 있는 환경이라 할 수 있다.

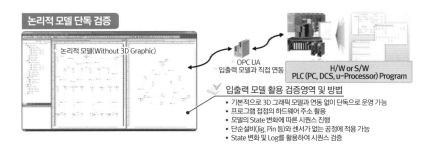

〈그림 7.2.10〉 논리적 I-O(Input-Output) 모형 개발

1   Changmock Park, Sangchul Park, and Gi-Nam Wang, "Control Logic Verification for an automobile body assembly using simulation", International Journal of Production Research, Vol. 47, No 24, 2009.

FSA(Finite State Automata)를 기반으로 한 논리적 I/O 모형 개발을 제시한 것으로 3D그래픽의 물리적 모형과 연동 될 수 있다. 경우에 따라 물리적 모형이 없는 경우는 독립적으로 논리적 모형의 상태 변화에 따른 동작이나 시퀀스 진행을 표현 할 수 있다. 이는 설비나 각종 디바이스의 유한한 상태(States), 동작(Operation), 이벤트(Event)로 논리적 특징을 모형으로 구성하여 제어 프로그램을 가상에서 검증하고 분석 가능하다.

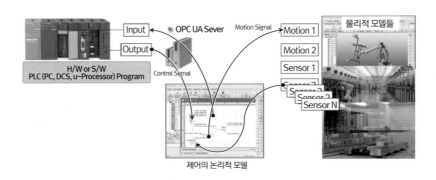

〈그림 7.2.11〉 다양한 가상 디바이스와 물리적 디바이스의 연동 구조

다양한 전자 디바이스들의 기능별/제조사별 물리적 모형과 논리적 모형을 참고로 라이브러리 화하여 필요시 자료수집(profiling)과 분류/저장/검색을 위한 명세기술 및 저장소를 만들어 사용할 수 있다. 이는 사용자가 특정 응용 분야에 대한 물리적 모형과 논리적 모형을 쉽고 빠르게 구축하여 가상공장을 구축할 수 있게 도와준다.

물리적 모형 개발을 위한 환경으로는 기존의 주요 오픈 소스 및 개방형 플랫폼과의 연동 및 호환 가능하게 할 수 있다. 주로 사용되는 오픈 소스용 물리 엔진으로는 VR(Virtual Reality) 물리 엔진인 Unity나 UNREAL 혹은 그밖의 3D 엔진 등을 사용할 수 있다. 추후 논리적 모형과 연계한 분석단계에서는 Python, R, TensorFlow 등의 오픈소스용 분석엔진을 사용하여 확장할 수 있다.

다양한 가상 전자 디바이스 실행 및 실 전자 디바이스 연동을 위한 SW 플랫폼 기술이 필요하다. 이는 다양한 가상 전자(기계) 디바이스를 효율적으로 조합 및 재활용하고, 산업현장의 공정/서비스와 가상 디바이스의 연동 및 연계 서비스를 제공 가능하다.

주요 서비스로는 설계, 시운전, 제작, 운영, 유지보수 영역에서 가상의 공장(공정, 설비, 제품)을 이용하여 개발단계에서 다양한 시험을 통하여 사전에 문제점을 해결하고 제품개발 기간을 단축시킬 수 있을 것이다.

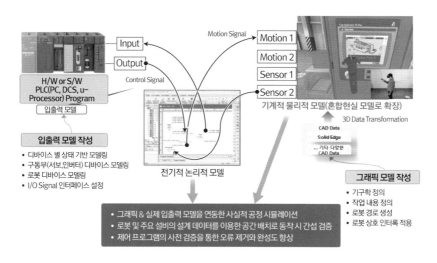

〈그림 7.2.12〉 다양한 가상 전자 디바이스 실행 및 실 전자 디바이스 연동구조

애플리케이션의 요구사항에 적합한 가상 화 환경을 지원하기 위한 소프트웨어 플랫폼을 이용하여 실-가상 디바이스 모형 연동 및 효율적인 상태 동기화, 시뮬레이션 및 검증 기술, 전자 디바이스의 성능, 실시간성, 신뢰성 검증 및 확인(Verification & Validation) 기술 등을 구체적으로 구현할 수 있을 것이다.

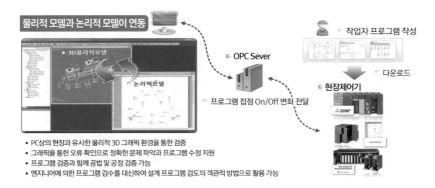

- PC상의 현장과 유사한 물리적 3D 그래픽 환경을 통한 검증
- 그래픽을 통한 오류 확인으로 정확한 문제 파악과 프로그램 수정 지원
- 프로그램 검증과 함께 공법 및 공정 검증 가능
- 엔지니어에 의한 프로그램 검수를 대신하여 설계 프로그램 검도의 객관적 방법으로 활용 가능

〈그림 7.2.13〉 물리적 모형과 논리적 모형이 연동 된 적용사례

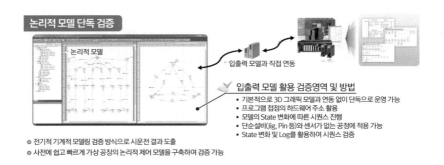

◎ 전기적 기계적 모델링 검증 방식으로 시운전 결과 도출
◎ 사전에 쉽고 빠르게 가상 공장의 논리적 제어 모델을 구축하여 검증 가능

〈그림 7.2.14〉 논리적 모형의 적용사례

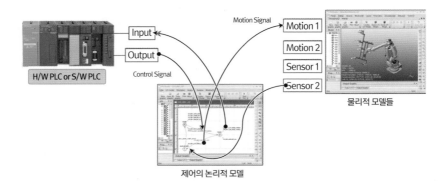

〈그림 7.2.15〉 물리적 논리적 모형의 연동사례

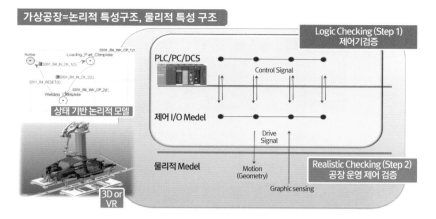

〈그림 7.2.16〉 가상공장의 논리적 물리적 모형이 연동된 구조

■ 역공학적 해석 모형 개발 기술

역공학적 해석 모형 개발 기술이란 실제 공장을 물리적 모형과 논리적 모형으로 구성한 후에 실제공장이 운영하면서 발생하는 제어로직의 상태변화와 제어로직의 상태변화에 따른 주요 제어 Log값의 변화, 그리고 다양한 사물인터넷 데이터를 관측하여 분석 해석하는 모형 개발 기술로 요약된다. 실제공장의 운영 이력은 제어프로그램에 의한 Log값으로 자세히 기록되고 있다. 또한 제어되는 이력 Log는 과거 제어기가 언제 작동(On)되었고 언제 비작동(Off) 되었는지를 시간의 변화에 따라 기록되고 있다.

복잡한 제어프로그램을 일반적으로 이해 가능한 형태로 해석하여 이력 자취에 대한 데이터를 연동하여 의미 있는 서비스 지식을 추출하여 사용하는 것을 제어 프로그램 동작에 대한 역공학적 해석 모형 개발이라 정의한다. 제어 프로그램의 역공학적 해석모형 개발 기술은 동적으로 변하는 공장의 과거 운영 상태를 제어관점에서 이해할 수 있도록 모든 정적이고 동적인 정보를 연동하여 제공하는 역할을 한다.

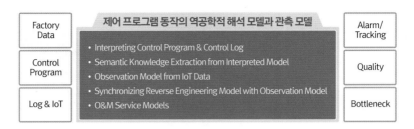

Factory Data	제어 프로그램 동작의 역공학적 해석 모델과 관측 모델	Alarm/ Tracking
Control Program	• Interpreting Control Program & Control Log • Semantic Knowledge Extraction from Interpreted Model • Observation Model from IoT Data • Synchronizing Reverse Engineering Model with Observation Model • O&M Service Models	Quality
Log & IoT		Bottleneck

〈그림 7.2.17〉 제어 프로그램 동작에 대한 역공학적 해석과 관측 모형 개발

제어프로그램 동작에 대한 역공학적 해석모형 개발은 작성된 제어프로그램을 해석하는 일과 제어프로그램이 동작할 때 발생하는 동적인 Log데이터를 수집하고 다양한 연관된 관측데이터를 제어 구간별로 구역화하여 서비스 지식을 표현하는 일이다. 해석된 정적인 제어 모형에 동적으로 변하는 제어 Log를 연동하여 동적인 공장 제어 운영에 대한 역공학적인 해석 모형을 만드는 것으로 해석 될 수 있다.

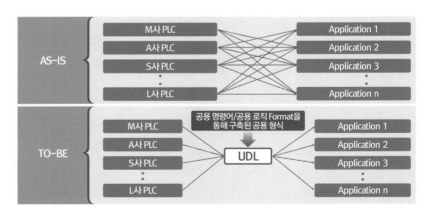

〈그림 7.2.18〉 다양한 제어프로그램을 해석하는 기술

일반적인 PLC 제어프로그램으로 Ladder Diagram을 많이 사용하는데 이는 사용자마다 다르게 작성되어 복잡한 제어 공장의 경우 이해하기 어렵

고 제조사 마다 다른 제어기를 사용하기 때문에 사용자에게는 더욱 어렵고 복잡한 상황이다. 제조사마다 다른 제어로직을 알기 쉽게 공통적인 Logic Diagram 형태의 정적 모형을 구성하는 것은 사용자가 쉽게 이해할 수 있는 기능을 제공 할 수 있다.

이러한 정적인 공통 모형인 Logic Diagram에 동적으로 생성 된 Log정 보를 사용하여 각 디바이스의 On-Off 운영형태와 사이클 시간을 연동해 줌으로 전체적인 복잡한 과거 제어 운영기록을 쉽게 이해하기 위한 기능을 제공 할 수 있다.

이와 마찬가지로 실제 제어프로그램과 가상의 공장이 상호 연동되어 정보를 공유하면서 실제공장의 모든 하드웨어 디바이스의 운영상황이 가상의 공장과 동기화 되어 표현되어야 한다. 이미 적용되어지는 GE사의 디지털 트윈의 개념과 연동되어 설명 될 수 있으며 실시간으로 실제프로그램과 실제공장과 같은 가상의 공장이 실시간으로 통신하면서 연동되는 두 개의 디지털화 된 공장 개념으로 설명 된다.

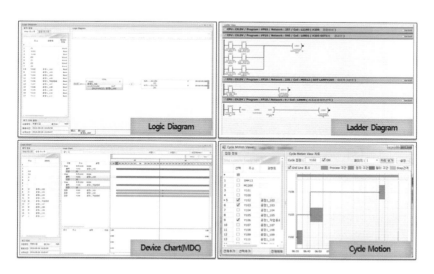

〈그림 7.2.19〉 정적인 Ladder Diagram/Logic Diagram을 동적인 모형으로 표현

1) 디지털 트윈

• 디지털 트윈의 현재

가상 세계와 물리적 세계를 동기화하는 개념으로 디지털 트윈이라는 개념이 있다. 디지털 트윈의 개념은 2002년부터 존재하였지만, 저렴해진 사물인터넷 기술 덕분에 보다 구체적으로 구현이 가능해졌다. 또한 2017과 2018년 Gartner의 10대 전략 기술 동향 중 하나에 선정될 정도로 오늘날 제조 산업에 필수적인 요소가 되었다. 디지털 트윈은 프로세스, 제품, 제조자원 또는 서비스의 가상 모형이다. 가상세계와 물리적 세계를 결합하여 데이터 분석 및 시스템 모니터링을 통해 문제가 발생하기 전에 이를 차단하고 중단 시간을 방지하며 새로운 기회를 개발하고 심지어 다양한 목적의 시뮬레이션을 수행하여 미래 계획을 세울 수 있다. 실제 물리적 공정을 사이버 가상화 공정에 논리적 모형, 물리적 모형, 역공학적 해석 모형, 관측모형 및 다양한 분석모형으로 아래 그림과 같이 표현하고 다양한 서비스를 제공하는 것이다. 서비스의 주어진 적용문제에 따라 다르지만 생산 생애기간으로 설계, 시운전, 진단, 이상탐지, 그리고 유집보수 업무를 효율적으로 제공하는 영역들을 예시 할 수 있겠다.

〈그림 7.2.20〉 디지털 트윈 개념의 실제공장과 가상공장

- **디지털 트윈의 원리**

디지털 트윈을 가상세계와 물리적 세계의 실시간 동기화가 가능한 교량 역할의 기능을 보유하여 다양한 서비스를 제공하는 것으로 해석할 수 있다. 첫째, 센서를 사용하여 실시간 상태, 작업 상태 또는 위치에 대한 데이터를 수집하는 스마트 구성 요소는 실제 세계를 가상으로 표현하는데 필요한 요소이다. 둘째, 구성 요소는 센서가 모니터링 하는 모든 데이터를 수신하고 처리하는 클라우드 기반 시스템을 이며 마지막으로, 이 입력은 비즈니스 및 기타 상황 별 데이터에 대해 분석되어 서비스화 되는 과정으로 설명 될 수 있다. 실제 환경에 적용할 수 있는 가상 환경 내에서 다양한 목적을 위하여 다양한 모형들로 실제 설비를 묘사하고 있다.

다음 그림은 특정한 실제 설비를 기하학적 정보나 기구학적 정보인 물리적 모형과, 내재되어 있는 프로그램의 상태를 논리적인 특징을 다이어그램으로 표현한 논리적 모형, 설비가 동작제어 되는 배관의 상황을 표현한 배관 모형, 가 감속 특성이 담기 이송모형들로 구성하여 전반적인 설비의 동작 상태를 다양한 모형들로 구성할 수 있다. 이러한 다양한 설비나 공정을 다양한 모형으로 표현 가능하고 생성할 수 있는 다차원적인 모형 프레임웍을 구성하여 세부 특정한 설비의 특성에 따라 특화된 모형을 생성하여 필요한 세부적인 서비스 모형을 만들어 가는데 적용할 수 있다.

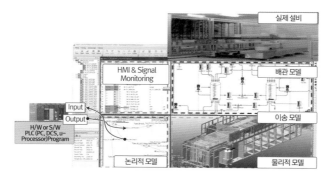

〈그림 7.2.21〉 실제 설비에 대한 디지털 트윈 개념의 다양한 모형구조

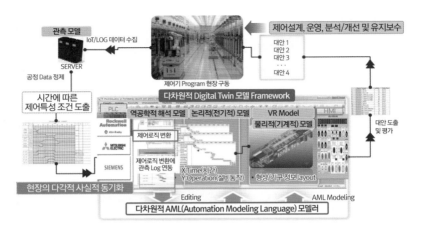

〈그림 7.2.22〉 다차원적인 디지털 트윈 모형 프레임워크

• 디지털 트윈의 적용

한국형 스마트 공장 데모공장에서는 디지털 트윈 개념을 적용하여 실제 공장인 스마트 대표공장과 가상의 공장인 데모공장을 만들어 다양한 서비스 모형들을 제시하고 있다. 설계와 제작, 시운전, 운영과 유지보수 단계를 수평적으로 연동한 개념을 복합적인 모형 Framework을 기반 서비스 모형을 제시하고 있다.

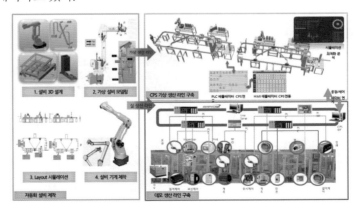

〈그림 7.2.23〉 한국형 스마트 공장 데모 공장 디지털 트윈 예

디지털 트윈 모형을 이용한 서비스로는 기업이 자사의 제조공정을 신규로 설치하거나 기존 생산라인을 개조하기 이전에 가상공장 환경에서 시뮬레이션을 이용해 컴퓨터상에서 실제 공장과 같은 가상으로 공장을 구축하여 사용할 수 있다. 가상의 공장은 실제공장에서 제어되는 각종 센서, 구동장치, 제어프로그램 등이 실제와 같이 작동된다. 이러한 가상 시운전을 위한 모형 구축과 적용과정을 단계적으로 서술하면 다음과 같다.

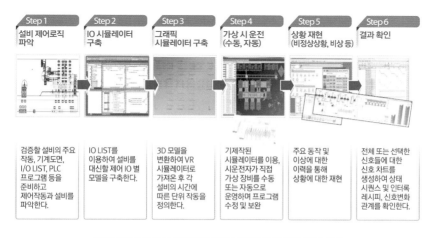

〈그림 7.2.24〉 가상 시운전을 위한 디지털 트윈 모형 구축 단계

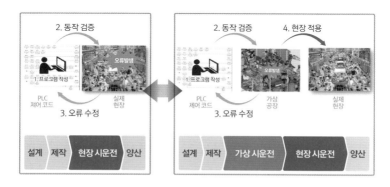

〈그림 7.2.25〉 디지털 트윈 모형을 이용한 가상 시운전 효과

디지털 트윈 모형을 이용하면 컴퓨터상에 모형이된 가상 작업장에서 양산단계에서 발생 가능한 여러 가지 시나리오를 실제 제어프로그램과 생산라인의 각종 디바이스의 센서 기능 등을 실제 공장이 제어되는 모든 데이터를 연동하여 검증 가능할 수 있다. 실제공장에서는 운영시나리오를 바꾸어가면서 기계의 다양한 특성의 동작상황을 검증목적으로 작동하거나 운영을 시험적으로 운영하기는 많은 제약조건이 있다.

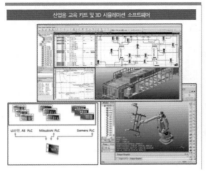
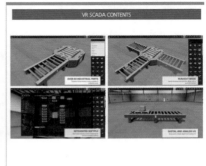

〈그림 7.2.26〉 디지털 트윈 모형을 이용한 산업용 가상교육

산업현장에서 실제 공장을 대상으로 다양한 시나리오별로 공정을 운영하면서 교육과 분석을 하는 것은 생산을 진행하는 과정에서는 쉽지 않은 상황이다. 실제와 같은 가상공장을 이용하여 다양한 엔지니어링 교육과 이상상황에 대한 시나리오를 발생시키면서 대응 프로그램을 분석하고 안전에 대한 조처를 확인할 필요가 있다.

운영 중인 공장을 가상 공장에 실제와 같이 컴퓨터상에서 모형을 수립하여 디지털 트윈 모형을 구성한다. 운영 중인 제어프로그램을 자유롭게 재현하여 과거의 문제된 공정을 다각적인 모습으로 다각적인 데이터와 함께 분석하고 재현이 가능하게 한다. 이는 과거에 문제가 된 생산현장을 재현하

먼저 다각적인 데이터의 특성을 분석하고 주요 문제점과 원인을 찾아내는 과정에서 사용 될 수 있다.

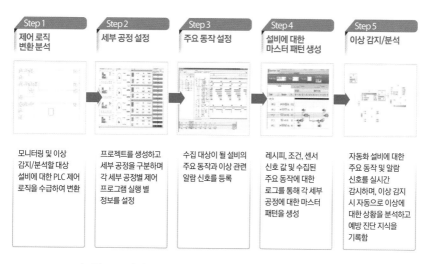

〈그림 7.2.27〉 운영과 유지보수를 위한 디지털 트윈 모형 개발 단계

2) AutomationML

　수직적 영역과 수평적 영역간의 데이터를 통합하기 위하여 다양한 데이터 포맷을 표준화 된 통합기술이 필요하다. AutomationML은 Automation Markup Language의 약자로 공개 표준으로 제공되는 생산 시스템 엔지니어링 정보의 저장 및 교환을 위한 XML 기반의 중립 데이터 형식이다. AutomationML의 목표는 여러 엔지니어링 활동을 수행하고 최종적으로 생산 시스템을 구축, 운영, 유지 보수하는 생산 시스템 엔지니어링에 필요한 다양한 분야의 엔지니어링 업무를 통합적으로 지원할 수 있는 데이터 표준이다.

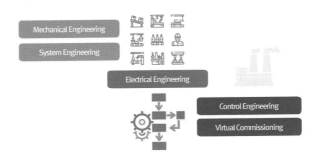

〈그림 7.2.28〉 생산 시스템 엔지니어링의 다양한 데이터 특성

AutomationML은 실제 스마트 공장 구성 요소를 다양한 측면으로 캡슐화 하는 객체로 설명한다. 객체는 다른 하위 객체로 구성될 수 있으며 그 자체가 더 큰 구성의 일부가 될 수 있다. 로봇, 제조 설비 또는 완전한 제조 셀을 다양한 수준으로 묘사 할 수 있다. 스마트 공장의 일반적인 객체는 토폴로지, 기하학, 운동학 및 논리에 대한 정보를 포함하며 논리는 시퀀싱, 동작 및 제어를 포함한다.

AutomationML은 다양한 형식을 효율적으로 방식으로 링크를 통해 서로 다른 표준을 통합가능하게 한다.[2]

① CAEX로 구현된 토폴로지(IEC 62424), 객체의 계층적 구조에서의 특성과 관계

② Khronos Group의 COLLADA로 구현된 형상 그래픽 속성 및 3D 정보

③ COLLADA로 구현된 운동학

④ 객체간의 연결 및 종속성은 모션 계획을 지원한다.

⑤ PLCopen XML로 구현된 논리, 동작 시퀀스, 객체 및 I/O 연결의 내부 동작

---

2   "Engineering Data for Production Systems(AutomationML) - UaCapabilities", http://wiki.opcfoundation.org/index.php/Engineering_Data_for_Production_Systems_(Auto-mationML).

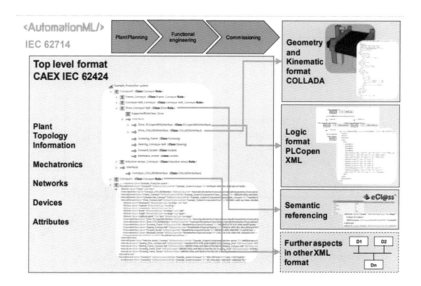

〈그림 7.2.29〉 AutomationML의 구조

　향후 확장을 위해 AutomationML은 동일한 참조 메커니즘을 사용하여
추가 형식을 통합하도록 설계 되었다.

■ OPC UA

　OPC UA는 OLE for Process Control Unified Architecture의 약자로
2008년에 발표된 개별적인 OPC Classic 사양의 모든 기능을 하나의 확장
가능한 프레임워크로 통합하는 플랫폼 독립적 서비스 지향 아키텍처이다.[3]
　OPC UA는 OPC Classic을 기반으로 구성되어 있으며 OPC Classic은
Data Access(OPC DA), Alarm & Event(OPC AE), Historical Data Access

---

3　"Unified Architecture-OPC Foundation", https://opcfoundation.org/about/opc-technol-
　ogies/opc-ua/

(OPC HDA)로 구성되어 있으며 이들을 통합하여 데이터를 정보로 변환하는 기능을 한다.

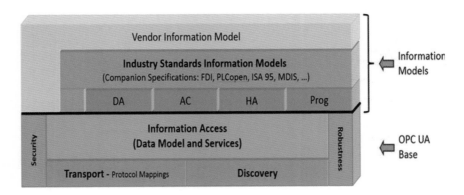

<그림 7.2.30> OPC UA의 구조도

OPC Classic의 성공을 기반으로 OPC UA는 OPC Classic 사양의 기능을 향상시키고 능가하도록 설계되었으며 OPC UA는 OPC Classic과 기능적으로 동일하지만 훨씬 더 많은 기능을 제공한다.

범용적인 통신 Architecture는 다중 설비 및 센서를 지원하며, Embedded System 지원 가능과, SSL, TLS 그리고 AES 등 인터넷 표준 인증 프로토콜을 기반하여 보안 기능 지원, PLC, DCS, PC, WS를 비롯하여 다양한 영역의 시스템들을 지원하도록 고안된다. 데이터 전송으로는 UA TCP, UA Binary, HTTP/SOAP 등 다양한 상황에 적용 가능한 통신 방법 지원한다. 이러한 목적으로 OPC UA Server 및 Client 개발이 필요하다.

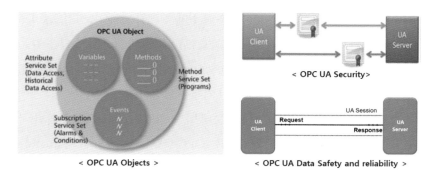

< OPC UA Objects >　　　　< OPC UA Data Safety and reliability >

〈그림 7.2.31〉 범용적인 통신 Architecture로 OPC UA Server와 Client개발

범용 데이터 수집(예: 에너지를 관리하기) 위한 OPC UA interface/Service 설계, OPC UA Server/Client Interface개발, OPC UA Device Driver 개발 등이 필요 하다.

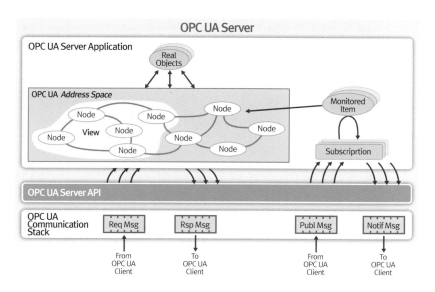

〈그림 7.2.32〉 OPC UA Server Architecture

OPC UA Server Application을 통해 실제 객체들을 Node형식으로 UA Address Space에 트리로 표현하고, OPC UA Client의 요청과 응답은 같은 방식으로 이루어지며 Server에는 Subscription과 Monitored Item이 있다. 이것은 현재 UA Server에서 핵심적인 기능을 담당하는 모듈이다.

OPC UA Server는 API를 제공하는데 이는 OPC Foundation 정의한 국제 표준 통신 Interface이며 각 Node는 OPC UA Address Space structure로 PLC, PLC Symbol, Energy Meter 등이 해당 된다. Subscription는 OPC UA Client Subscription Service이며 Monitored Item으로는 OPC UA Client에 등록된 Monitor Item에 해당 된다.

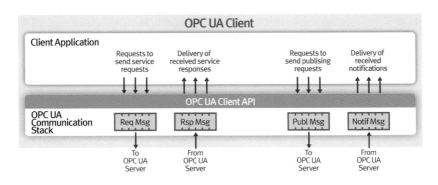

〈그림 7.2.33〉 OPC UA Client Architecture

Client Application을 통해 OPC UA Client API로 서비스 요청하면 OPC UA 통신 스택으로 OPC UA Server에 Client 요청 메시지를 전송하고 Server로 부터 그에 대에 응답을 받아 OPC UA Client API를 통해 Client Application으로 응답 메시지 전송 Publishing 또한 같은 방식으로 이루어진다.

OPC UA는 다음과 같은 설계 사항을 목표로 한다.

① 기능상의 동등성(Functional equivalence): 모든 COM OPC Classic 사

양은 UA에 동일하게 적용

② 플랫폼 독립성(Platform independence): 임베디드 마이크로 컨트롤러
에부터 클라우드 기반 인프라에 이르기까지의 플랫폼 독립성

③ 보안(Secure): 암호화, 인증 및 감사

④ 확장성(Extensible): 기존 애플리케이션에 영향을 주지 않고 새로운 기
능을 추가할 수 있는 기능

⑤ 포괄적인 정보 모형 개발(Comprehensive information modeling): 복잡
한 정보 정의

OPC UA는 교통, 자동차, 화학 제조, 에너지 모니터링, 음식 및 음료, 석유
및 가스 등 다양한 분야에 적용이 되어가고 있으며 전 세계적으로 1700만
대 이상의 기계 및 공장에 설치되어 있다.

자동차 산업 분야는 독일의 자동차 전기 시스템 구축 산업영역의 Krom-
berg & Schubert사가 echocollect UA 제품을 적용한 사례가 대표적이다.[4]
echocollect UA는 Softing의 임베디드 OPC-UA 서버 게이트웨이이다. 이
를 Kromberg & Schubert사가 전 세계의 공장 네트워크에서 제품 제어를
구현하는데 사용하였다.

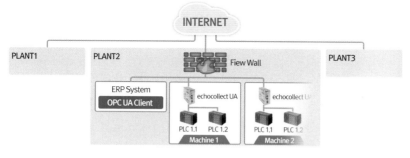

〈그림 7.2.34〉 Kromberg & Schubert의 ERP 시스템과 controller에 엑세스된 echocollect UA

4 "Seamless Data Exchange via OPC-UA", www.opcfoundation.org.

Kromberg & Schubert사는 자동차 산업을 위한 광범위한 배선 시스템, 메카트로닉스 및 플라스틱 부품을 공급하는 회사이며 자동차 분야의 선도적인 글로벌 공급 업체 중 하나이며 전 세계 30개 이상의 지역에서 활동하고 있다. 이 회사는 생산을 통제하고 지속적으로 최적화하는 것을 목표로 연구를 시작하였으며 이에 다양한 위치에서 사용되는 시스템을 자원 계획 및 제조 제어 시스템과 기계 및 장비의 완벽한 동기화가 가능한 네트워크를 구성하기 원하였다. 주요 필요 사항은 생산 데이터를 전달 및 수집하고 데이터를 컨트롤러로 전송하기 위해 제어, 관리 및 데이터 통합 수준간의 데이터 통합이었다. 이에 다양한 이기종 플랫폼을 수용할 수 있는 아키텍쳐가 필요하게 되었고 이에 OPC UA 서버를 활용하기 적합한 솔루션을 찾게 되었다. Kromberg & Schubert에서 프로세스 계획을 표준화를 책임지고 있는 Thorsten Schwartz는 Softing Industrial Automation의 echocollect UA 서버 게이트웨이를 적용하여 제어 체계를 IT 세계와 연결하고 50개가 넘는 다양한 컨트롤러 유형에 대한 프로세스, 제조 및 품질 데이터에 대한 엑세스할 수 있게 했다. 또한 OPC UA의 장점인 대국간 인증서 교환을 통한 보안성 확보, "Future Proof"을 통한 차세대 장비에 따른 적응성 보장 등 다양한 이점을 제공해 주었다.

■ 수직적 수평적 통합 서비스 모형

광의의 가상물리시스템의 개념이 적용되기 위하여 복잡한 공장을 수직적으로 수평적으로 시간적으로 통합되어야 한다. 지협 적인 대상이 아닌 공장 전체적으로 또한 시간의 흐름을 반영한 완전한 통합이 필요하다. 수평적 수직적 시간적으로 통합모형이란 대상 공장을 수평적인 관점과 수직적인 관점, 그리고 시간적인 관점에서 바라볼 때 모든 정보를 반영되어야 함을 의미한다.

수평적 통합관점으로는 수평적으로 발생하는 이벤트를 반영되는 것으로 영업, 설계, 생산기술, 생산관리, 생산, 보전 등에서 이루어지는 의사결정이 통합되어 수행되어야 함을 예를 들 수 있다.

1) 수직적 서비스 모형

수직적 의사결정 모형은 산업분야에 따라 다르게 구성된다. 일반적으로 자동화 공정의 수직적 의사결정 모형으로 가장 하위 단계의 각종 제어기, 서보, 인버터, 엑츄에이터 등으로 구성된 물리적 디바이스의 구성을 기반으로 한 각종 자동화 설비의 범위가 정해진다.

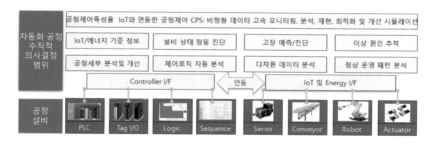

〈그림 7.2.35〉 수직적 의사결정 모형

세부 설비나 디바이스의 인터페이스를 통하여 자동화 공정의 진행에서 일어나는 각종 관련 서비스 모형이 존재하게 된다. 서비스 모형으로는 단순한 설비의 운영 정보나 생산성 분석, 품질에 관련되는 정보들, 그리고 다양한 관련 요구사항이 서비스 모형을 생성한다.

2) 수평적 서비스 모형

수평적 의사결정 모형은 역시 산업분야에 따라 다르게 구성된다. 일반적으로 기업 활동의 기간 계 후단에서 발생하는 주문, 물류, 출하 등과 고객과의 전방업무에서 발생하는 외주, 시공, 수주, 주문 등으로 구분될 수 있다.

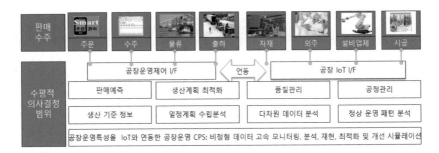

〈그림 7.2.36〉 수평적 의사결정 모형

3) 수직적/수평적 서비스 모형

수직적 수평적으로 통합된 의사결정 모형은 수직적, 수평적 영역에서의
생하는 모든 데이터가 서비스 모형을 구성한다.

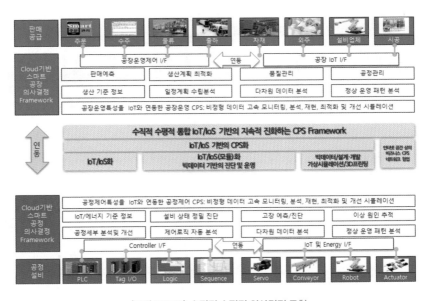

〈그림 7.2.37〉 수직적 수평적 의사결정 모형

수직적/수평적 서비스 모형은 스마트 공장에서 제어설계, 시운전, 운영

및 유지 보수 엔지니어링 영역에서 활용이 가능하며, 각 엔지니어링 데이터가 다른 분야에도 적용되어 통합적인 스마트 공장 솔루션이 구성된다. 수평적 서비스는 생산 생애기간동안 요구되는 다양한 서비스를 제공할 수 있다. 예를 들면 제조자원이나 시스템의 설계, 시운전, 운영과 유지보수 관련 된 서비스를 예로 들 수 있다. 이러한 서비스를 구체적으로 만들기 위하여 서비스 지향적인 데이터와 모형들이 필요하다. 각각의 모형들은 각각에 필요한 데이터를 요구하고 있으며 다양한 분야의 엔지니어링 업무를 통합적으로 지원할 수 있는 AML이 데이터 표준으로 사용되고 있다.

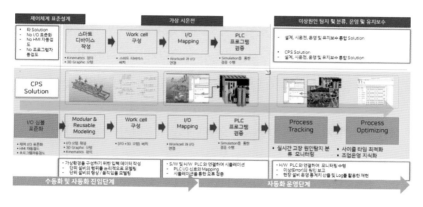

〈그림 7.2.38〉 생산 생애기간의 가상물리시스템 기반 통합 서비스

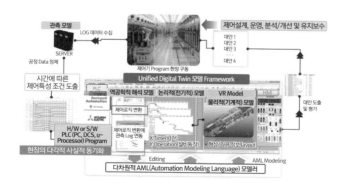

〈그림 7.2.39〉 디지털 트윈의 다차원적 모형 Framework

■ 가상 시스템의 의사결정 모형

품질불량의 원인을 찾아내고 생산성에 영향을 주는 구체적인 고장의 원인을 미리 진단하고 찾아내는 일은 제조현장에서는 흔히 요구되는 사항이며 때로는 어려운 일이다. 또한 어떠한 방법으로 생산하여 효율적으로 납기를 대응하고 생산성을 높이는 일도 중요하다. 특히 생산 시스템이 복잡해지고 다양한 자동화 기기가 혼합되어 있는 경우 불량의 정확한 원인을 찾아 해결하고 기계 고장의 원인을 미리 탐지하고 찾아내는 일은 어려운 일이다. 물리적 현장시스템에서 어떠한 데이터를 수집하여 이를 이용하여 가상시스템에서 어떠한 의사결정 모형을 수립하여 활용하는지가 주요 관건이다.

물리적 현장 시스템으로부터 다양한 데이터가 수집되면 이를 이용하여 의사결정분석 방을 이용하여 다양한 문제를 해결하는데 사용 된다. 의사결정 분석기술로는 최적화 기술, 통계적 접근, 시뮬레이션 기술, 일정계획, 수요예측분야의 기술들이 사용된다. 이외에도 AI관련기술로는 인공지능 기술, 신경망 기술, 기계학습, 패턴인식, 전문가 시스템, Case Base Reasoning 등이 다양하게 사용되고 효율작인 사용자와 대화형 가시화 기술로는 VR/AR기술 등이 사용된다.

물리적 시스템을 반영한 데이터가 수집되면 이를 이용하여 가상시스템에서는 의사결정 모형을 수립한다. 의사결정 모형은 제어할 논리 모형으로 사용되어 물리적 시스템인 현장을 제어한다. 따라서 목적 지향적인 서비스 모형을 수립해야 하며 이를 위한 물리적 시스템에서의 목적지향적인 데이터가 제공되어야 한다.

일반적으로 데이터가 목적 지향적으로 정확하게 수집되지 못하고 있는 문제점을 가진다. 제품의 품질 불량을 반영할 수 있는 관련 데이터가 적재적소에 수집되지 못하는 문제다. 장비의 고장이나 원인을 추적하거나 미리 진단할 수 있는 주요 데이터가 적재적소에서 정확하게 수집되지 못하는 문제가 발생한다. 가상에서의 의사결정 모형은 물리적 현장 시스템의 데이터에 종속적이기 때문에 정확하지 못하거나 의미 없는 데이터로는 올바른 의사결정 모형을 수립할 수 없다.

제조현장에서의 가상물리시스템은 물리적 시스템을 정확히 반영하여 의사결정 모형을 수립하는 것은 적정한 의사 결정 서비스를 제공하는데 중요한 문제다. 가상물리시스템의 도입 목적이 적용분야에 따라 다르게 정의될 수 있는 것처럼 의사결정 모형은 적용 산업의 수요처의 요구에 따라 목적 지향적으로 결정된다. 가상물리시스템에서의 의사결정모형이 자율적으로 변하면서 학습하여 진화된다면 의사결정모형을 개발자가 학습 진화 과정에서 매번 바꾸지 않아도 가능한 스마트한 가상물리시스템구성이 필요할 것이다.

가상물리시스템에서의 의사결정모형은 협의적으로 보면 크게 2가지 분야로 구분될 수 있다. 첫 번째는 공정을 설계하고 시운전하는 양산 이전단계이다. 양산 이전단계에서는 가상물리시스템모형을 사용하여 실제공정이 만들어지기 전에 가상에서 다양한 문제점을 평가하고 찾아내어 효율적으로 양산화 단계를 빠르게 안정화 시키는 서비스를 제공하는데 있다. 또한 공정 운영시나리오의 변화로 제조자원을 재구성하고 제어운영 로직을 수정하여 제조라인을 Set-Up하는 업무이다. 두 번째는 양산 이후 단계로 품질의 안정화와 생산성을 높이고 효율적인 공정설비의 유지보수나 에너지 소비패턴을 분석하고 정확한 해결 안을 제공하는데 있다.

가상물리시스템의 공정분석의 예로서 공정의 제어특성을 고려하여 제어패턴을 고려한 데이터 패턴분석을 다각적인 데이터 변수들의 복잡성에서 품질과 공정의 특성을 분석하는 경우를 예시로 들 수 가 있다. 이는 실제 공장을 이용하는 대신 가상의 공장에서 여러 가지 문제점을 찾고 문제가 발생한 시점을 재현하고 분석하여 품질인자들의 다양한 인자분석과 불량원인을 찾아내고 생산성과 유지보수 관련 서비스를 효율적으로 제공하는데 사용될 수 있으며 이는 공정 지능화(Process Intelligence)를 위한 분석 영역으로 해석된다.

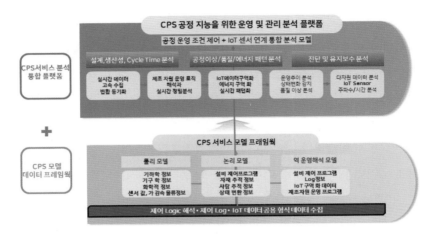

〈그림 7.2.40〉 제어 특성을 고려한 공정지능(Process Intelligence)분석 플랫폼의 예

공정 지능화단계에서는 다양한 분석방법들이 사용되어 지는바, 통계적인 분석방법으로, 다 변량분석, 주성분 분석, 공정운영 패턴분석, 인공지능, 기계학습방법 등이 사용된다. 공정은 일정한 제어 로직에 의하여 운영되며 제어 특성별 공정데이터를 분류하고 구역화(Segmentation)가 필요하다. 이는 제어 특성별로 구역화 된 데이터는 제어 구간별 특성분석을 제공하여 차별화 된 특성을 얻을 수 있기 때문이다.

데이터를 구역화하기 위하여서는 제어로직을 해석하고 해당 제어 구간을 분류하여 데이터를 제어 구간별로 수집하는 기술이 요구된다. 구역화란 단순히 데이터를 시간에 따라 취득하는 일뿐 아니라 제어 구간별로 데이터를 분류하는 일이다. 제어 구간별로 데이터를 분류하기 위하여 제어구간별로 분류가 필요한데 복잡한 제어로직들이 다양한 제어 디바이스와 실시간으로 정보를 교류하기 때문에 어려운 일이다. 제어 특성을 고려한 디바이스

별 데이터를 구역화하기 위하여 복잡한 제어 로직을 해석하고 고속으로 데이터를 구역화 구간별로 취득하는 방법이 요구된다.

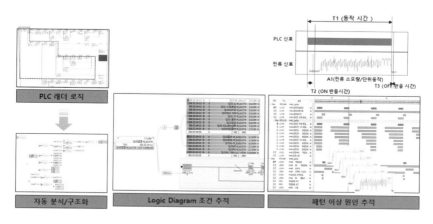

〈그림 7.2.41〉 제어 특성별 패턴 분석

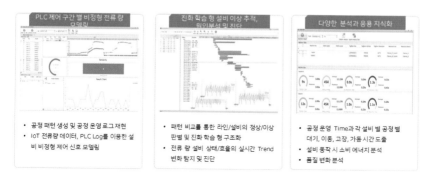

〈그림 7.2.42〉 제어 구간별 데이터를 연동한 분석

구역화된 데이터 정보는 공정의 다양한 특성을 제어구간별로 분석가능하게 함으로 구역화를 하지 않는 분석방법보다 세밀한 분석을 가능하게 한다. 또한 공정의 특성을 세분화, 구역화된 특성으로 구분하여 세밀한 제어특성이 포함된 공정 패턴지식을 만들 수 있다. 공정의 정확한 이유를 알 수

없는 무언정지를 분석하고 그 원인을 알 수 있도록 정보를 제공할 수 있으며 다양한 문제에 대한 정보를 패턴화 할 수 있다.

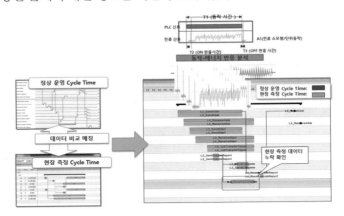

〈그림 7.2.43〉 구역화 된 신호 패턴 분석

무언 정지 상태에서도 이상에 대한 원인 추적을 추적하고 분류하는 일은 공정 지식을 쌓아가는 중요한 과정이다. 공정의 수많은 다양한 운영 상황을 분석하여 각 상황별 정상적 운영 패턴을 생성하여 모니터링 된 운영 상황과 기존 정상 패턴과의 분석을 통해 설비 상태 진단하는 일이 스마트 공정에서의 중요한 과정으로 판단된다.

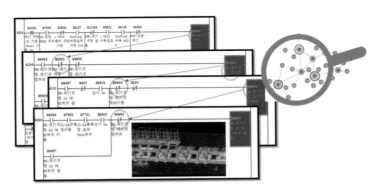

〈그림 7.2.44〉 공정 이상원인 자동 추적 및 규명

■ 클라우드 기반 진화적 학습 서비스 모형

1) 클라우드 기반의 진화적 학습 의사결정 모형의 개요

클라우드 기반 진화적 학습 의사결정 모형은 자동화 설비 공정에서 다양한 사물인터넷 데이터나 공정 단위 전류량, 제어 로직 해석 정보, 공정 제어로그 정보 등 현장의 다차원 정보를 수집하여 학습하는 Deep Learning 체제를 예를 들 수 있다. 다양한 공정의 특성과 제어 특성을 연동하여 정적 특성과 동적 특성을 고려한 패턴을 구성한다. 미세한 이상상황 탐지와 원인을 추적한 결과 데이터를 데이터베이스화하여 클라우드 서버에 업데이트 함으로써 현장 상황을 현장 엔지니어에게 즉각적으로 알려지고, 이상 조치 대응시간을 줄여 공정의 유휴시간을 줄이고 예방 진단을 위한 패턴 분석기반 서비스이다.

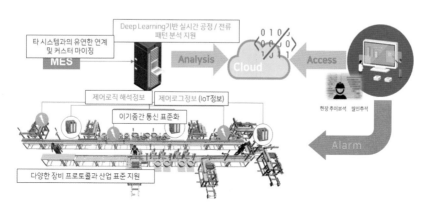

〈그림 7.2.45〉 클라우드 기반 진화적 학습 의사결정 구조도

생산 제조 현장은 PLC, DCS, Sensor, Actuator 등의 다양한 설비의 조합으로 단위 공정을 구성하게 되며 단위 공정은 각 Sensor, Actuator에 대한 제어 로직을 가지게 된다. 제어 로직은 PLC와 DCS에 프로그래밍된 로직으

로 보통 공정의 재공품에 대한 단위 공정의 설비의 상태 정보를 입력받아 설비의 모션을 지정해 주는 역할을 한다.

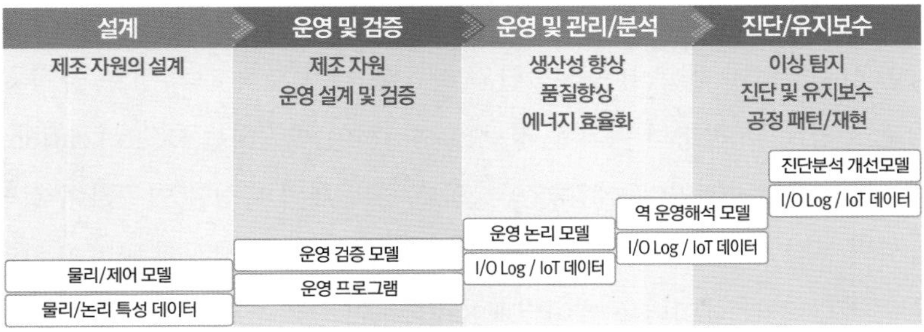

설계	운영 및 검증	운영 및 관리/분석	진단/유지보수
제조 자원의 설계	제조 자원 운영 설계 및 검증	생산성 향상 품질향상 에너지 효율화	이상 탐지 진단 및 유지보수 공정 패턴/재현

〈그림 7.2.46〉 제어프로그램과 다양한 데이터들의 연관성

다시 말해서 단위 공정은 설비들은 제어 로직에 따라 움직인다고 할 수 있다. 이런 제어 로직을 가진 단위 공정이 모여 하나의 제품 또는 반제품을 생산하는 공정 라인이 구성되며 이들의 공정 라인이 모여 전체 공정이 된다. 따라서 제어 로직은 하나의 공장을 가동하게 하고 공장의 상태를 반영한 중요한 Log데이터를 발생시키며 다른 중요한 센서나 사물인터넷 데이터를 실시간 반영하여 동작한다. 실시간 생성되는 Log데이터와 다른 주요 사물인터넷 데이터를 토대로 공장에 대한 중요한 정보를 제어 특성과 연계하여 취득하고 목적지향적인 서비스를 도출해낼 수 있다.

예를 들면 Log데이터와 단위 설비의 동작 신호에 따른 측정된 전류량 데이터를 데이터 비교 반영하는 방법으로 단위 공정의 동작 소요 전력을 추정할 수 있으며, 이를 통하여 유사 공장 신축 프로젝트에 추정된 전력 데이터를 활용하여 적절한 전력 설비를 구성할 수 있게 된다. 이는 공장, 설비, 기계의 동작별 전력소요 특성패턴을 분석하여 각 긱기의 운영패턴을 특성화 하여 정상 유무를 파악할 수 있으며 과도한 전력 사용을 막아 공장의 전체적인 전력 절감을 이끌어 낼 수도 있다.

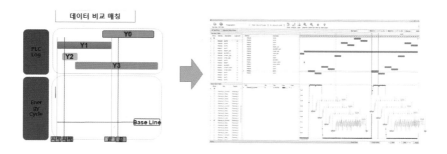

〈그림 7.2.47〉 제어 로직 Log 데이터와 전류량 데이터 매핑

클라우드 기반 진화적 학습 의사결정 모형은 공장의 설비 동작 상태를 정의할 수 있는 모형, 공정의 시퀀스를 정의하고 정상 상태 공정을 구성하여 실제 공정의 다양한 데이터를 학습하여 정상 상태 공정과의 패턴 비교 및 분석을 통한 공정 패턴 파악을 시행한다. 파악된 공정 패턴을 기반으로 실제 공정의 이상 상태 파악 및 이상원인 추적 기능을 엔지니어에게 제공한다. 이를 통하여 엔지니어는 공정이 이상이 발생하기 전 공정의 미세한 변화 상황을 파악할 수 있고 공정 이상이 발생하였을 때 공정이 이상 추적 시스템을 통해 좀 더 빠른 대처가 가능하다.[5]

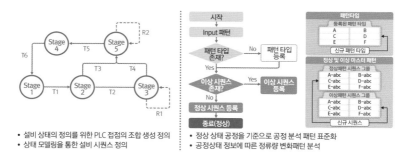

〈그림 7.2.48〉 설비 상태 모형 구축을 통한 공정 분석 패턴 분석 알고리즘

5   이동규. "자동화 설비 이상 감지를 위한 뉴럴 네트워크 기반의 전력 소비 패턴 모델". 2017, 아주대학교.

7장 가상물리생산시스템

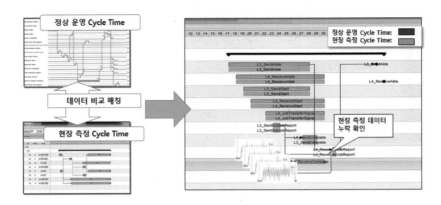

〈그림 7.2.49〉 제어 로직 Log 데이터에 대한 Deep Learning 기법 활용방안

　　수집되는 공정 데이터들을 클라우드 서비스를 통하여 본사 또는 외부 공정 엔지니어링 서비스 업체에게 공장 현장 상태 정보를 제공하여 공장의 상태를 진단받을 수 있다. 클라우드를 통한 엔지니어링 서비스는 각 공장이 빠른 시간 내에 솔루션 구축을 가능하게 해주며, 공정 데이터 수집에 필요한 인프라 구성 비용을 낮추어 줄 수 있으며, 상황에 따른 사업 구조 조정의 유동성을 높여준다. 이러한 장점은 공장의 생산기술에 대한 공정 데이터가 적고 관리 인력 확충에 어려움을 겪고 있는 중견·중소 제조업체들에게 큰 장점이 될 수 있다.

　　클라우드 기반의 진화적 학습 의사결정 모형이 공정을 해석한 데이터는 공정 패턴의 형식으로 나타나게 되며 이에 따라 상당히 데이터 사이즈가 축소되고 해당 솔루션이 해석하기 전까지는 무의미한 정보로 나타나게 된다. 따라서 데이터 초과비용에 대한 부담과 외부에서의 접촉이나 데이터 유실에 대한 우려가 상대적으로 덜하다. 또한 통신망에 암호화 모듈을 따로 설치하여 강한 보안성 유지가 필요하다.

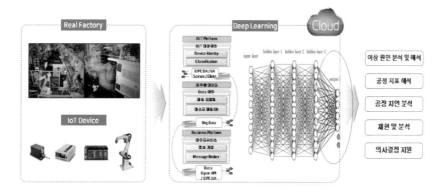

〈그림 7.2.50〉 클라우드 기반의 진화적 학습 의사결정 모형

2) 클라우드 기반의 진화적 학습 의사결정 모형의 기대효과

현재 국가적 경쟁력 향상을 위해 많은 중소·중견기업이 스마트 공장 구축에 참여하는 것이 시급하다. 하지만 많은 기업들은 스마트 공장 구축을 부담으로 의식하고 있으며 이는 높은 비용 지출과 유지보수의 어려움, 도입 시 실효성에 대한 의문에 의해 나타나고 있다.

특히 높은 비용 지출과 유지보수의 어려움 부분은 스마트공장 구축시 필요한 스마트공장 서버가 많은 비중을 가져가고 있다. 서버의 실제적 구축뿐만 아니라 관리 인원 배치 및 필요 기능 변경에 따른 하드웨어 운영 및 관리에 드는 비용 등으로 비용이 추가된다.

이에 현재 많은 관심을 받고 있는 클라우드 서비스를 도입하여 스마트 공장 서비스를 좀 더 저렴한 방법으로 제공할 수 있을 것으로 보인다.

각 설비의 데이터를 수집하여 분석하는 공정진단분석 정보 시스템을 클라우드에 적용하여 비용적, 유지보수, 기능 변경에 따른 비용 등 에러사항을 감소시키는 것을 목적으로 한다.

3) 클라우드 기반의 진화적 학습 의사결정 모형의 향후 발전방향

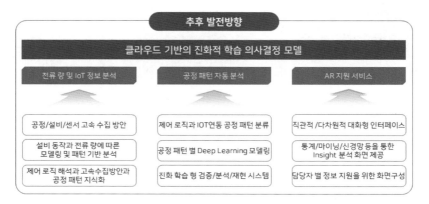

〈그림 7.2.51〉 클라우드 기반의 진화적 학습 의사결정 모형의 향후 발전방향

클라우드 기반의 진화적 학습 의사결정 모형은 실시간 사물인터넷, 제어 로그 분석 데이터를 설비 동작 단위별 전류량 및 제어로직 해석 기반 신호 모형 개발/패턴과 연동하여 공정 개선, 이상 상황 추적, 규명 및 진단 방법, 전류량 및 사물인터넷 정보 수집을 통한 제어 특성별 전류 신호 모형 개발, 제어 로직 해석 기반 다변량 패턴을 이용 이상 공정 탐지, 원인규명 및 예방진단이 주요 내용이다. 설계자와 운영자 간의 원활한 의사소통 및 협업/관리 지원하는 AR 모니터링 시스템을 추후 발전방향을 삼고 있으며, 현재 주요하게 관심 받고 있는 AR 시스템 도입을 통한 직관적/다차원적 엔지니어 인터페이스를 제공도 주목 할 만하다.

■ 가상물리시스템과 AR/VR의 연동

1) AR/VR 개념

AR(Augment Reality)과 VR(Virtual Reality)은 각각 증강현실, 가상현실로

불린다. 이 둘은 2016년부터 현재까지 많은 성장을 이루고 있으며 차세대 산업으로 각광 받고 있다. VR은 가상현실로써 실제 현실과는 무관한 새로운 세계라고 볼 수 있다. VR은 외부 환경을 차단하는 HMD를 착용하여 사람이 디스플레이에 속아 실제적 현실처럼 느껴지는 거짓된 현실이라고 할 수 있다. 따라서 VR의 현실과의 반대되는 대척점이라고 할 수 있으며 현실과 VR의 사이에서 AR, VR, MR등이 존재하게 된다. AR은 가상 콘텐츠가 실제 현실위에 입혀져 나오는 형식이며 핸드폰, HMD 등 실제 현실을 투과할 수 있는 장비를 통해 서비스가 가능하다.[6,7]

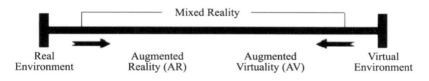

〈그림 7.2.52〉 AR/VR의 영역

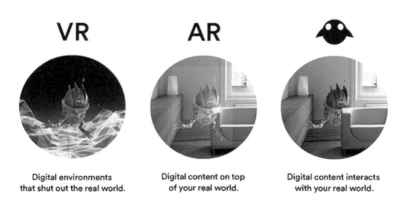

〈그림 7.2.53〉 AR과 VR의 차이점

6   Milgram, P. & Kishino, F.(1994). "A Taxonomy of Mixed Reality Virtual Displays." IEICE Transactions on Information Systems, 77(12).

7   "VR, AR에 이은 융합 현실(MR) 등장, MR은 무엇일까?", http://blog.naver.com/PostView. nhn?blogId=counterpoint_korea&logNo=220834311878&parentCategoryNo=16&cate- goryNo=&viewDate=&isShowPopularPosts=true&from=search

2) AR/VR과 가상물리시스템의 연동

• VR을 이용한 제조공정

가상현실에서 공정, 조립 과정 등을 계획하고 시험해 봄으로써 효율적인 공정을 설계하는 것이 가능하다. 조립공정의 가상공정계획을 여러 관계자들에게 시각적으로 표현 할 수 있다. 시뮬레이션을 통해 공정의 데이터, 컴포넌트 시퀀스, 예상 시간 등의 정보들을 알 수 있고, 이를 바탕으로 여러 대안들과 비교할 수 있다. 엔지니어는 가상현실을 이용하여 사전에 조립과 분해 순서를 평가하고 최적화 시킬 뿐만 아니라 제조공정에 필요한 시간 파악, 안정화된 생산성 유지, 자원과 툴에 대해서 미리 살펴보는 것이 가능해진다. 이를 통해 제조공정에서 사전에 오류를 방지하고, 효율적인 공정에 대한 정보와 타당성 및 실현 가능성을 평가한다. 직원들이 어렵고 복잡한 제조공정을 가상 환경에서 업무를 시뮬레이션을 수행하여 기술을 연습하여 익히고, 이에 분석하여 직원들의 작업을 최적화를 도움으로써 훈련을 통해 산업재해를 예방한다.

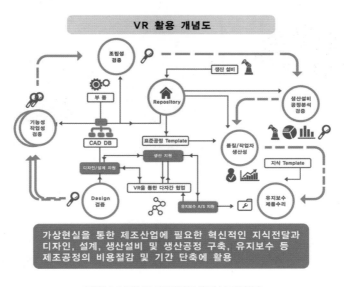

〈그림 7.2.54〉 가상물리시스템과 VR의 연동

- **AR을 이용한 제조공정**

증강현실을 이용하면 디바이스를 통해서 우리가 보고 있는 장면에 대한 추가적인 정보를 제공받을 수 있다. 마이크로 소프트의 홀로렌즈(Holo-Lens) 가 대표적이다. 복잡한 제조과정에 대해 증강현실을 이용하여 업무에 필요한 정보와 데이터를 즉각적으로 확인 가능하다. 직원이 복잡한 조립과정을 진행할 경우 조립 순서와 조립 방법에 대한 정보가 자동으로 눈과 귀로 전달받는다. 증강현실 안경이 상품의 바코드를 인식하면 어디로 이동되어야 할 제품인지, 재고가 어느 정도 쌓여 있는지 등을 쉽게 파악하여 물류관리에 수월하다. 제품을 찾기 위한 조사비용 감소와 데이터의 빠른 업데이트로 증강현실 기기를 통해 작업자에게 실시간 전달된다.

7.3 적용 사례

■ 국내 자동차 적용사례

1) 가상물리시스템 도입 목적

H 자동차에서는 자동화 공정 신규 설치 또는 노후 공정 개선 시 제품 양산 전 공정의 안정성을 유지시키기 위하여 현장 시운전(OFF Line Programming) 을 진행한다. 현장 시운전시 많은 시간이 소요되고 인력 및 재산의 피해가 발생할 수 있다. 이에 시운전에 소요되는 시간과 비용, 위험요인을 줄이고자 가상 시운전 솔루션을 적용하고 있다.

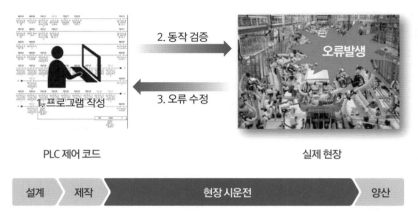

| 2. 동작 검증 |
| 3. 오류 수정 |

오류발생

PLC 제어 코드   실제 현장

| 설계 | 제작 | 현장 시운전 | 양산 |

〈그림 7.3.1〉 현장 시운전의 역할

2) 시운전용 가상물리시스템의 원리

가상시운전은 실제 생산 라인의 가동 없이, PC 상에서 가상 공장을 구성하여 현장 시운전 이전 사전검증을 통해 효율적인 현장 시운전을 진행할 수 있게 해준다. 현장 엔지니어는 현장 시운전에 적용할 PLC 프로그램을 가상공장과 통신이 되는 PLC에 업데이트 하여 가상 시운전을 진행하여 가상 공장에서의 제어 프로그램의 검증 후 실제 현장에 적용한다.[8] 이는 사전에 제어프로그램과 다양한 디바이스의 작동을 충분히 검증하여 제어프로그램의 신뢰도를 향상 시킬 수 있다. 이상상황에 대처하는 제어로직들을 실제로 검증하기란 어렵고 실제 이상상황을 발생하여 프로그램의 대응능력을 검증하여야 하나 이는 고비용과 위험을 야기하여 현실적으로 어려울 수 있다. 또한 사전에 많은 문제점을 충분히 검증하여 시운전 기간과 라인 안정화 기간을 단축시킬 수 있다.

---

8   안유리. "공정제어 검증을 위한 물리적모델과 논리적모델에 기반한 3D기반 가상제조 템플릿", 2017, 아주대학교.

〈그림 7.3.2〉 가상 시운전 검증

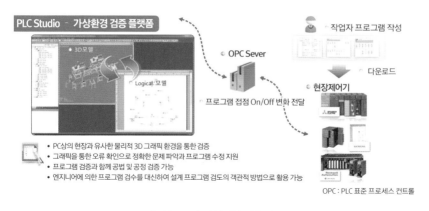

〈그림 7.3.3〉 가상 시운전 플랫폼

■ 디스플레이 사례

1) 제어로직 해석 적용

L 디스플레이에는 디스플레이 공정의 특성상 아주 복잡하고 외부에 공개되지 않는 특성을 갖는다. 엔지니어들이 공정을 이상 분석 시 정밀한 설비

들을 분석하여 구성해야 하는 번거로움이 있었다. 이에 손쉽게 공정의 분석하여 공정의 이상 상태와 라인 운용 최적화에 필요한 정보를 얻을 수 있는 방법이 요구되었다.

산업별 고장 원인 진단

반도체
- Online을 통한 공정운영 정보를 기반으로 분석 및 진단 수행하나 정보의 해석이 어려움
- 실질적으로 현장에서 발생하는 고장 및 문제에 대해 라인 담당자가 대응하기 어려움

자동차
- 심각한 설비 파손과 같은 경우가 아닌 단순 공정 오류 발생 시 대부분 이상 초기화 조치
- Offline 상에서 데이터를 통한 설비 진단 미흡하며 분석 도구 필요

제 철
- 일정 주기로 설비 휴무 및 해당 기간 내 설비 정비하여 현장 Off 라인을 통한 상태 점검
- 생산을 위한 고장 설비 수리에 집중되어 체계적인 진단 방법 및 분석 방법은 미약

산업별로 방법은 다르나 고장 진단의 목적과 이슈는 동일하게 존재
고장 진단의 방법 및 분석의 고도화/체계화 통한 예방보다는 제품생산이 중심

〈그림 7.3.4〉 기존 산업별 고장원인 진단

2) 생산성 향상의 개념

생산성 향상을 위하여 Log 분석을 통한 가공시간, 물류 반송시간, 대기 시간의 상세 정보를 측정, 가시화하고 추적함으로써 잠재된 생산 Loss를 발굴, 분석하고 개선하는 시스템이다. FAB Loss 분석을 위해, 발생하는 설비 DATA 수집과 PLC 프로그램 해석 및 패턴분석으로 원인 인자를 도출하고자 L Display에 도입 되었다.

이는 공정 라인 이상 정지를 실시간으로 파악해 주며, 이상 정지 원인을 추적하여 엔지니어에게 알려준다. 기존의 공정 라인의 이상정지는 라인의 이상 알람 램프 또는 공정 라인이 작업 중지 되었을 때 확인이 가능하였지만 공정의 PLC의 로직을 해석하여 각 공정별 시퀀스의 동작 패턴을 기반으로 공장의 이상 정지를 파악해주어 기존의 알람램프 보다 더 빠르게 이상 정지 사항을 파악할 수 있다. 또한 이상 정지 조치를 현장 엔지니어의 경험에 의존하는 기존 방식을 분석된 데이터로 이상 추적된 공정과 시퀀스를 추적해줌으로서 엔지니어가 이상 원인을 추적하지 않아도 되고 빠른 조치 가 가능하게 되었다.

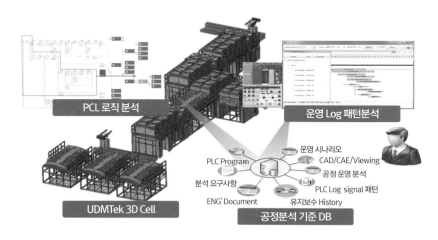

〈그림 7.3.5〉 L Display 생산성 분석 개념도

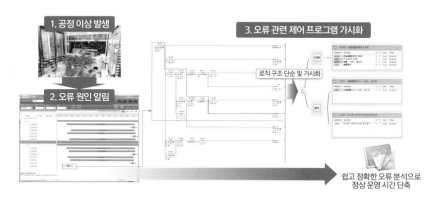

〈그림 7.3.6〉 이상 정지 및 이상 원인 추적 시스템

3) 생산성과 이상조치개선 효과

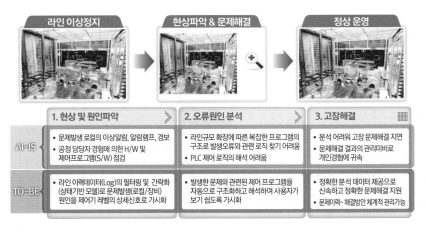

〈그림 7.3.7〉 세부 라인분석을 통한 기대 효과

〈표 7.3.1 생산성향상 적용 효과〉

로직 해석 패턴 분석 및 Log 분석	정량적	설비 가동률	이상원인에 빠른 대처로 가동율 향상 (30% 향상)
		생산성 향상	무언정지에 대한 원인 파악 유휴 시간 감소 및 사이클타임 단축 (5~30% 향상)
	정성적	공정문제 파악	오류 원인 파악, 애로공정 파악 공정 운영에 따른 설비 이상 및 문제 진단
		보전 능률 향상	문제와 관련된 제어 프로그램을 자동 해석 사용자가 이해 가능토록 가시화

■ 중소기업 적용 사례

T 자동화 라인 및 설비제작업체에서는 자동차 회사로부터 제조라인을 주문받아 제작 납품하는 기업이다. 기계적 설계가 끝나고 기계 제작이 완성

된 이후에 제어 프로그램을 설계하고 완성한다. 완성된 제어프로그램은 기계에 탑재하여 시험운전을 통하여 시운전을 수행하였다.

모든 과정이 순차적으로 진행되어 선행 작업이 완료된 이후에 다음 작업이 진행되었다. 그러나 가상 시운전에서 디지털 트윈 모형을 적용하여 설계와 제작과정에 적용하였다. 가상 시운전을 통하여 기계설계단계에서 제어 설계가 동시에 진행되고 기계설계가 끝난 후 가상 환경인 컴퓨터에서 사전에 제어 프로그램을 시운전하여 많은 에러와 수정을 거친 후 실제 라인제작을 완성해 가는 방법으로 제작시간과 현장에서 발생하는 시행착오를 줄일 수 있었다.

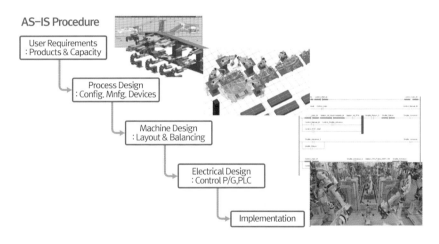

〈그림 7.3.8〉 과거 생산라인 제작과정

또한 이미 제작되어 납품이 완료 된 생산라인에 문제가 발생 시 엔지니어들을 직접파견하여 문제점을 찾고 유지 보수하는 업무를 진행하고 있었다. 공정 외부에서 엔지니어들이 공정을 이상 분석 시 정밀한 설비들을 분석하여 문제점을 찾고 대응해야 하는 번거로움이 있었다.

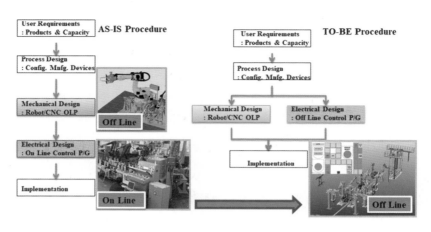

〈그림 7.3.9〉 가상물리시스템기반 개선된 생산라인 제작과정

■ SIEMENS 적용 사례

1) SIEMENS사의 Amberg 공장

SIEMENS는 독일의 낮은 출산율과 고령화로 야기된 생산 인구의 감소, 제조업의 부가 가치 하락을 미리 내다보고 공장의 스마트화를 지속적으로 추진해왔다. 독일식 창조 경제 전략 Industry 4.0'에 힘입어 SIEMENS는 가상물리시스템의 도입을 고려하게 되었으며 이에 독일 남동부의 Amberg 공장에 가상물리시스템 도입을 통한 스마트 공장화를 추진하게 되었다. SIEMENS는 스마트공장을 만들면서 3가지 요소에 중점을 두었는데 이는 제품의 시장 적기 출시, 생산 설비의 유연성, 효율적인 생산이며 이를 통해 공장의 생산 효율을 상승시키기를 기대하였다.

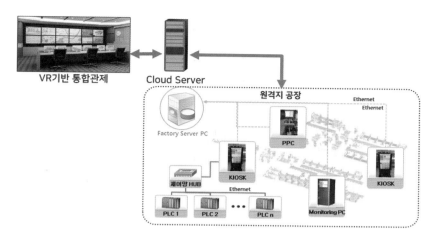

〈그림 7.3.10〉 클라우드 기반 원격 운영 및 유지보수

2) Amberg 공장의 가상물리시스템 도입

Amberg은 PLC 제조 공장에서 자동화 시스템 생산을 자동화하는 시점까지 디지털화를 추진했다. 빅데이터를 수집 및 분석하고, 데이터 커뮤니케이션을 최적화하며, 가상물리시스템 도입을 통해 제조실행시스템, 제품생애주기관리시스템이 접목되어 생산성을 향상시키는 것을 목적으로 한다. 부품 제조업체·조립공장·물류·판매회사 등이 인터넷으로 연결되었고 공장 내 생산 장비와 부품, 제품도 센서와 바코드 정보 등을 통해 실시간으로 공장에 대한 관리, 제어를 시도하였다. SIEMENS 지멘스는 약 1,000개의 Simatic PLC가 Amberg 설비의 대부분 자동화된 생산 공정에 사용하며, 가상물리시스템 기반의 데이터 통합과 분석 alc 적용을 통해 의사결정이 이루어지고 있다.[9]

9 "Pressebilder", Siemens.com, https://www.siemens.com/press/de/pressebilder/?—press=/de/pressebilder/2016/digitalfactory/2016-11-ewa/im2016110166dfde.htm&—content[]=DF.

<그림 7.3.11> Siemens사의 Amberg 공장

3) Amberg 적용 효과

결과적으로 Amberg 공장은 99.99885 퍼센트의 "완벽한" 생산 품질 비율이 보고되었다. 이는 공장이 매년 1200만 개의 Simatic PLC를 생산하기 때문에 인상적인 속도다. 공장이 매년 230일을 운영하는 것을 고려할 때, 이는 1초에 1개의 PLC를 생산하는 것으로 해석된다.

이 시설에서 높은 수준의 자동화가 이루어지고 있음에도 불구하고 사람들은 여전히 생산 공정에 대한 많은 중요한 결정을 내린다. 직원들의 근무시간은 평균 35시간(1주 기준)으로 매우 짧은 편에 속하지만 생산성은 최고 수준이다. 에너지 소비 역시 기존 공장 대비 30% 정도 낮아, 전체 효율에 기여하고 있다. 제품수명주기관리(PLM) 소프트웨어를 기반으로 인더스트리 4.0을 성공적으로 실현했다는 평가를 받고 있다.

7.4 솔루션

■ UDM 가상물리시스템 플랫폼

　UDMTEK사의 UDM 가상물리시스템은 사물인터넷이나 M2M[10]이 등장하면서 천문학적으로 나타난 RAW 데이터를 AI, 딥러닝, Big Data, Simulation 관련 핵심기술 기반으로 스마트공장 솔루션을 제공한다. 공장 설비의 ms 단위로 발생하는 데이터를 모두 수집·분석하는 것은 관련분야의 전문가와 데이터 분석가들의 많은 시간과 비용이 요구되는 어려운 일이다. 이에 UDM 가상물리시스템은 설계, 시운전, 운영 및 유지보수 각 단계에서 수평적으로 통합되고 OPC UA기반 수직적으로 통합된 된 스마트 공장의 구체적인 솔루션을 제시하였다.

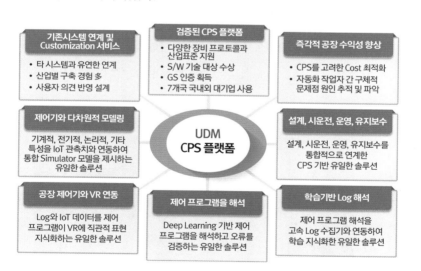

〈그림 7.4.1〉 UDMTEK사의 가상물리시스템의 기능

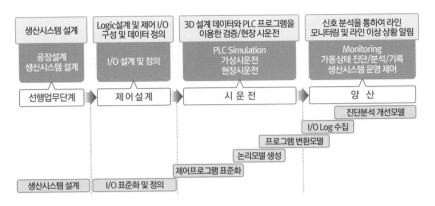

〈그림 7.4.2〉 스마트 공장 구축 단계별 Task

UDM 가상물리시스템 솔루션은 자동화 시스템의 스마트 공장 플랫폼을 제공하며 실제공장과 가상공장의 디지털 트윈 모형을 제공하기 위하여 다차원적인 모형 Framework을 제공하고 있다. 현재 H자동차/L 디스플레이/D/T사 등 다양한 분야에 적용이 되고 있다. 기계적/전기적/제어 로직 변환 관측모형이 단계적으로 서로 연계되어 제어설계, 시운전, 운영 및 유지보수에 적용될 수 있는 다차원적 모형 Framework을 제시하고 있다.

〈그림 7.4.3〉 Smart Factory UDM Platform(UDMTEK사)

■ Dassault의 3D EXPERIENCE

3D EXPERIENCE는 로봇 제조 프로세스 시뮬레이션을 통한 디지털 트윈 플랫폼이다. 로봇제조 프로세스 개선을 통해 작업 효율화와 비용을 절감을 목적으로 한다.

생산라인의 배치, 하드웨어, 프로세스, 작업 디자인 등 생산 과정 전체를 시뮬레이션한다. 실제 과거 대비 생산성이 10~15% 향상되었다고 한다.[11]

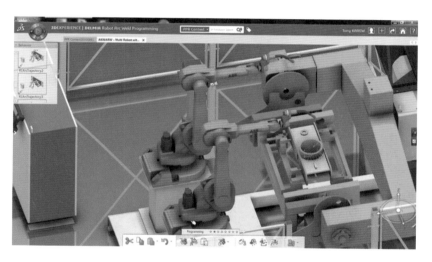

〈그림 7.4.4〉 Dassault의 3D EXPERIENCE

■ 미쓰비시 전기의 e-Factory

e-Factory는 제조현장의 원활한 네트워킹과 데이터 관리를 위한 솔루

11 "다쏘시스템의 3D익스피리언스 플랫폼", https://www.3ds.com/ko/about-3ds/3dexperience-platform/

션이다. 사물인터넷, 클라우드 등을 활용해 실시간으로 에너지 사용량, 생산라인과 설비 가동상황을 유지하거나 예측하기위해 가상물리시스템을 도입하고 있다.[12] 이를 통해, 공장 현장의 광범위한 정보 데이터를 수집하고 분석한다. 이러한 공장 내의 정보 연계를 통해 설비나 생산상황에 관한 정보를 원활하게 공유하고 생산효율을 최대화하거나, 에너지 소비를 최소화한다.

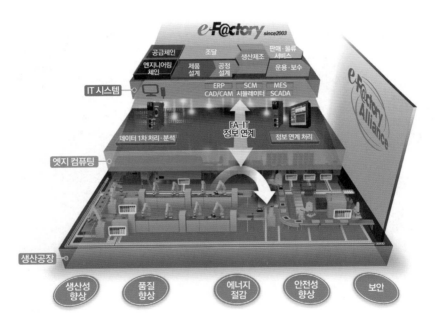

〈그림 7.4.5〉 미쓰비시 전기의 e-Factory

실제 미쓰비시전기 나고야 제작소 서보 모터 공장은 미쓰비시전기의 서보 모터 중 소용량, 중용량의 신형 서보 모터를 대상으로 고정자 권선, 모터

12 "한국미쓰비시", 한국미쓰비시. http://kr.mitsubishielectric.com/

조립, 시험, 의장까지를 생산하는 라인으로 구성되어있다. e-Factory를 통해
에너지 정보를 활용한 생산성 향상과 비용 절감을 목표로 각종 에너지 계측
모듈에 의해 생산 라인, 생산 설비에서 에너지 정보를 수집하고 생산 정보
와 에너지 정보를 연계 및 관리하기 위해, 정보 연계 제품을 이용하여 상위
PC에 생산 정보를 송신한다.

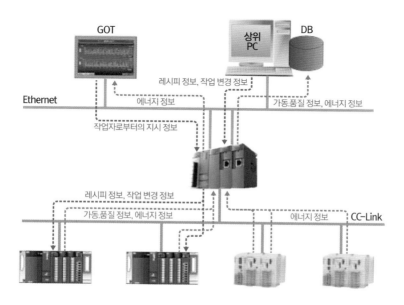

〈그림 7.4.6〉 에너지 정보 수집 시스템

에너지 계측 모듈을 이용하여 에너지 소비량 계측 및 시각화, 생산 실적
정보를 기반으로 에너지 원단위 열람 및 분석으로 에너지 효율화를 도모 하
고 있다.

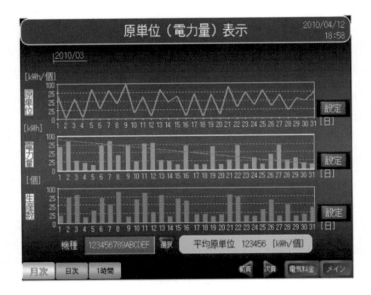

〈그림 7.4.7〉 생산 실적 정보와 에너지 사용량 수집 시각화

■ GE의 PREDIX

　PREDIX는 클라우드 기반의 산업용 데이터 분석 서비스이다. 가상물리
시스템을 갖추게 되면서, 산업기계들은 엄청난 분량의 과거 데이터를 보유
하고 있다. PREDIX는 이런 데이터를 저장하고 분석하며 고객이 효율적으
로 사용할 수 있는 결과를 도출해낸다. 또한 고객이 원하는 서비스를 쉽게
개발할 수 있는 인프라스트럭처를 만들거나 제공한다. 사용자는 인프라스
트럭처의 배포나 서버, 스토리지 등의 구성 지식 또는 공수를 PREDIX를 통
해 해결할 수 있다. 산업자산 모니터링이나 시계열 데이터 분석 같은 산업
용 서비스도 추가로 제공한다.[13]

13　"Cloud-based Platform-as-a-Service(PaaS) | Predix.io", https://www.predix.io/

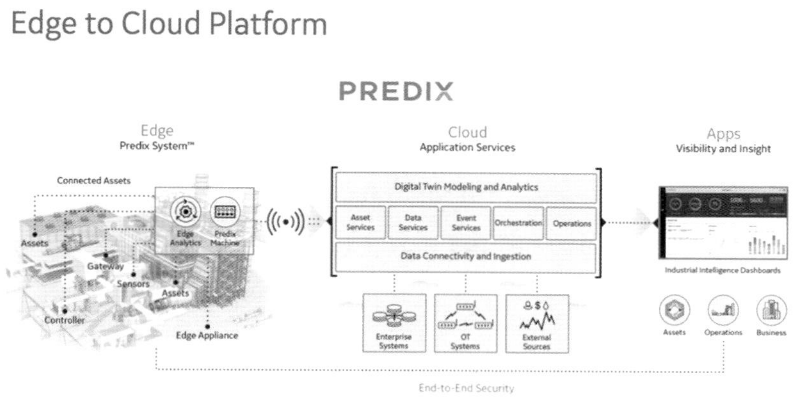

Edge to Cloud Platform

〈그림 7.4.8〉 PREDIX Platform(GE사)

7.5 맺음말

독일은 4차산업혁명의 원동력(Enabler)로 가상물리시스템을 꼽았다(〈그림 1.1.1〉참조).

가상물리시스템은 사물인터넷을 동반하며, MR(Mixed Reality), AR/VR의 핵심 솔루션이다. 그리고 인공지능, 딥러닝, 머신러닝, 주요 주성분분석과 같은 통계적 데이터 분석, 그리고 다양한 해석 및 최적화 등의 고도화 기술의 총합체이다.

지금의 서술은 종합적으로 정의된 가상 시스템과 물리적 실제 시스템을 디지털 트윈 모형으로 구현하는데 초점을 맞추고 있다. 특히 가상 모형과 물리 모형을 서로 연동하는 주요 매체로 실세계에서 동작되는 제어 프로그램을 중심에 두고 있다. 그리고 제조공정의 설계, 제작, 시운전, 운영과 유지보수 영역에서 구체적으로 활용 가능한 서비스 모형을 제시하고 있다. 그리고 서술된 서비스 모형은 실제 적용되는 프로젝트를 소개하였으며, 이는 향후 유사한 산업에 확장될 수 있을 것이다.

가상물리시스템은 계속 진화를 하고 있으며 미완의 솔루션이다. 이 솔루션은 궁극에는 자가 구성과 재구성(Self-configuration & reconfiguration)을 통한 자가 회복(self-resilence), 변동에 대한 자가 조정(self-adjust), 자가 최적화(self-optimize)로의 진화에 목표를 두고 있다(〈그림 1.23〉 참조).

가상물리시스템의 진화가 완성될 때 4차 산업혁명도 완성될 것이다.

8장

클라우드 컴퓨팅

김보현 한국생산기술연구원 수석연구원

SMART FACTORY
TECHNOLOGY

4차 산업혁명이 제조업에 실현된 모습으로 이야기 되고 있는 스마트공장을 구축하는데 있어서 중요한 핵심기술로 클라우드 컴퓨팅이 부각되고 있다. 클라우드 컴퓨팅은 막대한 규모의 IT 자원을 통하여 기존 정보화 시스템에서는 시도해 보지 못했던 새로운 도전을 가능하게 한다. 이미 준비된 클라우드 컴퓨팅 인프라 상에서 사용자는 자신의 비즈니스에 집중하고 오랜 경험을 살릴 수 있으며, 아울러, 사물인터넷, 사물인터넷 등의 첨단 정보기술을 융합하여 활용할 수도 있다. 즉, 클라우드 컴퓨팅 서비스를 통하여 기업들은 대규모의 IT 투자 없이 시장수요에 IT 자원을 탄력적으로 운용할 수 있기 때문에 신기술 도입과 비즈니스화에 더욱 속도를 높일 수 있게 된다. 본 장에서는 이러한 클라우드 컴퓨팅에 대해서 개요, 주요 기술, 관련 솔루션 및 적용사례를 살펴봄으로써 독자들에게 클라우드 컴퓨팅에 대한 전반적인 이해를 돕고자 한다.

이 글을 쓴 김보현은

국내 산업 중에서 작업환경도 좋지 않고 임금도 많지 않는 곳이 제조업이다. 그렇지만 제조업은 한국 산업구조의 기반인 동시에 주력산업으로서 결코 등한시할 수 없는 산업영역이다. 필자는 KAIST에서 박사학위를 받고 다임러크라이슬러와 해양연구원을 거쳐, 2002년부터 한국생산기술연구원에 근무 중이다. 그동안 국내 제조업의 발전을 위한 기획연구와 생산현장 정보화와 관련된 연구개발을 수행해 왔다. 더불어 4차 산업혁명에 대응하여 제조업이 나아가야 할 방향, 즉 스마트제조에 대해서 중소기업인들이 올바르게 이해하고 준비할 수 있도록 도와주는 역할을 담당했다.

8.1 개요

8.1.1 클라우드 컴퓨팅의 개념

클라우드 컴퓨팅(Cloud Computing)은 1965년 인공지능 언어인 LISP 개발자로 잘 알려져 있는 존 메카시가 "컴퓨터 환경은 공공시설을 쓰는 것과도 같을 것"이라는 개념을 제시한 것으로 부터 유래하였다. 제너럴 메직은 1995년 3월부터 AT&T를 비롯한 여러 통신사들과 제휴를 맺고 클라우드 컴퓨팅 서비스를 세계 최초로 시작하였으나, 기술, 환경 및 시장이 아직 형성되기 전이라 실패할 수밖에 없었다. 현대적 의미의 클라우드 컴퓨팅은 1996년 컴팩의 내부문서에서 언급되면서 등장하였다.[1] 이 용어가 대중화된 것은 인터넷 쇼핑몰 서비스 업체인 아마존 닷컴이 AWS(Amazon Web Service)라는 자회사를 세우고 클라우드 컴퓨팅 서비스를 시작한 2006년으로 거슬러 올라간다.

클라우드 컴퓨팅의 목표는 일반 사용자들이 각 분야의 기술에 대한 전문적이고 깊은 지식 없이도 곧 바로 정보통신기술 서비스를 이용할 수 있도록 하는 것이다. 즉, 클라우드 컴퓨팅은 업무수행에 있어서 비용절감을 목적으로 하고 있으며, 바이러스와 같은 방해물들에 의해서 지연되지 않고 집중할 수 있도록 도와주는 역할을 담당한다. 이러한 클라우드 컴퓨팅은 유틸리티 컴퓨팅, 그리드 컴퓨팅, ASP(Application Service Provider) 서비스 등 기존 기술들과 여러 가지 패러다임이 혼합되어 진화 발전한 결과물이라고 할 수 있다.

---

1 위키백과, https://ko.wikipedia.org/wiki/클라우드_컴퓨팅, 2017.

클라우드 컴퓨팅은 일부 특정한 사람들만 컴퓨팅 환경을 독점했던 메인 프레임 시대에서 개인적으로 활용 가능한 PC시대를 거쳐서, 언제 어디서나 시공간에 구애받지 않고 자유롭게 사용하는 컴퓨팅 시대로 전환된 것을 의미한다. 즉 클라우드 컴퓨팅은 일관성과 규모의 경제를 달성하기 위해서 유한한 컴퓨팅 자원을 다수의 사람들이 공유하는 개념이라고 해석할 수 있다.

8.1.2 클라우드 컴퓨팅의 구성

〈그림 8.1.1〉에 나타난 것처럼, 클라우드 컴퓨팅은 5가지 기본 특징과 3가지 서비스 모델 및 4가지 전개모델로 구성되어 있다.[2] 클라우드 컴퓨팅의 기본 특징은 고객이 서비스 제공자와의 별다른 상호작용 없이도 자동적으로 필요한 만큼의 컴퓨팅 역량을 확보하여 사용하는 ① 주문형 셀프서비스(on-demand self-service), 다양한 클라이언트 플랫폼에 의해서 사용 및 접근될 수 있고 네트워크 상에서 이용 가능한 ② 광역 네트워크 접근(broad network access), 컴퓨팅 자원들이 혼합된 형태를 유지하면서 사용자의 요구에 맞게 서비스되기 위한 ③ 자원의 공동 사용(resource pooling), 탄력적으로 준비 및 제공하고 수요에 맞춰 신속하게 확장·축소가 가능한 ④ 신속한 탄력성(rapid elasticity), 미터링 기능을 활용한 자원 사용의 통제 및 최적화가 가능한 ⑤ 측정된 서비스(measured service)의 5가지 항목으로 정리할 수 있다.

클라우드 컴퓨팅 서비스란 인터넷 상에 자료를 저장해 두고, 필요한 자료나 프로그램을 자신의 컴퓨터에 설치하지 않고도 인터넷의 접속을 통해서 언제 어디서나 이용할 수 있는 것을 의미한다. 이 서비스 제공자들은 자신들의 서비스들을 각기 다른 서비스 모델 형태로 제공하는데, 일반적으로

2   Peter Mell and Timothy Grance, The NIST Definition of Cloud Computing, Special Publication 800-145, 2011, NIST.

여기에는 서비스로서의 소프트웨어(SaaS, Software as a Service), 마이크로소프트의 Azure와 같은 서비스로서의 플랫폼(PaaS, Platform as a Service), 그리고 KT, SK텔레콤 등이 지향하는 서비스로서의 기반시설(IaaS, Infrastructure as a Service)의 세 가지 모델로 구분한다.[2] 이들 세 가지 모델은 종종 기술스택(technology stack) 내의 계층으로 표현되기도 하지만, 반드시 모델들이 서로 관련될 필요는 없다.

SaaS는 일반 사용자를 대상으로 하며 즉시 사용할 수 있는 완전한 서비스 모델이다. SaaS는 사용자의 비용 부담을 경감시키고 번거로운 업데이트·다운로드 및 설치의 불편을 해소하는 장점이 있는 반면, 사용자의 데이터가 외부에 노출될 수 있고 통신 인프라가 외부와 단절되거나 환경이 열악한 경우에 활용할 수 없다는 단점이 있다. PaaS는 응용 프로그램 개발자를 대상으로 하며 각종 프로그래밍 언어나 미들웨어, API(application program interface), 개발지원 환경, 응용 소프트웨어 배포환경 등을 제공하는 서비스 모델이다. PaaS는 개발자가 큰 비용부담 없이 편하게 응용 프로그램을 개발한다는 장점이 있지만, 플랫폼을 기반으로 개발하기 때문에 특정 플랫폼에 종속적이고 플랫폼 제공자 간의 이해관계 충돌로 인하여 응용 프로그램 간의 호환성 문제가 발생할 수 있다는 단점이 있다. IaaS는 시스템 관리자를 대상으로 하며 하드웨어 자원을 서비스 형태로 제공하는 서비스 모델이다. IaaS는 필요한 컴퓨팅 인프라를 빠르게 운영하고 시스템 해체가 용이하다는 장점이 있는 반면, 클라우드 사업자의 데이터 센터에서 모든 데이터를 총괄하기 때문에 데이터 센터의 이상이 발생할 경우에 치명적인 손실이 발생한다는 단점이 있다.

클라우드 전개모델은 프라이빗 클라우드(Private Cloud), 커뮤니티 클라우드(Community Cloud), 퍼블릭 클라우드(Public Cloud) 및 하이브리드 클라우드(Hybrid Cloud)의 4가지 형태로 구분한다. 프라이빗 클라우드는 특정한 조직 내에서 독립적으로 사용하기 위한 목적으로 구축되며, 자체적으로 운영 및 관리된다. 커뮤니티 클라우드는 여러 조직들로부터 모인 사용자들이 형성한 특정한 커뮤니티를 위해서 배타적으로 운영되는 클라우드로써, 커뮤니티나 관련 조직들이 운영관리를 담당한다. 퍼블릭 클라우드는 전문 클라우드 사업자에 의해 서비스가 제공되고, 누구나 가입하여 사용할 수 있는 가장 일반적인 클라우드 모델이다. 마지막으로 하이브리드 클라우드는 앞서 설명한 클라우드 모델 2개 이상이 결합하여 클라우드 서비스를 제공하는 형태이다.

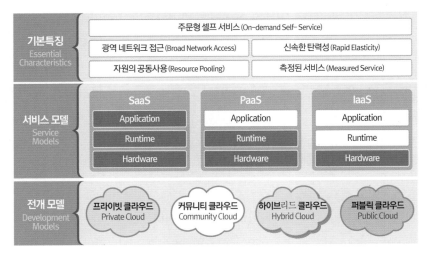

〈그림 8.1.1〉 클라우드 컴퓨팅의 구성[2]

8.2 클라우드 컴퓨팅 기술

클라우드 컴퓨팅 생태계는 고객이 클라우드 서비스를 받을 수 있도록 지원하는 환경 전반을 의미한다. 이러한 생태계는 크게 클라우드 컴퓨팅 제공자, 클라우드 컴퓨팅 서비스 중개 플랫폼, 클라우드 컴퓨팅 네트워크, 클라우드 컴퓨팅 서비스 단말과 클라우드 컴퓨팅 보안의 5가지 주요 요소로 구성된다.[3]

클라우드 컴퓨팅 서비스 제공자는 클라우드 컴퓨팅에 필요한 하드웨어 및 소프트웨어를 마련하고, 일반고객, 개발자, 사업자 등의 사용자를 대상으로 IaaS, PaaS, SaaS 등을 포함하는 다양한 형태의 클라우드 서비스 모델을 제공하는 주체이다. 클라우드 컴퓨팅 서비스 중개 플랫폼은 여러가지 다른 종류의 클라우드 서비스들을 연계, 통합 및 최적화하여 고객에게 최고의 서비스를 제공할 수 있도록 지원하고 관리하는 역할을 담당한다. 클라우드 컴퓨팅 네트워크는 클라우드 컴퓨팅 제공자와 클라우드 컴퓨팅 서비스 단말을 연결하는 각종 유무선 망을 의미한다. 클라우드 컴퓨팅 서비스 단말은 사용자가 클라우드 서비스를 이용하는 수단으로 스마트폰, 태블릿 PC, 노트북, 씬 클라이언트, 제로 클라이언트 등이 여기에 해당된다. 마지막으로 클라우드 컴퓨팅 보안은 클라우드 컴퓨팅 생태계 전반에 걸쳐서 클라우드 컴퓨팅 서비스를 안전하게 이용할 수 있도록 지원하는 역할을 담당한다.

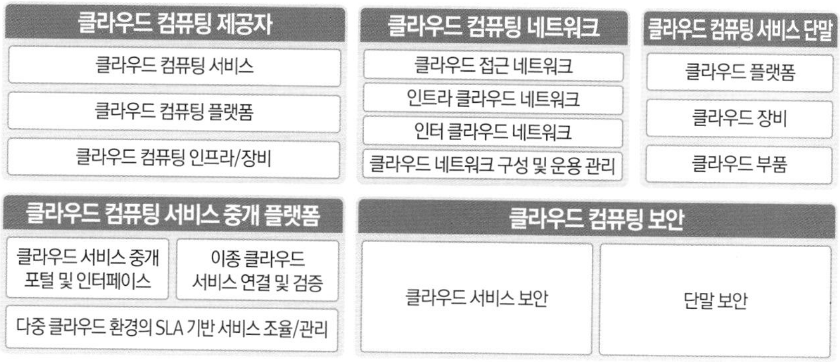

클라우드 컴퓨팅 제공자	클라우드 컴퓨팅 네트워크	클라우드 컴퓨팅 서비스 단말
클라우드 컴퓨팅 서비스	클라우드 접근 네트워크	클라우드 플랫폼
클라우드 컴퓨팅 플랫폼	인트라 클라우드 네트워크	클라우드 장비
클라우드 컴퓨팅 인프라/장비	인터 클라우드 네트워크	클라우드 부품
	클라우드 네트워크 구성 및 운용 관리	

클라우드 컴퓨팅 서비스 중개 플랫폼		클라우드 컴퓨팅 보안	
클라우드 서비스 중개 포털 및 인터페이스	이종 클라우드 서비스 연결 및 검증	클라우드 서비스 보안	단말 보안
다중 클라우드 환경의 SLA 기반 서비스 조율/관리			

〈그림 8.2.1〉 클라우드 컴퓨팅 생태계 구성[3]

---

3   한국클라우드연구조합, 클라우드컴퓨팅 기술 스택, 2015.

클라우드 컴퓨팅의 주요 구성요소별 역할·기능, 세부 주요기술 및 국내·외 동향은 한국클라우드컴퓨팅연구조합에서 작성한 "2015 클라우드컴퓨팅 기술 스택"에 자세하게 나타나 있다. 본 장에서는 "2015 클라우드컴퓨팅 기술 스택"의 내용을 일반인이 이해할 수 있도록 발췌하거나 풀어서 정리하고자 한다.

8.2.1 클라우드 컴퓨팅 서비스 제공자

클라우드 컴퓨팅 서비스 제공자 기술은 대상 고객들이 바로 사용할 수 있는 클라우드 컴퓨팅 서비스, 이러한 클라우드 컴퓨팅 서비스를 개발할 수 있도록 지원하는 클라우드 컴퓨팅 플랫폼, 그리고 컴퓨팅 하드웨어 및 관리를 담당하는 클라우드 컴퓨팅 인프라/장비 기술로 구성된다.

〈그림 8.2.2〉 클라우드 컴퓨팅 서비스 제공자의 기술 구성[3]

1) 클라우드 컴퓨팅 서비스 기술

클라우드 컴퓨팅 서비스는 대상 고객들이 직접 사용할 수 있는 서비스 형태에 따라 SaaS, PaaS, IaaS 및 통합서비스의 4가지 영역으로 구분한다. 첫째 SaaS 서비스는 기업 혹은 개인 고객이 쉽게 사용할 수 있도록 ERP (enterprise resource planning), CRM(customer relation management), SCM(supply chain management), 그룹웨어, 문서편집, 문서관리 등과 같은 응용 소프트웨어를 제공하고, 고객이 사용한 만큼 비용을 지불하도록 하는 것이다. SaaS 서비스 시장은 일반 기업 및 고객들에게 직접 서비스를 제공하기 때문에 글로벌 기업, 대기업뿐만 아니라 중소기업들도 활발하게 시장에 참여하고 있다.

둘째, PaaS 서비스는 서비스 대상인 응용 소프트웨어를 개발, 테스트 및 설치할 수 있도록 통합 개발환경을 제공하는 플랫폼으로써 빅데이터 플랫폼, DB플랫폼 등이 여기에 해당된다. 글로벌 기업은 클라우드 컴퓨팅 시장의 주도권을 확보하기 위해서 다양한 PaaS 서비스를 확대하고 있는데 반해, 국내 기업은 아직까지 특정분야의 서비스 시장에만 참여하고 있다.

셋째, IaaS 서비스는 유한한 컴퓨팅 자원을 필요에 따라 사용할 수 있도록 서버, 스토리지, 네트워크를 가상화 환경으로 만드는 것이다. 이러한 서비스는 대규모의 데이터센터를 구축하고 운용할 수 있는 능력이 있어야 하기 때문에 주로 대기업이 시장을 주도하고 있다. 특히, 해외 IaaS 시장은 구글(Google), 아마존(Amazon), 아이비엠(IBM), 세일즈포스닷컴(Salesforce. com), 오라클(Oracle) 등 대 다수의 글로벌 기업이 참여하고 있다.

마지막으로 통합 서비스는 시간 및 공간에 구애받지 않고 고객의 취향에 따라 다양한 형태의 통합된 서비스를 제공하는 것이다. 대표적인 통합 서비스로는 인터넷에서 개인의 PC환경을 사용하는 VDI(Virtual Desktop Infrastructure) 서비스, 클라우드 기반 보안서비스인 SecaaS(Security as a Service), 클라우드 기반 콘텐츠 전달 네트워크 서비스인 CDN(Contents Delivery Network) 등이 있다.

2) 클라우드 컴퓨팅 플랫폼 기술

클라우드 컴퓨팅 플랫폼은 SaaS 플랫폼, PaaS 플랫폼, IaaS 플랫폼 및 서비스 관리 솔루션의 4가지 영역으로 구분한다. 첫째, SaaS 플랫폼은 SaaS 응용 소프트웨어를 개발하기 위하여 필요한 공개된 인터페이스들의 집합으로, SaaS 응용 소프트웨어 다중 사용자 지원, 사용자별 데이터 분리, SaaS 응용 소프트웨어의 확장성 지원, 모니터링 및 사용량 측정 등의 기능이 요구된다. 주요 기술로는 고객 기업에서 요구하는 다양한 서비스를 제공하는 마켓플레이스와 여러 가지의 프로그램 소스에서 제공되는 컨텐츠를 조합하여 소프트웨어를 만드는 매쉬업(mash-up) 플랫폼 등이 있다. 특히, 구글, 아마존 등은 이러한 매쉬업이 가능하도록 개방형 API(Open API) 형태로 서비스를 제공하고 있다.

둘째, PaaS 플랫폼은 안정적인 서비스 개발환경을 제공하고 그 환경을 이용하는 응용 소프트웨어를 개발할 수 있는 API까지도 제공하는 서비스 플랫폼이다. 주요 기술로는 소프트웨어 개발에 필요한 개발도구 및 통합 개발환경, 아울러 개발된 응용 소프트웨어를 효과적으로 마이그레이션(migration) 하는 기술 등이 있다.

셋째, IaaS 플랫폼은 서버, 스토리지 및 네트워크를 가상화 환경으로 만들어서 필요에 따라 인프라 자원을 효율적으로 사용할 수 있게 하는 서비스 플랫폼으로써 주요 기술로는 운영체제, 가상화 및 컨테이너 기술이 있다. 운영체제는 기본적인 컴퓨팅 자원을 효과적으로 관리하는 기술인데, 수많은 클러스터 기반 컴퓨팅 자원을 관리하기 때문에 에너지 최적화 이슈가 매우 중요하다. 가상화란 물리적인 하드웨어의 한계를 넘어서 시스템을 효율적으로 운용할 수 있도록 하는 기술이다. 이것은 여러 대의 전산자원을 마치 한 대처럼 운영하거나 한 대의 전산자원을 마치 여러 대의 자원처럼 나누어서 이용하는 것인데, 대표적으로 서버 가상화, 스토리지 가상화 및 네트워크 가상화 기술이 있다. 서버 가상화는 실제 존재하는 물리적 서버를 최대한 효율적으로 활용하기 위하여 단일 서버를 논리적으로 구분하여 복수의 서버인 것처럼 이용하는 것이다. 스토리지 가상화는 다른 기종의 스토리지나 솔루션을 한데 묶어서 스토리지 풀(pool)을 만든 다음, 물리적인 디스크 공간에 가상으로 원하는 크기의 용량을 할당하고 다양한 프로토콜을 이용하여 업무 서버에 필요한 스토리지 용량을 할당하는 것이다. 네트워크 가상화는 하나의 물리적인 네트워크가 마치 여러 개의 다른 기종 프로토콜이 운영되는 논리적 오버레이 네트워크와 같이 운용되는 것을 의미한다. 마지막 컨테이너 기술은 각기 다른 수많은 적재된 응용 소프트웨어들이 단일 운영체제 상에서 실행되도록 하는 것이다.

마지막으로 서비스 관리 솔루션은 클라우드 서비스를 효율적으로 관리하는 기술이다. 주요 기술로는 서비스 자원 모니터링 기술, 프로비저닝과 SLA(Service Level Agreement) 관리를 포함하는 서비스 구성 기술, 계약 관리, 서비스 목록 관리, 어카운팅, 빌링 등을 포함하는 비즈니스 지원 기술 등이 있다. 이러한 서비스 관리 솔루션 기술은 서비스 품질(QoS)과 직접적인 관련이 있기 때문에 최근 들어 프로비저닝(provisioning), 프라이싱(pricing), 모니터링(monitoring) 기술 등이 중요하게 부각되고 있다.

3) 클라우드 컴퓨팅 인프라/장비 기술

클라우드 컴퓨팅 인프라/장비는 서버, 스토리지, 네트워크, 클라우드 어플라이언스, 인프라 설비 영역으로 구성된다. 첫째 서버는 인터넷을 통해 사용자의 모든 IT 서비스 요청을 연산 처리하여 원하는 결과를 제공하는 컴퓨터 시스템을 의미한다. 관련된 주요 기술로는 x86 서버, ARM/ATOM 서버, 매니코어 서버 기술과 메모리 및 I/O장치 등이 있다. 서버는 운영체제를 기준으로 유닉스 서버와 x86 서버로 양분되어 발전하고 있는데, 클라우드 서비스 확산으로 저비용 및 가상화에 적합한 x86 서버가 대세로 자리잡고 있다.

둘째, 스토리지는 서버와 결합하여 다양한 IT 서비스에 필요한 디지털 데이터를 효율적으로 저장, 관리, 보호하는 장비를 말한다. 주요 기술로는 하드 디스크 드라이버(HDD), 무소음으로 작동하는 고속 보조기억장치인 SSD(Solid State Drive), HDD와 SSD 혼용한 하이브리드(hybrid) 스토리지, 비휘발성 속성을 제공하면서 동시에 전형적인 램처럼 고속 접근을 지원하는 SCM(Storage Class Memory) 등이 있다.

셋째, 네트워크는 트래픽 혼잡제어, 서비스 품질보장, 보안유지 등을 수행하는 장비로 스위치(switch), 라우터(router), 전송장비 등으로 구성된다. 스위치는 네트워크 단위들을 연결하는 통신장비로 네트워크 내에서 패킷(packet)을 전달하는 역할을 담당한다. 라우터는 패킷의 위치를 추출하여 최상의 경로를 지정하고 데이터 패킷을 다음 장치로 전향시키는 장치이다. PTN(Packet Transport Network), OTN(Optical Transport Network) 등의 전송장치는 네트워크 스위칭 노드를 묶어주는 시스템으로 비교적 긴 거리의 데이터 전송에 이용된다.

넷째, 클라우드 어플라이언스는 서버, 스토리지, 네트워크 장비, 가상화 소프트웨어(SW)를 일체화시킴으로써 기업들이 쉽고 편하게 클라우드 시스템을 도입할 수 있게 하는 통합형 장비를 말한다. 주요 기술로는 통신 및 컴퓨팅 장비 설계 규격인 ATCA(Advanced Telecommunications Computing Architecture), 가상 네트워크(Virtual Network), 소프트웨어 정의 네트워킹(SDN) 기술 등이 있다.

마지막으로 인프라 설비 기술은 IDC(Internet Data Center) 관리기술과 IDC 기반시설인 배선 및 공조 기술이 있다. IDC 관리기술은 데이터 센터의 운영 및 유지 서비스를 위하여 전력계통, 공조계통 및 ICT 장비의 실시간 에너지 사용현황을 통합 관제하는 것이다. 배선은 직류 전원장치(DC PSU), 무정전 전원장치(UPS), 배터리, 발전기 등 전력관리 설비를 통한 고효율 전원시스템을 유지하는 기술이다. 그리고 공조는 프리 쿨링(외기도입, 열교환),

2편 스마트공장 기술개론

고효율 항온항습기 등의 설비를 활용하여 공조시스템의 효율화를 추구하는 기술이다.

8.2.2 클라우드 컴퓨팅 서비스 중개 플랫폼

클라우드 컴퓨팅 서비스 중개 플랫폼은 이종의 다양한 클라우드 서비스들의 연계를 통한 중개 및 관리를 위한 플랫폼 기술이다. 서비스 중개 플랫폼은 클라우드 서비스 중개 포털 및 인터페이스, 다중 클라우드 환경의 SLA (Service Level Agreement) 기반 서비스 조율 및 관리, 이종 클라우드 서비스 연결 관리 및 검증 기술로 구성된다.

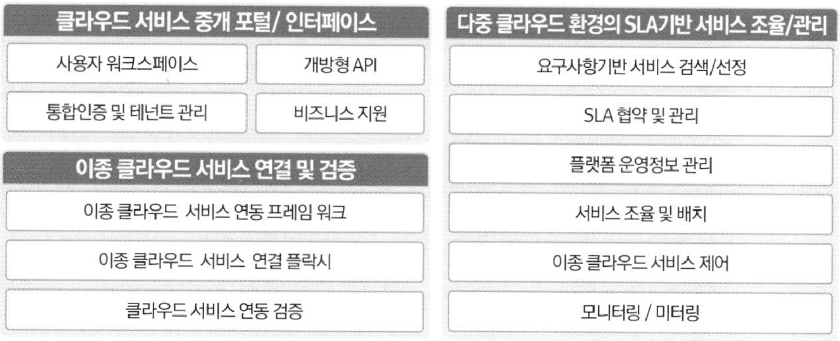

클라우드 서비스 중개 포털 / 인터페이스		다중 클라우드 환경의 SLA기반 서비스 조율/관리
사용자 워크스페이스	개방형 API	요구사항기반 서비스 검색/선정
통합인증 및 테넌트 관리	비즈니스 지원	SLA 협약 및 관리
이종 클라우드 서비스 연결 및 검증		플랫폼 운영정보 관리
이종 클라우드 서비스 연동 프레임 워크		서비스 조율 및 배치
이종 클라우드 서비스 연결 플락시		이종 클라우드 서비스 제어
클라우드 서비스 연동 검증		모니터링 / 미터링

〈그림 8.2.3〉 클라우드 컴퓨팅 서비스 중개 플랫폼의 기술 구성[3]

1) 클라우드 서비스 중개 포털 및 인터페이스

클라우드 서비스 중개 포털 및 인터페이스는 서비스 사용자, 사업자 및 관리자가 요구하는 서비스들의 배치, 관리 및 사업화 지원을 위한 다양한 업무환경과 인터페이스를 제공하는 기술이다. 사용자 워크 스페이스는 서비스 중개 플랫폼의 사용자인 관리자, 클라우드 서비스의 제공자 및 사용자를 위한 업무환경 포털 구축 기술이다. 통합인증 및 테넌트(tenant) 관리는 다중 클라우드 서비스 환경에서 사용자 인증 및 테넌트 단위의 사용자 관리 (미터링, 과금, 리포팅 등)를 지원하는 기술이다. 개방형 API는 서비스 중개 플랫폼의 주요 기능들의 인터페이스를 개방함으로써 상위 시스템이나 응용 시스템이 활용할 수 있도록 하는 것이다. 마지막으로 비즈니스 지원은 서비스 중개 사업자를 위한 기능으로 사업화에 필요한 정보를 생성 및 관리하는 기술이다.

해외에서는 다양한 솔루션들의 연계 서비스 사업자들이 증가하면서 통합 인증 및 테넌트기반 관리기술에 대한 연구가 활발하게 진행되고 있다. 그렇지만, 국내는 아직까지 관련 시장이 형성되는 단계이며, 제한된 특정 사업자의 솔루션 관리를 위한 단순한 기능의 워크 스페이스 및 인증 기능을 제공하고 있다.

2) 다중 클라우드 환경의 SLA기반 서비스 조율 및 관리

다중 클라우드 환경의 SLA 기반 서비스 조율 및 관리 기술은 요구사항 기반 서비스 검색 및 선정, SLA 협약 및 관리, 플랫폼 운영정보 관리, 서비스 조율 및 배치, 이종 클라우드 서비스 제어, 모니터링/미터링 등으로 구성된다. 첫째, 요구사항 기반 서비스 검색 및 선정은 사용자가 입력한 서비스 사양, 사업자, 가격, 지역, 보안수준 등의 요구사항에 적합한 서비스를 검색하여 선정하는 기능으로 수동 선정방식과 알고리즘 기반 자동 선정방식이 있다. 둘째, SLA 협약 및 관리는 클라우드 서비스 사용자의 요구사항과 공급자의 서비스 사양 사이의 SLA 협상방식을 제공하기 위한 것으로 SLA관련 전체 관리과정을 지원하는 관리 프레임워크 기술이다. 셋째, 플랫폼 운영정보 관리는 플랫폼에서 발생하는 다양한 정보(로그 정보, 서비스 메타데이터, 사용자 정보, 서비스 사용 정보, 모니터링 데이터 등)들을 통합적으로 운영 및 관리하는 기술이다. 넷째, 서비스 조율 및 배치는 서비스 사용자의 요구사항에 따라 이종 서비스들 간의 통합, 서비스 구성 설정, 서비스 고속 배치, 개별 서비스 조율·배치 등을 수행하는 것이다. 다섯째, 이종 클라우드 서비스 제어는 다양한 클라우드 상에 배치된 서비스들의 상태를 제어하는 기술이다. 마지막으로 모니터링은 클라우드 서비스 중개 플랫폼에 연결된 다양한 서비스들의 상태, 사용 현황, SLA 상태 등의 관리 데이터들을 수집하는 기술로써 개방형 API 기반 모니터링과 에이전트 기반 모니터링으로 나눌 수 있다. 그리고 미터링 기술은 서비스 과금을 위한 미터링, 신뢰성 보장을 위한 SLA 위반 감시 기능 등을 포함한다.

3) 이종 클라우드 서비스 연결 관리 및 검증

이종 클라우드 서비스 연결 관리 및 검증은 이종 클라우드 서비스로 인한 복잡한 인터페이스를 추상화하여 동일한 사용환경을 제공하는 기술인데, 이종 클라우드 서비스 연동 프레임워크, 이종 클라우드 서비스 프락시, 클라우드 서비스 연동 검증 등의 세부기술로 구성된다. 이종 클라우드 서비스 연동 프레임워크는 클라우드 서비스 중개 플랫폼을 공통 인터페이스로 제공함으로써 향후 연결될 개별 클라우드 서비스의 인터페이스를 쉽게 추가할 수 있도록 하는 프레임워크 기술이다. 이종 클라우드 서비스 연결 프락시는 개별 클라우드 서비스가 클라우드 서비스 중개 플랫폼에 연결될 수 있도록 하는 인터페이스 제공 기술이다. 클라우드 서비스 연동 검증은 클라우드 서비스의 유효성, 보안준수 여부 등을 감사하는 기능이다.

8.2.3 클라우드 컴퓨팅 네트워크

클라우드 컴퓨팅 네크워크는 클라우드 서비스 제공자와 클라우드 단말을 연결하는 각종 유무선 망으로 클라우드 접근 네트워크, 인트라 클라우드 네트워크, 인터 클라우드 네트워크, 클라우드 네트워크 구성 및 운용관리 영역으로 구성된다.

클라우드 접근 네트워크	인터 클라우드 네트워크
네트워크 및 단말 보안	오버레이 네트워크
모바일 네트워크 QoS 제어	트랜스포트 네트워크

인트라 클라우드 네트워크	클라우드 네트워크 구성 및 운용관리
가상 스위치	온디멘드 네트워크 프로비저닝
서버기반 고속 네트워킹	네트워크 장애/성능 관리
SW 기반 네트워킹	네트워크 인벤토리 관리

〈그림 8.2.4〉 클라우드 컴퓨팅 네트워크의 기술 구성[3]

1) 클라우드 접근 네트워크

클라우드 접근 네트워크는 사용자가 클라우드 컴퓨팅 자원에 접근하기 위한 것으로 네크워크 및 단말 보안 기술과 모바일 네트워크 QoS(Quality of Service) 제어 기술로 구성된다. 네트워크 및 단말 보안 기술은 클라우드 자원을 보호하고 네트워크를 통해 전달되는 응용 데이터에 대한 보안성을 제공하는 기술이다. 주요 기술로는 네트워크를 통해 단말과 클라우드 자원 간에 전달되는 응용 데이터를 보호하기 위한 네트워크 암호화, 클라우드 인프라 접근에 대한 인증 및 차단을 위한 네트워크 보안, 사용자 단말에서 응용 데이터를 보호하기 위한 단말 네트워크 보안기술 등이 있다. 수많은 사용자들이 클라우드 자원을 공유하기 때문에 향후 가상 머신(virtual machine) 간의 통신에 있어서도 보안 이슈가 매우 중요하게 고려될 것으로 예상된다.

모바일 네트워크 QoS 제어는 개인 모바일 장치에서 안정적이고 지연 없이 클라우드 자원으로의 접근을 지원하기 위한 기술이다. 스마트워크 도입확산으로 개인 디바이스를 업무로 활용하는 BYOD(Bring Your Own Device) 환경이 확산됨에 따라 본 기술의 중요성이 증대될 것으로 보인다.

2) 인트라 클라우드 네트워크

인트라 클라우드 네트워크는 관리 영역 내의 클라우드 컴퓨팅 자원들 간의 상호연결을 위한 네트워크 기술로써 가상 스위치, 서버기반 고속 네트워킹, 소프트웨어 기반 네트워킹 등의 세부기술로 구성된다.

가상 스위치(virtual switch)란 가상 네트워크(virtual network) 상에서 가상 머신을 위해서 제공되는 스위치를 의미한다. 이것은 주 운영체제에서 소프트웨어적으로 제공되는 것으로 물리적인 스위치에 준하는 다양한 기능을 가지고 있다.

클라우드 환경 하에서는 가상 머신들 간의 네트워킹 이외의 정보보안을 위하여 방화벽 및 IPS(Intrusion Prevention System)와 가상 머신들의 부하를 균등하게 분산을 하는 로더 밸런스 기능 등이 필요하다. 이러한 기능들을 전용 하드웨어 장비가 아닌 서버기반으로 구현하는 기술이 서버기반 고속 네트워킹 기술이다.

소프트웨어 기반 네트워킹은 네트워크 장비에서 제어 부분과 데이터 전송 부분을 분리하여 네트워크 장비의 기능을 정의할 수 있는 오픈 API를 제공함으로써 프로그램된 소프트웨어로 다양한 네트워크 경로 설정 및 제어 등을 수행할 수 있도록 하는 기술이다.

3) 인터 클라우드 네트워크

인터 클라우드 네트워크는 서로 다른 관리 영역의 클라우드 컴퓨팅 자원들 간의 상호 연결 기술로써, 오버레이 네트워크와 트랜스포트 네트워크 기술로 구성된다. 오버레이 네트워크는 물리적으로 떨어진 데이터 센터를 하나의 가상 인프라로 통합하기 위해서 사용하는 기술이다. 오버레이 네트워크는 라우팅 프로토콜(L3) 위에 스위칭 프로토콜(L2)을 올리는 방식으로 구현함으로써 각자 분리된 L2 네트워크가 서로 통신할 때 라우팅을 거치지 않고 가상의 터널을 통해 직접 통신하도록 하는 것이다.

트랜스포트 네트워크는 지역적으로 분리된 클라우드 자원들을 상호 연결하여 제공하기 위하여 물리적으로 연결하는 전송 계층이다. 최근에는 각 지점 간 연결 경로와 대역폭을 유연하게 제어하고 TCO(Total Cost of Ownership)를 절감할 수 있는 POTN(Packet Optical Transport Network) 기술이 대두되고 있다. 여기서, POTN은 광전송망, 회선망, 패킷망 전송기능을 단일 장비 또는 단일 플랫폼으로 통합한 장비이다.

4) 클라우드 네트워크 구성 및 운용관리

클라우드 네트워크 구성 및 운용관리는 앞서 설명한 접근, 인트라 및 인터 네트워크를 구성하고 상태를 감시 및 제어할 수 있는 운용관리 기술로써 온디멘드 네트워크 프로비저닝, 네트워크 장애/성능 관리 및 네트워크 인벤토리 관리 기술로 구성된다. 클라우드는 특성상 자원을 필요한 시점에 필요한 만큼 사용할 수 있어야하기 때문에 가상 자원뿐만 아니라 네트워크도 구성할 수 있어야 한다. 온디멘드 네트워크 프로비저닝은 클라우드 자원 요청시 컴퓨팅 자원과 이들 간 연결에 필요한 네트워크와 대역폭을 필요한 시점에 즉시 구성할 수 있게 하는 기술이다. 일반적으로 클라우드는 기존 물리적인 서버 계층 위에 하이퍼바이저(hypervisor) 계층과 가상 머신이 구동되는 계층의 3단계 구조를 갖는다. 그렇기 때문에 클라우드의 장애 발생시 이에 대한 근원적인 원인을 찾는 것이 매우 어렵다. 네트워크 장애 및 성능 관리는 물리적 장치, 하이퍼바이저, 가상 머신들의 상호관계 관리와 각 계층 간의 연결 관리를 통한 장애의 근원적인 원인을 분석하는 기술이다. 네트워크 인벤토리 관리는 네트워크를 구성 및 관리하기 위한 물리 및 가상 스위치, 가상 머신과 스위치 간의 연결정보, 각 포트 구성정보 등에 대한 생성, 수정 및 삭제 기능 등을 포함한다.

8.2.4 클라우드 컴퓨팅 서비스 단말

클라우드 컴퓨팅 서비스 단말은 고객 측면에서 클라우드 서비스를 이용하기 위한 제반 소프트웨어 및 하드웨어로써, 세부적으로 클라우드 컴퓨팅 서비스와 연동하기 위한 클라이언트 플랫폼과 이것을 적용한 사용자 단말·기기인 클라이언트 장비 및 클라이언트 부품 기술로 구성된다.

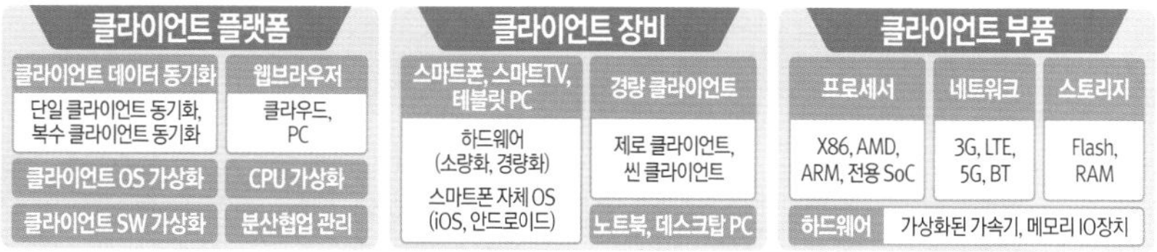

클라이언트 플랫폼		클라이언트 장비		클라이언트 부품		
클라이언트 데이터 동기화	웹브라우저	스마트폰, 스마트TV, 테블릿 PC	경량 클라이언트	프로세서	네트워크	스토리지
단일 클라이언트 동기화, 복수 클라이언트 동기화	클라우드, PC	하드웨어 (소량화, 경량화)	제로 클라이언트, 씬 클라이언트	X86, AMD, ARM, 전용 SoC	3G, LTE, 5G, BT	Flash, RAM
클라이언트 OS 가상화	CPU 가상화	스마트폰 자체 OS (iOS, 안드로이드)	노트북, 데스크탑 PC			
클라이언트 SW 가상화	분산협업 관리			하드웨어	가상화된 가속기, 메모리 IO장치	

〈그림 8.2.5〉 클라우드 컴퓨팅 서비스 단말의 기술 구성[3]

1) 라이언트 플랫폼

클라이언트 플랫폼은 클라우드 서비스를 사용하기 위한 사용자 단말 및 기기의 소프트웨어 부문에 해당된다. 즉, 이것은 클라이언트 데이터 동기화, 웹 브라우저, 클라이언트 운영체제 가상화, 클라이언트 가상화 소프트웨어, GPU 가상화 및 분산협업 관리 기술로 구성된다.

첫째, 클라이언트 데이터 동기화는 클라우드 서비스를 이용하는 클라이언트 단말의 앱, 일정, 메일 등 데이터를 동기화하는 기술이다. 여기서, 동기화 기술은 주로 주소록, 일정관리 등과 같은 개인정보 관리시스템(PIMS Personal Information Management System) 데이터뿐만 아니라 이메일, 문서, 이미지, 동영상, 앱 등의 데이터 통합관리와 업데이트 정보의 푸시(Push), 자동 백업, 하드웨어 디바이스 관리, 파일·스트리밍 동기화도 포함한다.

둘째, 웹 브라우저 기술은 클라이언트 단말에서 다양한 클라우드 서비스를 사용하기 위한 것이다. 이것은 세부적으로 웹브라우저 기반 가상 데스크탑, 클라우드 서버에서 처리된 결과를 브라우징하는 클라우드 캐시, 다운로드 향상을 위한 웹 프로토콜 기술을 포함한다. 기존의 인터넷 익스플로러, 파이어폭스, 크롬 오페라, 사파리 등 다양한 PC 및 모바일 기반 웹브라우저가 존재하고 있어서 관련시장은 이미 포화상태이다.

셋째, 클라이언트 운영체제 가상화 기술은 개인 사용자 환경과 기업 환경을 단일 클라이언트 단말에서 사용하기 위한 것이다. 클라이언트 단말기 안에 가상 머신를 사용하기 때문에 클라이언트 단말에서 하드웨어 및 소프트웨어를 가상화하는 클라이언트 하이퍼바이저 기술을 포함하게 된다.

넷째, 클라이언트 가상화 소프트웨어 기술은 클라우드의 가상 데스크탑 서비스를 사용하기 위한 클라이언트 단말 상의 소프트웨어 기술이다. 즉, 이것은 스마트기기, PC 상에서의 다양한 운영체제 환경(iOS, 안드로이드, Mac, 리눅스, 윈도우 등)을 가상 데스크탑 서비스로 지원하는 기술이다.

다섯째, GPU 가상화 기술은 다중 GPU를 활용하여 텔레스크린, 3D 게임 등 실시간 미디어 서비스를 가상화하여 낮은 성능의 클라이언트 단말에서도 다양한 고품질 서비스를 제공할 수 있게 하는 것이다. 이것은 서버 단의 GPU 가상화와 클라이언트 단의 가상화면 수신 및 재생 클라이언트 기술을 포함한다.

마지막으로 분산협업 관리기술은 노트북, PC뿐만 아니라 주로 다수의 스마트 기기 간에 소규모 D2D(Device to Device) 네트워크를 구성하여 실시간으로 협력 센싱, 자료 분산처리, 입출력 리소스 풀링 등의 집중적인 컴퓨팅 작업을 처리하는 것을 의미한다.

2) 클라이언트 장비

클라이언트 장비는 고품질의 클라우드 컴퓨팅 서비스를 위한 장비로써 스마트폰, 스마트TV, 태블릿 PC, 경량 클라이언트, 노트북, 데스크탑 PC 등이 있다. 스마트폰, 스마트TV, 태블릿 PC기술은 하드웨어 부품의 집적화 및 다기능화를 통한 소형·경량화 하드웨어 기술뿐만 아니라 안드로이드와 같은 운영체제, 응용서비스 등의 기술을 포함하면서 3차원 및 가상현실 기술 접목을 통하여 발전하고 있다. 경량 클라이언트 기술은 클라우드 서비스에 접속할 수 있는 최소한의 하드웨어로 구성된 시스템으로 보통 제로 클라이언트와 씬 클라이언트로 구분한다. 제로 클라이언트는 일반적인 컴퓨터의 구동부가 없이 전용 칩셋을 탑재하고 주요 연결 단자들로 구성되어 서버 자원만 활용하는 더미 터미널이다. 이에 반해, 씬 클라이언트는 기본적인 운영체제만 탑재하여 중앙에서 모든 것을 관리할 수 있도록 설계된 업무용 PC이다. 노트북, 데스크탑 PC 기술은 클라우드 서비스에 접속하기 위한 소프트웨어 기술로써 운영체제, 원격 자원관리, 클라우드 데이터와의 동기화 기술, 프로토콜 기술 등을 포함한다.

3) 클라이언트 부품

클라이언트 부품은 클라우드 장비에 필요한 부품에 대한 것으로 프로세서, 네트워크, 하드웨어, 스토리지로 구성된다. 클라이언트 프로세서 기술은 클라우드 서비스를 제공하기 위한 컴퓨팅 시스템의 프로세서 기술로, ARM과 같은 임베디드 프로세서와 전용 SoC(System on Chip)로 구분된다. 클라이언트 하드웨어 기술은 클라우드 서비스를 접속하기 위한 임베디드 단말 시스템과 주변장치 하드웨어 등의 하드웨어 시스템 기술로 세부적으로 가상 가속기, 메모리 및 I/O 장치로 구성된다. 클라이언트 스토리지 기술은 클라우드 단말에서 사용되는 비휘발성 저장 부품으로 대표적으로 낸드 플래시, SSD 등이 있으며, 고성능 및 고용량 추세로 발전하고 있다. 클라이언트 네트워크 기술은 클라우드 서비스를 위한 네트워크 하드웨어 기술로써 크게 광대역 망과 지역 망으로 구분되며, LTE(Long Term Evolution) 기술의 발전과 더불어 광대역 망을 활용한 서비스가 확산되는 추세이다.

8.2.5 클라우드 컴퓨팅 보안

클라우드 컴퓨팅 보안 기술은 클라우드 컴퓨팅 서비스를 안전하게 이용할 수 있도록 지원하는 것으로 사용자 측면의 클라우드 단말 보안과 제공자 측면의 클라우드 서비스 보안 기술로 구성된다.

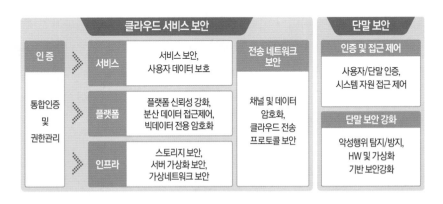

〈그림 8.2.6〉 클라우드 컴퓨팅 보안의 기술 구성[3]

1) 클라우드 단말 보안

클라우드 단말 보안은 클라우드 서비스에 접속하는 모든 사용자 단말에 대한 보안 기술로써 인증 및 접근 제어와 단말 보안 강화 기술로 구성된다. 인증 및 접근 제어 기술은 클라우드 서비스에 접속하는 모든 사용자 및 단말의 인가를 위한 인증 기술이다. 이것은 인가된 사용자만 단말을 이용하거나 인가된 단말만 특정 서비스에 접속할 수 있도록 단말 자체에서 제공하는 것이다. 여기에는 단순 패스워드 입력에서부터 별도의 인증 매체인 NFC (Near Field Communication), 보안토큰, 생체인증 모듈 등을 이용한 사용자 인증기술과 TPM(Trusted Platform Module) 등을 활용한 단말 무결성 검증 기술 등이 포함된다. 시스템 자원 접근 제어는 메모리, 네트워크, 디스크, 카메라

2부 스마트공장기술개론

등이 단말의 특정 시스템 자원에 대하여 접근하는 것을 제어하는 기술이다. 그리고 단말 보안강화 기술은 클라우드 단말에 대한 악성 행위 탐지 및 방지, 하드웨어 및 가상화 기반 보안강화 기술 등을 포함한다.

2) 클라우드 서비스 보안

클라우드 서비스 보안은 클라우드 서비스 제공자 측의 모든 서비스 구성요소에 대한 보안으로 인프라 부문 보안, 플랫폼 부문 보안, 서비스 부문 보안, 서비스 인증 기술 및 전송 네트워크 보안 등으로 구성된다. 여기서, 클라우드 서버, 스토리지를 포함하는 클라우드 인프라와 이를 기반으로 하는 PaaS, SaaS에 대한 인터페이스의 신뢰성 강화가 매우 중요하다.

첫째, 인프라 부문 보안은 스토리지 보안, 서버 가상화 보안 및 가상 네트워크 보안으로 구분한다. 스토리지 보안은 클라우드 서비스에 저장된 모든 데이터로의 접근 통제 및 보호를 위한 기술로써 스토리지 효율성을 위한 관리기술, 저장 데이터의 암/복호화를 위한 기술 등의 세부기술이 있다. 서버 가상화 보안은 클라우드 서비스 기반 인프라 중에서 가상화의 주체인 하이퍼바이저와 가상 머신에 대한 보안성 확인과 신뢰성 보장 기술을 포함한다. 가상 네트워크 보안은 가상화 네트워크의 유동성에 최적화된 네트워크 보안 관리를 위한 기술이다. 여기서 클라우드 서비스는 공동임차 환경의 특성으로 인하여 가상 네트워크를 위한 정교한 보안관리 기술이 반드시 필요하다.

둘째, 플랫폼 부문 보안은 플랫폼의 안전성과 신뢰성을 강화하기 위한 기술이다. 이것은 플랫폼 인터페이스 구축 기술, 대용량 데이터의 분산 처리에 따라 다수의 장치로 분산되는 데이터의 접근제어 및 암호화 기술, IoT 기기와의 안전한 연동 기술 등으로 구성된다.

셋째, 서비스 부문 보안은 서비스 보안기술과 사용자 데이터 보호 기술로 구성된다. 서비스 보안기술은 클라우드 서비스에 대한 인터페이스 검증,

안전한 서비스 인터페이스 구축을 포함하는 서비스 인터페이스 보안, 클라우드 웹 방화벽, 서비스 외부 인터페이스 및 API 검증·구축을 포괄하는 서비스 신뢰성 강화 등의 세부기술로 구성된다. 사용자 데이터 보호 기술은 클라우드 서비스 사용자의 데이터를 안전하게 저장하고 접근 권한을 명확하게 적용하기 위한 것이다. 이것은 클라우드에 저장된 데이터는 적절한 자격을 가진 사용자만 접근하게 하는 데이터 권한 관리기술과 사용자 데이터의 기밀성을 보장하기 위한 데이터 암호화 기술을 포함한다.

넷째, 클라우드 서비스 인증은 인가된 이용자만 클라우드 자원에 접근하고 서비스를 이용할 수 있도록 보장하는 기술이다. 통합 인증 및 권한 관리는 응용 소프트웨어, DB 등 각각 개별적으로 관리되고 있는 계정 및 권한을 통합하여 관리할 수 있는 기술과 디바이스 정보, 위치 정보 등의 상황정보를 기반으로 인증 및 권한 관리를 수행하는 상황인지 기반 인증 기술 등으로 구성된다.

마지막으로 전송 네트워크 보안 기술은 클라우드 단말과 클라우드 서비스를 연결하는 전송 네트워크 구간에 대한 보안 기술이다. 채널 및 데이터 암호화는 전송 네트워크 구간에 대한 스니핑(sniping)과 위변조 위협을 예방하기 위한 전송 채널 및 전송 데이터 암호화 기술이다. 물론, 전통적인 채널 암호화 기술인 SSL(Secure Socket Layer), VPN(Virtual Private Network) 등도 당연히 여기에 포함된다. 클라우드 전송 프로토콜 보안은 VDI(Virtual Desktop Infrastructure) 프로토콜 및 클라우드 데이터 전송 프로토콜의 보안성을 강화하고, 정책에 따른 데이터 전송 통제를 수행하기 위한 기술이다.

8.3 클라우드 컴퓨팅 솔루션

글로벌 선도기업들은 이미 오래전부터 자체적으로 클라우드 컴퓨팅 생태계를 조성하였으며, SaaS, PaaS, IaaS 서비스와 더불어 퍼블릭, 프라이빗, 하이브리드 클라우드 환경을 구축할 수 있는 솔루션들을 출시하여 시장을 선정하고 있다. 이에 반해, 국내 IT 기업들은 특화된 SaaS 서비스와 IaaS 서비스 중심의 솔루션을 출시하여 국내 시장을 확보하고 있다. 여기서는 대표적인 글로벌 클라우드 솔루션인 아마존 웹서비스, 마이크로소프트 애저, 구글 클라우드 플랫폼, 아이비엠 클라우드를 간략하게 소개하고, 국내 클라우드 솔루션으로 더존 클라우드를 소개하고자 한다. 이러한 클라우드 컴퓨팅 솔루션은 해당 업체의 사이트에 나타나 있는 내용을 토대로 정리하도록 한다.

1) 아마존 웹서비스(Amazon Web Service)[4]

아마존 웹서비스(AWS)는 아마존의 자회사로 2006년 설립됐으며, 주력 제품은 기술 인프라 플랫폼을 제공하는 클라우드 서비스이다. AWS의 클라우드 서비스는 IaaS에 해당되기 때문에 주요 고객은 개발자, 엔지니어 등 IT 관계자가 대부분이다. 시장조사 업체인 가트너가 2015년 8월 출간한 클라우드 업계 보고서는 "AWS는 클라우드 업계에서 압도적인 리더"라며 "마이크로소프트, 구글, 아이비엠을 포함해 경쟁업체 14개 합한 것보다 10배 많은 인프라를 운영하고 있다"라고 평가했다. AWS는 클라우드 컴퓨팅 시장에 먼저 진출하여 규모의 경제를 실현하면서 경쟁력을 내세워 왔지만, 최근 들어 클라우드 컴퓨팅 후발 주자들의 반격도 만만치 않은 상황이다. 이렇

---

4 아마존 웹서비스 사이트, https://aws.amazon.com/ko/, 2017.

듯, AWS가 성공하면서 많은 IT 기업들이 클라우드 서비스를 준비하는데 분주하고 있다.

〈그림 8.3.1〉 아마존웹서비스(AWS) 사이트

AWS는 현재 다양한 방식으로 활발하게 AWS 플랫폼을 사용하고 있는 백만명 이상의 고객과 더불어 많은 운영 경험을 축적하고 있다. 또한, 2012년 159개, 2013년 280개, 2014년 516개, 2015년 722개, 2016년 1,017개 이상의 중요한 기능 및 서비스를 제공하고 있다. 또한, AWS는 신뢰할 수 있는 클라우드 기반 솔루션을 제공함으로써 고객 기업들의 비즈니스 요구사항을 충족할 수 있도록 지원하고 있다. AWS 클라우드 환경에서 제공되는 솔루션은 더욱 빠르게 시작 및 실행할 수 있으며, Pfizer, Intuit 및 미 해군 등의 조직이 사용하는 것과 동일한 높은 수준의 보안을 제공한다. 또한, AWS는 전 세계적으로 리소스를 제공하기 때문에 고객의 지역에 상관없이 솔루션을 배포할 수 있다. AWS 클라우드에서는 광범위한 서비스 세트, 파트너,

지원 옵션을 손쉽게 사용할 수 있기 때문에 사용자는 솔루션의 성공에만 집중할 수 있게 된다.

요약하면, AWS는 컴퓨팅, 스토리지, 데이터베이스, 분석, 네트워킹, 모바일, 개발자 도구, 관리 도구, IoT, 보안 및 기업 응용 소프트웨어를 비롯하여 광범위한 글로벌 클라우드 기반 제품을 제공하고 있다. 따라서 AWS는 웹 및 모바일 응용 소프트웨어, 게임 개발, 데이터 처리 및 웨어하우징, 스토리지, 아카이브 등 다양한 워크로드를 지원하기 때문에 최근 대기업과 스타트업 기업으로부터 많은 신뢰를 얻고 있다.

2) 마이크로 소프트 애저(Azure)[5]

마이크로소프트에서 만든 클라우드 컴퓨팅 플랫폼 및 인프라 서비스인 Azure는 창공의 색을 뜻하는 단어로 애저 혹은 아주어로 읽을 수 있다. 애저는 개발자를 위한 생산성이 뛰어난 플랫폼으로, 응용 소프트웨어를 더 빨리 출시할 수 있도록 지원한다. 애저 통합 도구는 모바일 DevOps부터 서버를 사용하지 않는 컴퓨팅에 이르기까지 전반적인 개발 생산성을 지원하고 있다. 개발자는 이미 알고 있는 도구와 오픈소스 기술을 사용하여 원하는 방식으로 응용 소프트웨어를 개발할 수 있다. 애저는 다양한 운영체제, 프로그래밍 언어, 프레임워크, 데이터베이스 및 장치를 지원하며, 고품질 응용 소프트웨어도 지속적으로 제공하고 있다. 또한, 모든 주요 모바일 플랫폼을 지원하는 장치와 환경을 제공하고, Linux 또는 Windows 기반의 모든 기술 스택을 실행할 수도 있다.

개발자는 일관성 있는 하이브리드 클라우드인 애저를 이용하여 원하는 위치에서 응용 소프트웨어를 개발하고 배포할 수 있다. 또한 클라우드 및 현장의 데이터를 매끄럽게 배포 및 분석하고, 이러한 데이터와 응용 소프트웨어를 연결하여 이식성을 높이고, 기존 투자가치를 극대화할 수 있도록 도와준다.

　개발자는 애저를 사용하여 데이터 기반 지능형 응용 소프트웨어를 쉽게 개발할 수 있다. 이미지 인식부터 봇 서비스에 이르기까지의 애저 데이터 서비스와 인공지능을 활용하여 확장 가능한 새로운 환경을 만들 수 있으며, 모든 형태 및 크기의 데이터 대하여 실시간 분석, 심화 학습, HPC(High Performance Computing) 시뮬레이션 등을 수행할 수 있다. 정리하면, 개발자는 기본 제공되는 AI를 활용하여 획기적인 응용 소프트웨어를 개발할 수 있고, 모든 데이터에 대해서 대규모로 사용자 지정 AI 모델을 개발 및 배포할 수 있다. 이것은 마이크로소프트와 오픈소스 데이터 및 AI 혁신의 장점을 결합한 것이라고 해석할 수 있다.

〈그림 8.3.2〉 마이크로소프트 애저 사이트

3) 구글 클라우드 플랫폼[6]

구글 클라우드는 구글의 데이터센터 인프라를 기반으로 컴퓨트, 스토리지, 네트워킹, 빅데이터, 머신러닝 등의 서비스를 제공하는 글로벌 클라우드 환경이다. 현재 미국, 유럽, 아시아에 걸쳐서 서비스를 제공하고 있으며 계속해서 추가 데이터센터를 건립하고 있다.

컴퓨트 서비스는 가상 머신 기반의 IaaS인 컴퓨트 엔진(Compute Engine), PaaS인 앱 엔진(App Engine), 쿠버네티스(Kubernetes) 기반의 도커(Docker), 런타임인 컨테이너 엔진(Container Engine) 등 사용자의 요구에 맞는 다양한 형태의 서비스를 제공한다. 그 밖에 MySQL 서비스인 Google Cloud SQL, 대용량 파일을 저장하기 위한 오브젝트 스토리지 서비스인 Google Cloud Storage 등, 일반적인 IaaS 클라우드가 제공하는 내용은 전부 갖추고 있다. 구글 클라우드의 특징은 크게 빅데이터와 머신러닝 서비스, 구글 전용 네트워크를 이용한 글로벌 커버리지, 저렴한 가격 모델의 세 가지로 요약할 수 있다.

구글은 지메일, 유튜브, 검색엔진 등 수억 단위의 사용자를 보유한 대규모 서비스를 전 세계에 제공하는 회사다. 그 만큼 빅데이터 처리에 관한 노하우를 많이 가지고 있고, 그 노하우를 바탕으로 한 서비스를 구글 클라우드 플랫폼을 통해서 제공하고 있다. 구글의 빅데이터 서비스는 크게 빅데이터와 머신러닝으로 구별된다. 빅데이터 플랫폼은 데이터를 분석하기 위한 데이터의 수집, 가공, 저장 기능을 제공하는 서비스이다. 빅데이터 분석 플랫폼과 더불어 구글 클라우드는 머신러닝 기반의 인공지능 기능들을 서비스로 제공한다. 크게 머신러닝 API군과 텐서플로 기반의 머신러닝 플랫폼을 제공한다. 특히, 텐서플로 서비스는 얼마 전 이세돌 9단과 바둑 대결을 한 알파고에 탑재된 딥러닝 프레임워크로 구글이 자체 개발한 텐서플로 전

---

6   구글 클라우드플랫폼 사이트, https://console.cloud.google.com/?hl=ko-ko-kr/, 2017.

용 CPU인 TPU(Tensor Processing Unit)를 이용하여 실행된다.

구글 클라우드 기능 중에서 잘 알려지지 않은 것 하나가 전 세계에 깔린 구글 광케이블망을 이용하여 네트워크를 가속하는 기능이다. 구글은 전 세계에 70개 이상의 데이터센터를 가지고 있으며, 미국, 유럽, 아시아에 배포된 클라우드 데이터센터와 연결되어 있다. 구글 클라우드 데이터센터로 접속하려 하면 지정한 데이터센터로 바로 접속하지 않을 수도 있다. 대신 클라이언트에서 가장 가까운 센터로 접속한 후에, 데이터센터 사이를 연결하는 구글 전용망을 통해서 목표 데이터센터로 연결된다.

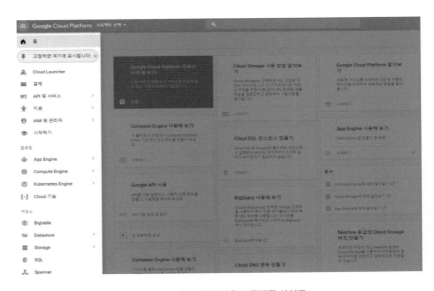

〈그림 8.3.3〉 구글 클라우드 플랫폼 사이트

4) 아이비엠 클라우드[7]

아이비엠 클라우드는 PaaS와 IaaS를 결합한 클라우드 컴퓨팅 플랫폼으

7 IBM 클라우드 사이트, https://www.ibm.com/cloud-computing/bluemix/ko, 2017.

2부 스마트공장 기술개론

로써 비즈니스 응용 소프트웨어를 빠르게 개발할 수 있도록 PaaS 및 IaaS와 쉽게 통합할 수 있는 클라우드 서비스의 카탈로그 기능을 제공한다. 아이비엠 클라우드는 확장을 계획 중인 소기업이든 추가적인 분리가 필요한 대기업이든 규모에 관계없이 비즈니스의 요구사항에 적합한 클라우드 배치 기능을 제공한다.

개발자는 클라우드 상에서 영역의 경계없이 응용 소프트웨어를 개발하고, 응용 소프트웨어를 통한 개인 서비스를 아이비엠에서 제공하는 퍼블릭 클라우드 서비스에 연결할 수 있다. 또한, 개발자는 사용 가능한 서비스 및 런타임 프레임워크의 에코시스템을 활용하여 여러 언어로 쓰인 프로그램에 접근하여 응용 소프트웨어를 개발할 수 있다. 사용자 및 사용자 그룹은 언제든지 아이비엠 클라우드의 응용 소프트웨어, 서비스 및 인프라에 접근할 수 있으며, 기존 데이터, 시스템, 프로세스, PaaS 도구 및 IaaS 도구도 쉽게 사용할 수 있다.

아이비엠 클라우드를 사용하면, 기업은 더 이상 하드웨어에 막대한 금액을 투자하여 새로운 응용 소프트웨어를 테스트하거나 실행할 필요가 없다. 대신에 아이비엠이 모든 것을 관리하고 기업이 활용한 실제 사용량에 대해서만 금액을 청구한다. 아이비엠 클라우드는 퍼블릭, 전용 및 로컬 클라우드가 혼재된 통합 배치모델도 제공한다. 더구나, 기업은 도입/인식(Inception)에서부터 개발 샌드박스 및 글로벌하게 분배된 환경까지 아이비엠 및 왓슨(Watson)에서 제공하는 컴퓨팅 및 스토리지 인프라, 오픈소스 플랫폼 및 컨테이너, 소프트웨어 서비스 및 도구를 모두 사용할 수 있고, 필요시 이와 관련된 다양한 의견을 제시할 수도 있다.

퍼블릭 및 전용 환경에 배치된 모든 아이비엠 클라우드 자원은 사용자가 원하는 전 세계의 아이비엠 클라우드 데이터 센터의 위치에서 호스팅된다. 아이비엠 클라우드 데이터 센터는 지역 중복성, 모든 데이터 센터 및 PoP(Point of Presence)를 연결하는 글로벌 네트워크 백본, 엄격한 보안 제어 및 보고 기능을 제공함으로써 가장 까다로운 확장, 보안, 규제 준수 및 데이터 주거성(residency)의 요구사항을 충족시킬 수 있다.

〈그림 8.3.4〉 아이비엠 클라우드 사이트

5) 더존 클라우드 플랫폼[8]

더존의 D-Cloud Private Edition은 ERP, 그룹웨어, 서버, 소프트웨어, 운영체제, 보안 등 기업 내부에서 관리하고 있는 IT 자원을 클라우드 컴퓨팅 환경으로 통합한다. 기업은 이를 통해 보안 취약점을 보완함은 물론, 효율적인 자원 관리를 통한 비용 절감, 스마트워크 환경 구축으로 인한 생산성 향상 등의 다양한 효과를 경험할 수 있다.

더존의 D-Cloud Private Edition은 직원들의 업무 수행에 필요한 모든

8 더존 클라우드 사이트, http://www.douzone.com/product/cloud/cloud03_smarta_01, 2017.

기능을 구축형 프라이빗 클라우드를 통해 제공함으로써 중앙 집중적인 보안 관리와 스마트워크를 위한 업무기반 구축을 가능케 한다. 더존의 프라이빗 클라우드 플랫폼인 D-Cloud Private Edition은 기업의 프라이버시를 보장하는 전용 클라우드 센터를 구축하여, 회계, 영업, 고객 관리 등 기업의 모든 부서에서 생성되는 중요한 데이터를 클라우드 센터에 통합하고 외부의 위협 요소들로부터 가장 안전하고 확실하게 보호한다.

현재 4,000개 이상의 국내 기업들이 더존의 퍼블릭 클라우드 서비스를 도입해 스마트하게 업무를 진행하고 있다. 기업들은 더존이 제공하는 다양한 솔루션을 언제, 어디서나, 각종 스마트기기(스마트폰, 태블릿PC 등)를 통해 손쉽게 이용할 수 있으며, 저장된 데이터는 24시간 보안관제 시스템에 의해 안전하게 보관된다.

〈그림 8.3.5〉 더존 클라우드 사이트

8.4 적용 사례

이 장은 앞서 설명한 클라우드 컴퓨팅 기술 및 솔루션을 활용하여 클라우드 서비스를 적용한 세 가지 사례를 소개하고자 한다. 첫째 사례는 제조업체의 시스템 통합을 위하여 상용솔루션을 활용하여 적용한 것이고, 둘째 사례는 국내 전자정부 표준프레임워크 기반의 개발형 클라우드 플랫폼 구축한 내용이다. 그리고 마지막 사례는 제조업체를 위한 PaaS와 SaaS가 혼합된 클라우드 플랫폼 구축에 대한 내용이다. 본 교재에서는 적용 사례의 세부적인 내용보다는 전반적인 개요에 대해서 소개하고자 한다.

8.4.1 상용 클라우드 솔루션을 활용한 시스템 통합 사례[9]

전 세계에 200개 이상의 제조공장과 약 127,000명의 직원을 보유하고 있는 한 글로벌 제조업체는 우수한 공급망, 프로세스 관리, 산업용 자동 기후 조정기술, 툴, 스토리지 비즈니스를 통하여 시장에 광범위한 제품과 서비스를 제공하고 있다. 이 업체는 비즈니스 효율성을 극대화하기 위해 전세계 제조 사이트 전반에 걸쳐 현장 상태를 실시간으로 파악해야만 했다. 또한 적시에 공급업체 영수증 및 제조 공정 보고서를 확인하고, 제품의 납품 확인을 즉시 받을 수 있는 기능이 필요했다.

이를 위해서는 메인프레임을 포함하여 호환되지 않는 수많은 응용 소프트웨어 및 시스템을 통합하는 표준 기반 솔루션이 요구되었고, 작업 기간은 11주 정도로 예상되었다. 이 제조업체는 이러한 문제를 해결하기 위해서 수백 개의 기업 및 클라우드 응용 소프트웨어들의 통합 솔루션을 제공하는 아이비엠 WebSphere Cast Iron을 선택하였다. 즉, 이 업체는 응용 소프트웨

9   IBM, 웹스피어 캐스트아이언 클라우드 통합 고객 사례집, 2012.

어 통합은 "코딩없는 구성" 접근법을 적용하여 구체적인 프로그래밍 작업 또는 미들웨어 전문가의 도움 없이 통합 프로젝트를 신속하게 완료하였고, 이로 인하여 IT 생산성도 크게 향상되었다. 결과적으로 해당 제조업체는 세계 도처에 분산된 제조 사이트를 연결하고, 회사 내부에 구축된 응용 소프트웨어를 볼 수 있도록 클라우드 컴퓨팅을 기반으로 솔루션을 구축하였다.

시스템 통합 이후, 해당 제조업체는 분산된 여러 현장 시스템을 실시간으로 연결하고, 메인프레임에서 납품 확인을 제조시스템에 보내면 보증정보를 메인프레임으로 반환할 수 있게 되었다. 또한 전체 제조 사이트에 걸쳐 실시간 오류 통지가 가능하였다. 기존에 11주 소요될 것으로 예상한 프로젝트 기간은 아이비엠의 통합 솔루션을 도입함으로써 87% 정도 단축되어 10일 이내에 모든 작업을 완료할 수 있었다. 특히, 응용 소프트웨어 통합에 "코딩 없는 구성" 접근법을 적용하여 더욱 신속하게 비즈니스 가치를 창출하였다. 통합 작업에 IT 전문가의 투입이 필요하지 않아 수익형 전략적 작업에 기업의 자원을 보다 많이 할당할 수 있었다. 아울러, 응용 소프트웨어 통합에 대한 총 소유 비용도 최대 40% 절감하는 효과를 거두었다.

8.4.2 개방형 클라우드 플랫폼 구축 사례[10]

한국정보화진흥원은 정부출연금을 바탕으로 2014년 4월부터 2017년 2월까지 전자정부 표준프레임워크 기반의 개방형 PaaS 개발 프로젝트를 수행하였다. 본 프로젝트는 플랫폼 중심의 클라우드 생태계를 조기 조성하는 것을 목표로 한국정보화진흥원이 주관하고, 한글과컴퓨터 등 5개 기관이 공동연구에 참여하였다. 또한 더존비즈온, SKT, KT 등 12개 연구협력 기관과 클라우드 컴퓨팅 관련 7개 공공기관이 직·간접적으로 참여하였다. 본

---

10 PaaS-TA 웹사이트, https://paas-ta.kr/

프로젝트의 결과로 개방형 클라우드 플랫폼인 PaaS-TA(파스-타)가 구축되었으며, 현재 이러한 클라우드 플랫폼을 활용할 수 있는 환경을 제공하고 있다. PaaS-TA는 인프라 제어 및 관리환경, 실행환경, 개발환경, 서비스환경, 운영환경으로 구성되어 있는데, 본 교재에서는 PaaS-TA 사이트의 내용을 바탕으로 구성요소의 기능 및 역할을 간략하게 소개하고자 한다.[11]

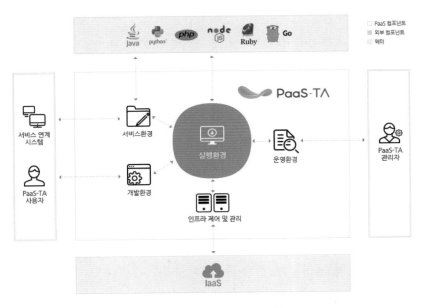

〈그림 8.4.1〉 PaaS-TA 구성도[12]

인프라 제어 및 관리는 대규모의 분산된 서비스들의 개발, 배포 및 전개 등 수명주기(life-cycle)를 관리하기 위한 통합 서비스이다. 그렇기 때문에 이 서비스는 다양한 클라우드 인프라와의 연동 기능을 제공하고 있다. 실행환

11 김은주, 한국정보화진흥원, "개방형 클라우드 플랫폼 파스-타(PaaS-TA)", 2016.

12 https://paas-ta.kr

경은 응용 소프트웨어의 개발 및 배포, 실행/운영 관리를 위한 서비스를 제공한다. 이 서비스는 Java, PHP, Ruby, Go 등 다양한 언어팩을 지원하고 응용 소프트웨어 실행을 위한 컨테이너를 제공하며, 서비스 환경과 연계하여 데이터베이스, 메시지 큐 등 PaaS 내부 및 외부 서비스를 사용할 수 있도록 지원한다. 또한, PaaS 기능의 사용을 위한 계정 등록 및 접근 인증, 인증 후 사용할 수 있는 API나 제어가 가능한 리소스에 대한 제어를 수행하는 권한 관리, 응용 소프트웨어에 접근하기 위한 접근관리 서비스를 제공한다. 운영 환경은 인프라 제어 및 연동과 응용 소프트웨어 플랫폼을 위한 관리 서비스를 정의하고 있다. 관리자를 위한 운영 대시보드와 개별 테넌트 및 모니터링 대시보드와 로그 관리, 미터링 플러그인 서비스를 제공한다. 개발환경은 PaaS 플랫폼을 활용하여 응용 소프트웨어를 개발 및 배포, 운영하기 위한 셀프서비스 포털과 개발도구를 제공한다. 마지막 서비스 환경은 응용 소프트웨어 실행 시 RDBMS, NoSQL, 메시징 서비스 등 다양한 대외 백엔드 플랫폼 서비스와 연계를 위한 대외 서비스 브로커를 제공하며, 내외의 API 관리 및 연계를 위한 API 관리 서비스를 제공한다.

8.4.3 제조업체 특화형 클라우드 플랫폼 구축 사례

한국생산기술연구원은 2015년 7월부터 2018년 6월까지 포항공과대학교 및 경희대학교와 공동연구를 통하여 제조업체 적용을 위한 클라우드 플랫폼 구축 프로젝트를 진행하고 있다. 본 프로젝트는 중소·중견 제조기업을 대상으로 하고 있으며, 기존의 클라우드 인프라에 탑재·운영될 수 있는 PaaS와 SaaS가 결합된 서비스 형태라고 이해하면 된다.

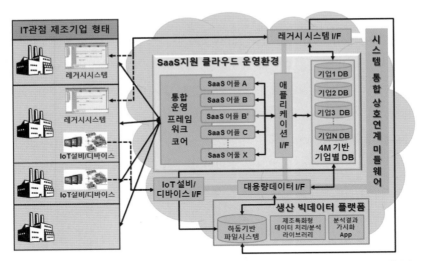

| IT관점 제조기업 형태 | | 시스템 통합 상호연계 미들웨어 |

IT관점 제조기업 형태

레거시시스템

레거시시스템

IoT설비/디바이스

IoT설비/디바이스

레거시 시스템 I/F

SaaS지원 클라우드 운영환경

통합 운영 프레임 워크 코어

SaaS 어플 A
SaaS 어플 B
SaaS 어플 B'
SaaS 어플 C
SaaS 어플 X

애플리케이션 I/F

기업1 DB
기업2 DB
기업3 DB
기업N DB
4M 기반 기업별 DB

시스템 통합 상호연계 미들웨어

IoT 설비/디바이스 I/F

대용량데이터 I/F

생산 빅데이터 플랫폼

하둡기반 파일시스템

제조특화형 데이터 처리/분석 라이브러리

분석결과 가시화 App

※ SaaS: Software as a Service, 4M: Man, Machine, Material, and Method

〈그림 8.4.2〉 제조기업 지원용 클라우드 플랫폼의 개념

정보화 관점에서 제조기업은 POP(Point of Production), MES(Manufacturing Execution System) 등의 레거시 시스템을 운영하고 있으며, 실시간 데이터 취득이 가능한 설비·장비를 갖추고 있거나 향후 도입할 수도 있다. 이러한 제조기업들은 제조현장의 운영·관리 목적으로 최근 들어 클라우드 서비스를 심각하게 고려하고 있다. 물론, 생산현장과 연결하여 실시간으로 클라우드 서비스를 활용하는 것은 현재의 여건으로 볼 때 힘들 수 있다. 즉, 이러한 클라우드 서비스는 실시간 네트워크 문제, 대용량 데이터 저장·활용에 따른 비용문제와 가장 민감한 데이터 보안 문제를 야기하기 때문에 현실적으로 바로 서비스를 적용하는 것은 매우 어렵다.

제조기업에서 해결해야 하는 경제적 및 보안상의 문제를 제외하면, 기술적으로 해결할 과제는 클라우드 플랫폼에서 실행되는 응용 소프트웨어와 기업이 보유하고 있는 레거시 시스템 및 현장 데이터를 연계하는 것이다. 이러한 과제를 해결하기 위해서 본 프로젝트에서는 클라우드 환경에서 다양한 응용 소프트웨어들이 통합적으로 실행되고 제조기업의 레거시 시스템 및 IoT 설비/장비와 연계·연동이 가능한 SaaS 지원 클라우드 운영환경의 프로토타입을 구축하였는데, 이것을 시스템 통합 클라우드 플랫폼이라고 칭한다(〈그림 8.4.2〉 참조). 아울러, 제조기업들이 수집한 대용량 생산현장 데이터를 분석하여 활용할 수 있도록 생산 빅데이터 플랫폼을 구축하였다. 물론, 이러한 생산 빅데이터 플랫폼은 클라우드 환경에서 운영되고 시스템 통합 클라우드 플랫폼과 연계하여 운영될 수 있도록 개발하였다.

(a) 클라우드 서비스 포탈 메인화면   (b) 응용 소프트웨어 명칭 및 메뉴 명칭 설정

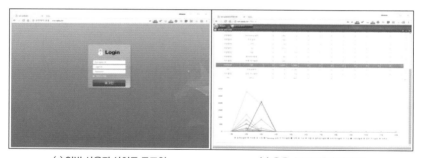

(c) 일반 사용자 사이트 로그인   (d) 응용 소프트웨어 화면 예

〈그림 8.4.3〉 서비스 포탈 및 사용자 관련 화면

시스템 통합 클라우드 플랫폼에서 제공하는 응용 소프트웨어는 제조기업의 운영관리를 위한 일반 응용 소프트웨어와 생산 빅데이터 플랫폼과 연

계하여 실행되는 빅데이터 분석 응용 소프트웨어로 구분한다. 일반 응용 소프트웨어는 제조 기업에서 필요한 소규모의 정보화 기능을 패키징한 형태로 이해하면 된다. 예를 들어, 일반 응용 소프트웨어인 생산관리 응용 소프트웨어는 생산현장에 작업을 지시하고 관련 생산정보를 관리하는데 필요한 정보화 기능을 담당한다. 이에 반해, 빅데이터 분석 응용 소프트웨어는 빅데이터 플랫폼에서 제공되는 분석결과를 고객에게 전달하거나 시각화하는 기능을 담당한다. 즉, 이것은 우선 품질, 설비, 공정·에너지 관련 문제 해결을 위해서 빅데이터 분석 플랫폼에 핵심 분석기능의 수행을 요청하고, 그 분석 결과를 받아서 사용자에서 필요한 정보를 제공하거나 보다 더 쉽고 명확하게 시각화하는 기능을 제공한다.

〈그림 8.4.3〉에 나타나 있는 것처럼, 시스템 통합 클라우드 플랫폼을 사용하기 위해서 제조기업은 먼저 서비스 포탈에 접속하여 테넌트(기업별 별도 사이트)로 등록하고 관련된 인터페이스를 설정한다. 그리고 기업에서 필요한 응용 소프트웨어를 구매하고, 기업 내의 일반 사용자와 구매한 응용 소프트웨어의 사용 권한 및 사용 환경 등을 설정한다. 그러면 기업의 일반 사용자는 언제 어디서나 클라우드 환경에 접속하여 구매한 응용 소프트웨어를 자유롭게 업무에 활용할 수 있다.

(a) 개발자 센터 메인화면   (b) 응용 소프트웨어 API 조회 화면

(c) 데이터분석 라이브러리 다운로드 화면   (d) 템플릿 다운로드 화면

〈그림 8.4.4〉 개발자 관련 화면

클라우드 플랫폼은 개발자를 위한 개발자 센터를 제공하고 있는데, 여기서 개발자는 현재 플랫폼에서 서비스되고 있는 응용 소프트웨어의 소스코드 정보를 확인하고, 특정 제조기업의 요구사항을 반영해서 기업 맞춤형 응용 소프트웨어를 개발하고 테스트할 수 있다. 즉, 개발자가 개발자 센터에 등록하면, 응용 소프트웨어 개발에 필요한 도구 및 소스코드를 다운로드 받아서 활용할 수 있다. 또한, 응용 소프트웨어 개발이 완료되면, 개발자는 클라우드 플랫폼에서 제공하는 테스트 사이트를 통하여 응용 소프트웨어 상태 및 기능을 점검한 다음, 최종적으로 클라우드 플랫폼의 응용 소프트웨어로 등록한다. 이렇게 등록된 응용 소프트웨어는 일반 기업에서 구매하여 활용할 수 있게 된다(〈그림 8.4.4〉 참조).

8.5 맺음말

클라우드 컴퓨팅은 특정한 사람들만 컴퓨팅 환경을 독점하는 것이 아니라 모든 사람이 시공간에 구애받지 않고 자유롭게 사용하는 컴퓨팅 자원의 공유 개념이다. 이러한 클라우드 컴퓨팅의 서비스 모델은 SaaS, PaaS 및 IaaS의 세가지 형태가 있지만, 서비스 제공자에 따라 이들의 조합을 통한 다양한 형태로 서비스를 제공하고 있다. 본 교재에서는 클라우드 컴퓨팅 생태계를 구성하는 클라우드 컴퓨팅 서비스 제공자, 서비스 중개 플랫폼, 네트워크, 서비스 단말 및 보안의 5가지 주요 요소를 중심으로 각 요소별 내용 및 기술들을 소개함으로써 일반인도 전반적으로 클라우드 컴퓨팅 기술을 이해할 수 있도록 하였다.

그리고, 이러한 기술들을 바탕으로 구성된 대표적인 글로벌 클라우드 솔루션으로 아마존 웹서비스, 마이크로소프트 애저, 구글 클라우드 플랫폼, 아이비엠 클라우드와 국산 클라우드 솔루션인 더존 클라우드를 소개하였다. 마지막으로 클라우드 컴퓨팅 기술 및 솔루션을 활용에 대한 전반적인 내용을 이해할 수 있도록 제조업체의 시스템 통합을 위한 상용 클라우드 솔루션 활용 사례, 국내 전자정부 표준프레임워크 기반의 개발형 클라우드 플랫폼 구축 사례와 중소 제조업체를 위한 클라우드 플랫폼 구축 사례를 간략하게 소개하였다.

아직까지도 국내 중소 제조현장은 아주 오래된 구형 설비·장비들을 많이 사용하고 있기 때문에 데이터 수집을 위해서는 이것들과의 인터페이스를 수행하는 것이 현실적으로 해결해야할 당면한 과제이다. 향후 이러한 인터페이스 기술의 발전과 산업용 IoT(Internet of Things) 적용이 활성화되면, 그 만큼 제조업체들이 손쉽게 대용량의 현장 데이터를 수집할 수 있게 될 것이다.

그렇더라도 무수히 많은 생산현장의 데이터를 클라우드 환경으로 올리는 것은 저장공간의 사용에 따른 비용문제, 실시간 데이터 전송에 따른 트래픽 문제와 데이터의 외부 반출에 따른 기술보안 문제 등을 충분히 고려하여 신중하게 결정해야 한다. 이러한 이유로 생산현장에서 실시간으로 수집되는 데이터들의 분석은 곧바로 현장에서 수행하고, 분석된 결과를 클라우드 환경으로 전달하여 공유하거나 활용하는 방안을 진지하게 검토하는 것이 필요하다. 이러한 현실적인 측면의 대안으로 최근 들어 공유가 필요할 때에만 클라우드로 올리도록 연계하는 아키텍처인 엣지 컴퓨팅(edge computing)이 화두로 대두되고 있다.

스마트공장
경영과 기술

초판 1쇄 발행 2019년 3월 27일
초판 3쇄 발행 2021년 4월 19일

지은이 배경한, 배석주, 정태수, 허정윤, 문승기, 송상화, 리상섭,
　　　　　이장희, 배유석, 정재윤, 나혁준, 박용운, 신규식, 왕지남, 김보현
발행인 이병례
편 집 이장원
디자인 박현숙, 정민아, 강진서
그 림 남중우
인 쇄 엠아이컴
발행처 dreamdesign (드림디자인)
　　　　　등록번호 제 2002-000252호(2002년 9월 19일)
　　　　　주소 서울시 마포구 성지3길 67, 4층
　　　　　전화 02-3445-1501 / 팩스 02-334-1502
　　　　　이메일 dreamdnc@nate.com
ISBN 979-11-954002-2-5(03320)